G. Wirth

Stimmstörungen

Günter Wirth

Stimmstörungen

Lehrbuch für Ärzte,
Logopäden, Sprachheilpädagogen
und Sprecherzieher

4. überarbeitete Auflage

Deutscher Ärzte-Verlag Köln

Prof. Dr. med. Günter Wirth
Ärztlicher Direktor der Abteilung für Stimm- und Sprachstörungen sowie Pädaudiologie der Universitäts-HNO-Klinik Heidelberg
Im Neuenheimer Feld 400, 69120 Heidelberg

1. Auflage 1979
2. Auflage 1987
3. Auflage 1991
4. Auflage 1995

Mit 82 Abbildungen und 13 Tabellen

ISBN 3-7691-1114-1

Die Deutsche Bibliothek – CIP-Einheitsaufnahme

Wirth, Günter: Stimmstörungen: Lehrbuch für Ärzte, Logopäden, Sprachheilpädagogen und Sprecherzieher/Günter Wirth. - 4., überarb. Aufl. - Köln: Dt. Ärzte-Verl., 1995
ISBN 3-7691-1114-1

Die Dosierangaben sind Empfehlungen. Sie müssen dem einzelnen Patienten und seinem Zustand angepaßt werden. Die angegebenen Dosierungen wurden sorgfältig überprüft. Da wir jedoch für die Richtigkeit dieser Angaben keine Gewähr übernehmen können, bitten wir Sie dringend, insbesondere bei seltener verordneten Arzneimitteln, die Dosierungsempfehlungen des Herstellers zu beachten.

Gesamtherstellung:
Deutscher Ärzte-Verlag GmbH, Köln

Inhaltsverzeichnis

Vorwort zur 4. Auflage

Seit dem Erscheinen der 3. Auflage sind erst 3 Jahre vergangen. Die Nachfrage nach dem vorliegenden Buch hat jedoch weiterhin so zugenommen, daß bereits jetzt wieder eine Neuauflage erforderlich wurde. Aus diesem Anlaß wurde das Buch insgesamt überarbeitet. An vielen Stellen wurden Ergänzungen im Text oder kleine Umarbeitungen des Textes vorgenommen; z. B. beim Kontaktgranulom der Stimmlippe, der PNF-Technik, der Prognose von Stimmlippenlähmungen nach Schilddrüsenoperationen usw.

Weiterhin ist eine Zunahme von Stimmstörungen bei in Sprechberufen tätigen Personen festzustellen. Vor allem Lehrer, Kindergärtnerinnen und Berufsgruppen, die intensiven Publikumsverkehr haben, sind betroffen, aber auch bei Sängern und Schauspielern treten immer wieder Stimmprobleme auf.

Nach wie vor muß daher die Forderung erhoben werden, bei allen Personen, die einen Sprechberuf ergreifen wollen, eine phoniatrische Eignungsuntersuchung vorangehen zu lassen. Auf diese Weise könnten in zahlreichen Fällen Schwierigkeiten im späteren Berufsleben vermieden werden. Durch Vermittlung einer optimalen Atem-, Stimm- und Sprechtechnik müssen schon vor Ergreifen eines Sprechberufes günstige Voraussetzungen geschaffen werden. Falls krankhafte Veränderungen am Stimmapparat feststellbar sind, sollte bereits zu diesem Zeitpunkt versucht werden, sie zu beseitigen.

Die Behandlung der kranken Stimme muß in enger Zusammenarbeit zwischen Phoniatern, Logopäden, Sprecherziehern, Gesangspädagogen, Psychologen, Psychotherapeuten, Internisten und Neurologen erfolgen.

Heidelberg, im Oktober 1994 G. Wirth

Einleitung

Die Stimmheilkunde beschäftigt sich mit der normalen und der krankhaften Stimme. Dazu gehören aber auch Kenntnisse von denjenigen Organen und Funktionen, die die Stimmbildung erst ermöglichen. Es handelt sich hierbei um das als Windkessel dienende Atmungsorgan, den Kehlkopf als Stimmerzeuger und das Ansatzrohr, d. h. die eigentlichen Artikulationsorgane. Ohne Atmung ist keine Stimmbildung und somit keine Sprache möglich.

Eine Störung der Stimmfunktion äußert sich in einer Minderung stimmlicher Leistung. Sie kann durch fehlerhafte respiratorische, laryngeale und artikulatorische Bewegungsabläufe verursacht sein.

Die Störungen der Sprache und des Sprechens sind in dem Buch „Sprachstörungen, Sprechstörungen, kindliche Hörstörungen" beschrieben.

A
Allgemeiner Teil

1 Atmung

Die Atmung dient primär dem Gasaustausch in den Lungen. Ihr kommt damit eine lebenserhaltende Funktion zu. Erst später in der Phylogenese ist die Atmung zur Stimmerzeugung benutzt worden. Voraussetzung für das Verständnis der normalen und der krankhaften Atmungsvorgänge sind daher zunächst anatomische Kenntnisse über Brustkorb, Atemmuskeln (Brustmuskeln, Bauchmuskeln) und Brustorgane.

1.1 Anatomie des Brustkorbes (Thorax) und der Atemmuskeln

1.1.1 Knöcherner Brustkorb und Brustraum

Der **knöcherne Brustkorb** wird aus 12 *Brustwirbeln,* 12 *Rippenpaaren* und dem *Brustbein* gebildet. Schlüsselbein und Schulterblätter werden zum Schultergürtel gerechnet und sind nur indirekt an der Atmung beteiligt. Die Rippen sind hinten an den Brustwirbeln eingelenkt. Die sieben oberen Rippenpaare sind vorn durch knorpelige Enden mit dem Brustbein direkt verbunden. Das 8., 9. und 10. Rippenpaar stehen durch Knorpelgewebe untereinander in Verbindung und somit indirekt mit dem unteren Anteil des Brustbeins. Das 11. und 12. Rippenpaar enden frei (Abb. 1-1).

Der **Brustraum** ist durch Lunge, Luftröhre, Herz, große Gefäße (Aorta, V. cava, A. und V. pulmonalis), Speiseröhre und Nerven ausgefüllt. Er wird nach unten durch das *Zwerchfell* vom Bauchraum mit den Eingeweiden abgegrenzt. Man unterscheidet 2 Blutkreisläufe: den Körper- und den Lungenkreislauf.

Die *Lungen* (Abb. 1-2) sind zwischen der Innenwandung des Brustraumes ausgespannt; sie liegen dieser luftdicht an.

Die *Pleura* (Brustfell) überzieht als glatte, feuchte Haut sowohl die Lungenoberfläche (Lungenfell) als auch die Innenseite des knöchernen Brustkorbes (Rippenfell). Durch Unterdruck zwischen den beiden Pleurablättern, dem äußeren Brustfell und dem inneren Lungenfell, werden

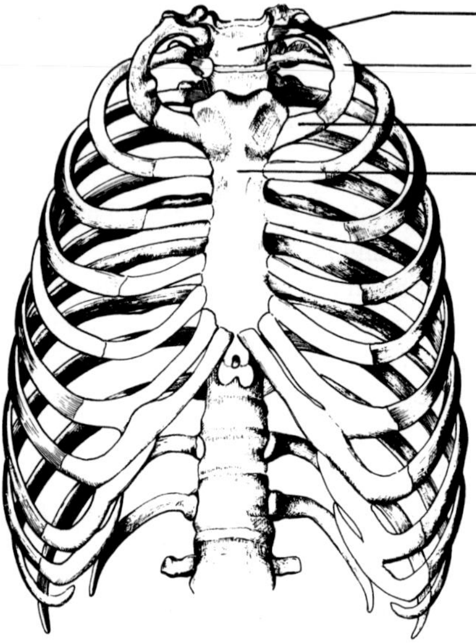

Abbildung 1-1: Der knöcherne Brustkorb in der Ansicht von vorn

die Lungen an der Innenwandung der Brusthöhle festgehalten und müssen den Thoraxbewegungen während der Atmung folgen.

Die rechte Lunge besteht aus drei Lappen (Ober-, Mittel- und Unterlappen), die linke Lunge aus zwei Lappen (Ober- und Unterlappen). Jeder Lungenlappen gliedert sich in Segmente.

Das elastische Stützgewebe der Lungen enthält feine Bläschen *(Alveolen),* die von feinsten Blutgefäßen umflochten sind. Hier geht der Gasaustausch vor sich. Die Gesamtoberfläche der Alveolen beträgt ca. 100 m^2. Von den Lungenbläschen gehen Kanälchen aus. Diese vereinigen sich zu immer größeren Kanälen: Bronchiolen, Bronchien, rechter und linker Hauptbronchus, Luftröhre.

Bei der **Einatmung** (Inspiration) wird der Brustraum hauptsächlich durch aktive Senkung des Zwerchfelles erweitert. Damit strömt Außenluft durch Nase, Mund, Rachen, Kehlkopf, Luftröhre, Bronchien und Bronchiolen in die Lungenbläschen ein (Unterdruck in den Lungenräumen). Bei Verengung des Brustraumes durch Rippensenkung und passive Zwerchfellhebung wird ein Überdruck in den Lungenräumen erzeugt. Die Luft strömt aus den Lungen durch den Atmungstrakt ab (**Ausatmung**, Exspiration).

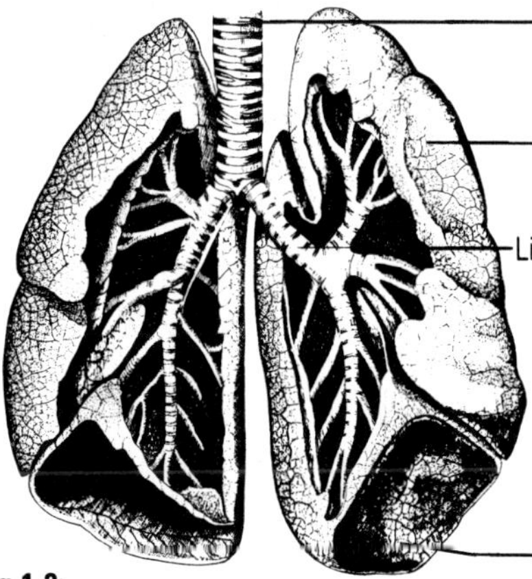

Abbildung 1-2:
Luftröhre, Bronchien und Lungenlappen in der Ansicht von vorn. Die beiden Lungen sind vorn etwas auseinander gelegt.

1.1.2 Atemmuskeln

Man unterscheidet Einatmungs- und Ausatmungsmuskeln sowie Atemhilfsmuskeln (Tab. 1-1).

1.1.2.1 Brustmuskeln (Abb. 1-3)

a) Oberflächliche Brustmuskeln

M. pectoralis major (großer Brustmuskel): Vom Schlüsselbein, Brustbein und 2.–7. Rippenknorpel, vorderen Blatt der Scheide des M. rectus abdominis zum Oberarmknochen.

Funktion: Atemhilfsmuskel. Bei fixiertem Arm Zug der Rippen nach oben *(Einatmung)*. Die Hauptfunktion ist die Senkung des Armes.

Innervation: Nn. thoracici ventrales (Äste des Plexus brachialis)

M. pectoralis minor (kleiner Brustmuskel): Vom Schultergelenk (Schulterblatt) fächerförmig zur 2.–5. Rippe. Er liegt unter dem großen Brustmuskel.

Tabelle 1-1: Einatmungs- und Ausatmungsmuskeln mit ihren Hilfsmuskeln

Einatmungsmuskeln	**Atemhilfsmuskeln**
Zwerchfell	M. pectoralis major
Mm. intercostales externi	M. pectoralis minor
M. serratus posterior superior	M. subclavius
	Mm. scaleni
	M. serratus anterior
	M. latissimus dorsi
	M. sternothyreoideus
	M. sternocleidomastoideus
	M. iliocostalis cervicis
	M. sacrospinalis
Ausatmungsmuskeln	**Atemhilfsmuskeln**
Mm. intercostales interni	Mm. subcostales
M. serratus posterior inferior	M. transversus thoracis
	M. obliquus externus abdominis
	M. obliquus internus abdominis
	M. rectus abdominis
	M. transversus abdominis
	M. quadratus lumborum

Funktion: Atemhilfsmuskel. Bei durch Aufstützen fixiertem Arm und Schultergürtel Zug der Rippen nach oben *(Einatmung). Die* Hauptfunktion ist die Senkung des Armes.

Innervation: Nn. thoracici ventrales

M. subclavius (Unterschlüsselbeinmuskel): Von der Knochenknorpelgrenze der 1. Rippe zur Unterfläche des Schlüsselbeines.

Funktion: Zieht die 1. Rippe nach oben *(Einatmung).*

Innervation: N. subclavius (Ast des Plexus brachialis)

Mm. scaleni (schiefe oder ungleichseitig dreieckige Muskeln): Drei Muskeln, die vom 1.–7. Halswirbelquerfortsatz zur 1. oder 2. Rippe ziehen.

Funktion: Rippenheber *(Einatmung).* Seitliche Beugung der Halswirbelsäule.

Innervation: Ast des Plexus cervicalis

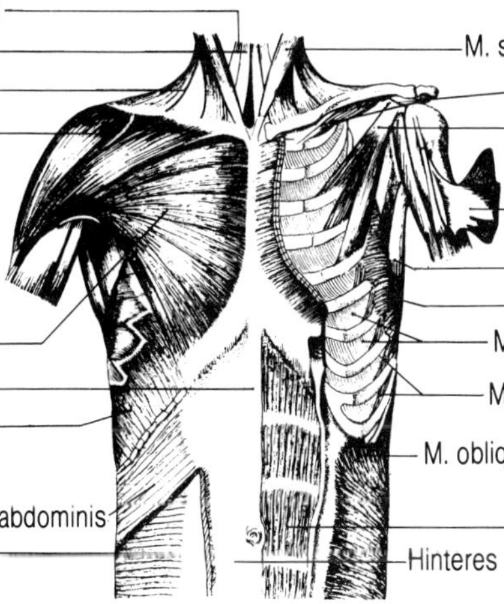

Abbildung 1-3:
Schichtenfolge der Brust- und Bauchmuskeln in der Ansicht von vorn

M. serratus anterior (vorderer Sägemuskel): Von der 1.–9. Rippe rückwärts zum Schulterblatt.

Funktion: Heben der Rippen *(Einatmung)* bei fixiertem Schulterblatt.
Innervation: N. thoracicus longus (Ast des Plexus brachialis)

M. serratus posterior superior (hinterer oberer Sägemuskel): Zieht von den Dornfortsätzen der beiden letzten Hals- und der beiden ersten Brustwirbel schräg nach abwärts zur 2.–5. Rippe.

Funktion: Rippenheber *(Einatmung)*
Innervation: Nn. intercostales

M. serratus posterior inferior (hinterer unterer Sägemuskel): Zieht von den Dornfortsätzen des 12. Brust- und der drei ersten Lendenwirbel zur 9.–12. Rippe.

Funktion: Rippensenker *(Ausatmung)*
Innervation: Nn. intercostales

Mm. levatores costarum (Rippenheber) haben keine rippenhebende Funktion. Es handelt sich um Drehmuskeln der Wirbelsäule.

b) Tiefe Brustmuskeln

Mm. intercostales externi (äußere Zwischenrippenmuskeln): Vom unteren äußeren Rippenrand von hinten oben nach vorn unten an den oberen Rand der nächsten unteren Rippe.

Funktion: Rippenheber *(Einatmung,* Inspiration)
Innervation: Nn. intercostales

Mm. intercostales interni (innere Zwischenrippenmuskeln): Vom unteren inneren Rippenrand von vorn oben nach hinten unten zum inneren Oberrand der nächsten unteren Rippe. Sie werden von den Mm. intercostales externi fast rechtwinklig überkreuzt.

Funktion: Im vorderen (knorpeligen Bereich) des Brustkorbes Rippenheber (*Einatmung,* Inspiration). Im mittleren und seitlichen (knöchernen Bereich) wegen umgekehrter Verlaufsrichtung der Rippen Rippensenker *(Ausatmung,* Exspiration).
Innervation: Nn. intercostales

Mm. subcostales (innere Rippenmuskeln): Sie befinden sich an den Innenflächen der Rippen und haben die gleiche Verlaufsrichtung wie die inneren Zwischenrippenmuskeln, überschlagen aber ein bis zwei Rippen.

Funktion: Rippensenker *(Ausatmung)*
Innervation: Nn. intercostales

M. transversus thoracis (querer Thoraxmuskel): Er liegt an der Innenfläche der vorderen Brustwand und zieht von dem Außenrand der unteren Brustbeinhälfte fächerförmig an die Innenfläche der 2.–6. Rippe.

Funktion: Rippensenker *(Ausatmung)*
Innervation: Nn. intercostales

M. sternothyreoideus (Brustbein-Schildknorpelmuskel): Von der Hinterfläche des Brustbeins zum hinteren Teil der Außenfläche der Schildknorpelplatten.

Funktion: Bei fixiertem Kehlkopf Heben des Brustbeins *(Einatmung).* Die Hauptfunktion ist das Kippen des Schildknorpels nach hinten unten: *Entspannung der Stimmlippen,* siehe auch Abschn. 2.1.3.1, 3.7.1.
Innervation: Ansa nervi hypoglossi

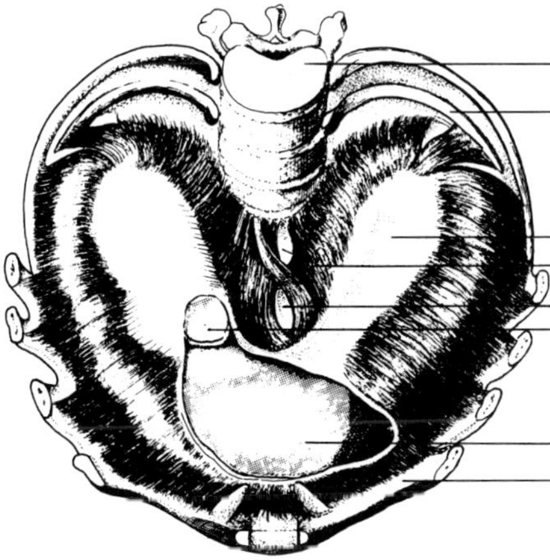

Abbildung 1-4:
Das Zwerchfell in der Ansicht von oben (Brustseite)

Diaphragma (Zwerchfell, Abb. 1-4; zwerch = quer): Spannt sich von der Umrahmung der unteren Brustraumöffnung und der Lendenwirbelsäule (1.–3. Lendenwirbelkörper, Knorpel der 7.–12. Rippe) zur in der Mitte des Muskels gelegenen Sehne (Centrum tendineum). Das Zwerchfell liegt quer zwischen Brusthöhle und Bauchhöhle. Es bildet nach oben eine rechte und linke Zwerchfellkuppel. Die rechte Kuppel kann bei Ausatmung bis an den Knorpel der 4. Rippe, die linke Kuppel bis an den Knorpel der 5. Rippe hinaufreichen.

Funktion: Wichtigster *Einatmungsmuskel.* Das Zwerchfell fördert in Ruhe zwei Drittel des Atemvolumens. Bei Kontraktion Abflachen der Kuppeln. Gleichzeitig werden die kaudalen Rippen nach oben gezogen. Dadurch Erweiterung und Volumenzunahme des Brustkorbes. Die Folge ist ein Unterdruck mit Einsaugen von Luft. Gleichzeitig bewirkt das Tiefertreten des Zwerchfelles eine Kompression der Baucheingeweide mit einer Vorwölbung des Bauches. Die Hälfte der Zwerchfellbewegung wird in Anhebung der Rippen übergeleitet. *Beim Erschlaffen* des Zwerchfelles erfolgt *Ausatmung.* Die Aufwärtsbewegung des Zwerchfelles wird durch Kontraktion der Bauchmuskeln unterstützt; diese drükken die Eingeweide ein- und aufwärts.

Innervation: N. phrenicus (Ast des Plexus cervicalis, d. h. er kommt aus dem 4. Halsnerv)

Gezielte Zwerchfellübungen erscheinen problematisch, da es kein sicheres Muskelgefühl und keine eindeutigen Bewegungsempfindungen im Zwerchfell gibt. An Bewegungen der seitlichen Bauchwand ist jedoch eine indirekte Kontrolle möglich.

1.1.2.2
Bauchmuskeln (Abb. 1-3)

M. obliquus externus abdominis (äußerer schräger Bauchmuskel): Er zieht von den acht unteren Rippen zur Crista iliaca des Darmbeinkammes sowie zum Leistenband und Schambein. Die oberen Fasern verlaufen quer (transversal), die unteren Fasern schräg nach unten vorn.

Funktion: Abwärtsbewegung der unteren Rippen. Erhöhung des Eingeweidedruckes gegen das Zwerchfell *(Ausatmung)*

Innervation: Nn. intercostales

M. obliquus internus abdominis (innerer schräger Bauchmuskel): Er wird vom äußeren schrägen Bauchmuskel überdeckt und zieht vom Leistenkanal und der Crista iliaca des Darmbeinkammes nach vorn aufwärts zur 9.–12. Rippe und horizontal zur Aponeurose (Sehnenplatte) des M. rectus abdominis.

Funktion: Thoraxsenker *(Ausatmung)*

Innervation: Nn. intercostales

M. rectus abdominis (gerader Bauchmuskel): Er verläuft von der 5.–7. Rippe und dem Seitenrand des Brustbeines nach unten über den queren Bauchmuskel zum Schambein (Os pubis). Er steckt in einer Scheide, die von den Sehnenplatten des schrägen und queren Bauchmuskels gebildet wird.

Funktion: Thoraxsenker *(Ausatmung)*

Innervation: Nn. intercostales

M. transversus abdominis (querer Bauchmuskel): Er erstreckt sich von der Innenfläche des 7.–12. Rippenknorpels und des Darmbeinkammes (Crista iliaca) zur Linea alba (Sehnengewebe in der Mitte der Vorderwand des Bauches). Er wird vom Internus und Rectus überdeckt.

Funktion: Rippensenker, Verkleinerung der Brusthöhle *(Ausatmung)*

Innervation: Nn. intercostales

M. quadratus lumborum (quadratischer Lendenmuskel): Von der 12. Rippe zum Darmbeinkamm

Funktion: Zieht die 12. Rippe nach unten *(Ausatmung)*

Innervation: Ast des Plexus lumbalis

1.2 Physiologie der Atmung

1.2.1 Körperhaltung — Atemarten — Atemtypen

1.2.1.1 Körperhaltung

Eine richtige Körperhaltung ist Voraussetzung für die Anwendung einer optimalen Sprech- und Singtechnik.

Arbeits- oder Leistungshaltung. Die für das Singen und für die Singatmung günstige Haltung zeigt eine Tendenz zur Wirbelsäulenstreckung, der Kopf wird aufrecht getragen, die Schultern sind seitwärts zurückgenommen, der Brustkorb ist leicht nach vorn gewölbt und steht fast senkrecht über dem Becken, der Bauch ist abgeflacht.

Ruhehaltung. Sie dient der Entspannung. Die Krümmungen der Wirbelsäule sind vertieft, der Kopf ist leicht nach vorn geneigt, die Schultern sind gering nach vorn und unten verlagert, der Brustkorb ist abgeflacht, der Bauch steht vor.

Es gibt nur eine Ruhehaltung, aber mehrere Arbeitshaltungen, die unterschiedlich ausgeprägt sind. Je höher die stimmliche Leistung, um so mehr Aufrichtung wird verlangt.

1.2.1.2 Atemarten

- Stumme Atmung (Respiratio muta). Sie kommt vor bei der Ruheatmung und der Leistungsatmung.
- Stimmatmung (Respiratio phonatoria). Sie kommt vor bei der Sprechatmung und der Singatmung.

a) Stumme Atmung

Ruheatmung. Bei der Ruheatmung wird durch die Nase geatmet, bei der Sprechatmung überwiegend durch den Mund. Die Stimmlippen bilden während der Ruheatmung bei In- und Exspiration ein längliches Dreieck (Lateralstellung).

Bei der Ruheatmung erfolgt die gesamte Ausatmung rein passiv infolge der elastischen Rückstellkräfte der Lunge (Oberflächenspannung der Alveolen) und der Brustwand (Rippen, Zwerchfell).

Die Frequenz und das Volumen der Ruheatmung sind abhängig von Alter, Gewicht, Geschlecht, Umweltbedingungen und psychischer Situation.

Als ***physiologisch*** richtig gilt eine nach allen Seiten gleichmäßig gerichtete Vergrößerung oder Verkleinerung des Brustkorbes ***(kostoabdominale Atmung).*** Gleichzeitig ist hiermit die tiefste Einatmung möglich.

Vertiefte Ruheatmung. Hier wird das exspiratorische Reservevolumen mobilisiert durch zusätzlichen Einsatz der Exspirationsmuskeln. Hierdurch werden passive energiesparende Rückstellkräfte für den Beginn der Inspirationsbewegung gewonnen.

Leistungsatmung. Bei körperlicher Belastung wird die Inspirationsmuskulatur stärker beansprucht als in Ruhe, dadurch steigt die Dehnung der Lunge. Dies führt zu einer vermehrten Retraktionstendenz der elastischen Kräfte für die Exspiration. Die Lunge zieht sich aber bei der Ausatmung nur auf ein Volumen zurück, das größer ist als in Ruhe. Die Atemmittellage verschiebt sich somit zur Inspiration hin; hierdurch entsteht eine günstigere Vorspannung für den nächsten Atemzug.

b) Stimmatmung

Sprechatmung (Phonationsatmung). Die Sprechatmung hat zwei Aufgaben:

- Bereitstellung des erforderlichen Luftvolumens durch vertiefte Einatmung, Ausnutzung des exspiratorischen Reservevolumens durch vertiefte Ausatmung.
- Aufbau eines geeigneten subglottischen Anblasedruckes.

Bei fortlaufendem Sprechen wird die verlängerte Exspiration erst unterhalb der Atemruhelage abgebrochen: d. h. die Sprechatmung findet genau in dem Bereich statt, in dem sich das respiratorische System am leichtesten bewegen läßt. Das Atemzugvolumen (Einatmungsvolumen) ist im Vergleich zur Ruheatmung nur wenig erhöht.

Singatmung. Bei der Singatmung sind die Exspirationszeiten noch länger als bei der Sprechatmung, und es wird über noch größere Bereiche der Vitalkapazität (zur Verfügung stehende Ausatmungsluft) geatmet. Bei aufsteigenden Tonfolgen mehr abdominale Atmung, bei absteigenden Tonfolgen mehr kostale Atmung.

Am Anfang der Phonation ist eine Abschwächung und Verlangsamung der Ausatmungsbewegung (d.h. der elastischen Kräfte) durch aktive inspiratorische Gegenaktivität erforderlich, um den subglottischen Druck auf das erforderliche Maß zu reduzieren.

Der Einsatz initialer inspiratorischer Gegenkräfte bei der Ausatmung und der gleitende Wechsel zwischen inspiratorischen und exspiratorischen Aktivitäten in Abhängigkeit von entgegengerichteten elastischen Kräften wird als *Atemstütze* bezeichnet.

1.2.1.3 Atemtypen

Bauchatmung (Abdominalatmung). Die Einatmung erfolgt vor allem durch Kontraktion des Zwerchfelles. Die Zwerchfellbewegungen werden auf die vordere Bauchwand übertragen. Bei der Einatmung im Liegen hebt sich daher die vordere Bauchwand, bei der Ausatmung senkt sie sich. Das Zwerchfell kann nicht willkürlich innerviert werden. Förderung von zwei Dritteln des Atemvolumens.

Brust- oder **Rippenatmung** (Thorakal- oder Kostalatmung). Beim kostalen Atemtyp erweitert sich bei der Inspiration im wesentlichen der Thorax, das Zwerchfell wird passiv durch die sich hebenden Rippen mit in die Höhe gezogen. Die Bauchwand bewegt sich wenig oder kann inspiratorisch sogar einsinken. Meist ist dieser Atemtyp mit einem hörbaren Inspirium verbunden. Er ist nicht physiologisch. Normalerweise Förderung von einem Drittel des Atemvolumens durch die Brustatmung.

Die *Flankenatmung* ist ein Teil der Brustatmung, wobei die Atemexkursionen aus dem Bereich der unteren Rippen dominieren. Sie trägt zur flachen Einstellung des Zwerchfelles bei. Auf diese Weise kann das Zwerchfell passiv gedehnt werden.

Bauch-Zwerchfell-Flanken-Atmung (kostoabdominale Atmung, Mischatmung). Die Erweiterung des Brustkorbes und damit die Einatmung erfolgt hierbei in erster Linie durch Kontraktion und Tiefertreten des

Zwerchfelles, in zweiter Linie durch aktives Heben der Rippen. Die kombinierte kostoabdominale Atmung gilt als physiologische Atmung.

Wesentlich ist das Verhältnis von thorakaler zu abdominaler Atembewegung.

Es gibt keine geschlechtsspezifischen Unterschiede hinsichtlich einer betonteren Bauchatmung bei Männern oder betonteren Brustatmung bei Frauen.

Klavikularatmung (Schulter- oder Schlüsselbeinatmung). Es handelt sich hierbei um eine extrem ausgeprägte kostale Atmung. Sie ist pathologisch. Sie kommt bei forcierter Atmung vor. Während der Einatmung wird hierbei der gesamte Schultergürtel gehoben, z. B. beim Asthma bronchiale. Die Klavikularatmung kann Ursache von Stimmstörungen sein.

Die Kombination von Brust- und Schulteratmung wird auch als Hochatmung bezeichnet. Die Kombination von Brust- und Bauch-Flankenatmung als Tiefatmung.

Die Rippen bilden beiderseits Halbringe mit verschiedenen Drehachsen. Die Drehung findet je nach Lage der Rippen in verschiedenen Richtungen statt. Die unteren Rippen verlaufen zunächst steil nach unten. Sie krümmen sich dann nach oben und treten mit dem Brustbein in Verbindung. Die Drehachse der unteren Rippen verläuft von vorn nach hinten (sagittal). Der untere Teil des Brustkorbes wird daher hauptsächlich in einem queren (transversalen) Durchmesser erweitert *(Flankenatmung)*. Die oberen Rippen verlaufen weniger steil nach unten. Sie drehen sich um eine frontale Achse. Der obere Teil des Brustkorbes wird daher hauptsächlich in einem von vorn nach hinten gerichteten (sagittalen) Durchmesser erweitert.

Während bei der Ruheatmung Brustkorb und Bauchwand fast übereinstimmende Bewegungstendenzen zeigen, ist beim Sprechen normalerweise ein *Asynchronismus* zwischen Bauch- und Brustatmung zu beobachten. Die Exspirationsbewegung der Bauchwand beginnt bereits, wenn die Inspirationsbewegung des Brustkorbes noch nicht beendet ist.

1.2.2 Der Stützvorgang

Der Stützvorgang dient dazu, den zur Phonation notwendigen subglottischen Druck auf den kritischen Druck (optimalen Betriebsdruck) zu reduzieren.

Als Stütze bezeichnet man den Halt, den die Einatmungsmuskulatur dem Zusammensinken des Brustkorbes entgegensetzt.

Atemstütze. Appoggiamento (appoggiare — sich gegen etwas lehnen) oder Appoggio. Neuerdings wird der Begriff „Anlehnung" verwendet. Man versteht darunter das Einbeziehen der Körperhaltung zum Stützvorgang.

Thoraxstütze. Beim Tonhalten erfolgt der Stützvorgang zunächst durch kontinuierliche Abnahme der initial starken Aktivität der Mm. intercostales externi (Einatmungsmuskeln); dann erst allmählicher Aufbau der exspiratorischen Aktivität der Mm. intercostales interni (Ausatmungsmuskeln) in der späten Phonationsphase. Der Brustkorb bleibt also zunächst noch in Inspirationsstellung, während das erschlaffte Zwerchfell aufwärts steigt (siehe auch bei Singatmung, Abschn. 1.2.1.2).

Die Thoraxstütze ist unphysiologisch und kann Ursache von Stimmstörungen sein.

Zwerchfellstütze. Das Zwerchfell bleibt bei zunächst kostaler Ausatmung bis zu acht Sekunden in Inspirationsstellung.

Überstützen. Das klangliche Resultat sind gestemmte Töne. Hierauf beruht das Stauprinzip der Gesangslehre von Armin. Die Folge sind Stimmschäden.

Nachächzen beim Singen ist die Folge übertriebenen Stützens. Es beruht auf plötzlichem Druckabfall infolge schnellen Ausströmens der Luft, wobei die Stimmlippen bei noch gespannter Atemmuskulatur sehr schnell von der Phonations- zur Exspirationsstellung übergehen. Bei Caruso oft hörbar

Unterstützen. Stimme leise, behaucht.
Der Stützvorgang ist erschwert beim Singen hoher Töne und im Piano. Er ist besonders stark ausgeprägt beim Stakkato- und Legatosingen sowie beim Jodeln.

Stärke des subglottischen Luftdruckes. Eine Tonhöhensteigerung geht mit einem Anstieg des subglottischen Luftdruckes parallel, wenn die Lautstärke konstant bleibt. Auch eine Intensitätssteigerung der Stimme bewirkt eine Zunahme des subglottischen Luftdruckes, wenn die Tonhöhe konstant bleibt.

Bei normalem Sprechen wechselt der subglottische Druck und damit der Exspirationsdruck. Störungen dieses Druckwechsels können Stimmstörungen verursachen.

Folgende *sprachhistorische* Erscheinungen werden dadurch erklärbar:
- Der Wandel von Tonhöhenakzenten zu Stärkeakzenten bei indogermanischen Sprachen.
- Die Schließung offener Vokale nach Entzug des Akzentes bei romanischen Sprachen.

1.3 Untersuchung der Atmung

Die unterschiedlichen Arten der Atmung werden getrennt geprüft:
- Prüfung der Flankenatmung. Auflegen der Hände auf den unteren seitlichen Brustkorbbereich und einatmen lassen.
- Prüfung der Bauchatmung. Hand auf den Bauch legen und ein- und ausatmen lassen.
- Prüfung der Brustatmung. Bei Einatmung nur Thoraxerweiterung, die Bauchwand bewegt sich wenig oder sinkt ein.
- Prüfung der Klavikularatmung. Bei Einatmung Heben des Schultergürtels.

Man unterscheidet folgende Lungenvolumina:
- Atemzugvolumen. Luftvolumen, das bei jedem Atemzug in Atemmittellage ein- und ausgeatmet wird; ca. 500 ml.
- Inspiratorisches Reservevolumen. Das nach einer normalen Inspiration zusätzlich maximal einzuatmende Luftvolumen; ca. 2500 ml.
- Exspiratorisches Reservevolumen. Das nach einer normalen Exspiration zusätzlich maximal auszuatmende Luftvolumen; ca. 1500 ml.
- Residualvolumen. Es entspricht jener Luftmenge, die nach maximaler Ausatmung in der Lunge verbleibt; ca. 1200 ml.

Vitalkapazität. Man versteht hierunter die gesamte Luftmenge, die nach tiefster Einatmung durch tiefste Ausatmung abgegeben werden kann.

Vitalkapazität = Atemzugvolumen
+ inspiratorisches Reservevolumen
+ exspiratorisches Reservevolumen.

Sie setzt sich also zusammen aus Atem-, Ergänzungs- und Vorratsluft. Sie beträgt beim Mann 3000 bis 5000 ml, bei der Frau 2000 bis 4000 ml. Sie ist abhängig von Geschlecht, Größe, Alter, Körperform und Geübtheit. Vermindert ist die Vitalkapazität bei Erkrankungen der Lunge, z. B. beim Lungenemphysem. Eine große Vitalkapazität braucht nicht mit einer langen Tonhaltedauer einherzugehen. Entscheidend ist, wie ökonomisch die exspiratorische Luft in Schallenergie umgesetzt werden kann.

Bestimmung der Vitalkapazität. Nach tiefster Einatmung wird maximal ausgeatmet und die Luft in ein Spirometer geblasen. Bei unvollständigem Gaumenabschluß muß die Nase zugehalten werden.

Die Vitalkapazität kann wie alle Lungenvolumina im geschlossenen oder im offenen System bestimmt werden. Die Vitalkapazität muß stets mehrfach sowohl inspiratorisch als auch exspiratorisch gemessen werden, da die Meßdaten von der Mitarbeit und der Übung des Patienten abhängig sind.

VK (Mann)= [27,63 – (0,112 x Alter)] x Größe (cm)
VK (Frau) = [21,78 – (0,101 x Alter)] x Größe (cm)

Beim Gesangsunterricht und bei logopädischen Behandlungen keine Übungen zur Vergrößerung der Vitalkapazität beim Singen, sondern Übungen zur besseren Nutzung der Vitalkapazität. Denn in bezug auf die Phonationsatmung und Phonationsdauer spielt die Vitalkapazität nur eine untergeordnete Rolle. Nicht die zur Ausatmung zur Verfügung stehende Luftmenge ist wesentlich, sondern die Art, wie man diese Luft bei der Phonation ausnutzt. Es besteht keine direkte Beziehung von der Größe der Vitalkapazität zur Quantität und Qualität stimmlicher Leistungen. 50 – 70 % der inspiratorischen Vitalkapazität werden mit Hilfe des Zwerchfells eingeatmet. Bis zu 95 % der Vitalkapazität können beim Singen ausgenutzt werden.

Spirometrie. Es handelt sich hierbei um die Bestimmung der Vitalkapazität mittels eines Atemmanometers (Spirometer). Dieses mißt die Menge der hineingeblasenen Luft.

Spirographie (Atemvolumenschreibung). Die Volumenänderungen des Spirometers werden fortlaufend von einem Schreiber aufgezeichnet. Hierdurch lassen sich messen:

- Atemzugvolumen
- Atemfrequenz
- Atemminutenvolumen
- Atemzeitquotient
- Vitalkapazität
- Atemwiderstand
- Atemstoßtest nach Tiffeneau.

Pneumotachographie. Registrierung der zu jedem Zeitpunkt der Atemphase herrschenden Luftstromgeschwindigkeit am Mund- oder Nasenausgang. Durch ein feines Drahtgitter wird eine geschwindigkeitsabhängige Druckdifferenz erzeugt. Die Druckregistrierung erfolgt ober- und unterhalb des Gitters. Durch elektronische Integration über die Zeit ergibt sich aus der Strömungsgeschwindigkeitskurve die Größe des geatmeten Luftvolumens.

Ein anderes Meßprinzip beruht auf dem Hagen-Poiseulle-Gesetz, welches besagt, daß bei laminarer Strömung in einem engen Rohr der Druck zwischen zwei Punkten des Rohres proportional zur Strömungsgeschwindigkeit abfällt. Um den turbulenten Atemstrom in eine laminare Strömung zu verwandeln, wird eine Düse aus zahlreichen engen, parallellaufenden Röhren verwendet, von denen eine als Meßröhre dient. Die an zwei Seitenbohrungen abgenommene Druckdifferenz liefert die Geschwindigkeitskurve des Luftstromes (cm^3/s).

Bei der Untersuchung wird über eine Maske geatmet und gesungen, die mit einem kurzen Meßrohr verbunden ist.

Die Strömungsgeschwindigkeit der Ausatmungsluft bzw. das während einer bestimmten Zeit verbrauchte Volumen beim Singen ist ein wichtiger aerodynamischer Faktor für die stimmliche Leistungsfähigkeit, weil sich daraus die Beziehungen von subglottischem Druck und glottischem Widerstand ableiten lassen. Hohe Strömungsquoten sprechen für eine zu geringe Spannung im Glottisbereich, niedrige weisen auf muskuläre Überspannungen hin.

Die Methode ist nicht dazu geeignet, kranke und gesunde Stimmen sicher voneinander zu trennen, da die Meßwerte sehr stark streuen.

Messung des subglottischen Druckes. Besonders beim Singen hängt die stimmliche Leistungsfähigkeit in hohem Maße von der Feinregulierung des subglottischen Druckes im Verhältnis zum glottischen Widerstand ab.

Messung des subglottischen Druckes bei Phonation:

a) Indirekte Messung über einen durch die Nase in die Speiseröhre gelegten Ballon

b) Direkte Messung:

- Einführen einer Hohlnadel durch den Conus elasticus (Lig. cricothyreoideum) mit außen angeschlossenem Druckwandler
- Transnasales Einlegen eines Polyäthylenröhrchens in die Glottis, welches außen mit einem Druckaufnehmer gekoppelt ist
- Einbringen eines miniaturisierten Druckwandlers transnasal in den subglottischen Raum

c) Ganzkörperplethysmographie

Bestimmung des phonatorischen Wirkungsgrades. Er ist definiert als Relation zwischen aufgewandter Atemarbeit und erzielter phonatorischer Emission. Der phonatorische Wirkungsgrad wird bestimmt aus der Atemströmung und dem emittierten Schalldruck. Zur Bestimmung des phonatorischen Wirkungsgrades ist die Kenntnis des subglottischen Druckes erforderlich.

Ganzkörperplethysmographie. Der Patient atmet in einer geschlossenen Plethysmographenkammer. Die Atemexkursionen von Thorax und Abdomen verkleinern oder vergrößern das Lungenvolumen und damit den Kammerdruck. Da sich nach dem Boyle-Mariotte-Gesetz ($P \cdot V = P' \cdot V'$) der Gasdruck umgekehrt proportional zum Gasvolumen ändert, kann durch Messung der Kammerdruckschwankungen die Zunahme oder Abnahme des Lungenvolumens bestimmt werden.

Weiterhin lassen sich der alveoläre Druck und der subglottische Druck berechnen. Zusammen mit der pneumotachographisch zu bestimmenden Strömungsgeschwindigkeit ist auch die Registrierung des Atemwegswiderstandes möglich.

Messung der Brustumfangsdifferenz. Bei tiefer Atmung beträgt die Änderung des Brustumfanges 5–11 cm.

Pneumographie oder Cingulographie. Registrierung der Atembewegungen (Umfangsänderungen) von Brust- und Bauchwand. Feste Gürtel mit dehnbarem Meßknopf werden um Brustkorb und Bauch gelegt. Der Meßknopf besteht aus einer Feder mit Dehnungsmeßstreifen als mechano-elektrischem Wandler. Proportional zur Biegung der Feder ändert sich der elektrische Widerstand des Dehnungsmeßstreifens für einen Gleichstrom. Die bewegungsabhängigen Spannungsänderungen des Gleichstromes werden nach Verstärkung von einem Schreiber kontinuierlich aufgezeichnet.

Man erhält Informationen über folgende sechs Parameter des Bewegungsablaufes bei Ruhe- und Phonationsatmung:
- Atemfrequenz
- Größe (Amplitude)
- Regelmäßigkeit
- Atemlage
- Form des Bewegungsablaufes
- Verhältnis und Zusammenspiel von Brust- und Bauchatmung.

Pathologische Phonations-Pneumogrammtypen:
a) Plateaubildung beim Singen (verzögerter Abfall des exspiratorischen Kurvenschenkels):
   - Isolierte Plateaubildung der Bauchkurve bei regelmäßigem Abfall der Thoraxkurve: übertriebene Bauchdeckenspannung mit erhöhtem subglottischen Druck und gepreßter Stimmgebung,
   - Plateaubildung der Thoraxkurve bei zu schnellem Abfall der Bauchkurve bis weit unter die Atemmittellage (Einziehen der Bauchdecke): übertriebene Atemstütze beim Singen.
   - Plateaubildung von Thorax- und Abdomenkurve (verzögerte Exspirationsbewegungen): gepreßte Stimmgebung mit Anspannung der exspiratorischen Muskelgruppen.
b) Steilabfall beider Atemkurven mit erhöhter Atemfrequenz und Ventilationsgröße: mangelnder Glottisschluß.
c) Initialer Steilabfall der Bauchkurve: harter Stimmeinsatz.
d) Unregelmäßigkeit der Atemkurven: spastische Dysphonie, Nervosität.

Die Atembewegungen bei Phonation werden also durch die Glottiseinstellung (erhöhter oder erniedrigter Glottiswiderstand) mitbestimmt. Phonatorische Atemstörungen sind daher nicht nur auf Bewegungsfehler des Atemapparates bei Aufbau und Halten des subglottischen Phonationsdruckes zurückzuführen, sondern auch auf eine pathologische Glottisfunktion.

Bei hyperfunktioneller Dysphonie erhöhte Atemfrequenz, Irregularitäten, einseitige Atemtypen, paradoxe Atmung als Zeichen einer Dauer-Fehlüberspannung.

Eine Weiterentwicklung der klassischen Pneumographie ist die respiratorisch-induktive Plethysmographie. In den Dehnungsgürteln befinden sich keine Dehnungsmeßstreifen, sondern dehnungsfähige Induktionsspulen. Diese stellen für einen hochfrequenten Wechselstrom einen dehnungsabhängigen variablen Widerstand dar. Da sich die Umfangsänderungen von Brustkorb und Bauch proportional zur ventilierten Luftmenge verhalten, gestattet die respiratorisch-induktive Plethysmographie nach bodyplethysmographischer Eichung eine fortlaufende Registrierung der thorakalen und abdominalen Atemvolumina bei Ruhe- und Phonationsatmung.

Pneumophonographie. Es handelt sich hierbei um die gleichzeitige zusätzliche Aufzeichnung einer Schallkurve zur Pneumographie. Die Stimme des Patienten wird über ein Kehlkopfmikrophon parallel zu den mittels Dehnungsmeßstreifen bzw. dehnungsfähigen Induktionsspulen ermittelten Ventilationsbewegungen aufgezeichnet.

Tiffeneau-Test. Synonyma: Sekundenkapazität, Tiffeneau-Wert, Atemstoß-Test, forciertes Exspirationsvolumen (FEV_1).

Gemessen wird die ***1-Sekundenkapazität,*** d.h. die Luftmenge, die nach maximaler Inspiration bei forcierter Exspiration in der 1. Sekunde ausgeatmet werden kann.

Der 1-Sekundenwert beträgt bei jugendlichen Männern 77–85% der Vitalkapazität. Er ist abhängig von Alter, Geschlecht und Größe. Die Messung muß vier- bis fünfmal hintereinander erfolgen; gültig ist der höchste Wert.

Man unterscheidet die ***absolute*** Sekundenkapazität (FEV_1 % Soll) von der ***relativen*** Sekundenkapazität (FEV_1 % VK).

Durch Messung der 1-Sekundenkapazität lassen sich Ventilationsstörungen diagnostizieren und differenzieren.

<u>Obstruktive Ventilationsstörung</u> (Ateminsuffizienz). Erhöhung des bronchialen Widerstandes durch Einengung der Atemwege

a) bei beidseitiger Stimmlippenlähmung oder Trachealstenose:
FEV_1 % VK vermindert, (FEV_1 % Soll vermindert), VK% Soll normal.

Die relative und absolute Sekundenkapazität sind vermindert, die Vitalkapazität ist normal.

b) bei Bronchialkollaps (Emphysem), Schleimhautschwellung (Bronchitis) oder Sekretansammlung:
FEV_1 % VK vermindert, (FEV_1 % Soll vermindert), VK% Soll vermindert.
Die 1-Sekundenkapazität ist also vermindert, die Vitalkapazität eingeschränkt.

Restriktive Ventilationsstörung (Ateminsuffizienz). Die Ausdehnungsfähigkeit der Lunge ist vermindert z. B. durch Atelektase, Tumor, Lungenfibrose, Pleuraerguß, Atemmuskellähmungen, Kyphoskoliose, Adipositas, Gravidität:
FEV_1 % VK normal, (FEV_1 % Soll vermindert), VK% Soll vermindert.

Die relative 1-Sekundenkapazität ist also normal, die Vitalkapazität eingeschränkt (absolute 1-Sekundenkapazität vermindert).

Beim *Bronchialkollaps* kann die Spirogrammkurve einen Knick zeigen; d. h. normaler Beginn, dann aber plötzliches Absinken.

Atemfrequenz. Beim jungen Erwachsenen im Stehen Ruheatmungsfrequenz 10–20 Atemzüge/min. Optimaler Wert der Ventilationsgröße: 15 Atemzüge/min bei 6 l/min.

Atemfrequenz des entspannten Erwachsenen kann bei 4–6 Atemzügen/min liegen.

Beim Neugeborenen 62–63 Atemzüge/min.

Atemfrequenz und Atemtiefe werden gesteuert über:

- O_2-Mangel am Paraganglion caroticum (Glomus caroticum; parasympathisches Paraganglion am Teilungswinkel der A. carotis communis) und am Paraganglion aorticum am Aortenbogen. Die Impulse werden über den N. glossopharyngeus (IX) vom Glomus caroticum und vom N. vagus (X) vom Paraganglion aorticum zum pontino-medullären Atemzentrum geleitet.
- CO_2-Erhöhung in den Arterien oder im Liquor cerebrospinalis im verlängerten Rückenmark (Medulla oblongata).
- Verschiebungen der Wasserstoffionenkonzentration (pH), auf die ein zweites Zentrum im verlängerten Rückenmark anspricht.

Paraganglion: Innersekretorisch tätige Zellansammlung, die in enger funktioneller Beziehung zum autonomen Nervensystem steht.

Atemminutenvolumen. Man versteht hierunter die Luftventilation der Lunge in l/min bei ruhiger Atmung. Das Atemminutenvolumen setzt sich aus Atemfrequenz mal Atemzugvolumen zusammen und beträgt ca. 6–9 l/min.

Atemgrenzwert. Es handelt sich um das maximale, pro Minute ventilierbare Luftvolumen. Wegen Hyperventilationsgefahr wird jedoch nur 10–20 s lang geprüft. Normal 70–80 l/min. Der diagnostische Wert ist gering, da er lediglich Veränderungen der Vitalkapazität und des 1-Sekundenwertes widerspiegelt.

Atemquotient (Respirationsquotient, Atemzeitquotient). Bei der Ruheatmung beträgt das normale Zeitverhältnis zwischen Inspiration und Exspiration 1 : 1,5; bei der Sprechatmung 1 : 3 bis 1 : 8, bei der Singatmung 1 : 10 bis 1 : 50, d. h. die Einatmungsdauer ist verkürzt, während die Ausatmungsdauer verlängert ist. Die Ruheatmung des Zuhörers kann sich der Atmungsform des Sprechers angleichen (Respiratio auditoris).

Phonationsvolumen. Das maximal für die Phonation eines Dauertones zur Verfügung stehende Luftvolumen. Es ist linear abhängig von der Vitalkapazität. Normal bei 60–70 dB und 118 ± 19,6 Hz bzw. 270 ± 30,8 Hz beträgt es 0,86 x Vitalkapazität – 891.

Phonationsschwelle. Bestimmung der Phonationsschwelle durch Messung des Beginns des subglottischen Druckanstieges bis zum Einsetzen der ersten Stimmlippenschwingung. Die Phonationsschwelle steigt mit zunehmender Stimmintensität an.

Bei hyperfunktionellen Stimmstörungen steilerer Druckanstieg, längere Latenz und höhere Phonationsschwelle. Bei 83 ± 4 dB Umgebungslärm (kritischer Störschallpegel) sprunghafter Anstieg der Phonationsschwelle mit extrem harten Stimmeinsätzen (Beginn der Gefahr einer Stimmschädigung).

Bei hypofunktionellen Stimmstörungen ist keine Beziehung zwischen Phonationsschwelle und Stimmschalldruck vorhanden.

Präphonatorischer Luftverbrauch. Luftvolumen, das vor Einsetzen der Stimme ausströmt. Messung durch gleichzeitige Registrierung von Schallsignal und Luftstrom mittels Pneumotachographie. Mit dieser

Methode wird weiterhin gemessen:
- Phonationslatenz: Zeitspanne von Beginn der Luftströmung bis zum Einsetzen der Stimme.
- Anstiegszeit der Luftströmungsgeschwindigkeit: Zeitspanne von der ersten Stimmlippenschwingung bis zur Stabilisierung der Luftströmungsgeschwindigkeit (quasistationärer Zustand). Anstiegszeit normal 0,15 s.
  Bei *Stimmlippenknötchen* verlängerte Anstiegszeit und größerer Luftverbrauch während der ersten 200 ms.

Die **Strömungsrate** (das bei Phonation ausgeatmete Luftvolumen) ist abhängig von folgenden Faktoren:
- Glottiswiderstand. Mit Abnahme des Glottiswiderstandes (mangelnder Glottisschluß bei Phonation) Zunahme der Strömungsrate, d.h. Verkürzung der maximalen Phonationszeit (Tonhaltedauer) mit verhauchter Stimme.
  Bei extremer Erhöhung des Glottiswiderstandes verkürzte Phonationszeit mit geringer Strömungsrate.
  Bei gleichem subglottischem Druck sind daher je nach Glottiseinstellung unterschiedliche Strömungsraten möglich.
- Größe der Schwingungsamplituden der Stimmlippen. Je größer die Schwingungsamplituden, um so mehr Luft strömt durch die Glottis.
- Zeit der Glottisöffnung. Bei kürzerer Öffnungsphase entweicht phonatorisch nur wenig Luft. Im Brustregister daher geringerer Luftverbrauch als im Kopfregister (spindelförmiger Glottisspalt).
- Stimmstärke. Mit wachsender Stimmstärke steigt der subglottische Druck und der Luftverbrauch. Die Druckzunahme ist größer als die Zunahme des ausgeatmeten Luftvolumens.
- Stimmhöhe. Bei tiefen Tönen höherer Luftverbrauch (Glottis hinten leicht geöffnet) als bei Tönen im mittleren Tonbereich des Brustregisters (Glottis geschlossen). Ebenso bei hohen Tönen (Längsspalt). Siehe auch Abschn. 3.7.1.
- Form des Ansatzrohres, d.h. von dem gesungenen Vokal. Höherer Luftverbrauch bei geschlossenen Vokalen (i) als bei offenen Vokalen (a).
- Art der Konsonanten. Stimmlose Konsonanten haben einen höheren Luftverbrauch als stimmhafte Konsonanten.
- Singart. Beim offenen Singen ist der Luftverbrauch kleiner als beim gedeckten Singen (siehe Abschn. 3.7.16).

- Stimmeinsatz. Beim gehauchten Stimmeinsatz wird vor dem vollen Stimmklang bereits Luft verbraucht. Beim harten Stimmeinsatz höherer Luftverbrauch als beim weichen Stimmeinsatz.
- Krankhafte Veränderungen. Vermehrter Luftverbrauch bei unvollständigen Stimmlippenschluß (Internusschwäche, Transversusschwäche, Stimmlippenlähmung), offenem Näseln, bei der Sprache Gehörloser.
- Stimmgattung. Bei tiefen Stimmgattungen höherer Luftverbrauch. Der Luftverbrauch schwankt zwischen 40–660 ml/s; bei Baß, Bariton und Alt zwischen 90–200 ml/s, bei Tenor und Sopran zwischen 40–90 ml/s.
- Register. Geringerer Luftverbrauch im Kopfregister als im Brustregister, da im Kopfregister spindelförmiger Glottisspalt.
- Stimmökonomie. Es besteht somit ein Zusammenhang mit dem phonatorischen Wirkungsgrad.

Phonationsquotient. Maß für den Luftverbrauch bei Phonation. PQ (Phonationsquotient) = VC (Vitalkapazität)/MPT (maximale Phonationszeit). Erhöhter Luftverbrauch bedeutet Verkürzung der maximalen Tonhaltedauer.

Bisher sind wegen des großen technischen Aufwandes und der noch unsicheren Interpretation der Meßergebnisse nur wenige der zahlreichen bekannten instrumentellen Methoden für die Funktionsdiagnostik der Stimme in der Praxis einsetzbar.

1.4 Pathophysiologie der Atmung

Störungen der Atmung sind entweder eine wesentliche Ursache oder aber nur ein Symptom von Stimmfunktionsstörungen.

1.4.1 Störungen der Ruheatmung

Nervöses Atemsyndrom. Ständiger Wechsel von Frequenz, Amplitude, Atemquotient (Verhältnis von Ein- und Ausatmung) und Bewegungsrelation zwischen Thorax und Abdomen. Erhöhte Atemfrequenz (Flachatmung) und/oder erhöhte Atemtiefe (Tiefatmung). Hyperventilationsgefahr.

In abgeschwächter Form Symptom bei hyperfunktioneller Dysphonie.

Seufzeratmung. Bei Angst vertiefte, irreguläre Atmung. Ursache ist die Abhängigkeit des Atemrhythmus vom Stimmungszustand.

Reflektorische Atemhemmung bei psychischer Spannung und beim Lauschen; letzteres wird beim Kleinkind als Indikator für vorhandenes Hörvermögen verwendet.

1.4.2 Störungen der Sprechatmung

Organische Ursachen:

- Bei Lungentumoren, Lungenemphysem, Herz- und Gefäßerkrankungen ist die Vitalkapazität herabgesetzt. Bei Asthma bronchiale ist die Vitalkapazität zwar normal, aber die Exspirationsstärke ist vermindert und die Exspirationsdauer (exspiratorischer Stridor) wegen des Bronchospasmus verlängert (Obstruktion). Beim Morbus Bechterew findet sich infolge fehlender Bewegungsmöglichkeit des Brustkorbes ausschließlich Zwerchfellatmung. In allen diesen Fällen ist die *Tonhaltedauer* (z. B. geprüft auf dem Vokal „o") *verringert,* d. h., es muß in kurzen Abständen eingeatmet werden (***respiratorische Dyspnoe***).
- Bei Lähmungen der Kehlkopfmuskeln mit unvollständigem Stimmlippenschluß sowie bei Gaumenspalten mit vermehrtem Luftabfluß durch die Nase und bei entzündlichen Stimmlippenveränderungen muß ebenfalls in kurzen Abständen eingeatmet werden (***phonatorische Dyspnoe***).
- Bei Zwerchfellähmung findet sich ein *paradoxer* Zwerchfellbewegungsablauf, d. h. inspiratorische passive Aufwärtsbewegung des Zwerchfelles bei gleichzeitiger forcierter thorakaler Atmung.

Funktionelle Ursachen:

- Bei Gehörlosen beobachtet man ataktische Atembewegungen, phonatorische Luftverschwendung, zu hohe Sprechstimmlage und asymmetrische Bewegungen der beiden Zwerchfellhälften. Die Atemfrequenz beim Sprechen ist im Vergleich zum Normalsinnigen erhöht.
- Beim Stottern ist, auch wenn keine Sprechstörungen mehr vorliegen, noch eine Störung des Zusammenspiels von Brust- und Bauchatmung vorhanden. Es kommt zu ungewöhnlich tiefen Inspirationen, tonischen Atemstillständen bei Ein- und Ausatmung sowie zu klonischen

Bewegungen oder keuchendem Einatmen und hauchendem Ausatmen. Die Ruheatmung ist normal.

- Bei der spastischen Dysphonie (krampfartige Stimmstörung) liegen eine Hochatmung sowie stoßartige Luftverschwendung vor.
- Erhöhte Sprechatmungsfrequenz bei hyperfunktioneller Dysphonie ebenso auch bei hypofunktioneller Dysphonie infolge erhöhten Luftverbrauchs.
- Einseitige Betonung von Brust- oder Bauchatmung. Diese imponiert im Extremfall als sog. paradoxe Atmung, da gegen erhöhte elastische Widerstände gearbeitet wird.
- Inspiratorische Atemlage bei Phonation. Abbruch der Exspiration oberhalb der Atemruhelage. Hierbei werden die passiven Rückstellkräfte zu wenig genutzt. Symptom bei hyperfunktioneller Dysphonie.
- Gestaute Atmung. Folge erhöhter Stimmlippenspannung z.B. bei hyperfunktioneller Dysphonie.
- Verkürztes Exspirium. Folge überschüssigen Luftverbrauches.

Siehe auch Abschnitt 1.3 (Pneumographie).

1.4.3 Störungen der Singatmung

Es ist möglich, trotz falscher Atemtechnik längere Zeit gut zu singen. Die Stimmlippen werden aber zu übertriebener Anstrengung gezwungen, um die Schwäche der Atmung auszugleichen. Die Folge ist eine Ermüdung der Kehlkopfmuskeln.

Organische Ursachen:

- Schwäche der Bauchmuskulatur. Sie findet sich besonders bei Frauen. Ursachen sind Fettleibigkeit, Eingeweideptose, Rektusdiastase (Auseinanderweichen der geraden Bauchmuskeln) nach Schwangerschaft oder Bauchoperation. Kompensatorisch tritt eine zu starke Kontraktion der Brust-, Hals- und Gesichtsmuskulatur auf. Die Töne klingen daher unsicher, tremolierend.

Funktionelle Ursachen:

- Übermäßiges Anheben des Brustkorbes. Dabei findet man eine krampfartige Kontraktion der Bauchmuskeln mit steifer Gesamthaltung, Anspannung der Halsmuskulatur und Anschwellen der Halsvenen.

- Irreguläres und wechselndes Bewegungsverhältnis zwischen Bauch- und Brustatmung. Es ist Ausdruck eines übermäßigen, nicht erforderlichen Einsatzes aktiver Muskelkräfte (siehe z. B. Pneumogramm Carusos aus dem Jahre 1911).
- Paradoxe Atmung. Während der Einatmung Einziehung der Bauchdeckenmuskulatur, z. B. bei Hochatmung.
  Bei der Ausatmung erkennt man dagegen eine zunehmende Vorwölbung der vorderen Bauchwand (sog. umgekehrte Exspiration). Die Folge ist eine rasche Ermüdung beim Singen.
- Steifheit der Bauchmuskulatur. Beim Stützvorgang, findet eine zu starke Kontraktion der Bauchmuskulatur (eingezogener Bauch) statt. Die Folgen sind gepreßter Atem sowie unsicherer und abgeschnürter Klang der hohen Töne (siehe auch Abschnitt 1.3 Pneumographie).

2
Kehlkopf

Im Verlauf der Phylogenese besaß der Kehlkopf zunächst nur eine Verschlußfunktion (Sphinkterfunktion), da sich unmittelbar über dem Kehlkopf Luft- und Speisewege kreuzen. Der menschliche Kehlkopf entwickelte sich aus dem primitiven Ringmuskelverschluß des urzeitlichen Lungenfisches. Erst später kam die Stimmgebung hinzu. Daher Doppelfunktion des Kehlkopfes: Atmung und Stimmgebung.

Die Lungen liefern einen stetigen Luftstrom bei der Phonation. Dieser versetzt die Stimmlippen in Schwingungen. Am Phonationsvorgang sind sowohl das knorpelige Kehlkopfgerüst durch Änderung seiner Einstellung beteiligt als auch die innere und äußere Kehlkopfmuskulatur.

2.1
Anatomie des Kehlkopfes

2.1.1
Knorpeliges Kehlkopfgerüst (Abb. 2-1)

Ringknorpel (Cartilago cricoidea). Er sieht siegelringähnlich aus, mit der Platte nach hinten.

Schildknorpel (Cartilago thyreoidea, Abb. 2-2). Das obere Ende der vorderen winkelbildenden Kante springt nach außen vor (Adamsapfel). Die hinteren, senkrechten Ränder der Schildknorpelplatten laufen nach oben und unten in die Schildknorpelhörner aus. Die Enden der unteren Hörner sitzen den seitlichen Gelenkflächen des Ringknorpels auf. Hierdurch sind Kippbewegungen des Schildknorpels in sagittaler Richtung möglich. Zwischen Schildknorpel und dem darüberliegenden Zungenbein (Os hyoides) spannt sich eine Membran aus (Membrana hyothyreoidea). Schildknorpel und der darunterliegende Ringknorpel stehen durch das Lig. cricothyreoideum miteinander in Verbindung.

Stellknorpel (Cartilago arytaenoidea bzw. Cartilagines arytaenoideae, Aryknorpel, Gießbeckenknorpel). Sie sitzen hinten auf dem oberen Rand

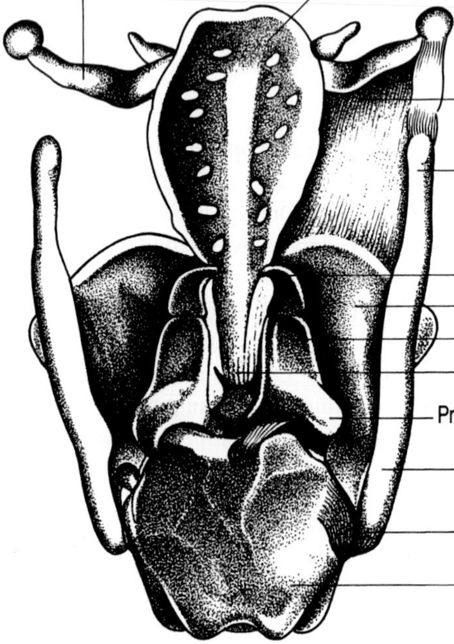

Abbildung 2-1:
Kehlkopfknorpelgerüst in der Ansicht von hinten

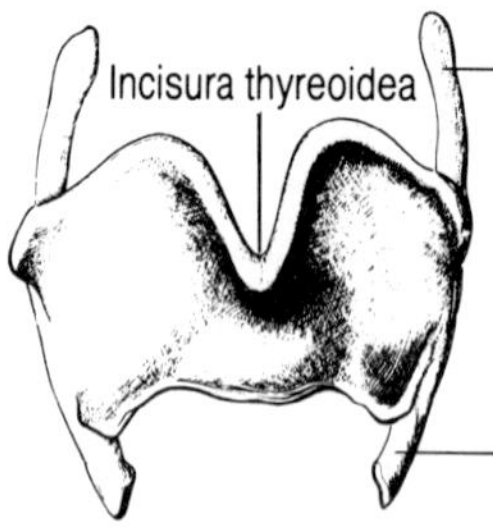

Abbildung 2-2:
Schildknorpel in der Ansicht von vorn

der Ringknorpelplatte und sind mit ihr durch Drehgleitgelenke verbunden. Die drei Ecken der Grundfläche sind in Spitzen ausgezogen. Der nach vorn gerichtete Processus vocalis dient als Ansatz für das Stimmband (Lig. vocale) und den Stimmbandmuskel (M. vocalis), der nach der Seite gerichtete Processus muscularis als Ansatz für den M. cricoarytaenoideus lateralis und den M. cricoarytaenoideus posterior. Auf der Spitze der Pyramiden sitzen der funktionell bedeutungslose *Santorini-* und seitlich der *Wrisberg-Knorpel.*

Kehldeckelknorpel (Cartilago epiglottica, Epiglottis). Die nach unten gerichtete Spitze (Petiolus) des Kehldeckels ist mittels eines Bandes (Lig. thyreoepiglotticum) an der Innenseite des Schildknorpels befestigt. Die Basis ragt frei in den Rachen und bildet die vordere Umrandung des Kehlkopfeingangs.

2.1.2 Kehlkopfinneres (Abb. 2-3)

Auskleidung von mehrreihigem Flimmerepithel mit eingestreuten Becherzellen (sog. respiratorisches Epithel). Nur die Stimmlippen sind von mehrschichtigem unverhorntem Plattenepithel bedeckt.

Supraglottischer Raum. Nach der Definition der Anatomen reicht der supraglottische Raum vom Kehlkopfeingang (freier Epiglottisrand, arye-

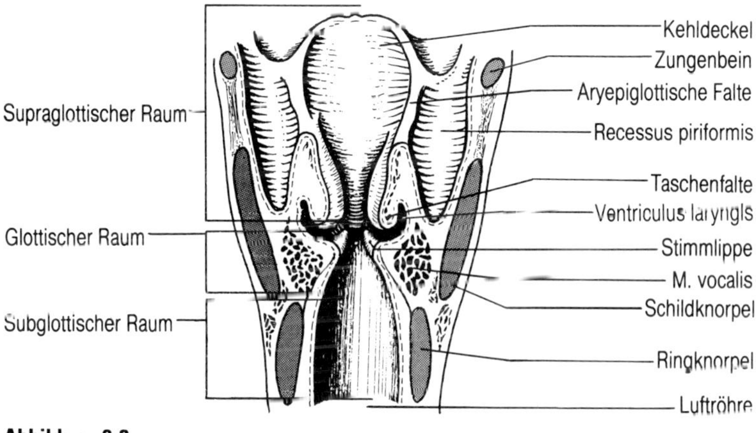

Abbildung 2-3:
Längsschnitt durch den Kehlkopf in der Ansicht von hinten

piglottische Falten, Aryknorpel) bis zum unteren Rand der Taschenfalten (Plicae ventriculares, Taschenbänder).

Nach hals-nasen-ohrenärztlicher Definition reicht der supraglottische Raum bis zum Oberrand der Stimmlippen.

Zwischen Taschenfalte und Stimmlippe liegt der Eingang in den Ventriculus laryngis (Sinus Morgagni). Es handelt sich hierbei um rudimentäre Reste der Brüllsäcke bei Affen. Eine schallverstärkende Wirkung beim Menschen ist zweifelhaft. Sie sollen jedoch mitbestimmend sein für die persönliche Klangfarbe der Stimme und für das sog. Decken eines Tones beim Kunstgesang.

Der supraglottische Raum hat eine Trichterfunktion mit richtungsbestimmter Bündelung der Schallabstrahlung; hierdurch Verstärkung der Stimmleistung.

Glottischer Raum. Glottis = Stimmritzenkörper des Kehlkopfes bzw. stimmbildender Teil des Kehlkopfes (Stimmlippen, Stellknorpel, Stimmritze, Lig. vocale).

Glottis wird auch als Kurzbezeichnung für Rima (Ritze) glottidis = Stimmritze verwandt. Das griechische Wort glõtta bedeutet Zunge oder Mundstück der Flöte. Nach der Definition der Anatomen erstreckt sich der glottische Raum vom unteren Rand der Taschenfalten bis zum oberen Rand der Stimmbänder (Plicae vocales, auch Stimmfalten oder Stimmlippen genannt) einschließlich der Ventrikel.

Nach hals-nasen-ohrenärztlicher Definition reicht der glottische Raum vom Stimmlippenoberrand bis ca. 1 cm kaudalwärts zum Stimmlippenunterrand.

Bei den Stimmlippen handelt es sich um Schleimhautfalten von weißer Farbe. Sie sind von geschichtetem Plattenepithel überzogen. Im hinteren knorpeligen Teil Flimmerepithel. In den Stimmlippen liegen die Mm. vocales. Die Stimmlippen begrenzen den vorderen Teil der Stimmritze (Rima glottidis).

Die *Stimmritze* wird in eine zwischen den Stimmlippen gelegene Pars intermembranacea und eine dahinter, zwischen den Stellknorpeln gelegene Pars intercartilaginea unterteilt.

Die *Stimmlippen* werden in eine Pars membranacea und eine Pars cartilaginea (Processus vocales der Aryknorpel) unterteilt. Die Stimmlippen selbst haben keine Schleimdrüsen. Schleimdrüsen der Taschenfalten und des Ventriculus laryngis benetzen die Stimmlippen mit Drüsensekret.

Subglottischer Raum. Nach anatomischer Definition reicht der subglottische Raum vom oberen Rand der Stimmlippen bis zum unteren Rand des Ringknorpels. Nach hals-nasen-ohrenärztlicher Definition erstreckt sich der subglottische Raum vom unteren Rand der Stimmlippen bis zum unteren Rand des Ringknorpels.

Der sog. *Kehlraum* entspricht anatomisch weitgehend dem unteren Rachen (Hypopharynx). In ihm kommen die Klangabstufungen der Sprech- und Singstimme zustande.

Anmerkung: Die *Recessus piriformes* liegen lateral von den aryepiglottischen Falten.

2.1.3 Kehlkopfmuskulatur

Die Außenmuskeln des Kehlkopfes dienen der Hebung, Senkung und Fixation des Kehlkopfes sowie der Stimmlippenspannung (Tonhöheneinstellung).

Die Innenmuskeln des Kehlkopfes werden nach ihrer Funktion in Erweiterer (Abduktoren) und Verengerer (Adduktoren) der Stimmritze unterteilt. Sie bewegen die Stellknorpel. Hinzu kommt die Spannfunktion der Stimmlippen. Die Anspannung folgt der Einstellung zeitlich nach.

2.1.3.1 Äußere Kehlkopfmuskeln (siehe Abb. 2-4 und Abb. 2-5)

M. constrictor pharyngis inferior (unterer Schlundschnürer, auch M. laryngo-pharyngeus genannt). Von den Seitenflächen des Schildknorpels und Ringknorpels beiderseits zur Hinterwand des Pharynx (Raphe pharyngis). Er setzt sich zusammen aus dem M. thyreopharyngeus und M. cricopharyngeus.

Funktion: Fixation und Rückwärtsbewegung des Kehlkopfes.

Funktion des M. cricopharyngeus: Stimmlippenverkürzende Wirkung infolge Kippung des Ringknorpels kommt nicht zum Tragen. Daher Verlängerung (Spannung) der Stimmlippen, d. h. Unterstützung des M. cricothyreoideus (siehe dagegen Abschn. 3.7.1).

Innervation: Zweige des Plexus pharyngeus. Dieser setzt sich zusammen aus den Rr. (Rami) pharyngei des N. glossopharyngeus (IX), den Rr. pharyngei des N. vagus (X) und den Rr. pharyngei des Sympathicus.

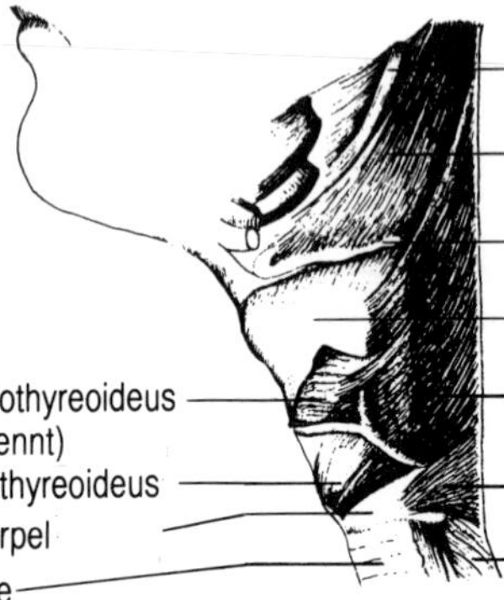

Abbildung 2-4:
Äußere Kehlkopfmuskeln, von der linken Seite gesehen

Außerdem Innervation vom N. laryngeus superior und N. laryngeus recurrens (Äste des N. vagus).

M. stylopharyngeus (Griffel-Schlundmuskel). Vom Griffelfortsatz (Processus styloides) der Schädelbasis zum oberen Rand des Schildknorpels, den Seitenrändern des Kehldeckels und der Hinterwand des Pharynx.

Funktion: Zug des Kehlkopfes nach oben.

Innervation: R. stylopharyngeus des N. glossopharyngeus (IX).

M. sternothyreoideus (Brustbein-Schildknorpelmuskel). Von der Innenfläche des Brustbeinkopfes (Manubrium sterni) zum hinteren Teil der Außenfläche der Schildknorpelplatten.

Funktion: Zug des Kehlkopfes nach unten, Kippen des Schildknorpels nach hinten, passive Entspannung der Stimmlippen. Antagonist des M. cricothyreoideus. Unterstützung der Tonhöhensenkung im unteren Drittel des Stimmumfanges (siehe Abschn. 3.7.1).

Da bei Schädigung des Muskels eine Herabsetzung der Dauerlautstärke und der Belastungsdauer beim Sprechen und Singen erfolgt, wird auch eine indirekt stimmlippenspannende Wirkung angenommen.

Nach anderer Auffassung hat der M. sternothyreoideus eine dualistische Funktion. Allerdings erst bei sehr hohen Tönen unterstützt der M.

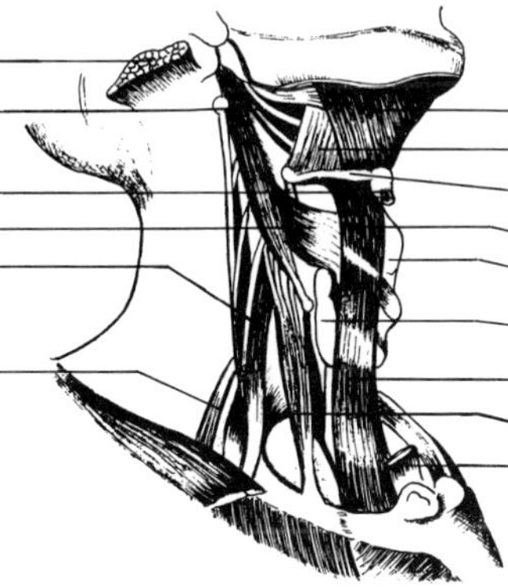

Abbildung 2-5:
Halsmuskulatur in der Ansicht von der rechten Seite

Abbildung 2-6:
Wirkung des M. cricothyreoideus bei festgestelltem Stellknorpel

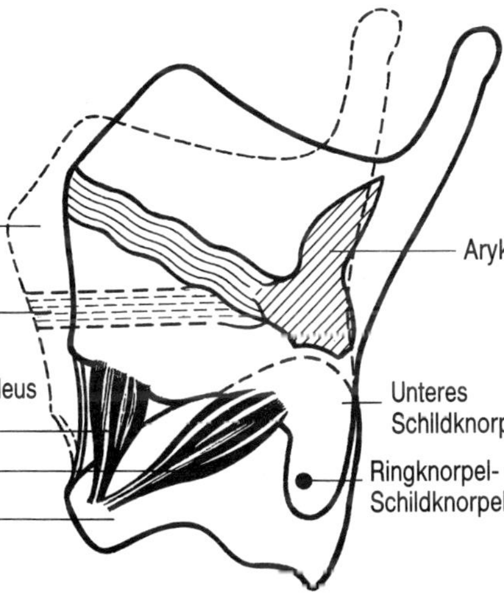

sternothyreoideus die Stimmlippenverlängerung durch zusätzliche Kippung des Schildknorpels nach ventral.

Innervation: Ast der Ansa cervicalis (nur aus dem Halsmark stammende Nervenfasern). Die Ansa cervicalis setzt sich zusammen aus der Radix superior ansae cervicalis des N. hypoglossus (sie enthält jedoch nur Nervenfasern aus dem Halsmark) und der Radix inferior aus dem Plexus cervicalis (aus C II-IV [Zervikalnerven, Halsmarknerven]).

M. thyreohyoideus (Schildknorpel-Zungenbeinmuskel). Fortsetzung des M. sternothyreoideus. Vom hinteren Teil der Außenfläche der Schildknorpelplatten zu den Seitenflächen des Zungenbeinkörpers.

Funktion: Bei fixiertem Zungenbein Zug des Kehlkopfes aufwärts, bei festgestelltem Kehlkopf Zug des Zungenbeins abwärts.

Innervation: R. thyreohyoideus des Plexus cervicalis (Halsnerven).

M. cricothyreoideus (Ringknorpel-Schildknorpelmuskel, Abb. 2-4, 2-6, 2-8).

Pars recta: Vom vorderen oberen Rand des Ringknorpels zum vorderen unteren Rand des Schildknorpels.

Pars obliqua: Vom seitlichen oberen Rand des Ringknorpelbogens schräg nach hinten oben zur rückwärtigen Unterkante und zum unteren Horn des Schildknorpels.

Funktion: Nähert visierartig den Schildknorpel an den Ringknorpel, passive Spannung der Stimmlippen (äußerer Stimmlippenspanner). Antagonist des M. sternothyreoideus. Synergist ist der M. cricopharyngeus.

Funktionsausfall (Abb. 2-7): Auch bei einseitigem Ausfall beide Stimmlippen schlaff; leichte Exkavation der freien Stimmlippenränder bei Phonation; Singen hoher Töne nicht mehr möglich, Stimme leicht heiser, kraftlos (siehe dagegen Abschn. 11.3.2.6). Der Ausfall eines äußeren Kehlkopfmuskels wirkt sich auch auf die Gegenseite aus.

Innervation: N. laryngeus superior (Ast des N. vagus).

Nach anderer Auffassung kippt der M. cricothyreoideus nicht den Schildknorpel nach vorn unten, sondern den Ringknorpel nach hinten oben, während der Schildknorpel durch die extralaryngeale Muskulatur fixiert bleibt.

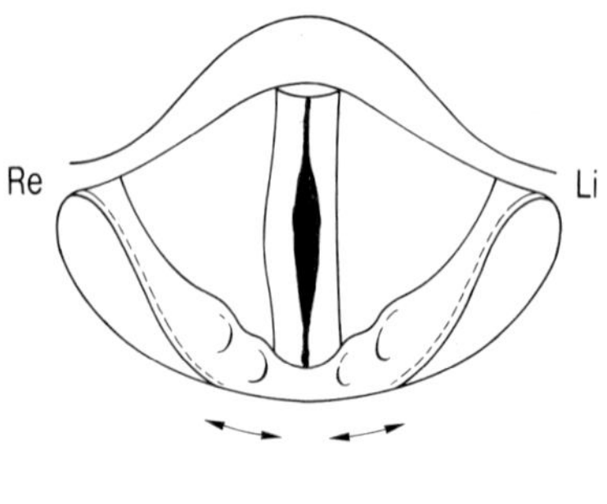

Abbildung 2-7: Funktionsausfall des M. cricothyreoideus beiderseits

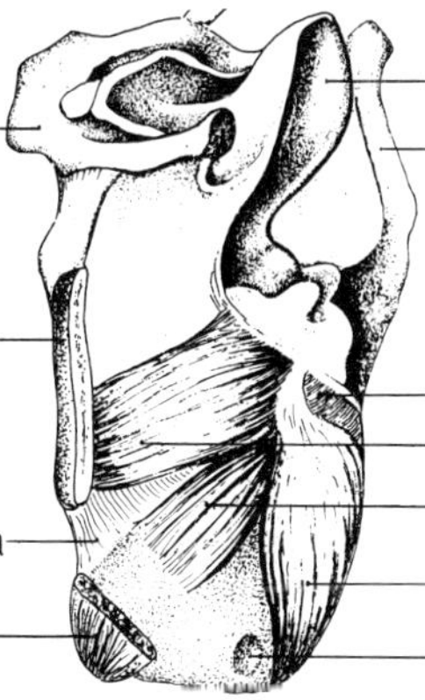

Abbildung 2-8:
Innere Kehlkopfmuskeln in der Ansicht von links-schräg, hinten, seitlich

2.1.3.2
Innere Kehlkopfmuskeln (Abb. 2-8)

Die Innenmuskeln des Kehlkopfes bewegen die Aryknorpel und spannen die Stimmlippen.

Alle inneren Kehlkopfmuskeln werden vom N. laryngeus inferior, dem Endast des N. laryngeus recurrens (kurz auch N. recurrens genannt), der vom N. vagus abzweigt, innerviert.

a) Stimmlippenspanner

Außer dem **M. cricothyreoideus** (äußerer Kehlkopfmuskel für die Grobspannung):

M. thyreoarytaenoideus. Von der Innenfläche des Schildknorpels zum Processus muscularis und der lateralen Fläche des Aryknorpels.

Der innere Teil des Muskels ist der *M. vocalis* (M. internus, Stimmlippenmuskel): Von der Innenfläche des Schildknorpels zum Processus vocalis des Aryknorpels. Er ist aus vielen kleinen Muskelfaserbündeln zusammengesetzt, die so angeordnet sind, daß bei Zusammenziehung des Muskels dessen äußerer Rand gerade bleibt und nicht zu einem Muskelbauch geformt wird. Die Muskelfasern verlaufen nicht parallel zum Stimmlippenrand, sondern sind zopfartig miteinander verflochten.

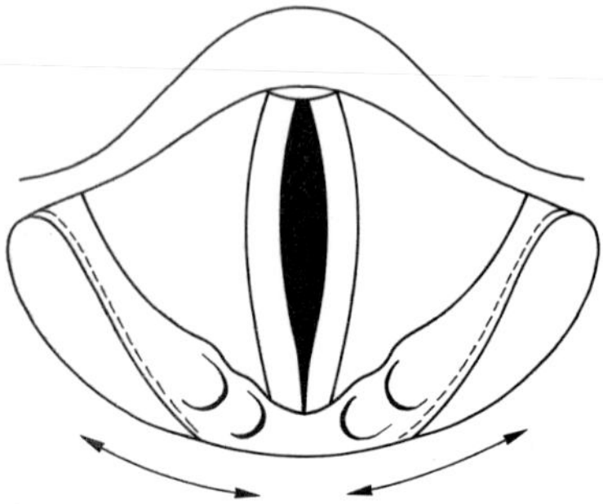

Abbildung 2-9:
Kleine ovaläre Spaltbildung bei Phonation infolge von beidseitigem Funktionsausfall des M. vocalis

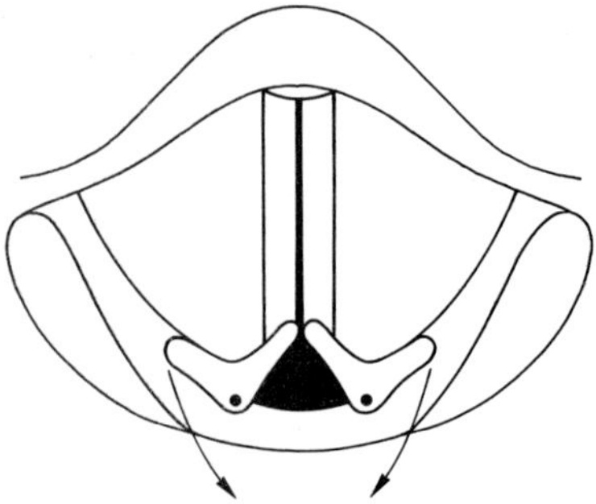

Abbildung 2-10:
Zugrichtung des M. cricoarytaenoideus posterior

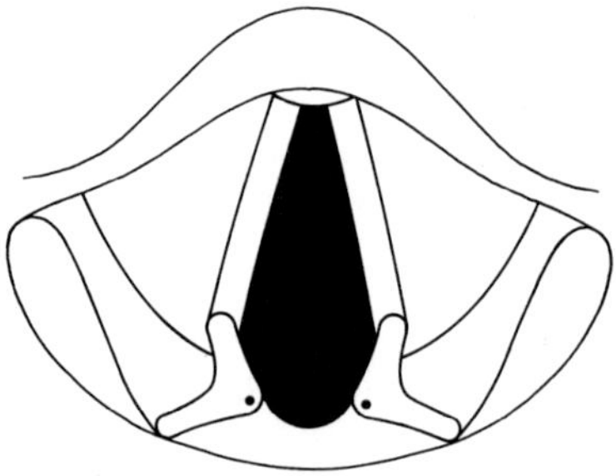

Abbildung 2-11:
Stimmlippenstellung nach Kontraktion des M. cricoarytaenoideus posterior

Die Spannung der Stimmlippen durch den M. vocalis ist eine isometrische Kontraktion, d.h. Erhöhung der Spannung bei gleichbleibender Länge. Je nach Bedarf beteiligen sich mehr oder weniger Muskelbündelchen. So wechselt die Dicke der Stimmlippe. Die gewöhnliche Stimmlage, die Bruststimme, wird mit dicker Saite intoniert, die Kopfstimme mit dünner Saite (siehe auch Abschn. 3.7.1; 3.7.10).

Funktion: Feinspannung der Stimmlippen, Verengung der Stimmritze (Rima glottidis), Feinregulierung des Tones. Zwischen den Stimmlippen entsteht der Hauchlaut „h".

Funktionsausfall (Abb. 2-9): Bei Phonation ovalärer Glottisspalt (Internusschwäche) mit Heiserkeit.

Abbildung 2-12:
Dreieckförmiger Glottisspalt bei Phonation infolge von beidseitigem Funktionsausfall des M. cricoarytaenoideus posterior

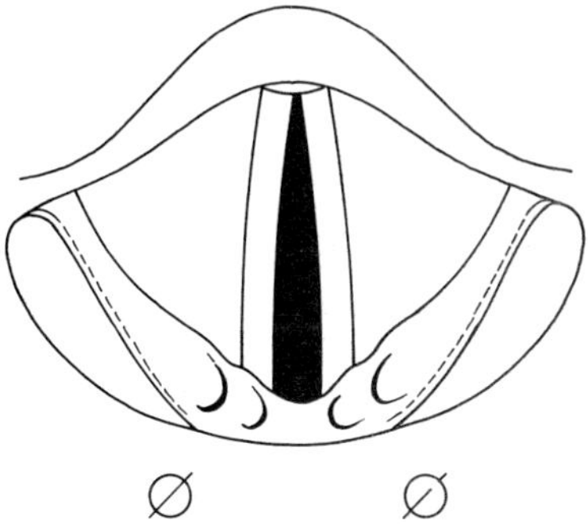

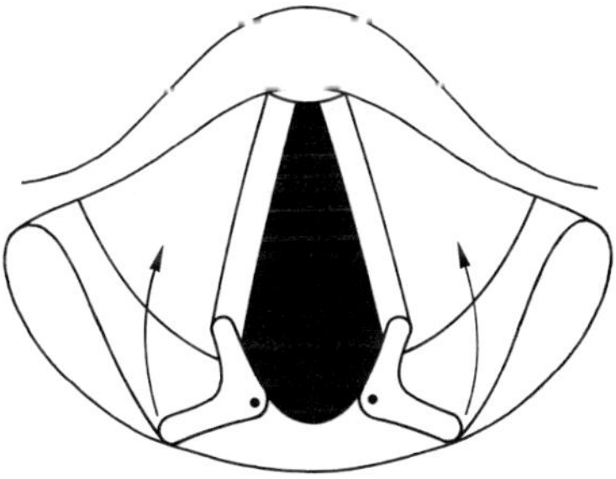

Abbildung 2-13:
Zugrichtung des M. cricoarytaenoideus lateralis

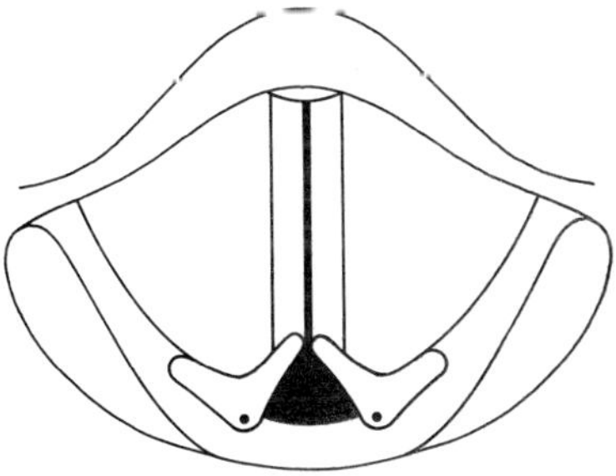

Abbildung 2-14:
Stellung der Stimmlippen nach Kontraktion des M. cricoarytaenoideus lateralis

b) Stimmritzenöffner

M. cricoarytaenoideus posterior (hinterer Ringknorpel-Stellknorpelmuskel, auch M. posticus genannt): von der Hinterfläche der Ringknorpelplatte zum Processus muscularis des Aryknorpels.

Funktion (Abb. 2-10, 2-11). Öffnung der Glottis durch Zug am Processus muscularis des Aryknorpels nach hinten zur Mitte. Die Processus vocales weichen jedoch durch gleichzeitigen Zug des M. cricoarytaenoideus lateralis nach der Seite auseinander (Respirationsstellung).

Funktionsausfall (Abb. 2-12): Die Glottis kann nicht mehr geöffnet werden. Bei beidseitiger Lähmung bleiben beide Stimmlippen in Paramedianstellung (dreieckförmiger Glottisspalt) fixiert. Atemnot, Stimme leicht heiser.

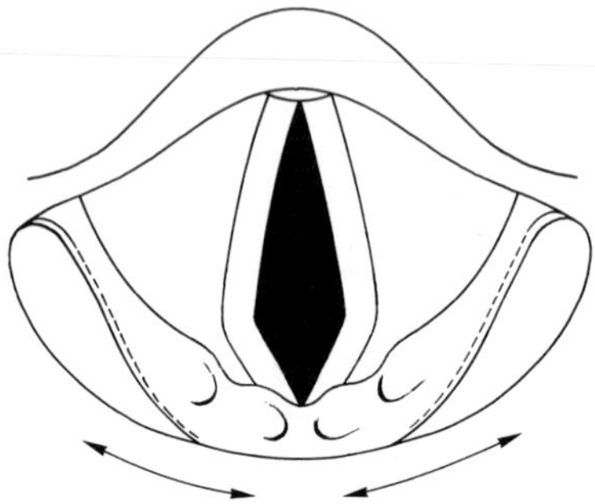

Abbildung 2-15:
Rhombusförmiger Glottisspalt bei Phonation infolge von beidseitigem Ausfall des M. cricoarytaenoideus lateralis

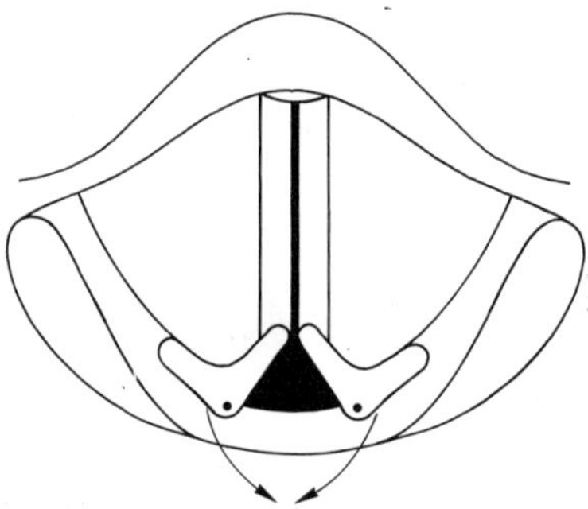

Abbildung 2-16:
Zugrichtung des M. arytaenoideus transversus

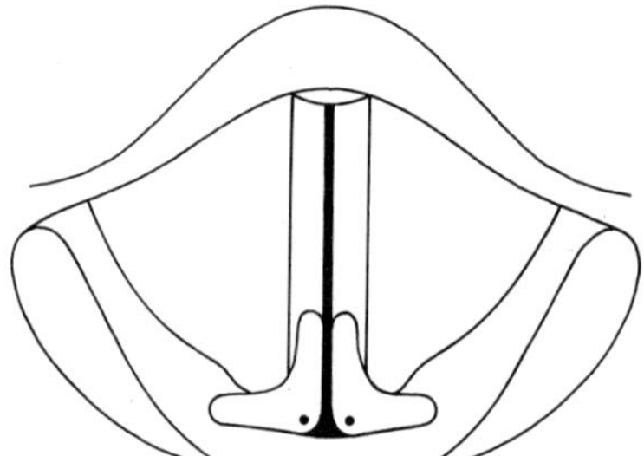

Abbildung 2-17:
Stellung der Stimmlippen nach Kontraktion des M. arytaenoideus transversus

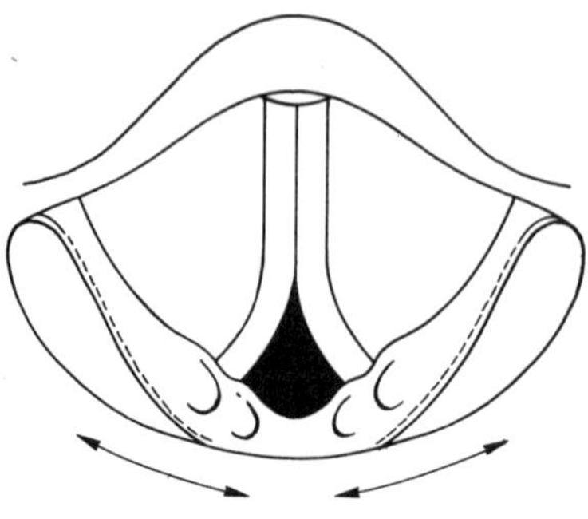

Abbildung 2-18:
Dreieckförmiger Glottisspalt im hinteren Stimmlippendrittel bei Phonation infolge von beidseitigem Funktionsausfall des M. arytaenoideus transversus

c) Stimmritzenschließer:

Außer dem bei den Stimmlippenspannern bereits erwähnten **M. vocalis:**

M. cricoarytaenoideus lateralis (seitlicher Ringknorpel-Stellknorpelmuskel, auch M. lateralis genannt): Von den seitlichen Anteilen des Ringknorpels zum Processus muscularis des Aryknorpels.

Funktion (Abb. 2-13, 2-14): Durch Zug am Processus muscularis des Aryknorpels nach vorn unten werden die vorderen zwei Drittel der Glottis (Pars intermembranacea) geschlossen.

Eine gleichzeitige öffnende Komponente des M. cricoarytaenoideus lateralis wird bei Kontraktion des M. posticus wirksam. Die Aryknorpel rücken hierbei auseinander, die Glottis wird maximal weit wie z. B. bei der Atmung.

Funktionsausfall (Abb. 2-15): Glottisschluß nicht mehr möglich. Bei beidseitiger Lähmung rhombusähnliche Glottisöffnung während der Phonation. Während der Ausatmung und der Kontraktion des M. posticus kann die Stimmritze nur bis zur Intermediärstellung der Stimmlippen geöffnet werden.

M. arytaenoideus transversus (querer Stellknorpelmuskel, auch M. transversus genannt): Der Muskel zieht von einem Aryknorpel zum anderen.

Funktion (Abb. 2-16, 2-17): Bei Kontraktion Schluß des hinteren Stimmritzendrittels (Pars intercartilaginea). Der Muskel wird dabei vom M. arytaenoideus obliquus unterstützt.

Funktionsausfall (Abb. 2-18): Bei beidseitiger Lähmung findet sich bei Phonation ein nach hinten offener dreieckförmiger Spalt zwischen den Processus vocales der Aryknorpel. Stimme leicht heiser.

d) Taschenfaltenmuskel

M. ventricularis. Er zieht von der lateralen oberen Aryknorpelfläche medial vom Ventriculus laryngis teilweise nach vorn unten und teilweise nach oben Richtung Epiglottis.

Funktion: Zug des Aryknorpels nach vorn, Senkung der Epiglottis, Verlagerung der Taschenfalte nach medial.

Innervation: N. laryngeus superior.

Funktionsausfall: Bei komplettem Vagusausfall Anbildung der Taschenfaltenstimme erschwert.

2.1.4
Kehlkopfnerven (Abb. 2-19, 2-20, 2-21, siehe auch Abschn. 11.1)

Nukleäre und infranukleäre Lähmungen des N. vagus lassen sich bezüglich der Symptomatik und Befunde nicht voneinander unterscheiden.

Der **N. laryngeus superior** geht im oberen Halsteil vom N. vagus (X) ab und versorgt mit einem äußeren Ast ***motorisch*** den M. cricothyreoideus und den M. constrictor pharyngis inferior, den M. ventricularis sowie mit einem inneren Ast nach Durchtritt durch die Membrana thyreohyoidea ***sensibel*** die obere Kehlkopfschleimhaut bis zur Stimmlippe.

Ein absteigender Ast verbindet sich mit einem aufsteigenden Zweig des N. laryngeus inferior (Galen-Anastomose).

Lähmung: Leichte Exkavation der Stimmlippe bei der Phonation, Stimmlippe schlaff. Geringe Heiserkeit und Stimmschwäche; hohe Töne können nicht mehr gesungen werden. Sensibilitätsstörungen der Kehlkopfschleimhaut.

Der **N. laryngeus recurrens** (N. recurrens) zweigt im unteren Halsteil vom N. vagus (X) ab und tritt in den Brustraum ein. Der rechte Nerv schlingt sich um die A. subclavia, der linke reicht noch tiefer herab und schlingt sich um den Aortenbogen. Er ist daher bei Erkrankungen des Brustraumes stärker gefährdet. Beide Nerven steigen danach seitlich zwischen Trachea und Ösophagus hoch, an der Hinterfläche der Schilddrüse die A. thyreoidea inferior überkreuzend.

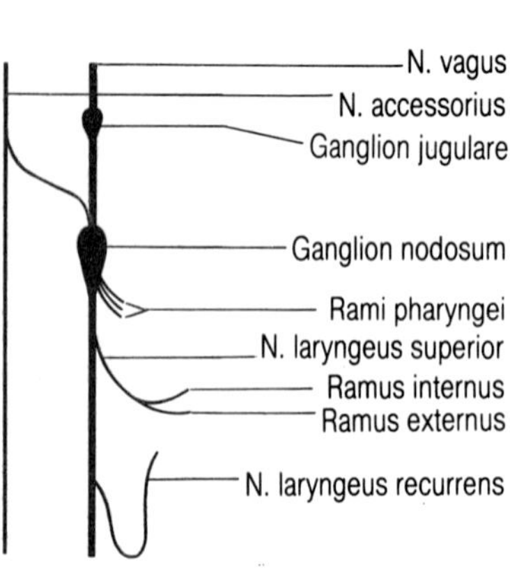

Abbildung 2-19:
Schematische Darstellung des Verlaufs des N. vagus und seine Beziehung zum N. accessorius

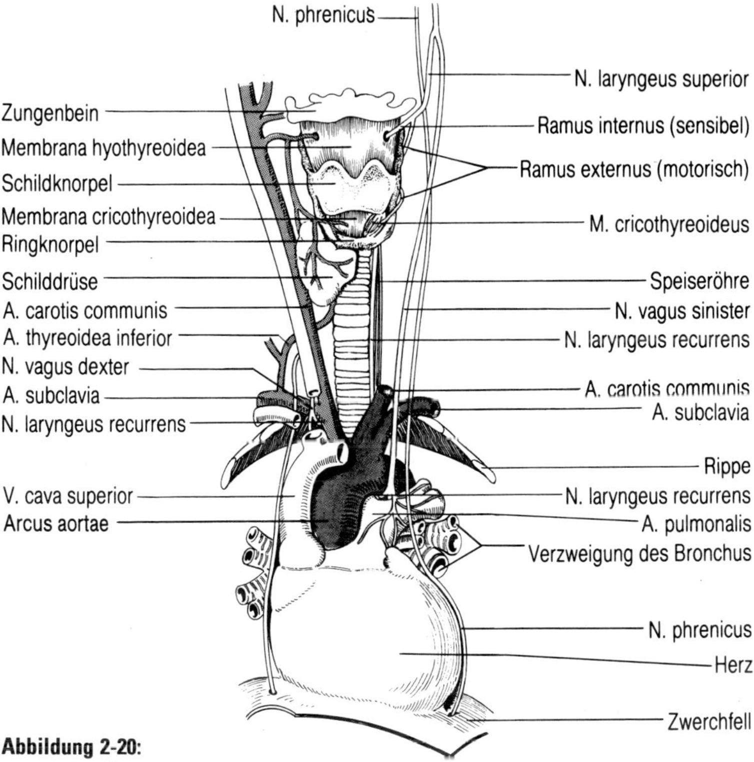

Abbildung 2-20:
Verlauf des N. vagus, des N. laryngeus sup. und des N. laryngeus recurrens, von vorn gesehen

Ihre Endäste — jetzt *N. laryngeus inferior* genannt — durchbohren am unteren Horn des Schildknorpels den M. constrictor pharyngis medius und gelangen so in das Innere des Kehlkopfes. Dort versorgen sie motorisch die innere Kehlkopfmuskulatur. Der N. laryngeus inferior versorgt außerdem die Schleimhaut der subglottischen Region und der Trachea sensibel.

Lähmung: Die Stimmlippe ist in *Paramedian-* oder *Medianstellung* fixiert mit oder ohne Exkavation. Durch Ausfall der inneren Kehlkopfmuskeln, also des Stimmritzenöffners und des Stimmritzenschließers, müßte man eine Intermediärstellung der Stimmlippe erwarten. Der intakte äußere Kehlkopfmuskel (M. cricothyreoideus) zieht jedoch die

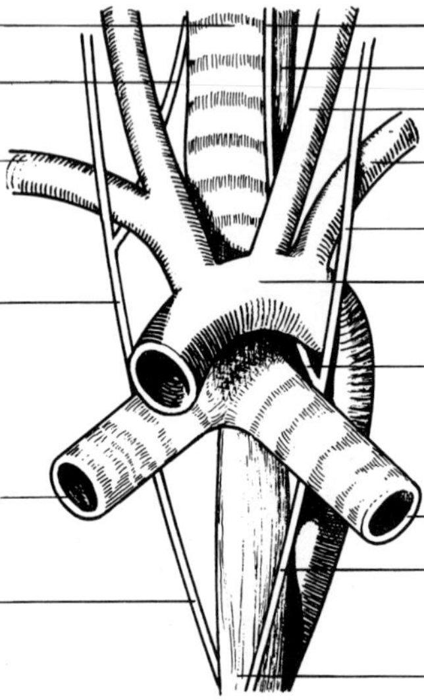

Abbildung 2-21:
Topographie des N. vagus, des N. laryngeus recurrens, des Aortenbogens, der Speiseröhre und der beiden Hauptbronchien, von vorn gesehen

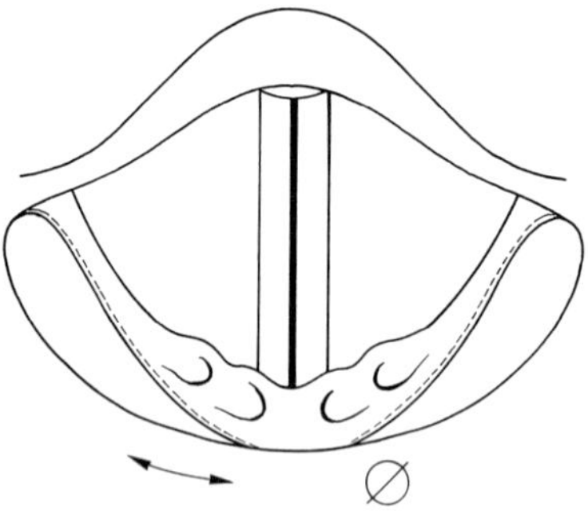

Abbildung 2-22:
Fixation der linken Stimmlippe in Medianstellung

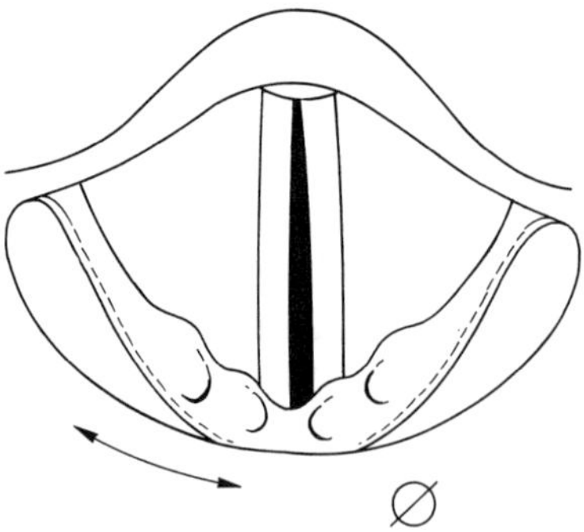

Abbildung 2-23:
Fixation der linken Stimmlippe in Paramedianstellung

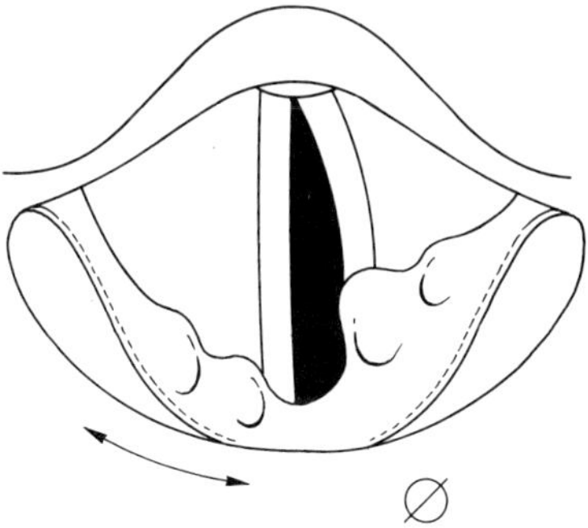

Abbildung 2-24:
Exkavation der linken Stimmlippe bei nach vorn gekipptem Stellknorpel

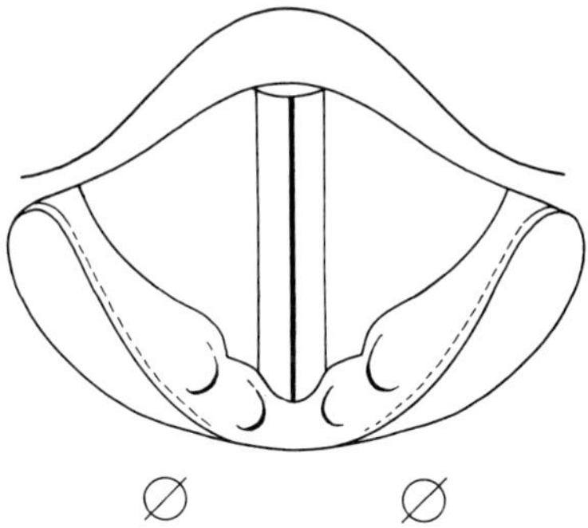

Abbildung 2-25:
Fixation beider Stimmlippen in Medianstellung

gelähmte Stimmlippe durch seine Spannfunktion mehr in die Mittellinie.

Einseitige Lähmung mit Fixation einer Stimmlippe in Medianstellung (Abb. 2-22). Stimme kaum heiser, keine Atemnot.

Einseitige Lähmung mit Fixation einer Stimmlippe in Paramedianstellung (Abb. 2-23). Stimme stärker heiser.

Einseitige Lähmung mit Exkavation ohne nach vorn gekippten Aryknorpel bei Atrophie allein der gelähmten Stimmlippe. Stimme stark heiser. Exkavation mit nach vorn gekipptem Aryknorpel (Aryknorpelvorfall), Fixation der gelähmten Stimmlippe in Intermediärstellung (sog. Kadaverstellung) bei Atrophie der inneren Kehlkopfmuskulatur (schlaffe Lähmung, Abb. 2-24): Stimme aphonisch bei hohem Luftverbrauch (phonatorische Dyspnö).

Doppelseitige Lähmung mit Fixation der Stimmlippen in Medianstellung (Abb. 2-25). Stimme gut, hochgradige Atemnot.

Doppelseitige Lähmung mit Fixation der Stimmlippen in Paramedianstellung (Abb. 2-26). Stimme leicht heiser; Atmung in Ruhe gerade ausreichend.

Einseitige Lähmung des N. laryngeus inferior und superior bzw. des N. vagus oberhalb des Abgangs beider Nerven (Abb. 2-27). Stimmlippe in Intermediärstellung fixiert. Starke Heiserkeit.

Doppelseitige Lähmung (Abb. 2-28). Stimme aphonisch, leichte Atemnot bei Anstrengungen.

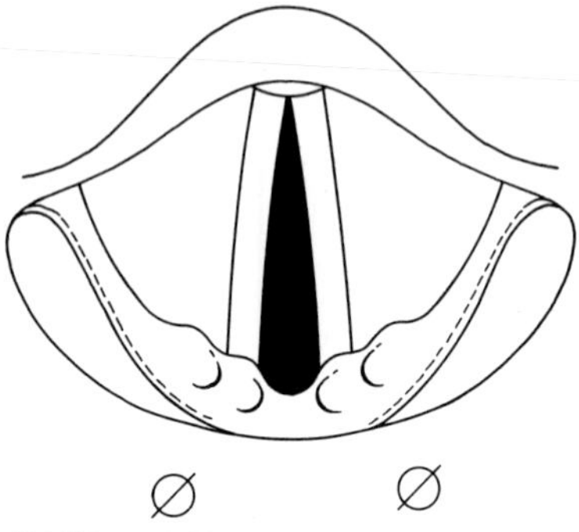

Abbildung 2-26:
Fixation beider Stimmlippen in Paramedianstellung

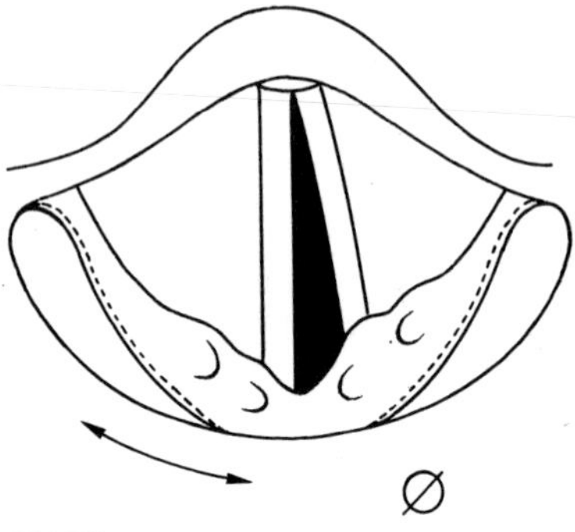

Abbildung 2-27:
Fixation der linken Stimmlippe in Intermediärstellung

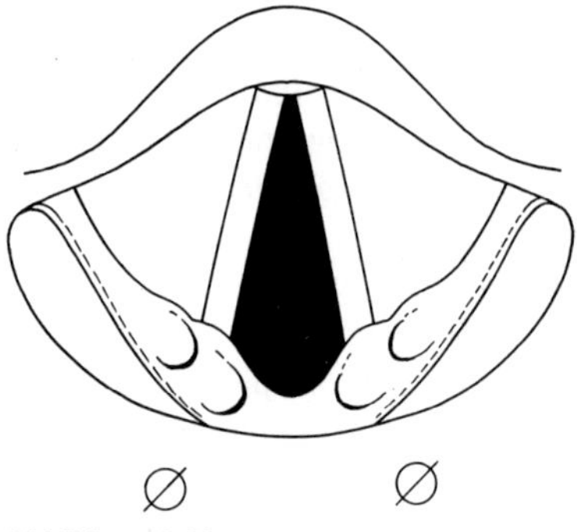

Abbildung 2-28:
Fixation beider Stimmlippen in Intermediärstellung

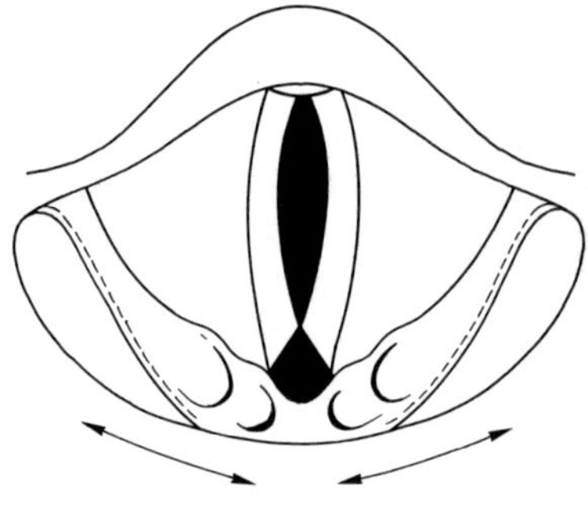

Abbildung 2-29:
Phonationsstellung der Stimmlippen bei Funktionsausfall des M. vocalis und des M. transversus beiderseits

Kombinierte Lähmungen einzelner Muskeln (Abb. 2-29, 2-30). Vocalis-Transversuslähmung, Vocalis-Lateralislähmung (siehe auch Abschn. 2.2).

Abbildung 2-30:
Großer ovalärer Glottisspalt bei Phonationsstellung der Stimmlippen infolge von doppelseitigem Funktionsausfall des M. lateralis und des M. vocalis

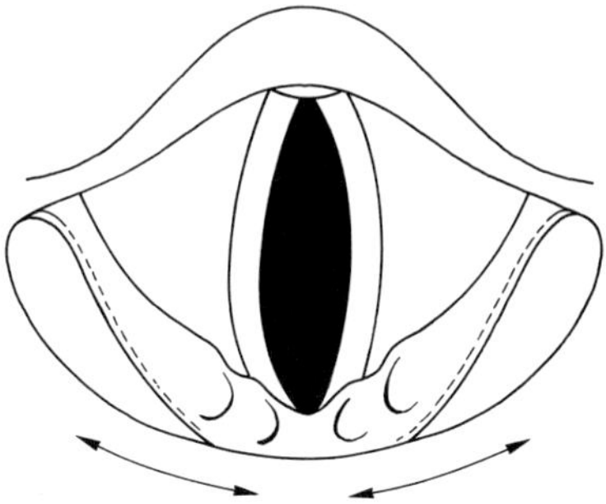

2.2
Bewegungen des Kehlkopfes

Die Bewegungen des Kehlkopfes sind abhängig von anlagebedingten Faktoren (Kehlkopfhochstand), vom Atemtypus und von der stimmpädagogischen Erziehung.
Die Kehlkopfbewegungen werden eingeteilt in:
- Heben des Kehlkopfes beim Schlucken, beim Ausatmen, beim Singen hoher Töne und Phonieren hoher Laute (i).
- Senken des Kehlkopfes beim Einatmen, beim Singen tiefer Töne und Phonieren tiefer Laute (u).

Ausgebildete Sänger singen aufsteigende Tonfolgen mit tiefgestelltem Kehlkopf. Die Einstellbewegung nach unten vor dem Singen kann größer sein als beim nicht ausgebildeten Sänger.

Bei extremem Kehlkopftiefstand gaumige, halsige Sprechweise (*dunkles Knödeln*); der Zungenrücken ist nach hinten verlagert.

Bei Kehlkopfhochstand flache, grelle Klangfarbe *(helles Knödeln).*

2.3
Untersuchungsmethoden des Kehlkopfes

2.3.1
Palpation des Kehlkopfes

Einlegen der Kuppe des Zeigefingers in den oberen Einschnitt des Schildknorpels (Incisura thyreoldea) sowie Abtasten der beiden Schildknorpelplatten. Geachtet werden muß dabei auf die Bewegungen des

Kehlkopfes in vertikaler und sagittaler Richtung, auf Kehlkopfasymmetrien und Frakturen.

2.3.2 Indirekte Laryngoskopie

Methodik. Arzt und Patient sitzen einander in gleicher Höhe gegenüber. Die Lampe befindet sich neben dem rechten Ohr des Patienten. Der Arzt trägt einen Stirnreflektor mit in der Mitte perforiertem Hohlspiegel vor dem linken Auge. Die herausgestreckte Zunge des Patienten wird mit der linken Hand mittels eines Mulläppchens festgehalten. Mit einem auf der Glasseite erwärmten Kehlkopfspiegel, der in der rechten Hand gehalten wird, wird das Zäpfchen nach hinten oben geschoben. Sagt der Patient „hi", richtet sich der Kehldeckel auf; die Stimmlippen gehen dabei von der ***Respirationsstellung*** (Lateralstellung, Abb. 2-31) in die ***Phonationsstellung*** (Medianstellung, Abb. 2-32) über (Prüfung der respiratorischen Beweglichkeit). Bei ruhiger Atmung gehen die Stimmlippen nur in Prälateralstellung; die Stimmritze bildet die Form eines Dreiecks. Bei tiefer Atmung gehen die Stimmlippen in Lateralstellung (Wirkung des M. posticus); die Stimmritze bildet die Form eines Fünfecks. Im Kehlkopfspiegel werden die Seiten richtig wiedergegeben; vorn ist im Spiegel jedoch oben, hinten ist im Spiegelbild unten.
Besichtigung der Kommissuren:
- Besichtigung der hinteren Kommissur: Arzt sitzt, Patient steht.
- Besichtigung der vorderen Kommissur: Arzt steht, Patient sitzt mit zurückgebeugtem Kopf.

Zwei Bewegungsvarianten der Stimmlippen werden unterschieden:
- Bewegungen beim Wechsel von Phonation und Respiration. Bei Einatmung gehen die Stimmlippen weiter in Lateralstellung als bei Exspiration. Die Glottis ist daher bei Inspiration weiter als bei Exspiration.
- Phonatorischer Schwingungsablauf

Mikrolaryngoskopie. Exaktere Beurteilung des Kehlkopfes bei Betrachtung des Spiegelbildes durch ein Operationsmikroskop mit f=300 mm Objektiv. Kein Stirnreflektor erforderlich. Mitbeobachtungsmöglichkeit über Seitentubus oder TV-Kamera.

Lupenlaryngoskopie (Lupenendoskopie). 90°-Winkeloptik wird durch den Mund bis zur Rachenhinterwand vorgeschoben. Keine Vertau-

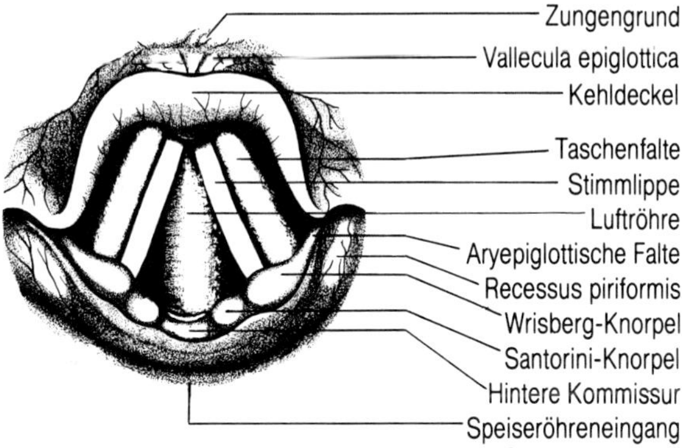

Abbildung 2-31: Spiegelbild des Kehlkopfs bei Ein- und Ausatmung

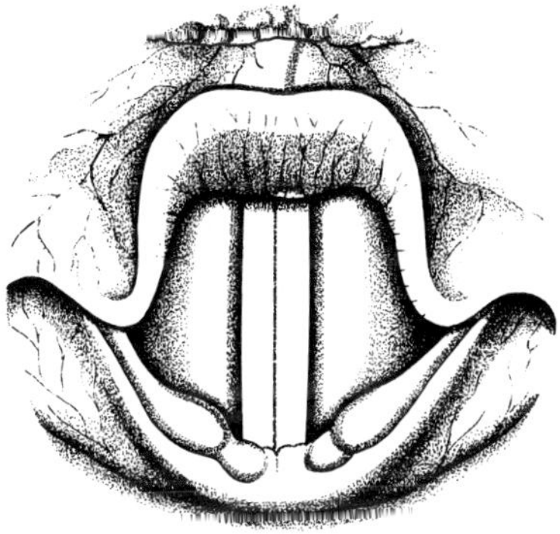

Abbildung 2-32: Spiegelbild des Kehlkopfs bei Phonation

schung von vorn und hinten im Gegensatz zum Kehlkopfspiegelbild. Beleuchtung von Kaltlichtquelle über Fiberglaslichtleiter. Anwendung besonders bei Versagen der gewöhnlichen indirekten Laryngoskopie z. B. infolge überhängender Epiglottis.

Laryngoskopie mit flexiblem Endoskop (Fiberskop). Nach Schleimhautoberflächenanästhesie Einführung des flexiblen Endoskops durch die Nase (pernasal) und Vorschieben durch den Nasenrachenraum bis zum Kehlkopf. Vorteile: Untersuchung trotz überhängendem Kehldeckel und starkem Würgreflex bei geschlossenem Mund ohne herausgestreckte Zunge möglich. Nachteil: Bildqualität schlechter als die des starren Lupenendoskops. Anwendung bei Versagen der Lupenlaryngoskopie oder zur Beurteilung des velopharyngealen Abschlusses.

2.3.3 Direkte Laryngoskopie

In Rückenlage des Patienten wird in Intubationsnarkose ein selbsthaltendes beleuchtetes Laryngoskop bis zum Kehlkopfeingang vorgeschoben. Betrachtung der Stimmlippen unter dem Mikroskop.

Auf diese Weise sind die Erkennung feiner Stimmlippenveränderungen (z. B. Zysten, höckerige Oberfläche, Leukoplakien usw.) sowie eine mikrochirurgische Abtragung von Polypen, Stimmlippenknötchen usw. möglich.

2.3.4 Stroboskopie (στρόβος Wirbel, σκοπεῖν schauen)

Es handelt sich um die Betrachtung der für das bloße Auge zu schnellen Stimmlippenschwingungen mit von einem Stroboskop erzeugten kurzen Lichtblitzen während indirekter Laryngoskopie. Man sieht auf diese Weise scheinbar verlangsamte Stimmlippenschwingungen oder scheinbar in einer bestimmten Schwingungsphase stillstehende Stimmlippen.

Bei der stroboskopischen Untersuchung empfiehlt es sich, statt „hi" „he" sagen zu lassen, da bei Phonation des Vokales „i" die höchste Spannung im Bereich des weichen Gaumens und der Stimmlippen aufgebaut wird. Geeigneter ist daher der Neutralvokal „e".

Talbot-Gesetz. Jeder Lichteindruck hinterläßt ein positives Nachbild von 0,2 s Dauer. Zwei verschiedene Netzhauteindrücke können daher nicht mehr getrennt wahrgenommen werden, wenn das Intervall unterhalb von $^1/_5$ s liegt.

Methodik. Über ein unterhalb des Kehlkopfes befestigtes Mikrofon wird die Zahl der Lichtblitze mit der Zahl der Stimmlippenschwingungen synchronisiert. Aus dem so über das Körperschallmikrofon aufgenommenen Stimmklang wird der Grundton herausgefiltert und zu einer der Grundtonfrequenz entsprechenden Impulsfolge umgeformt, die dann die Blitzlampe zündet. Die Stimmlippen scheinen in einer bestimmten Schwingungsphase (z. B. Schließungsphase) stillzustehen *(stehendes Bild,* Abb. 2-33).

Bei Verringerung oder Vermehrung der Zahl der Lichtblitze erhält man ein *bewegtes Bild* (Abb. 2-34). Gemäß dem Talbot-Gesetz ver-

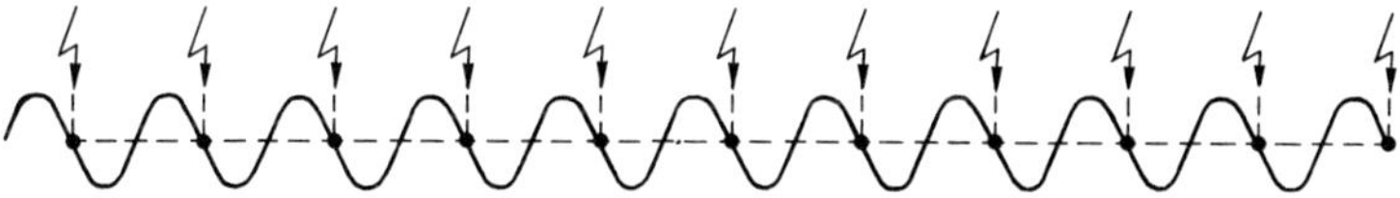

Abbildung 2-33:
Frequenzübereinstimmung (stehendes Bild) bei gleicher Lichtblitzperiode und Schwingungsperiode

schmelzen die einzelnen Bilder miteinander. Je geringer die Differenz der beiden Frequenzen, d. h. der Lichtblitze und der Stimmlippenschwingungen, ist, desto langsamer erscheint der Schwingungsablauf. Es entsteht ein scheinbares Zeitlupenbild des Schwingungsablaufes.

Die Stimmlautstärke bei der Untersuchung hat Einfluß auf die Schwingungsamplituden und den Stimmlippenschluß. Bei Störungen der Sprechstimme Untersuchung in Höhe der mittleren Sprechstimmlage. Bei Störungen der Gesangsstimme im Bereich des gesamten Stimmumfanges.

Die Frequenz des Schwingungsablaufes der Stimmlippen liegt bei Männern zwischen 65 und 500 Hz, bei Frauen zwischen 130 und 1000 Hz.

Die Schwingungsmuster der Stimmlippen variieren schon bei normalen, stimmgesunden Patienten in so hohem Umfang, daß eine sichere Abgrenzung von funktionellen Stimmstörungen nicht möglich ist. Für eine Unterscheidung von Hyper- und Hypofunktionen bei bekannter funktioneller Störung ist die Stroboskopie jedoch gut geeignet.

Lupenstroboskopie: Verwendung eines Lupenlaryngoskops, welches an einer Kaltlichtquelle für Stroboskoplicht angeschlossen ist. Diese wiederum steht mit dem elektronischen Steuergerät in Verbindung.

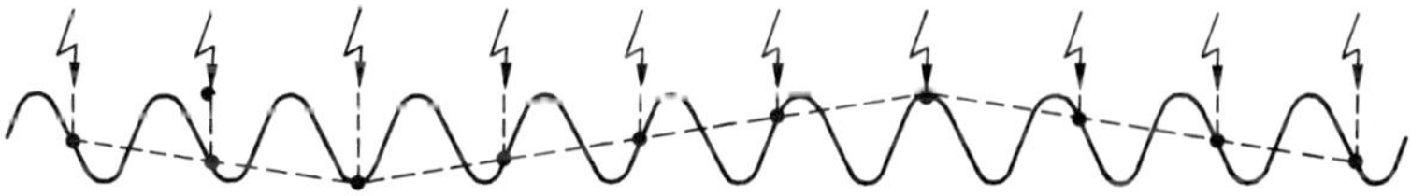

Abbildung 2-34:
Frequenzdifferenz (bewegtes Bild): die Lichtblitzperiode ist länger als die Schwingungsperiode

Mikrostroboskopie. Verwendung eines Operationsmikroskops, dessen Glühbirne durch eine Blitzlampe ersetzt ist. Diese steht mit dem elektronischen Steuergerät in Verbindung.

Tele-Mikrostroboskopie. Bei Anschluß einer Fernsehkette an das Mikrostroboskop können Einzelheiten der Schwingungsabläufe auf einem Monitor verfolgt und mit Hilfe eines Videorecorders auch gespeichert und gemessen werden.

Farbvideo-Stroboskopie. Sie ermöglicht es, stroboskopische Befunde in natürlicher Farbwiedergabe einem größeren Personenkreis am Bildschirm vorzuführen. Durch gleichzeitige Messung von Tonhöhe und Schallintensität des untersuchten Tones und Einblenden der Meßwerte auf den Bildschirm ist eine Sofortbilddiagnostik des stroboskopischen Befundes in Relation zu den ihn bestimmenden Parametern möglich.

Lupen-Farb-TV-Stroboskopie (Videostroboskopie) mit Videoprinter. Der Videoprinter wird an das betreffende Fernsehaufzeichnungssystem angeschlossen. Er speichert auf Knopfdruck in digitalisierter Form die Bildinformationen einer wählbaren Stelle des vorher aufgezeichneten stroboskopischen Films. Innerhalb von 17 Sekunden liefert er anschließend einen Schwarzweißausdruck. Die Anfertigung mehrerer Prints eines Schwingungszyklus vermittelt einen Eindruck über die Amplitudenweite, den maximal erreichbaren Glottisschluß und die Schwingungsform.

Fiberglasoptik. Mittels eines transnasal eingeführten flexiblen Endoskops wird eine Beeinflussung der Stimmlippen durch das Herausziehen der Zunge vermieden (siehe Abschn. 2.3.2).

Stroboglottometrie. Messung der Größe der Schwingungsamplituden oder der Glottisweite. Die auf einem Monitor dargestellten Stimmlippenschwingungen werden durch zwei eingeblendete verschiebbare Meßlinien erfaßt.

Mögliche Ergebnisse der Stroboskopie:
- Regelmäßige oder unregelmäßige Frequenz der Stimmlippenschwingungen
- Gleichzeitige oder nicht gleichzeitige Schwingungen

- Schwingungsdifferenzen zwischen rechts und links
- Vergrößerte, normale oder verkürzte Schwingungsamplituden
- Vollständiger oder unvollständiger Stimmlippenschluß (falls unvollständig, Prüfung, ob bei geringer, mittlerer oder großer Lautstärke)
- Aufgehobene Schwingungsfähigkeit einer Stimmlippe (phonatorischer Stillstand)
- Phonatorischer Stillstand, d.h. Nichtschwingen einer Stimmlippe im ganzen Stimmumfang oder nur bei einer bestimmten Tonhöhe
- Schneller- oder Langsamerwerden der Schwingungen während des Haltens eines Tones
- Veränderungen der Schwingungsart (während die eine Stimmlippe entgegenschlagende Schwingungen ausführt, bewegt sich die andere von oben nach unten)
- Prognose bei Stimmlippenlähmungen (fehlende oder vorhandene Randkantenverschiebung, siehe Abschn. 11.3.2.6).

Bei Aphonie ist eine stroboskopische Untersuchung nicht möglich.

Das stroboskopische Schwingungsbild ist abhängig von Lautstärke, Tonhöhe, Sehwinkel usw. Als Beurteilungsmaßstab dient nur die persönliche Erfahrung. Es ist daher nur als Teil des klinischen Gesamtbildes zu werten.

Pathologische Befunde:
- Verkürzte Schwingungsamplituden mit eingeschränkter Randkantenverschiebung bei hyperfunktioneller Dysphonie.
- Vergrößerte Schwingungsamplituden mit verstärkter Randkantenverschiebung bei hypofunktioneller Dysphonie.
- Symptom der Unschärfe als Folge von Schwingungsunregelmäßigkeiten, d.h. kurzfristige Amplitudenschwankungen, die zu nicht ganz deckungsgleichen Phasenbildern führen.
- Frequenzwechselperioden im bewegten Bild bei verstärkter Instabilität der Stimme, d.h. bei größeren physiologischen Tonhöhenschwankungen.
- Durchschlagsbewegungen von unten nach oben bei schlaffen Stimmlippenlähmungen. Die gelähmte Stimmlippe ändert ihre Hauptschlagrichtung aus der horizontalen in eine vertikale Richtung.
- Schwingungsunregelmäßigkeiten äußern sich in Frequenzdifferenzen, Amplitudendifferenzen und Wellenformdifferenzen zwischen jeweils zwei aufeinanderfolgenden Schwingungsperioden. Es resultiert eine Veränderung der Glottiswelle. Die Folge sind vermehrter Luftver-

brauch, erhöhter subglottischer Druck, Verschlechterung des Stimmklanges durch Erzeugung unharmonischer Teiltöne im Vokalspektrum, die subjektiv als Heiserkeit und Rauhigkeit empfunden werden.
Für das Auftreten von unharmonischen Teiltönen im Spektrum gibt es zwei Ursachen: Schwingungsunregelmäßigkeiten und Strömungsgeräusche bei turbulenter Strömung.
Strömungsgeräusche an der Glottis entstehen, wenn bei unvollständigem Glottisschluß die Strömungsgeschwindigkeit ausreichend groß wird, um die laminare Strömung in eine turbulente zu verwandeln.

- Bei hyperfunktioneller Dysphonie verkürzte Schwingungsamplituden, verlängerte Schlußphase, eingeschränkte Randkantenverschiebung, Schwingungsunregelmäßigkeiten (kurzfristige Amplitudenschwankungen, die zu nicht ganz deckungsgleichen Phasenbildern und damit im stehenden Bild zum Symptom der Unschärfe führen; verstärkte Instabilität der Stimme, d.h. größere physiologische Tonhöhenschwankungen, die im bewegten Bild als sog. Frequenzwechselperioden erscheinen), seitendifferente Schwingungsbewegungen.
- Bei hypofunktioneller Dysphonie vergrößerte Schwingungsamplituden, verstärkte Randkantenverschiebung, Schwingungsunregelmäßigkeiten wie bei hyperfunktioneller Dysphonie, verkürzte Schlußphase. Infolge der verkürzten Schlußphase bei Untersuchung mit gewöhnlichem Licht daher scheinbar ständig offenstehende Glottis, da die Relation zwischen Verschlußdauer und Öffnungsdauer sich zugunsten letzterer verschoben hat.
- Phonatorischer (stroboskopischer) Stillstand. Aufgehobene Schwingungsfähigkeit bei normaler Beweglichkeit der Stimmlippe. Zeichen für eine entzündliche oder tumoröse Infiltration oder extreme Vernarbung der Stimmlippe. Eine Unterscheidung von gut- und bösartigen Tumoren ist nicht möglich. Phonatorischer Stillstand nur in einem bestimmten Frequenzbereich ist Zeichen einer funktionellen Störung.
- Amplitudenkonstanz. Stellung der Diagnose hyperfunktionelle Dysphonie nur, wenn die Schwingungsamplituden und Randkantenverschiebungen trotz Lautstärkesteigerung klein bleiben oder nach zunächst leichter Zunahme mit weiterer Intensitätssteigerung wieder abnehmen. Stellung der Diagnose hypofunktionelle Dysphonie nur, wenn sich vergrößerte Amplituden und Randkantenverschiebungen bereits bei leiser Phonation zeigen und trotz wachsender Stimmstärke nicht mehr ändern (Amplitudenkonstanz).
- Alternierende Schwingungen.

2.3.5 Kehlkopf-Fotografie

Kehlkopfaufnahmen über eine Winkeloptik mit Hilfe von elektronischen Lichtblitzen über einen Glasfaserlichtleiter.

Kehlkopf-Fotokymographie. Indirekte Fotografie über den Kehlkopfspiegel. Dabei bewegt sich ein Schlitzverschluß, der senkrecht zur Längsachse der Stimmlippen steht, mit konstanter Geschwindigkeit über das Bildfeld hinweg. Während dieser Bewegung des Schlitzes führen die Stimmlippen einige Schwingungen aus. Auf dem Film bildet sich jeweils die Schwingungsphase aus, die der Schlitz freigibt. Auf diese Weise entsteht ein wellenförmiges Bild der Stimmlippenränder, in dem eine Reihe wichtiger Meßwerte des Schwingungsablaufes objektiv zur Darstellung kommen.

2.3.6 Hochgeschwindigkeitsfilm

Der Hochgeschwindigkeitsfilm eignet sich ebenfalls zur Untersuchung der Stimmlippenschwingungen. Der Film nimmt 5000 bis 10000 Bilder pro Sekunde auf, die man später in Zeitlupe ablaufen lassen kann.

2.3.7 Elektroglottographie

Sie eignet sich zur Untersuchung der Stimmlippenschwingungen bei geschlossenem Mund.

Methodik. Befestigung von zwei Elektroden auf der Haut im Bereich der beiden Schildknorpelplatten. Der Kehlkopf stellt für einen Wechselstrom hoher Frequenz einen kapazitiven Widerstand dar; dieser wird entsprechend den Stimmlippenbewegungen verändert.

Die Änderungen des Widerstandes werden nach elektrischer Verstärkung am Bildschirm eines Kathodenoszillographen sichtbar gemacht: geringer Widerstand bei geschlossener Glottis, hoher Widerstand bei geöffneter Glottis.

Es gibt vier technische Möglichkeiten der Glottographie: Elektroglottographie, Photoelektroglottographie, Ultraschallglottographie, akustische Glottographie (inverse Filterung).

Die ***respiratorische Glottographie*** dient zur Registrierung der Stimmlippenbewegungen. Die ***phonatorische Glottographie*** soll Stimmlippenschwingungen registrieren.

Ferner werden mittels der Elektroglottographie Änderungen des gesamten Kehlkopfquerschnittes registriert.

Seitenunterschiede der Stimmlippenbefunde können nicht differenziert werden. Ebenso ist eine Zuordnung bestimmter Glottogrammkurven zu bestimmten Stimmstörungen nicht möglich.

Spezielle Anwendungsbereiche:
- Analyse von Form und Zeitverhältnissen des elektroglottographischen Einzelmusters
- Zur Grundton- und Periodizitätsanalyse
- Zur Bestimmung der Nullinie. Schwankung als Ausdruck langsamer Impedanzänderungen durch vertikale Artikulationsbewegungen des Kehlkopfes.

Vorteil der Methode: Kehlkopf und Stimmlippen werden bei der Untersuchung weder in ihrer anatomischen Position noch in ihrer funktionellen Aktion beeinträchtigt. Die aufgezeichneten Kurven geben vor allem den Verlauf der Grundfrequenz exakt wieder, so daß Irregularitäten besser zur Darstellung kommen als bei der Stroboskopie. Die Amplitudengröße der Stimmlippenschwingungen ist dagegen nicht ablesbar.

2.3.8
Elektromyographie

Ableitung von Muskelaktionspotentialen mit einer in den Muskel eingestochenen, unipolaren oder bipolaren Nadelelektrode. Bei *extrazellulärer Ableitung* werden die durch Depolarisation der Muskelfasermembran entstehenden Potentiale registriert. Diese treten bei jeder Willkürinnervation spontan auf. Die *intrazelluläre Registrierung dient* nur Forschungszwecken.

Die Untersuchung der äußeren Kehlkopfmuskeln (M. cricothyreoideus) erfolgt durch Einstich von außen (transkutan).

Bei der Untersuchung der inneren Kehlkopfmuskeln (M. vocalis, M. cricoarytaenoideus dorsalis) werden die Elektroden nach Oberflächenanästhesie der Schleimhaut lupenendoskopisch oral in den zu untersuchenden Muskel eingeführt oder transkutan durch das Lig. cricothyreoideum.

Wenn ein Nervenimpuls eine Muskelfaser erreicht, erfolgt eine Depolarisierung der Muskelfasermembranen. Dadurch entsteht ein Aktionspotential. Die Aufzeichnung der Potentiale mehrerer umliegender Muskelfasern nennt man Elektromyographie. Je stärker der Muskel innerviert wird, desto mehr Aktionspotentiale treten auf. Die einzelnen Potentiale können nicht mehr voneinander unterschieden werden, und die Amplitude nimmt zu (Interferenzmuster). Erst bei erhöhter Ableitgeschwindigkeit können wieder Einzelpotentiale beurteilt werden.
Folgende Merkmale sind von Interesse:
- Dauer des Potentials
- Anzahl der Phasen
- Amplitude
- Frequenz
- Latenzzeiten.

Die Elektromyographie gibt Aufschluß über:
- Differentialdiagnose zwischen Rekurrenslähmung und Ankylose des Krikoarytänoidgelenkes
- Lokalisation der neuralen Läsion (N. recurrens, N. laryngeus superior)
- Differentialdiagnose zwischen neurogener und myogener Parese
- Prognose aus dem Grad der Denervation bzw. dem Charakter der Reinnervationszeichen
- Indikation zur Laterofixation einer Stimmlippe
- Differentialdiagnose zwischen funktionellen und neurogenen Stimmstörungen
- Zusammenspiel der Muskeln bei der Phonation, beim Singen, bei der Atmung und bei Stimmstörungen.

Methodik der Elektromyographie (EMG). Lupenendoskop und bipolare Nadelelektroden aus zwei isolierten Kupferdrähten und eine Elektrodenfaßzange sind als Instrumentarium erforderlich. Transorale Elektrodenapplikation am wachen, nur oberflächenanästhesierten Patienten. Nur der M. cricothyreoideus wird transkutan abgeleitet. Über Vorverstärker und Verstärker werden die Potentiale auf einem Oszillographen zusammen mit einer Mikrofonspur registriert und auf Magnetband gespeichert. Gleichzeitig werden die Interferenzmuster und Einzelpotentiale auf Fotopapier mitgeschrieben. Die Bandspeicherung erlaubt wiederholte Betrachtungen zur Verlaufsbeobachtung und die elektronische Summierung und Auswertung der aufgezeichneten Befunde.

Die Auswertung des Kehlkopfelektromyogramms beurteilt Willküraktivität, Einstichaktivität und eventuelle Spontanaktivität.

- Das Elektromyogramm bei ***intakter Kehlkopfmuskulatur.*** Mit Beginn und während der Einatmung Verstärkung von Amplitude und Frequenz des Aktionspotentials im M. cricoarytaenoideus posterior. Während der Phonation besteht nur eine Hintergrundaktivität. Ein gegenläufiges Interferenzmuster findet sich in den Stimmlippenschließern.
- Das Elektromyogramm der ***gelähmten Kehlkopfmuskulatur.*** Lähmungen vom Typ der *Neurapraxie* (neurapraktische Paresen). Reversibler elektrischer Block durch umschriebene Demyelinisierung. Willkürpotentiale in noch meßbarer, aber gelichteter, rarefizierter oder veränderter Form sind vorhanden (Übergangs- oder Einzelpotentialmuster).

Formen der degenerativen Lähmung:

- Axonotmesis mit kompletter Degeneration des Axons
- Neurotmesis mit kompletter Durchtrennung des Gesamtnervs.

Nur Hintergrundaktivität vorhanden. Willküraktivität erloschen (elektrische Stille). Nach kompletter Degeneration des Nervs treten 2–3 Wochen später Denervierungszuckungen auf in Form von positiv scharfen Wellen oder von Fibrillationspotentialen.

Im Stadium einer Regeneration erscheinen Polyphasien und überhöhte Amplituden.

Prognose. Sind Willküraktivitäten bei klinisch sichtbarer Lähmung vorhanden, besteht eine vorwiegend funktionelle Lähmung in Form einer Neurapraxie mit guter Prognose.

Finden sich nur Denervierungszeichen, so handelt es sich um eine degenerative Lähmung im Sinne der Axonotmesis oder Neurotmesis mit schlechter Prognose.

Neuromyographie (NMG). Prüfungsmethode der Leitfähigkeit des Nervs. Elektrische Reizung des Nervs und Ableitung der Zielmuskulatur (indirekte Reizung); z.B. Reizung des N. laryngeus superior und Ableitung aus dem M. cricothyreoideus. Wegen des versteckt liegenden N. recurrens ist eine Reizung zwecks Ableitung aus der inneren Kehlkopfmuskulatur nicht möglich, daher Auslösung eines Reflexes erforderlich (Reflexmyographie).

Reflexmyographie (RMG). Es handelt sich um die Elektrostimulation von Kehlkopfreflexen. Die Reflexbahn des Kehlkopfes läuft von den Rezeptoren der Schleimhaut aus vorwiegend über den sensiblen Anteil des N. laryngeus superior; zu einem geringeren Teil auch über den N. recurrens. Der N. laryngeus superior ist nach seiner Vereinigung von motorischen und sensiblen Fasern ein gemischter Nerv.

Nach Reizung des N. laryngeus superior läuft über seinen motorischen Anteil ein efferentes (herausführendes) primäres Aktionspotential zum M. cricothyreoideus. Durch denselben Reiz geht aber gleichzeitig auch ein afferentes (hinführendes) Aktionspotential entlang des sensiblen Faseranteils über die Ganglien des N. vagus zum Kerngebiet. Nach zentraler Umschaltung führt die efferente Antwort über die motorischen Fasern des N. vagus nach längerer Latenzzeit zu einem reflektorisch ausgelösten sekundären Muskelpotential im M. cricothyreoideus und über den N. recurrens zu einem Muskelpotential im M. vocalis sowie im M. cricoarytaenoideus posterior.

Die Methode wird nur noch selten angewandt wegen ihrer relativ geringen Aussagekraft.

Mit der Kombination von Neuromyographie und Reflexmyographie kann eine Rekurrenslähmung innerhalb der ersten 2–3 Wochen klassifiziert werden.

- Bei intakter Kehlkopfinnervation finden sich typische Latenzzeiten bis zum Auftreten der Muskelpotentiale.
- Inkomplette bzw. neurapraktische Lähmung des N. recurrens: Neuromyographische oder reflexmyographische Potentiale sind noch registrierbar. Bei schwerer Lähmung Verlängerung der Latenzzeit, Aufsplitterung und Verlängerung der Muskelantwortpotentiale.
- Komplette degenerative Lähmung oder Durchtrennung des N. recurrens. Reflexmyographisch keine Potentiale in der inneren Kehlkopfmuskulatur auslösbar, nur im M. cricothyreoideus. Bei zentral bedingter degenerativer Lähmung sind auch aus dem M. cricothyreoideus keine Potentiale ableitbar.

Das unmittelbar nach der Schädigung des N. recurrens vor völliger Degeneration noch vorhandene Neurogramm zeigt innerhalb der ersten zehn Tage eine rasche Abnahme der Amplituden.

Diagnose und Prognose einer Nervenläsion des N. recurrens ist mittels Elektromyographie, Neuromyographie und Reflexmyographie zwischen sechs und vierzehn Tagen nach Auftreten einer Stimmbandlähmung möglich:

- Bei Neurapraxie sind noch auslösbare Reflexe vorhanden.
- Bei degenerativer Lähmung: fehlende oder pathologische Reflexe (verlängerte Latenzzeiten, erniedrigte Amplituden)
- Bei Neurotmesis ist kein Reflexmyogramm auslösbar.

Diagnostisches Vorgehen bei Läsion des N. recurrens zur Feststellung der Art der Lähmung, Wahrscheinlichkeitsprognose über den weiteren Verlauf und Erfolgskontrolle während der Regenerationsphase:

- Sofort nach Auftreten der Parese mit EMG, NMG, RMG Nachweis von Restwillkürpotentialen oder einer elektrischen Stille.
- Innerhalb der ersten zehn Tage Wiederholung von NMG und RMG zur Abklärung eines Amplitudenabfalls.
- Spätestens drei Wochen nach Paresebeginn EMG wegen der bis dahin auftretenden Denervierungszeichen.
- Kontroll-EMG nach acht Wochen zur Bestätigung der Restfunktion oder Erholung einer neuraprakttischen Lähmung.
- Kontroll-EMG, NMG, RMG 5–6 Monate nach Auftreten einer degenerativen Lähmung wegen möglicher Regenerationszeichen.

Aussagen über die Prognose einer Rekurrensschädigung sind abhängig vom Zeitpunkt der Untersuchung und von der jeweiligen Grunderkrankung.

a) Zeigt das *Sofort*-EMG (innerhalb der ersten 14 Tage) eine Restaktivität und ist im Reflex-EMG eine Antwort nachweisbar, so ist eine vollständige Nervendurchtrennung auszuschließen. Eine funktionelle Schädigung ist wahrscheinlich. Ein Null-EMG und fehlende Reflexantwort schließt jedoch eine funktionelle Lähmung nicht sicher aus.

Aus dem *Früh*-EMG (innerhalb der 2.–6. Woche) ergeben sich Hinweise auf den Lähmungstyp.

Aus dem *Spät*-EMG (zwischen der 6. Woche und etwa 6. Monat) ergibt sich die differentialdiagnostische Abgrenzung zwischen Ankylose und Innervationsstörungen. Sind keine Potentiale ableitbar, so tritt keine Stimmlippenbeweglichkeit mehr ein.

b) Bei Stimmlippenlähmungen nach Intubation handelt es sich überwiegend um funktionelle Lähmungen mit guter Prognose.

c) Bei idiopathischen Stimmlippenlähmungen ist das EMG im Hinblick auf eine prognostische Beurteilung von geringerer Bedeutung. Trotz schwerer degenerativer Nervenschädigung ist häufig eine vollständige Wiederkehr der Beweglichkeit möglich.

Nicht vorhersagbar ist das *Autoparalysesyndrom*. Trotz Regenerationszeichen kommt es wegen synkinetischer Aktion von Öffnern und Schließern der Stimmritze nicht zu einer Stimmlippenbeweglichkeit.

Bei Myopathien finden sich Spontanaktivitäten in Form von salvenartigen Fibrillationspotentialen, Verkürzung und Erniedrigung der Potentiale mit vermehrter Polyphasie.

Bei der Untersuchung von Sprach- und Sprechstörungen Einbringen von Elektroden in die Lippen-, Zungen-, Gaumensegel- und Kaumuskulatur.

Bei Erkrankungen des Zentralnervensystems (z. B. Bulbärparalyse) mit Dysarthrie charakteristische EMG-Muster, ebenso bei Stottern, spastischer Dysphonie usw.

2.3.9 Röntgenuntersuchung

Übersichtsaufnahmen des Kehlkopfes in sagittalem posterior-anteriorem und frontalem (seitlichem) Strahlengang werden angefertigt zur Erkennung von Frakturen, zur Feststellung von Ossifikationsherden in den Kehlkopfknorpeln sowie zur Darstellung von Verlagerungen oder Verdrängungen des Kehlkopfes bei Laryngozelen und Fremdkörpern (z. B. Granatsplittern).

Schichtaufnahmen (Tomographie). Überlagerungen z. B. durch die Wirbelsäule werden vermieden. *Computertomographie* zwecks Erkennung des Ausmaßes einer Tumorinfiltration.

Laryngographie. Vor der Röntgenuntersuchung wird die Kehlkopfschleimhaut mit einem Kontrastmittel besprüht. Dadurch Darstellung der Konturen des lufthaltigen Kehlkopflumens, z. B. zur Beurteilung der Ausdehnung von Tumoren.

Röntgenkinematographie. Hierunter versteht man das Filmen von Durchleuchtungsbildern zur Aufzeichnung und Dokumentation des physiologischen und des pathologischen Stimm- und Sprechaktes.

2.3.10 Kernspintomographie

(MR = Magnetic Resonance). Mit dieser Methode lassen sich überlagerungsfreie Schnittbilder in beliebiger Schnittführung gewinnen. Gemessen werden feinste magnetische Eigenschaften von Wasserstoffkernen und das Ausmaß ihrer Beweglichkeit. Besonders Weichteile stellen sich sehr kontrastreich dar.

2.3.11 Sonographie (Echolaryngographie)

Es handelt sich um eine Ultraschalluntersuchung (B-Methode) der Stimmlippen- und Taschenfaltengegend.

2.3.12 Stimmlippenlängenmessung

Von klinischer Bedeutung für die Klassifizierung der Stimme. Bisher gibt es keine präzise Meßmethode.

Röntgenologische Methode. Teilossifikation des Stellknorpels und des Schildknorpelvorderrandes muß vorhanden sein; Methode daher ungeeignet.

Indirekte Laryngoskopie. Die von Trendelenburg entwickelte Apparatur beruht auf einer stereoskopischen Raumbildmessung. Eine planparallele Glasplatte wird zwischen Stirnreflektor und Kehlkopfspiegel gestellt. Ein Mitarbeiter nimmt das stereoskopische Bild des Kehlkopfes vor einem schwarzen Samtschirm wahr und mißt es mit der Schublehre aus.

Fotografische Methode. Die Messung erfolgt mit einer Millimetereinstellung, die zum Vergleich in derselben Einstellung wie der Kehlkopf fotografiert wird (Stimmlippenlänge siehe Abschn. 3.3).

2.4 Schutzfunktion des Kehlkopfes

2.4.1 Schluckakt

Beim Schlucken erfolgt ein reflektorischer Verschluß des Kehlkopflumens, da der Speiseweg den Luftweg kreuzt. Der Kehlkopf wird beim Schlucken nach oben und vorn gezogen. Dadurch drückt der Zungengrund auf den Kehldeckel. Dieser legt sich vor den Kehlkopfeingang. Der Speisebrei gelangt daher seitlich über die Recessus piriformes in die Speiseröhre.

Der **Verschluß des Kehlkopfes** ist auf drei Ebenen möglich:
- Aneinanderlegen der aryepiglottischen Falten am Kehlkopfeingang, wobei sich hinten die Aryhöcker berühren. Der vorderste Teil des Kehlkopfeinganges wird vom Zungengrund und von der Epiglottis bedeckt.
- Aneinanderlegen der Taschenfalten
- Aneinanderlegen der Stimmlippen

Störungen des Schluckaktes:
- Bei Sensibilitätsstörungen des N. glossopharyngeus und N. laryngeus superior bei Hirntumoren, multipler Sklerose, Bulbärparalyse. Kein Schluckreflex auslösbar.
- Bei motorischen Störungen durch Lähmung, vor allem des N. vagus und des N. glossopharyngeus mit Fixation der Stimmlippen in Intermediärstellung.
- Nach operativen Eingriffen wie horizontaler Teilresektion des Kehlkopfes (Entfernung des Kehldeckels), Entfernung eines Aryknorpels (Arytänoidektomie) oder Laterofixation einer Stimmlippe. Eine Kompensation tritt immer ein; wenn der Kehldeckel und ein großer Teil des Zungengrundes entfernt werden, kann jedoch über längere Zeit hinweg die Gefahr des Verschluckens bestehen bleiben.

2.4.2 Atmung

Beim Eindringen von Fremdkörpern erfolgt ein reflektorischer Verschluß des Kehlkopfes. Eingedrungene Fremdkörper werden meist durch Husten beseitigt. Der Hustenreflex wird durch Berührung der Kehlkopfschleimhaut oder der unteren Luftwege ausgelöst.

Störungen des Hustenreflexes:

- Herabsetzung der Schleimhautsensibilität verursacht eine Minderung oder Aufhebung des Hustenreflexes. Der Speichel gelangt dann in die tieferen Luftwege. Die Folge ist eine Lungenentzündung.
- Steigerung des Hustenreflexes. Bei nervösem Kehlkopfhusten. Bei manchen Personen setzt ein Hustenanfall ein bei Berührung der Gehörgänge, der Nasen- oder Rachenschleimhaut. Häufiges Husten oder Hüsteln ist oft Ausdruck einer seelischen Fehlhaltung oder Konfliktsituation.
- Gewohnheitsräuspern. Nach Abklingen einer Kehlkopfentzündung wird dauerndes Räuspern beibehalten; Kinder wollen sich damit liebevolle Zuwendung auch nach Gesundung sichern; oder es handelt sich um eine seelische Fehlhaltung.

Störungen der Atemfunktion:

- Funktioneller inspiratorischer Stimmritzenkrampf (Laryngospasmus): Die Stimmlippen nähern sich anfallsweise oder gewohnheitsmäßig bei Einatmung einander, so daß Atemnot vorgetäuscht wird (inspiratorischer Stridor). Die Atemnot hört im Schlaf auf. Die Ausatmung ist im Gegensatz zur doppelseitigen, organisch bedingten Stimmlippenlähmung mit Fixation der Stimmlippen in Paramedian- oder Medianstellung frei.
- Funktioneller inspiratorischer Stridor bei Belastung, z.B. Rennen, Radfahren, infolge paradoxer Stimmlippenbewegungen. Keine willkürliche Beeinflussung möglich.
- Laryngeales Pseudoasthma. Willkürliche Auslösung möglich. Es geht mit Hyperventilation einher. Differentialdiagnose: Asthma bronchiale.
- Exspiratorischer Laryngospasmus. Kommt bei Asthma bronchiale vor. Bei Exspiration leichte Einengung der Stimmritze mit Stridor,

wahrscheinlich zwecks Verhinderung eines Bronchialkollapses durch Erhöhung des Atemdrucks.

- Glottiskrampf bei Kindern (Laryngismus stridulus). Die Atmung steht still, Violettfärbung der Lippen, bleigraue Gesichtsfarbe, Bewußtlosigkeit. Anschließend Lösung des Krampfes. Der Glottiskrampf tritt bei Gemütserregungen rachitischer Säuglinge auf oder bei latenter, organisch bedingter Tetanie.
- Respiratorischer Affektkrampf. Psychisch bedingte Atemstörung bei Zorn- und Wutausbrüchen bei Kleinkindern. Zeichen kindlicher Unbeherrschtheit.
- Glottiskrampf bei Erwachsenen (Laryngospasmus). Organisch bedingtes Zusammentreten der Stimmlippen bei Erwachsenen bei Spasmophilie, idiopathischer Tetanie oder Hypokalzämie bei chronischem Nierenversagen.

Spasmophilie: Störung des Mineralstoffwechsels z. B. bei rachitischen Kindern in der Heilphase. Kalziumspiegel im Blut erniedrigt, Vermehrung der Phosphationen, Alkalose im Blut.
Tetanie: primäre Epithelkörpercheninsuffizienz.
Differentialdiagnose: Eklampsie, Tetanus, Lyssa.

- Kehlkopfohnmacht (Ictus laryngis). Nach einem Kitzelgefühl im Kehlkopf kommt es zu einem Hustenanfall, der in einen Glottiskrampf übergeht. Anschließender Bewußtseinsverlust von einigen Sekunden Dauer kommt vor. Die Ursache ist unbekannt. Wahrscheinlich handelt es sich um eine Überempfindlichkeit der Kehlkopfnerven und ihrer bulbären Zentren. Das Krankheitsbild wurde jedoch auch nach Kehlkopfexstirpation beobachtet.
  Therapieversuch mit Biomagnesin® Tabletten.
- Singultus. Es handelt sich um einen nicht willkürlich steuerbaren, intermittierend einsetzenden, plötzlichen, meist einseitigen (überwiegend links) Spasmus des Zwerchfells.
  Symptome: Schnelle Einatmung unter Hemmung der Ausatmung. Nach einem Intervall von ca. 35 ms Verschluß der Glottis; hierdurch entsteht der typische „hicksende“ Laut.
  Befund: Die Frequenz kann bis 100/min betragen. Außer dem Zwerchfell sind beteiligt: Mm. intercostales externi, Mm. scaleni anteriores, Mm. sternocleidomastoidei, Mm. intercartilaginei.
  Ursachen: Plötzlicher Temperaturwechsel, Frösteln, kalte Füße, rasches Trinken von eisgekühlten oder heißen Getränken, psychische

Belastung, Meningitis, Enzephalitis, Herpes zoster, Alkoholintoxikation, Leberkoma, diabetisches Koma, raumfordernde Prozesse im Bereich des zentralen Nervensystems, Schädel-Hirn-Traumen, intrakranielle Blutungen, Struma, Lungenkarzinome.

Therapie: Hustensaft, Paspertin®, Zentropil®, Tegretal®, Druck auf die Augenbulbi, Zug an der herausgestreckten Zunge, psychische Ablenkung, Drehen einer durch die Nase eingeführten Magensonde an der Rachenhinterwand, Rückatmung der Atemluft über eine Plastiktüte, Psychotherapie, Hypnose, Akupunktur, Blockade oder Quetschung des N. phrenicus (auch dann evtl. noch Singultus möglich).

Grunzer-Syndrom. Ursache ist eine paradoxe Stimmlippen- und Taschenfaltenmotilität bei der Einatmung. Zu dem hierdurch entstehenden grunzenden Geräusch kann zusätzlich Atemnot auftreten. Das Störungsbild ist wahrscheinlich psychisch bedingt.

3 Physiologie der Stimme

3.1 Akustische Grundlagen der Stimmbildung

Singen und Sprechen. Beim Singen und Sprechen erfolgt die Bildung der Stimme mit den gleichen Organen und nach gleichen physiologischen Prinzipien. Beim Gesang bestimmen sprunghafte Änderungen mit festliegenden Teiltönen und Intervallen den melodischen Ablauf, beim Sprechen herrschen stetige, gleitende Bewegungen des Grundtones vor. Gelegentliche gleitende Tonbewegungen finden sich im Portamento (Hinüberziehen eines Tones zu dem darauffolgenden, aber abgehobener als legato). Beim Sprechen laufen die stimmlichen Funktionen weitgehend unbewußt ab. Beim Singen überwiegt die bewußt gesteuerte Stimmbildung und Klangformung. Beim künstlerischen Sprechen nähern sich die einzelnen Leistungen der Sprechstimme den Singstimmfunktionen an. Die seelische Verfassung, die Stimmung, in der sich ein Mensch befindet, prägen den Klang seiner Stimme entscheidend, obwohl jeder Mensch seinen ihm eigentümlichen Stimmklang hat.

Schall geht auf Schwingungen von Materieteilchen zurück. In der Luft kommt es dabei zur Ausbildung von aufeinanderfolgenden Verdichtungs- und Verdünnungszonen, wobei die Materieteilchen parallel zur Ausbreitungsrichtung um ihre Ruhelage schwingen (Longitudinalwellen).

Ton. Einfache pendelartige (periodische) Sinusschwingung (Sinuston oder reiner Ton). Ein Ton im musikalischen Sinne ist physikalisch ein Klang.

Klang. Zusammengesetzte periodische Schwingungen (Superposition von Sinusschwingungen), die aus einer Grundfrequenz (Grundton [1. Partialton]) und weiteren Partialtönen (Obertönen oder Harmonische) des Grundtones bestehen. Die Partialtöne sind ganzzahlige Vielfache des Grundtones, z.B. 1 : 2 : 3 : 4. Man spricht daher auch von harmonischem Klang bzw. von Naturton- oder Obertonreihe.

Das Ohr wertet Klänge als Einheit von bestimmbarer Tonhöhe, obwohl sie eine komplexe Vielfachheit von zusammengesetzten Partialtönen verschiedener Tonhöhen darstellen. Da im Vergleich mit dem Sinuston die Periodizität des Vorganges gewahrt bleibt, d.h. in einer bestimmten Häufigkeit pro Zeiteinheit abläuft, besitzt ein Klang für unser Ohr eine bestimmte Grundtonhöhe, d.h. eine in Hz ausdrückbare Frequenz. Die Grundfrequenz braucht im zusammengesetzten Spektrum eines Stimmklanges nicht enthalten zu sein, um wahrgenommen zu werden.

Anders ausgedrückt: Da in einem Klang aus zusammengesetzten Schwingungen die Schwingungszahl des ersten Teiltones, also des Grundtones, immer gleich der Differenz der Schwingungszahlen von zwei aufeinanderfolgenden Gliedern der harmonischen Teiltonreihe ist, wird der erste Teilton auch gehört, wenn er im Spektrum gar nicht vorhanden ist. Die Tonhöhe der Stimme läßt sich also nicht nur direkt aus dem Grundton der Stimmlippenfrequenz wahrnehmen, sondern auch aus der Teiltonstruktur subjektiv ableiten.

Die Wahrnehmung der Grundtonhöhe erfolgt dann jedoch nur im unteren Frequenzbereich, unter 1500 Hz. Sie beruht auf der Fähigkeit unseres Hörsystems, die Wiederholungsfrequenz eines nicht analysierten Schwingungsmusters zu erkennen. Die Grundtonerkennung stellt den Mechanismus des Gehörs dar, der es uns ermöglicht, dem komplexen Ton eines Musikinstruments eine einheitliche Tonhöhenempfindung zuzuordnen.

Eine besonders hohe Anzahl von Obertönen gilt als negatives Kriterium, weil die physikalisch „harmonisch" genannte Tonfolge bei diatonischer (in der Tonfolge einer Dur- oder Molltonleiter folgend) Betrachtung auch dissonante Anteile aufweist. Bereits der 7. und 9. Teilton gelten als Dissonanzen; vom 11. Teilton an beginnen die dissonanten Teiltöne immer mehr zu überwiegen. Im höheren Teiltonbereich drängen sich lauter Dissonanzen zusammen. Besonders obertonreiche Klänge wirken daher rauh und scharf, obertonarme dagegen matt und glanzlos. Nachfolgend ein Beispiel für eine Teiltonreihe: 65 Hz (1), 131 Hz (2), 196 Hz (3), 262 Hz (4), 327 Hz (5), 458 Hz (6), 523 Hz (7), 589 Hz (8) usw.

In musikalischer Terminologie gilt die Bezeichnung Klang für gleichzeitig erklingende Töne (mehrere Klänge).

Der Stimmklang wird also definiert durch Tonhöhe (Grundfrequenz), Zahl und Amplitude der Obertöne (Klangspektrum) und die Lautstärke.

Klangfarbe. Sie wird überwiegend durch das Teiltonspektrum bestimmt. Maßgebend sind Anzahl (Ordnung) und Stärke (Intensität) der Teiltöne (Partialtöne), die einen bestimmten Klang prägen ***(Formanten).***

Klangfarbenunterschiede entstehen daher nicht durch Änderungen der Tonhöhe und Lautstärke. Die Klangfarbe wird somit primär von der Schwingungsart der Stimmbänder, aber auch von den Verhältnissen im Ansatzrohr bestimmt. Die Klangfarbe ändert sich, meist in einem charakteristischen Frequenzband, wenn derselbe Vokal in verschiedener Höhe gesungen wird. Die Stimmklänge gleicher Klangfarbe faßt man als ***Register*** zusammen.

Auch ***Einschwingungsvorgänge*** sind für die Erkennung bestimmter Klangfarben von Bedeutung. Fehlen sie, so kann z. B. der Klang eines Fagotts nicht mehr von dem eines Violoncellos unterschieden werden. Wandlungen der Teiltonstruktur während der Dauer eines Klanges und Ausschwingungsvorgänge wirken sich ebenfalls aus.

Geräusch. Es besteht aus aperiodischen Schwingungen, d. h. aus harmonischen und unharmonischen Teiltönen, z. B. bei den Zischlauten.

Weißgeräusch. Hierunter versteht man ein Geräusch, das sich aus allen denkbaren Frequenzen im Hörbereich zusammensetzt.

Frequenz. Anzahl der Stimmlippenschwingungen pro Sekunde, angegeben in Hz.

Amplitude. Größe der Auslenkung des Massenpunktes von der Mittellage beim Schwingen.

Resonator. Schwingungsfähiges Gebilde, das von außen angeregt in seiner Eigenfrequenz schwingt, unter ständiger Abnahme der Amplitude. Das Ansatzrohr wirkt als Resonator. Es wird durch die darin befindlichen Luftmoleküle in Schwingungen versetzt. Das Ansatzrohr hat mehrere Resonanzfrequenzen. In enger Beziehung zur Resonanz steht die Dämpfung eines Systems, die von den Eigenschaften der Wandung abhängt. Je geringer die Dämpfung, desto stärker ist das Resonanzverhalten ausgeprägt. Das Ansatzrohr ist ein stark gedämpftes System.

Im Ansatzrohr können also auch Teiltöne durch Wirbelbildungen an nicht schwingenden Stimmbandkanten entstehen. Beide Mechanismen sind an der ***Vokalbildung*** beteiligt.

Laryngeales Pfeifen: Bildung von Pfeiftönen im Ansatzrohr; Stimmritze nur wenig geöffnet, Stimmlippen schwingen nicht.

Resonanz. Wirken auf einen Resonator Luftschwingungen in seiner Eigenfrequenz ein, so wird er zum Mitschwingen (Resonanz) angeregt. Die Amplitude steigt bis zu einem Höchstwert an. Auf diese Weise entstehen die ***Formanten*** im Ansatzrohr.

Formant. Durch Resonanz im Ansatzrohr entstandenes Teiltonmaximum des primären Kehlkopfklanges.

Der durch die Stimmlippenschwingungen erzeugte Klang, d.h. der sog. primäre Kehlkopfton (das Klangspektrum reicht von 50 bis 1500 Hz; nach anderer Ansicht finden sich periodische Klanganteile bis 8000 Hz und höher) gelangt in das Ansatzrohr. Es handelt sich um ein relativ schmales und undifferenziertes Frequenzband. Durch Resonanz erfolgt eine Verstärkung von zwei Teiltönen (Koppelfrequenz). Die übrigen Teiltöne werden gedämpft. Auf diese Weise entsteht ein Vokalspektrum. Die Formantbereiche für die einzelnen Vokale sind unabhängig von der Tonhöhe.

Auf das Spektrum der Glottiswelle wirkt das Ansatzrohr (Vokaltrakt) also wie ein akustisches Filter. Partialtöne des primären Glottisspektrums, die in der Nähe der Eigenfrequenz des Ansatzrohres liegen, durchlaufen das akustische Filter ohne wesentlichen Energieverlust, die anderen werden je nach Abstand von diesen Eigenfrequenzen mehr oder weniger gedämpft. Die Teiltonmaxima werden ***als Formanten*** F_1–F_4 bezeichnet. Durch Erweiterung und Einengung bestimmter Abschnitte des Vokaltraktes (Artikulation) lassen sich die Eigen- und damit die Formantfrequenzen nach oben oder nach unten verschieben.

Die Frequenzen der beiden Amplitudenmaxima (Formanten) entsprechen einer bestimmten Vokalfarbe, z.B. der des Vokales a. Durch eine Änderung der Stellung der Artikulationsorgane kann das Ansatzrohr (Resonator) verändert werden. Dadurch erfolgt eine Resonanz in anderen Frequenzbereichen, d.h. es tritt eine Änderung des Vokalspektrums ein. So resultiert z.B. der Vokal o.

Nur die beiden untersten Formanten sind für die Vokalerkennung erforderlich; der 3. und 4. Formant beeinflussen aber auch die Klangfarbe der Vokale. Ein Vokal klingt um so heller, je höher das Stärkemaximum innerhalb eines Formantbereiches liegt. Die Vokalfarbe wird dunkler, wenn tiefere Teiltöne außerhalb des typischen Formantbereiches verstärkt werden.

Partialraumtheorie der Vokalartikulation nach Helmholtz. Bei der Einstellung des Ansatzrohres zur Ausbildung einer bestimmten Vokalfarbe wird das Ansatzrohr in zwei Räume geteilt. Durch Wölbung der Zunge entsteht der sog. Artikulationspunkt, der das Größenverhältnis von Mund- und Rachenhöhle bestimmt. Jeder dieser beiden Räume erzeugt einen der beiden Vokal-Hauptformanten. Nach der heutigen Vorstellung hat die Gesamtheit der Formanten eines Vokals ihren Ursprung im Resonanzmechanismus des Ansatzrohres als Ganzes. Die Resonanzfrequenzen werden also nicht durch die Teilvolumina des Ansatzrohres bestimmt.

Die *Formantbildung* (Spektralformierung) des primären Kehlkopfklanges hängt also ab von der Einstellung des Ansatzrohres. Veränderungen des Schwingungsablaufes der Stimmlippen (im Sinne einer Änderung der Öffnungsfunktion der Glottis) bewirken jedoch eine Änderung des Glottisimpulses und damit auch eine Änderung der spektralen Zusammensetzung des primären Kehlkopfklanges.

F_1 hängt vom Volumen des Oropharynx ab; er sinkt bei Vorwärtsbewegung des Zungengrundes (Erweiterung) und steigt bei Unterkiefersenkung (Verengung).

F_2 richtet sich nach der Größe des vorderen Resonanzraumes zwischen Lippen und Zungenrücken.

F_3 hängt ab von den Interaktionen zwischen vorderem und hinterem Resonanzraum.

F_4 und höhere Formanten hängen ab vom supraglottischen Raum und der Größe der Kehlkopfventrikel.

Bei Frauen liegen alle Formanten etwas höher als bei Männern, bei Kindern noch höher. Im Alter kommt es infolge Erweiterung des Pharynx und Elastizitätsverlust zu einer Formantverschiebung nach unten.

Artikulatorische und phonatorische Funktion des Ansatzrohres (Vokaltraktes)

Artikulatorische Funktion bedeutet Formierung von stimmhaften und stimmlosen Phonemen.

Phonatorische Funktion bedeutet Verschiebung der Formantverhältnisse hinsichtlich Frequenz, Bandbreite und Amplitude durch Änderung der Konfiguration und Wandbeschaffenheit. Dadurch Beeinflussung des Klangcharakters der Stimme (Klangfarbe, Vokalfarbe, Timbre; siehe auch Abschn. 3.7.4).

Die Qualitätsstimme weist in mittlerer Lage und bei mittlerer Intensität durchschnittlich 10 Teiltöne bei einer Toleranz von +2 und −1 Teiltönen auf.

Das erste Formantmaximum ist breit. Es kommt zur Ausbildung einer komplexen Farbe, die mehr oder weniger alle Bestandteile der Vokalfarben enthält, mit besonderer Betonung des gerade gewünschten Farbanteils.

Das zweite Formantmaximum um 3000 Hz ist wichtig für die Tragfähigkeit der Stimme. Ebenso bedeutsam ist ein Minimum bei 1500–2000 Hz. Siehe auch Abschn. 3.7.2 und Abschn. 3.7.6.

Die breite Ausbildung des ersten Formanten entspricht der gesangspädagogischen Forderung nach Vokalausgleich (siehe auch Abschn. 3.7.17).

3.2 Phonationstheorien

Die myoelastische aerodynamische Theorie (Johannes Müller) besagt, daß die Stimmlippen ein unterhaltenes Vibrationssystem mit reinen passiven, vom Luftstrom bewirkten Vibrationen bei bestehender Muskelelastizität darstellen. Die Stimmlippen werden beim Phonieren zwar über das Zentralnervensystem eingestellt, dann aber passiv wie gegenschlagende Polsterpfeifen mittels bestimmter Atemdrucke bewegt (Relaxationsschwingungen). Nach der aerodynamischen myoelastischen Theorie sind die aerodynamischen Größen, d.h. subglottischer Druck, Strömungsgeschwindigkeit und Glottiswiderstand die entscheidenden stimmbildenden Parameter.

Die neurochronaxische Theorie der Stimmerzeugung (Husson, 1950), nach der allein einzelne Nervenimpulse und muskuläre Aktionen die Stimmlippenschwingungen erzeugen, ohne daß ein anblasender Luftstrom erforderlich wäre, wird heute abgelehnt. Es gibt keine Muskelfasern, die die Stimmlippen nach der Seite ziehen können. Außerdem kommt es nach etwa 70 Reizimpulsen pro Sekunde zu einer Dauerkontraktion der Stimmlippenmuskulatur.

3.3
Veränderungen der Stimmlippenlänge

Die Verlängerung der Stimmlippen vom tiefsten zum höchsten Ton beträgt 5 mm (siehe auch Abschn. 3.7.1). Sopran- und Tenorstimmen haben kurze, breite Stimmlippen, Alt- und Baßstimmen lange, schmale Stimmlippen.

Die Angaben über die Länge der Stimmlippen variieren stark. Diese soll vom Ansatz im Schildknorpelwinkel bis zur Spitze des Processus vocalis beim Mann 13 – 16 mm, bei der Frau 11–13 mm betragen. Während der Mutation wachsen die Stimmlippen beim Mann bis zu 1 cm, bei der Frau 3–4 mm.

Stimmlippenlängenmessung siehe Abschn. 2.3.10.

3.4
Schwingungsablauf der Stimmlippen (Abb. 3-1)

Bevor die Stimmlippen durch den subglottischen Luftdruck angeblasen werden, stellt sich der Kehlkopf mit seinem Muskelapparat auf die gewünschte Tonhöhe ein (Phonationsstellung). Über das Nervensystem sind reflektorisch unter Einschaltung des Gehörs schnelle Änderungen der Muskelinnervation möglich. Die Bewegungsform der Stimmlippen setzt sich aus einer horizontalen und einer vertikalen Komponente zusammen. Zusätzlich lassen sich eine eigene, gesetzmäßig ablaufende Formänderung, eine Verschiebung der Schleimhaut an den Stimmlippenrändern erkennen *(Randkantenverschiebung,* Abb. 3-2). Zustandekommen der Randkantenverschiebung durch Spannungsunterschied zwischen Muskel und Schleimhaut.

Die Randkantenverschiebung setzt eine Anspannung von M. vocalis und Stimmband voraus, die als Einheit schwingen. Somit kann die darüberliegende Schleimhaut gegen sie Relativbewegungen ausführen. Weitere Voraussetzungen sind eine lockere Bindegewebsschicht zwischen Epithel und darunterliegendem Stimmband sowie ein weiches und nicht zu straff gespanntes Epithel.

Fehlende oder verminderte Randkantenverschiebung kommt vor bei:
- Versteifung des Stimmlippenepithels (Pachydermie),
- Verwachsung des Stimmlippenepithels mit dem Ligamentum vocale,
- Lähmung des M. vocalis mit fehlendem Tonus,

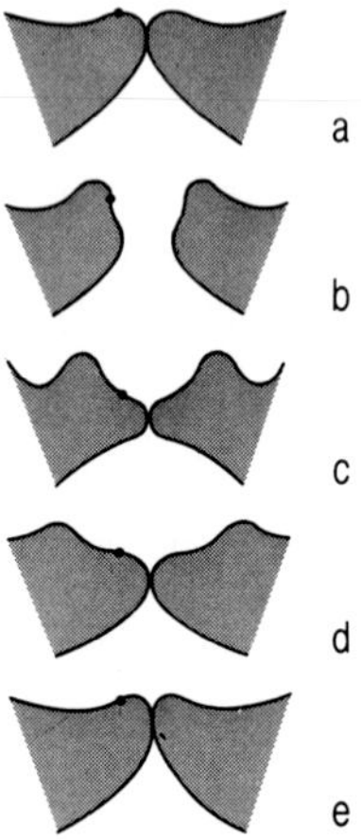

Abbildung 3-1:
Aus horizontaler und vertikaler Komponente zusammengesetzte Bewegungsform der Stimmlippen (nach Schönhärl).
a) Ausgangsstellung; **b)** Öffnungsphase; **c)** Beginn der Schließungsphase; **d)** Schließungsphase; **e)** Stimmlippenschluß

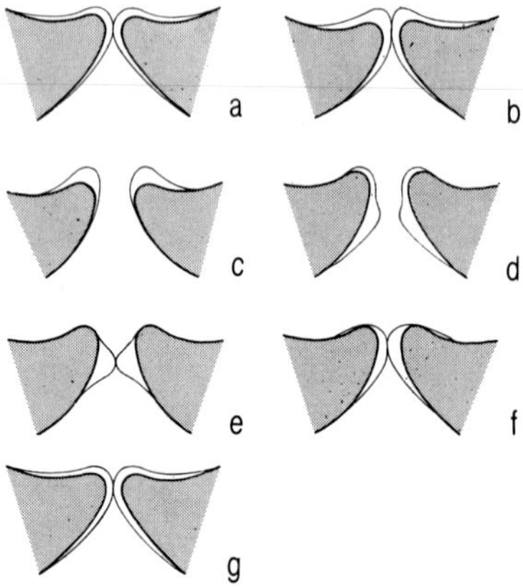

Abbildung 3-2 a-g:
Randkantenverschiebung während der Öffnungs- und Schließungsphase der Stimmlippen (nach Schönhärl).

- zu straffer Schleimhautspannung im Rahmen der Bildung sehr hoher Töne,
- hyperfunktioneller Dysphonie.

Öffnungsphase. Nach Adduktion der Stimmlippen übt der subglottische Druck eine nach der Seite und oben gerichtete Kraft auf die subglottische Fläche der Stimmlippen aus. Daher müssen zuerst die unteren Stimmlippenhälften nach der Seite ausweichen. Gleichzeitig werden damit die medialen Stimmlippenränder schmäler und etwas nach oben geschoben. Die oberen Hälften der Stimmlippen folgen den unteren seitwärts gedrängten Hälften rasch nach, die Glottis ist geöffnet. Beim Blick von oben auf die Stimmlippen wird zunächst eine kleine Öffnung entweder im vorderen Drittel der Stimmlippen oder im vorderen und hinteren Drittel gleichzeitig sichtbar (Beginn des Einschwingvorganges).

Schließungsphase. Im Moment des explosionsartigen Austritts der Luft aus der Glottis sinkt der Druck; die Luft strömt von unten nach.

Durch folgende Faktoren wird das Rückschwingen der Stimmlippen erreicht:
- Der Luftstrom saugt die medialen Flächen der Stimmlippen wieder zusammen (Bernoulli-Effekt oder aerodynamisches Gesetz genannt: Ansteigen der Luftgeschwindigkeit an der durch die Stimmlippen gebildeten Enge; dadurch Entstehung eines Unterdruckes an den Seiten).
- Eigenelastizität der Stimmlippen.

Zu Beginn der Schließungsphase stehen die oberen Teile der Stimmlippen am weitesten auseinander: die unteren (subglottischen) Teile werden bereits angesaugt. Somit legen sich die Stimmlippen von unten nach oben aneinander. Die Glottis ist während einer halben Schwingungsphase geschlossen. Der Glottisschluß erfolgt immer in dorsoventraler Richtung.

Es handelt sich bei beiden Stimmlippenbewegungen um selbsterregte Schwingungen, d. h. das schwingende System regelt den aus dem Windraum (Lungenräume, Bronchien, Luftröhre) zugeführten Luftstrom und wird von diesem in Schwingung gehalten.

Die Dauer des Glottisschlusses wird immer kürzer bei zunehmender Tonhöhe, d. h. zunehmender Stimmlippenspannung und Schwingungsfrequenz. Bei sehr hohen Kopftönen bleibt ein spindelförmiger Glottisspalt bestehen.

Die Dauer des Glottisschlusses wird immer länger bei zunehmender Lautstärke infolge Beschleunigung der Schließungsbewegung der Stimmlippen durch die größeren aerodynamischen und elastischen Rückstellkräfte.

Die Öffnungszeit kann individuell in Abhängigkeit von der Technik der Stimmgebung variieren.

3.5 Phonatorische Glottisfunktion

Beurteilung durch aerodynamische Messungen. Nach der myoelastisch aerodynamischen Theorie sind die aerodynamischen Größen, d. h.

subglottischer Druck, Strömungsgeschwindigkeit und Glottiswiderstand die entscheidenden stimmbildenden Parameter.

3.6 Öffnungsfunktion der Glottis

Unter Öffnungsfunktion der Stimmritze versteht man den Ablauf der Öffnungs- und Schließungsbewegung der Stimmlippen. Nicht das Schwingen der Stimmlippen, sondern die impulsartig durch die geöffnete Glottis strömende Luft versetzt die Luftsäule des Vokaltraktes in Schwingungen.

Frequenz, Amplitude und **Form des Glottisimpulses** (Glottiswelle) sind mitentscheidend für das klangliche Ergebnis.

Die Frequenz der Glottisimpulse entspricht der Stimmlippenfrequenz und wird als Tonhöhe (Grundton) empfunden.

Die Amplitude der Stimmlippenschwingungen drückt sich in der maximalen Luft-Volumengeschwindigkeit (cm^3/s) aus, die sich nach der Größe des subglottischen Druckes richtet und die Intensität (Lautstärke) der Stimme bestimmt.

Die Form der Glottiswelle, d. h. die Anregungsfunktion (Volumengeschwindigkeitsfunktion) hängt von dem Ablauf der Öffnungs- und Schließungsbewegung der Stimmlippen, d. h. von der Öffnungsfunktion der Glottis ab und bestimmt somit das Teiltonspektrum (siehe auch Abschn. 3.1).

Der **Ablauf der Öffnungs- und Schließungsbewegungen der Stimmlippen,** d. h. die Öffnungsfunktion der Glottis hängt ab von der Tonhöhe, der Lautstärke und der individuellen Technik der Stimmgebung.

Bei zunehmender Tonhöhe verlängert sich die Öffnungszeit gegenüber der Schließungszeit, daher Zunahme des Öffnungsquotienten. Der Öffnungsquotient ist demnach proportional der Tonhöhe.

Bei zunehmender Lautstärke Beschleunigung der Schließungsbewegung der Stimmlippen infolge der erhöhten Stimmlippenspannung sowie der größeren aerodynamischen und elastischen Rückstellkräfte. Daher Verkürzung der Öffnungszeit und Abnahme des Öffnungsquotienten. Der Öffnungsquotient ist somit umgekehrt proportional der Lautstärke. Bei Verkürzung der Öffnungszeit (Abnahme des Öffnungsquotienten) treten höherfrequente Teiltonamplituden stärker hervor.

Die Öffnungszeit und damit der Öffnungsquotient nimmt infolge der mit wachsender Lautstärke notwendigerweise erhöhten Stimmlippenspannung ab. Je kürzer die Öffnungszeit, desto effektiver die Nutzung des Luftstromes. Sänger verbrauchen bei Pianotönen weniger Luft als untrainierte Stimmen; dies beruht auf einem besseren Glottisschluß, aber auch auf einer Verkürzung der Öffnungszeit mit effektiverer Nutzung des Luftstromes. Die untrainierte Stimme vergrößert mit zunehmender Stimmintensität hauptsächlich den Glottiswiderstand. Der Sänger dagegen steigert die Stimmlautstärke unter gleichmäßiger Vergrößerung von subglottischem Druck und Strömungsrate, d.h. der Glottiswiderstand bleibt konstant.

3.7 Stimmleistungen

3.7.1 Tonhöhe

Die Tonhöhe hängt ab von der Zahl der Stimmlippenschwingungen pro Sekunde (Grundfrequenz des produzierten Klanges), z.B. 440 Schwingungen pro Sekunde (440 Hz, Kammerton a^1, Tonhöhe des Neugeborenenschreies). Der höchste erreichbare Ton ist e^4 (2.607 Hz), der tiefste erreichbare Ton F_1 (43 Hz). Vom Bassisten wird noch D (72,6 Hz) verlangt.

Die Zahl der Stimmlippenschwingungen pro Sekunde, d.h. die Frequenz ist abhängig von folgenden Faktoren:
- Elastizitätskoeffizient
- Schwingender Masse
- Stimmlippenspannung
- Atemstromgeschwindigkeit
- Anblasedruck
- Stimmlippenlänge.

Mit steigender Tonhöhe erfolgt eine Streckung und Anspannung der Stimmlippen unter Beteiligung folgender Muskeln:
- M. sternothyreoideus
- M. cricothyreoideus
- M. cricoarytaenoideus lateralis
- M. arytaenoideus transversus
- M. cricoarytaenoideus posterior (fixiert die Aryknorpel nach hinten).

Schwingungsamplituden und Randkantenverschiebung nehmen ab.

Bei tiefen Tönen ist die Stimmritze bei leichter Außenrotation der Aryknorpel leicht geöffnet.

In der Mittellage stehen die Stimmlippen fast parallel, die Stimmritze ist geschlossen.

Bei hohen Tönen ist die Stimmritze wieder etwas geöffnet; die Stimmlippen schwingen nicht mehr durch, es schwingt nur noch die Schleimhaut. Man spricht von Randkantentönen ***(Falsett)***.

Sehr hohe Töne entstehen durch vermehrte Spannung und Verkürzung der Stimmlippen. Der hintere Teil der Stimmlippen wird zusammengepreßt (Dämpfung); es schwingen nur noch die vorderen zwei Drittel (Verkürzung einer Saite auf der Geige zur Erzeugung höherer Töne; siehe auch Abschn. 3.7.10).

Die Tonhöhe hängt hauptsächlich ab von der Glottiseinstellung; sie kann aber auch in beschränktem Umfang durch Variation des exspiratorischen Luftstromes verändert werden. Jede Tonhöhensteigerung erfordert in erster Linie einen erhöhten muskulären Kraftaufwand aller Kehlkopfmuskeln, somit auch eine Vergrößerung des subglottischen Anblasedruckes. Dieser nimmt daher proportional zur Tonhöhensteigerung zu, ohne selbst primär tonhöhenregulierend zu sein.

Für die Tonhöhenregulation ist außer dem M. cricothyreoideus auch die extralaryngeale Muskulatur verantwortlich. Nach Schilddrüsenoperation kann eine Senkung der Sprechstimmlage und der oberen Stimmgrenze Folge einer Schädigung der prälaryngealen Muskulatur sein. Der M. sternothyreoideus unterstützt bei tiefen Tönen die Stimmlippenverkürzung (Entspannung) durch Rückkippung des Schildknorpels, bei hohen Tönen dagegen die Verlängerung der Stimmlippen, indem er den Schildknorpel des durch die Haltungsänderung nach vorn gedrehten Kehlkopfes kaudalwärts bewegt. Der M. cricopharyngeus hat eine stimmlippenverkürzende (entspannende) Wirkung (siehe dagegen Abschn. 2.1.3.1).

Anmerkung: Die Anhebung der Stimmtonhöhe ist im Gegensatz zu Musikinstrumenten immer mit einer Verlängerung der Stimmlippen verbunden. Bei Musikinstrumenten bedeutet lange Saite tiefer Ton, kurze Saite hoher Ton. Die Stimmlippen haben ihre größte Länge in respiratorischer Abduktionsstellung. Bei entspannter Stimmgebung aus Respirationsstellung heraus resultiert dabei durch Kontraktion des M. vocalis die Stimmtonhöhe des entspannten Sprechens (mittlere Sprechstimmlage, Indifferenzlage). Von hier aus läßt sich die Stimmtonhöhe um einige wenige Halbtöne senken durch weitere Verkürzung der Stimmlippen (siehe auch Abschn. 3.7.10 sowie Abschn. 3.7.2). Hierfür sollen maßgeblich der M. thyreohyoideus und der M. sternothyreoideus verantwortlich sein, indem sie den

Schildknorpel um seine Drehachse nach dorsal kippen. Andererseits kann die Stimmtonhöhe von der mittleren Sprechstimmlage aus durch Stimmlippenverlängerung infolge Kontraktion des M. cricothyreoideus um durchschnittlich 1 1/2 Oktaven gesteigert werden.

Der M. cricothyreoideus soll jedoch nicht — wie vielfach angenommen — den Schildknorpel nach vorne unten kippen, sondern den Ringknorpel nach hinten oben, während der Schildknorpel durch die extralaryngeale Muskulatur fixiert bleibt. Erst bei sehr hohen Tönen soll der M. sternothyreoideus die Stimmlippenverlängerung durch zusätzliche Kippung des Schildknorpels nach ventral unterstützen.

Der M. sternothyreoideus besitzt also eine dualistische Funktion. In Abhängigkeit von der jeweiligen relativen Stellung des Schildknorpels zur Zugrichtung des Muskels unterstützt er entweder dessen Rückwärtskippung bei tiefen Tönen oder dessen Vorwärtskippung bei hohen Tönen.

Isotonische Kontraktionsphase des M. vocalis. Vor dem Anblasen der Stimmlippen wird die Kehlkopfmuskulatur auf die gewünschte Tonhöhe eingestellt. Zunächst erfolgt eine isotonische Kontraktion des M. vocalis, d. h. die Länge des Muskels bzw. der Stimmlippe ändert sich bei gleichbleibender Spannung. Die Streckung der Stimmlippen erfolgt durch die oben genannten Muskeln. Dann wird der Stellknorpel durch die inneren Kehlkopfmuskeln fixiert. Anschließend erfolgt die isometrische Kontraktionsphase.

Isometrische Kontraktionsphase des M. vocalis. Anspannung ohne weitere Verkürzung der Stimmlippe. Hierdurch Regulation der inneren Spannung der Stimmlippe

Anmerkung: Vereinfacht ausgedrückt wird die Tonhöhe bestimmt durch das Verhältnis: elastische Stimmlippenspannung zu Druck des Ausatemstroms.

Die **physiologischen Tonhöhenschwankungen** sind bei funktionellen Stimmstörungen verstärkt und werden Flattern oder pathologisches Tremolieren genannt. Sie sind Ursache der sog. Frequenzwechselperioden bei der Stroboskopie. Messung der physiologischen Tonhöhenschwankungen mit Hilfe der Grundtonanalyse. Darstellung der Tonhöhenkurve in einem Grundfrequenzhistogramm.

3.7.2 Stimmstärke

Unter Lautstärkeumfang (Stimmdynamik) versteht man den Schalldruckpegelabstand zwischen leisestem und lautestem Stimmton. Der physiologische Lautstärkenumfang beträgt 50–55 dB. Der Minimalpegel, bei dem noch eine Tonproduktion möglich ist, liegt bei 50 dB, der Maximalpegel bei 126 dB.

Die Lautstärke bei der Umgangssprache beträgt 70–80 dB (siehe Abschn. 3.7.2). Erwachsene haben eine Dynamikbreite von 27 dB; unqualifizierte und kindliche Stimmen haben eine Dynamikbreite von 5–12 dB.

Die Stimmstärke hängt ab von der *Einstellung des Ansatzrohres* (Resonanzverstärkung) und vor allem von der Schwingungsamplitude. Die Schwingungsamplitude wiederum hängt ab von der Luftstromstärke (Druck und Geschwindigkeit des Luftstromes). Die Stimmlautstärke ist eine lineare Funktion des subglottischen Druckes und wird somit von dem exspiratorischen Kraftaufwand bestimmt. Der hierzu erforderliche Glottiswiderstand wird durch die laryngeale Muskelaktivität hervorgerufen.

In tiefen und mittelhohen Tonlagen sind an der Regelung der Stimmlautstärke Veränderungen des Glottiswiderstandes und Änderungen der Öffnungsfunktion der Glottis mitbeteiligt, bei hohen Tönen nur aerodynamische Größen.

Die Stimmstärke hängt weiterhin ab von der *Stimmlippenspannung.* Beim Forte-Singen wird die Stimmlippenspannung stärker, die Schwingungsamplitude größer. Außerdem erfolgt eine Dickenzunahme der Stimmlippen. Neue hohe Teiltöne treten auf, die im Piano nicht vorhanden sind. Mit zunehmender Stimmstärke wird der Öffnungsquotient (Verhältnis von offenem zu geschlossenem Anteil innerhalb einer Schwingungsperiode) kleiner, d. h. die Öffnungsdauer ist verkürzt. Übersteigt der Luftdruck eine bestimmte Grenze, so wird der Ton wieder leiser, da die Rückstellkraft der Stimmlippen nicht mehr stark genug ist, um dem Luftdruck entgegenzuwirken. Die Stimmlippen treffen nicht mehr in der Mittellinie zusammen. Die Amplitude wird kleiner, der Ton somit leiser. Durch Behinderung der Schwingungsanzahl wird der Ton gleichzeitig etwas tiefer. Die Schwingungsamplituden sind bei tiefen Tönen größer als bei hohen Tönen.

Bei Sopranstimmen wurde beim Liedgesang in 1 m Entfernung eine maximale Lautstärke von 102 dB gemessen.

Mit zunehmender Stimmstärke nimmt der subglottische Druck zu. Die Atemvolumina nehmen hierbei weniger zu als der Druck. Im Piano sind die Atemvolumina größer als bei lautem Singen, da die Stimmlippen weniger zusammengepreßt werden. Von der Stimmstärke hängt auch das Auftreten von Obertönen ab.

Ungeübte Stimmen steigern mit der Stimmstärke auch die Tonhöhe. Besonders das Decrescendo ist schwierig. Hier werden Singstimmstörungen durch verstärkte Instabilität der Stimme, Tonunterbrechungen oder Tonabbruch frühzeitig erkennbar.

Ermittlung der Größe der Lautstärkeschwankungen aus fortlaufend registrierten Schalldruckpegelkurven (Amplitudenhistogramm).

Anmerkung: Der Schrei entwickelt sich aus starker subglottischer Drucksteigerung mit harter Sprengung der Glottis. Es folgt ein Druckabfall in Luftröhre und Kehlkopf und damit eine Minderung der Lautstärke; auch eine Änderung der den Schrei tragenden vokalischen Lautfarbe kann mitbeteiligt sein.

Jeder Affekt löst eine ihm eigene Ausdrucksbewegung aus (Angst-, Schmerz-, Triumphschrei). Beginn des Schreies mit schnellem Anstieg von Lautstärke und Tonhöhe, dann Plateau für beide Größen, schließlich allmählich abfallender Auslauf. Zweisilbige, sprachlich geformte Schreie werden als Rufen bezeichnet (Hilfe!).

Der Begriff des Urschreies ist eingebettet in das komplizierte Krankheitsgeschehen der Neurosen, und seine Erzeugung gehört zu den Versuchen einer von solchen Leiden befreienden Therapie.

Messung der Stimmlautstärke. Die Schwingungsweite der Stimmlippen hängt ab vom subglottischen Anblasedruck; dieser wächst proportional zur Intensitätssteigerung des Stimmklanges. Haben Anblasedruck und Luftströmungsgeschwindigkeit ein bestimmtes Maß überschritten, so sistiert die Stimmlippenvibration, die Glottis bleibt offen, die Stimme reißt ab.

Am Leichenkehlkopf wird bei Zunahme der Lautstärke gleichzeitig die Stimme höher. Nur wenn gleichzeitig Spannung und Masse der Stimmlippen und damit der Glottiswiderstand durch entsprechende Muskeltätigkeit verändert werden, ist eine Steigerung der Lautstärke ohne gleichzeitige Tonhöhenänderung möglich. Die Kehlkopfmuskulatur muß also stets für den erforderlichen Glottiswiderstand bzw. die für die Aufrechterhaltung der eingestellten Tonhöhe notwendige Ausgleichsspannung sorgen. Nur bei sehr hohen Tönen, die mit maximaler

Längsspannung des M. vocalis produziert werden, erfolgt die Beeinflussung der Lautstärke ausschließlich durch den Anblasedruck und die Strömungsgeschwindigkeit der Luft. Maß der Stimmstärke ist der Schalldruckpegel. Er wird mit Hilfe von Schalldruckpegelmessern gemessen und in Dezibel (dB) angegeben. Die Geräte bestehen aus Mikrofon, Vorverstärker und Anzeigeinstrument. Für vergleichbare Messungen müssen gleiche Untersuchungsbedingungen eingehalten werden: Raumverhältnisse, Mikrofonabstand, Art der untersuchten Vokale, Tonhöhe usw.:

- Messen im Stehen
- Gemessen wird der Schalldruckpegelabstand zwischen leisestem und lautestem Stimmton über den gesamten Stimmumfang
- Mikrofonabstand 30 cm
- Tonhaltedauer 2 s
- Messung in einem Raum mit Wohnzimmerakustik
- Der Störlärm darf nicht über 40 dB (A) liegen
- Prüfung mit dem Vokal a oder der Konsonant-Vokal-Verbindung la
- Aufzeichnung der Lautstärkegrenzen in Abhängigkeit von der Stimmtonhöhe (Phonetogramm = Stimmfeld) über den gesamten Stimmumfang.

  Normaler Dynamikumfang im Brustregister 40 dB, im Kopfregister 30 dB
- Bestimmung zuerst der Pianokurve wegen der Schwierigkeit des Anstimmens leiser Stimmklänge nach maximaler Stimmanstrengung. Beginn bei mittelhohen Tönen, dann absteigend zu den tiefen Tönen; anschließend aufsteigend zu den hohen Tönen. Die Stimmdynamik ist in der Mitte des Tonhöhenumfanges größer als in der Nähe der oberen und unteren Stimmgrenze. Übungseffekt. Eine Zweitmessung ergibt bei Stimmungeübten ein größeres Stimmfeld. Bei Sängern fehlt dieser Übungseffekt.

Der Stimmdynamikumfang beträgt bis zu 50–55 dB. Die musikalisch verwertbare Stimmdynamik ist kleiner als die physiologische. Bei Sängern ist der diesbezügliche Unterschied kleiner. Demnach läßt sich die musikalische Stimmdynamik durch Stimmtraining erweitern. Vor allem die Minimalintensität der Stimme ist diagnostisch von Bedeutung, da Sprech- und Singstimmstörungen besonders leicht an Tongebungsfehlern im Pianobereich zu erkennen sind.

Die Kenntnis des Stimmdynamikumfanges im Frequenzbereich der mittleren Sprechstimmlage ist wichtig, da bereits bei etwas angehobener Sprechlautstärke (gering gespanntes Sprechen) — wie in vielen Sprechberufen täglich erforderlich — die Leistungsgrenze erreicht sein kann. Dies bedeutet eine Einschränkung der stimmlichen Belastbarkeit.

Stimmfeldmessung. Es handelt sich um die Darstellung der Stimmdynamik in Abhängigkeit von der Stimmtonhöhe in einem Koordinatensystem.

Trägt man in ein Koordinatenkreuz mit der Ordinate als Schalldruckpegelskala (in dB) und der Abszisse als Frequenzskala (in Hz) die jeweils leiseste und lauteste Stimmproduktion in Abhängigkeit von der Stimmlippenfrequenz (Tonhöhe) über den gesamten Tonhöhenumfang der Stimme ein, so umhüllen die Pianokurve und die Fortekurve alle stimmlichen Dynamikbereiche, die für die lautsprachliche und sängerische Kommunikation zur Verfügung stehen. Informationen über die Klangqualität gibt das Stimmfeld nicht.

Bei gesunden Stimmen nähert sich die Form des Stimmfeldes einer Ellipse mit schräg ansteigender Längsachse. Piano- und Fortekurve der Stimme beginnen und enden gemeinsam bei gleichem Schalldruckpegel an der unteren bzw. oberen Stimmgrenze. Eine Stimmdynamik gibt es an diesen Punkten nicht.

Erklärung der charakteristischen Form des Stimmfeldes. Bei der niedrigst einstellbaren Stimmlippenfrequenz sind die Stimmlippen maximal verkürzt; die elektrische Aktivität des M. vocalis ist niedrig (siehe Abschn. 3.7.10). Der niedrige Glottiswiderstand macht einen großen Luftstrom zur Anregung einer Stimmlippenschwingung erforderlich, wobei der subglottische Druck niedrig bleibt. Eine Erhöhung des Luftstromes zur Steigerung der Stimmdynamik hätte eine Frequenzerhöhung der Stimme zur Folge, da eine Änderung von Masse und Spannung der Stimmlippen als Ausgleichsvorgang bei der untersten Einstellungsmöglichkeit der Glottis nicht möglich ist. Daraus folgt, daß an der unteren Stimmgrenze die Stimmlautstärke nicht oder kaum variabel ist.

Mit zunehmender Tonhöhe und damit Spannung der Stimmlippen vergrößert sich die Möglichkeit einer Lautstärkesteigerung bzw. Lautstärkeverringerung bei konstanter Stimmlippenfrequenz. Im mittleren Anteil des Stimmfeldes erreicht daher die Stimmdynamik ihr Maximum. Bei Annäherung an die obere Stimmgrenze nimmt sie wieder ab. Dabei senkt sich die Fortekurve etwas zu niedrigeren Maximalpegelwerten, während die Pianokurve deutlich ansteigt. Grund für das Ansteigen der Pianokurve ist die ständig steigende Stimmlippenspannung, die immer höhere subglottische Initialdrücke benötigt, um Stimmlippenschwingungen zu erzeugen; daraus resultieren entsprechend höhere Minimalpegel.

An der oberen Stimmgrenze sind die Stimmlippen maximal gespannt, der Glottiswiderstand ist maximal hoch. Trotz hohem subglottischem Anblasedruck gelingt nur noch die Tonerzeugung bei hoher Lautstärke; eine weitere Steigerung der Lautstärke ist nicht mehr möglich.

Aussagen über die Qualität des Stimmklanges sind nicht möglich, da aus den gemessenen Schalldruckwerten nicht ersichtlich ist, ob es sich um harmonische Schallanteile oder um Geräusche handelt.

Es ist also nicht nur der Umfang, sondern auch der Inhalt des Stimmfeldes von Bedeutung, insbesondere der Bereich der mittleren Sprechstimmlage. Versuch einer objektiven Stimmreinheitsbestimmung durch Errechnung der Autokorrelationsfunktion des Sprachsignals des gehaltenen Vokals a. Mit dieser Methode soll die graphische Darstellung der gesamten Stimmfeldfläche mit gleichzeitiger Dokumentation der Stimmreinheit möglich sein. Mittels der Stimmfeldmessung lassen sich feststellen:

- Einschränkungen des Stimmumfanges
- Verlagerungen des Stimmumfanges in höhere oder tiefere Frequenzbereiche
- Tonlücken
- Intensitätsverminderungen im gesamten Frequenzbereich oder in begrenzten Frequenzbezirken, wobei sich Dynamikeinschränkungen im Bereich des Registerüberganges vom Brust- zum Kopfregister als sog. Senken darstellen.

Eingeschränkte Steigerungsfähigkeit der Stimme bei hypofunktioneller Dysphonie. Bei hyperfunktioneller Dysphonie meist keine Einschränkung der Stimmdynamik. Eine eingeschränkte Stimmdynamik kommt einer geringen stimmlichen Belastbarkeit gleich.

Das Phonetogramm kann keine Aussage über die Stimmqualität machen. Es gibt gute Stimmen mit schlechtem Stimmfeld und umgekehrt. Sänger zeigen im Phonetogramm eine größere Leistungsfähigkeit in der Kopf- und Bruststimme als Nichtsänger; Sängerinnen verfügen dagegen nur in der Kopfstimme über eine stärkere Leistungsfähigkeit als Nichtsängerinnen.

Einsenkungen im Stimmfeld lassen sich häufig akustisch den Registerbruchstellen zuordnen. Auch der Formantpegel zeigt in diesen Bereichen leichte Pegelabfälle.

Kontraindiziert ist eine Stimmfeldmessung, wenn eine Stimmüberlastung vermieden werden muß, z.B. während und direkt nach einer akuten Laryngitis, früher als 3 Wochen nach phonochirurgischen Eingriffen und während einer logopädischen Therapie bei hyperfunktioneller Dysphonie mit Stimmlippenknötchen.

Steigerungsfähigkeit der Stimme. Der Grad des Lauterwerdens, d.h. der Steigerungsfähigkeit der Stimme läßt sich nach dem subjektiven Höreindruck ausdrücken als:
- nicht steigerungsfähig
- schwach (wenig, geringgradig) steigerungsfähig
- mittelgradig steigerungsfähig oder
- stark (sehr gut, hochgradig) steigerungsfähig.

Gleichzeitig kann der Stimmklang bei einem bestimmten Steigerungsgrad beschrieben werden. Personen, die für den Sängerberuf geeignet sind, haben meist auch eine stark steigerungsfähige Sprechstimme. Die Dynamik der Stimme ist ein wesentliches Qualitätsmerkmal und Gradmesser stimmlicher Fähigkeiten. Wer schon bei gering gesteigerter Sprechlautstärke oder lauterem Singen seine Leistungskräfte erreicht hat, ist für einen stimmintensiven Beruf untauglich.

Prüfung der Steigerungsfähigkeit der Stimme. Lesenlassen eines Textes so laut wie möglich, Beurteilung von Ausrufen (Achtung!, Hallo!, komm her!).

Beim Singen Prüfung der Steigerungsfähigkeit auf verschiedenen Tonhöhen, mit unterschiedlichen Vokalen, Schwelltönen.

Sprechfeld (siehe auch Abschn. 3.7.8). Das Sprechfeld umfaßt den Tonhöhen- und Lautstärkebereich, der für spontanes Sprechen bei Unterhaltungslautstärke mindestens zur Verfügung stehen muß.

Bestimmung des Sprechfeldes. In das Stimmfeld wird der Frequenzwert der mittleren Sprechstimmlage eingetragen. Da die mittlere normale Unterhaltungslautstärke 65 dB (A) beträgt, bildet der Kreuzungspunkt zwischen der Frequenzlinie der mittleren Sprechstimmlage und der 65dB-Linie einen Mittelpunkt, um den sich die Sprechtonhöhe und die Sprechlautstärke gleichmäßig bewegen. Man schlägt nun um diesen Kreuzungspunkt einen Kreis mit einem Radius, dem auf der

Ordinate ein Abstand von 5 dB Schalldruckpegel entspricht. Das so konstruierte Sprechfeld (nicht zu verwechseln mit dem realgemessenen Sprechstimmfeld) informiert über Lage und Umfang der für eine ruhige Unterhaltung benötigten Tonhöhen- und Lautstärkebereiche.

Das konstruierte (theoretische) Sprechfeld sollte soweit innerhalb des gemessenen Stimmfeldes liegen, daß entlang der Frequenzachse nach oben und unten wenigstens ein Frequenzspielraum von je 2–3 Halbtönen liegt. Entlang der dB-Achse sollte nach beiden Seiten eine Lautstärkereserve von 5 dB zur Verfügung stehen.

Sängerformant. Der Sängerformant liegt für jeden Sänger individuell, tonhöhen- und vokalabhängig im gleichen Frequenzbereich, jedoch in verschiedener Intensität.

Die Lage des Sängerformanten variiert mit der Stimmgattung und entspricht bei Baß und Bariton 2100–2400 Hz, beim Tenor 2500–3000 Hz, bei Sopran und Mezzosopran 3000–4000 Hz. Der gemessene Pegel zwischen 2000 und 5000 Hz ist also nicht mit dem Sängerformanten gleichzusetzen.

Das Phänomen des Sängerformanten wird dadurch erklärt, daß die von den Sängern jahrelang geübte Senkung des Kehlkopfes den Hypopharynx verlängert und erweitert.

Pegel des Sängerformanten. Der Pegel des Sängerformanten darf nicht mit dem Sängerformanten gleichgesetzt werden. Der Pegel des Sängerformanten hat eine Tonhöhenabhängigkeit, der Sängerformant selbst nicht; dies kann durch sonagraphische Analysen nachgewiesen werden. Die mit den sonagraphischen Analysen des Sängerformanten gleichzeitig geschriebene Amplitudenkurve stimmt jedoch nicht in jedem Fall in der Relation mit den Spitzenwerten des Sängerformantenpegels im Stimmfeld überein. Der Pegel des Sängerformanten soll beim geschulten Sänger möglichst nahe dem forte-Wert liegen. Beim nichtgeschulten Sänger liegt er wesentlich tiefer. Der durch sonagraphische Analysen aufgezeichnete Sängerformant kann bezüglich seiner Wertigkeit durch den Pegel des Sängerformanten nicht ersetzt werden. Wenn der Sängerformant im Narrow-band-Verfahren und im Wide-band-Contour-Verfahren aufgezeichnet wird, dann lassen sich die Intensitäten der einzelnen Teiltöne des Sängerformanten genau bestimmen. Es ist daher fraglich, ob der im Stimmfeld aufgezeichnete Pegel des Sängerformanten allein aussagekräftig genug ist, um über die Durchschlagkraft oder die Tragfähigkeit einer Sängerstimme ein Urteil abzugeben.

Die Messung der Intensität des Sängerformanten ist von Bedeutung für die Differenzierung von sehr guten Stimmen gegenüber guten Stimmen. Bei pathologischen Stimmen ist sie wertlos, da beigemengte Geräusche eine hohe Intensität des Sängerformanten vortäuschen.

Klangkoeffizient. Es handelt sich um den Quotienten aus Sängerformantpegel und maximalem Stimmschallpegel, ausgedrückt in Prozent. Der Klangkoeffizient gibt Informationen über den Grad der stimmtechnischen Qualifikation bzw. der Stimmqualität.

3.7.3 Tonhaltedauer

Sie ist ein Maß für die Leistungsfähigkeit der Stimme. Das Tonhaltevermögen (maximale Phonationszeit) ist abhängig von folgenden Faktoren:
- Verfügbares Luftvolumen und seine dosierte Freigabe
- Exspiratorischer Kraftaufwand
- Stimmlippenschluß (Glottiswiderstand)
- Lautstärke
- Art des Sprachlautes
- Emotionaler Zustand
- Alter und Geschlecht.

Beurteilung der Tonhaltedauer:
- Normal: beim Mann 25 s, bei der Frau 17 s
- Pathologisch: unter 15 s beim Mann, unter 14 s bei der Frau. Die Tonhaltedauer verhält sich umgekehrt proportional zur Strömungsrate.

Die Tonhaltedauer ist verkürzt wegen zu hohen Luftverbrauchs:
- bei erniedrigtem Glottiswiderstand, z. B. bei hypofunktioneller Dysphonie, organisch verursachtem fehlendem Glottisschluß
- bei extrem erhöhtem Glottiswiderstand trotz geringer Strömungsrate, z. B. bei starker hyperfunktioneller Dysphonie oder spastischer Dysphonie.

Bestimmung der Tonhaltedauer. Die Bestimmung kann auf drei verschiedene Arten erfolgen:

- Nach maximaler Einatmung möglichst langsam flüsternd in der Mundstellung des Vokales „a“ oder „o“ ausatmen lassen. Die Länge der Ausatmung wird mit der Stoppuhr gemessen.
- Nach maximaler Einatmung „m“ summen lassen.
- Vokal „o“ in Höhe oder kurz oberhalb der mittleren Sprechstimmlage mit mittlerer Lautstärke singen lassen.

Eine Tenorarie aus Handels Messias enthält die längste auf einem Atemzug zu singende Phrase; sie dauert 18 Sekunden.

Durch Bezug der Tonhaltedauer auf die individuelle Ausatemdauer kann die Effizienz der Stimmbildung beurteilt werden.

Bestimmung der Ausatemdauer. Nach maximaler Einatmung ganz leise stimmloses s oder f solange wie möglich sprechen lassen. Dauer mit der Stoppuhr messen.

3.7.4 Stimmklang

Die Klangfarbe (Stimmtimbre) ist abhängig von der Teiltonstruktur sowie der Anzahl und Stärke der im Klang enthaltenen Obertöne, d.h. von den Formanten. Die Klangfarben entstehen daher im Ansatzrohr. Aber auch die zeitlichen Änderungen des Spektralbildes beim Ein- und Ausschwingen spielen eine Rolle.

Ein weiter Abstand zwischen Zäpfchen und Rachenhinterwand weist auf einen großen Resonanzraum hin. Eine dicke und im hinteren Teil sich hochwölbende Zunge behindert die Weite des mittleren Rachens.

Werden die Einsätze von Instrumentalklängen abgeschnitten, so geht der individuelle Klangcharakter des Instrumentes weitestgehend verloren. Ein Fagott kann dann mit einem Violoncello verwechselt werden.

Vokale z.B. sind bestimmte Klangfarben der vom Kehlkopf abgestrahlten Grundfrequenz und ihrer Vielfachen (Formanten), die im Ansatzrohr resonatorisch verstärkt werden.

Das individuelle Stimmtimbre, z.B. lyrischer Bariton, ist jedoch nicht anhand bestimmter Amplituden (Lautstärken) und Frequenzverhältnisse (Tonhöhen) der Formantstruktur identifizierbar. Es ist abhängig von anatomischen Gegebenheiten und individuellen Einstellungs- und Bewegungsmustern.

Der Stimmklang kann von dem gewählten Vokal abhängen. Es fallen dann entweder die offenen oder die geschlossenen Vokale besser aus: gleichbleibende Stimmqualität bei allen Vokalen bei Beherrschung des Vokalausgleichs.

Die geschulte unterscheidet sich von der Normalstimme durch:
- eine Reduktion der Teiltonzahl,
- starke Energieanreicherung um 3 kHz,
- ein etwas tieferliegendes Hauptformantgebiet infolge der Kehlkopfsenkung im Rahmen der gedeckten Singtechnik,
- ein dynamisches Ein- und Ausschwingverhalten bei Tonwechseln.

Frauen-, Männer- und Kinderstimmen unterscheiden sich durch die Abmessungen des Ansatzrohres und damit durch unterschiedliche Formantpositionen, die Formanten verschieben sich dabei mit steigender Stimmtonhöhe zu höheren Frequenzen.

Einfluß des Kehlraumes auf die Klangfarbe der Stimme. Der sog. Kehlraum beginnt oberhalb der Stimmlippen und geht oben ohne scharfe Grenzen in den Mesopharynx über. In ihm liegt der Kehldeckel. Er wird begrenzt vorn vom unteren Teil des Zungengrundes, seitlich und hinten von den unteren Teilen der Rachenwand (Hypopharynx). Im Kehlraum werden die Klangabstufungen der Sprech- und Singstimme gebildet. Seine Gestaltformung hängt besonders mit der Gefühlswelt zusammen, weniger mit der logisch-begrifflichen Sphäre der Sprache.

Beurteilung des Stimmklangs. Der normale Stimmklang (Euphonie) ist:
- klar,
- frei von Nebengeräuschen, Druck und Dauer-Fehl-Überspannungen,
- in jeder Tonhöhe kräftig oder leise,
- weittragend,
- resonanzreich,
- weich,
- anstrengungslos.

Prüfung des Stimmklanges mittels freien Sprechens sowie ungespannt und gespannt zu lesender Texte sowie beim Singen. Man unterscheidet verschiedene Formen des Stimmklanges:

a) Helle Klangfarbe entsteht bei geöffnetem Ansatzrohr.
b) Dunkle Klangfarbe entsteht bei verengter Mundöffnung und bei durch Tiefertreten des Kehlkopfes verlängertem Ansatzrohr.
c) Nasale Klangfarbe entsteht, wenn das Gaumensegel während der Vokal- oder Konsonantenbildung der Phonationsluft den Zutritt zur Nasenhöhle freigibt.
d) Knödeln. Der Knödelton entsteht durch eine nach hinten verlagerte Sprechstimme. Ursache ist Pressen innerhalb des Ansatzrohres; dadurch Annäherung des Zungengrundes an die hintere Rachenwand. Die Folge ist eine Obertonverarmung.
   - Dunkles Knödeln: Gaumige, halsige Sprechweise infolge von extremem Kehlkopftiefstand.
   - Helles Knödeln: Flache, grelle Klangfarbe infolge Kehlkopfhochstandes.

   Die Knödelstimme kann künstlich durch Druck auf den Hals in der Gegend des Zungenbeines von vorn schräg nach hinten oben erzeugt werden (Annäherung des Zungengrundes an die hintere Rachenwand).
e) Pressen. Vorwölbung der Taschenbänder, Vorspringen des Kehldeckels in das Innere des Kehlkopfes.
f) Diplophonie (Doppeltönigkeit des Stimmklanges). Gleichzeitiges Vorliegen von 2 Grundfrequenzen. Kein sprunghafter Wechsel wie bei der Mutation. Es gibt 2 Arten von Diplophonie:
   - Das Hinzutreten einer höheren Grundfrequenz zur ursprünglichen Grundfrequenz. Beide Stimmlippen haben unterschiedliche Eigenschaften bezüglich Masse oder Steifigkeit. Jede Stimmlippe schwingt daher mit ihrer eigenen Frequenz.
   - Das Hinzutreten einer niedrigeren Grundfrequenz. Die ursprünglichen Perioden zeigen alternierende Amplituden. Auf diese Weise reicht die hinzukommende Periodizität über eine längere Zeitdistanz, d.h. sie erstreckt sich über mehrere normale Perioden (Knarren).

<u>Ursachen der Diplophonie:</u>
- Übermäßige und ungleichartige Spannung der Stimmlippen
- Zusätzlich kontrahierte Taschenfalten
- Entstehung im verengten Kehlkopfeingang zwischen Kehldeckel und Aryknorpel

- Subtonale Knarrschwingungen der Stimmlippen nach Art des R-laryngeale
- Hypotonie der Stimmlippen
- Sehr große Stimmlippenknötchen, wobei vordere und hintere Stimmlippenanteile getrennt schwingen.
- Hin- und Herkippen der Sprechstimmlage zwischen zwei benachbarten Mittelfrequenzen bei Mutations- und Hormonstimmstörungen.

Bestimmung des Stimmklanges, z. B. durch Bestimmung des Heiserkeitsfeldes. Nach Feststellung des Dynamikbereiches (Intonation eines vorgegebenen Tones mit minimaler und maximaler Stimmintensität) kontinuierliches Anschwellenlassen des Tones von der minimalen bis zur maximalen Stimmintensität. Man kann dann entweder feststellen, daß der Ton im gesamten Intensitätsbereich klar oder heiser ist, oder man findet plötzliche Wechsel vom heiseren zum klaren Stimmklang, manchmal auch fließende Übergänge von einer heiseren zu einer klaren Tonbildung.

Spektralanalyse. Eine Dokumentation und Bewertung von Klangeigenschaften der Sprech- und Singstimme kann mittels Spektralanalyse erfolgen. Unter Spektralanalyse versteht man die Aufspaltung eines Schallsignals in seine Teilkomponenten, d. h. seine Teilton- bzw. Geräuschstruktur mit elektroakustischen oder rechnerischen Mitteln.

Die Spektralanalysatoren arbeiten nach drei verschiedenen Arbeitsprinzipien.
- Filteranalyse
- Suchtonanalyse
- Fast-Fourier-Transformation.

a) Die *Filteranalyse* arbeitet mit einer Kette von elektrischen Schwingkreisen (Filter), die jeweils nur auf einen bestimmten Frequenzbereich ansprechen, d. h. nur solche Frequenzen ungehindert passieren lassen, die im Bereich ihrer Durchlaßbandbreite liegen. Es werden Oktavfilter oder Terzfilter verwendet. Durchläuft eine über Mikrofon in eine elektrische Wechselspannung umgewandelte Schallschwingung dieses Filtersieb, so erscheint an jedem Filterausgang eine Wechselspannung, deren Amplitude die Größe der im zugehörigen Spektralbereich vorhandenen Teiltonenergien widerspiegelt.

Auf dem Prinzip der Filteranalyse beruht das Visible-Speech-Verfahren und die Messung der Intensität im Frequenzbereich um 3 kHz (Singformant).

b) Das *Suchtonverfahren* hat in Form der *Sonagraphie* in der Phoniatrie weite Verbreitung gefunden.

Methodik: Aufnahme der Stimme oder Sprache über Mikrofon (auch über Tonband möglich), Überspielung parallel oder später auf den Sonagraphen. Es können nur stimmliche Äußerungen von max. 2,5 s Dauer wiedergegeben werden. Das von einer rotierenden Magnetscheibe aufgenommene Sprachsignal wird für die Dauer einer Umdrehung mit konstanter Suchtonfrequenz durchsucht. Zu Beginn jeder neuen Umdrehung verschiebt sich die Suchtonfrequenz um einen bestimmten Betrag nach oben. Die Filterausgangsspannung heizt einen Metallstift, der auf einer ebenfalls rotierenden Trommel das Registrierpapier durch einen Einbrennvorgang je nach Spannungsgröße unterschiedlich schwarz färbt. Mit jeder Verschiebung der Suchtonfrequenz — also bei jeder neuen Umdrehung der Magnetscheibe und Registriertrommel — verschiebt sich auch der Metallstift um einen proportionalen Betrag entlang der Ordinate (Vertikalachse). Auf diese Weise wird das sprachwichtige Spektrum zwischen 85 und 8000 Hz aufgezeichnet. Beim Auftauchen eines Filtersignals im 45 Hz breiten Filter bei der Schmalbandanalyse und im 300 Hz breiten Filter bei der Breitbandanalyse schwärzt der Schreibstift das Registrierpapier proportional zur Signalgröße, d. h. zur Intensität des Teiltones oder Geräusches. Die Schmalbandanalyse wird für eine schärfere Teiltondarstellung eingesetzt, die Breitbandanalyse für eine bessere Zeitauflösung. Der zeitliche Ablauf wird auf der Abszisse (Horizontalachse) abgelesen. Die Amplitude (Lautheit der einzelnen Frequenzanteile) erkennt man an ihrem Schwärzungsgrad, die Spektralintensität an der unterschiedlichen Ausdehnung der Schwärzung. Die so entstandenen Spektrogramme (oder Sonagramme genannt) zeigen die Formantstrukturen und deren zeitliche Änderung, beim fließenden Sprechen. Das Ergebnis steht nicht sofort zur Verfügung. Die Analysierzeit beträgt 5 min.
Untersuchung der Stimme durch Sprechenlassen von Vokalen in der Reihenfolge u, o, e, i.

Untersuchung der Sprache durch Testwörter, z. B. Schokoladenpudding (alle Vokale vorhanden sowie stimmhafte und stimmlose Konsonanten).

Es handelt sich bei der Sonagraphie um eine qualitative Darstellungsart. Eine quantitative Analyse der einzelnen Spektralkomponenten ist nur annäherungsweise möglich. Die Sonagraphie eignet sich besonders auch für eine therapeutische Verlaufskontrolle bei der Behandlung von Stimmstörungen.

Der Informationswert der Sonagramme wird durch zusätzliche Farbabstufungen erhöht (Farbspektrographie). Durch farbige Darstellung können Energiepegel genauer abgestuft werden.

Farbspektrographie. Zusätzlich zur Kurzzeit-Farbspektrographie besteht die Möglichkeit, Langzeitspektren (Summationsspektren), pseudodreidimensionale Spektralreihen (Spektralgebirge) und horizontal aufgetragene Reihen von Einzelspektren (sog. Wasserfallspektren) zu erzeugen.

c) *Fast-Fourier-Transformation.* Das Schallsignal wird in zeitgleiche Abschnitte (Zeitfenster) aufgeteilt, von denen jeder als periodische Zeitfunktion definiert und mittels Fourier-Analyse in seine spektrale Struktur (Teiltöne, Geräusche) zerlegt wird. Die Fast-Fourier-Transformation liefert bei zeitsynchroner Fensterverschiebung eine Folge von Amplituden-Frequenzdiagrammen.

Bewertungskriterien für sonagraphische Stimmanalysen:
- Auftreten und Ausprägung unharmonischer Spektralkomponenten (Geräuschkomponenten), die subjektiv als Heiserkeit wahrgenommen werden
- Änderung bzw. Störungsgrad der harmonischen Teilton- bzw. Formantstruktur (Teiltonverarmung)
- Aperiodizitäten der Glottisschwingungen, die bei gepreßter Stimmgebung in der Breitbandanalyse erkennbar werden
- Grundfrequenzsprunge bei Diplophonie.

Bei der Sektionsanalyse wird quantitativ das Spektrum in einem bestimmten Zeitpunkt angegeben. Im Gegensatz zu den normalen Sonagrammen, in denen der Schallpegel durch unterschiedliche Schwärzung dargestellt wird, wird er bei der Sektionsanalyse durch die Amplitude wiedergegeben. Vertikal ist wieder die Frequenz aufgetragen, während horizontal anstelle der Zeit die den Schallpegel repräsentierende Amplitude abgelesen wird.

Das Kontursonagramm (Voiceprint) stellt ein Analyseergebnis dar, bei dem Bereiche gleicher Schallpegel gleich stark geschwärzt und von einer Kontur eingehüllt werden. Man kann daher sehr schnell Schallpegel verschiedener Zeit- oder Frequenzbereiche miteinander vergleichen. Die Kontursonagraphie erlaubt somit eine etwas bessere Beurteilung des Ausmaßes von Geräuschkomponenten und Störungen der Teiltonstruktur.

Im Kontursonagramm gibt es sieben Schwärzungsstufen. Diese Methode ist für phoniatrische Untersuchungen ungeeignet, da meist nicht zwischen Teiltönen und Geräuschen unterschieden werden kann. Bei Stimmverstellungen bleiben individuelle Muster im Sonagramm weitgehend erhalten. Auch eine Objektivierung der Akzente ist möglich.

Untersuchungsergebnisse, die sich auf Sonagramme (Voiceprints) stützen, liefern jedoch keine zuverlässigen Erkenntnisse für oder gegen verdächtige Personen im Hinblick auf eine forensische Beweisführung. Dies gilt um so mehr, wenn Sprache benutzt wird, die über das Telefonnetz übertragen wurde oder durch Hintergrundgeräusche verändert ist. Auf die auditive Analyse kann nicht verzichtet werden, weil hierbei Erkenntnisse gewonnen werden können, die auf absehbare Zeit kein Computerverfahren liefern kann (z. B. Dialekt, Idiolekt, Häsitationsphänomene, pathologische Eigenarten, Emotionen usw.).

Sprecherspezifische Merkmale, die resistent gegen Telefoneinflüsse sind: die Stimmbandgrundfrequenz F_0 und Größen, die davon abgeleitet werden. Da die Grundfrequenz, d. h. das Schwingverhalten der Stimmlippen von einer Vielzahl anatomischer, physiologischer und konstitutioneller Faktoren abhängt, stellt sie ein besonders typisches sprecherspezifisches Merkmal dar, das darüber hinaus widerstandsfähig gegenüber Verzerrungen des Telefonkanals ist.

Akustisch-phonetische Merkmale: Verschlußdauer von Plosiven, Aspiration von Verschlußlösungen, z. B. der Konsonanten p, t und k, Dauer der Stimmhaftigkeit in Verschlußlauten. Die Messung der Dauer der Stimmhaftigkeit in Verschlußlauten ist wegen der vorgegebenen Mindesthöhe der unteren Grundfrequenz bei der Telefonübertragung nur bei Frauenstimmen möglich.

Sonagraphische Untersuchung der Säuglingsschreie. Bei der Säuglingsschreianalyse finden sich spezifische sonagraphische Merkmale beim Down-Syndrom, bei Hypothyreose, Hirnhautentzündung und Asphyxie.

Beurteilung des Sprechstimmvolumens (Resonanz, Klangfülle): z. B. zart, dünn, gefüllt, überladen.

Dysphonie. Heiserkeit, Stimmunreinheit und Stimmrauhigkeit werden mit dem Begriff „Dysphonie" bezeichnet. Neuerdings Überbegriff für alle Arten von Stimmstörungen, z. B. Einschränkungen der Tonhaltedauer, des Stimmumfanges, der Dynamik, der Tragfähigkeit usw.

Sonagraphische Befunde bei Heiserkeit. Abnahme der harmonischen Teiltöne bis zum Verschwinden der Vokalformanten sowie zunehmende Überlagerung mit nichtharmonischen Klanganteilen (Geräuschen).

Heiserkeitsanalyse mittels Periodizitätsanalyse. Physikalisch-akustisch läßt sich Heiserkeit als graduell unterschiedliche Zerstörung der Teiltonstruktur durch unharmonische Spektralkomponenten definieren, die entweder Folge von Geräuschen bei Strömungsturbulenzen oder von Aperiodizitäten der Stimmlippenschwingungen sind.

Statistische Messung der Zeitdifferenzen zwischen jeweils zwei benachbarten Stimmlippenschwingungen: bei Heiserkeit größere Periodenzeitdifferenzen als bei gesunden, Darstellung durch ein Quotientenhistogramm.

Das gleiche gilt für die Amplitudendifferenzen zwischen zwei aufeinanderfolgenden Schwingungsperioden. Durch die Periodizitätsanalyse ist eine quantitative Heiserkeitsbewertung möglich.

Computergestützte Stimmreinheitsanalyse. Eine Stimmunreinheit kann verursacht sein durch:
- Frequenzschwankungen
- Amplitudenschwankungen
- Unregelmäßige Glottisöffnungen und Glottisschließungen mit hieraus resultierenden unregelmäßigen Schalldruckschwankungen. Diese unregelmäßigen Glottisöffnungen und Glottisschließungen sind durch unregelmäßige Glottisöffnungsfunktionen oder Unregelmäßigkeiten des Atemstromes bedingt.

Stimmbelastung. Bei Sprechbelastungen Erwachsener tritt nach 4–6 Stunden eine physiologische Stimmermüdung ein. Sie ist abhängig vom Lärmpegel der Umgebung und von der Stimmintensität.

Prüfung der Stimmbelastbarkeit durch binaurale Vertäubung: 30–45 min laut lesen unter Geräuschbelastung (65 dB weißes Rauschen) im freien Schallfeld. Dokumentation der Klangeigenschaften der Stimme vor und nach dem Belastungstest auf Tonband.

Bei Unterbrechung der audio-phonatorischen Kontrolle Anhebung der mittleren Sprechstimmlage und der Lautstärke. Eine Anhebung der mittleren Sprechstimmlage um mehr als drei Halbtöne ist pathologisch (z. B. bei hyperfunktioneller Dysphonie). Pathologisch ist auch die Tendenz, nach Abschaltung des Störgeräusches mit erhöhter Sprechtonhöhe weiterzusprechen.

Lombard-Test (binaurale Vertäubung mit zwei Bárány-Lärmtrommeln). Er ist bei psychogenen Stimmstörungen nicht immer positiv, d. h. normaler Stimmklang, da die Fehlfunktion des Phonationsapparates auch über die kinästhetische Afferenz kontrolliert werden kann (taktile Empfindungen im Bereich der Schleimhaut und des Ansatzrohres von Dehnungsrezeptoren und Eigenreflexen).

Summarspektrum — LTAS-Methode (LTAS = long time average spectrum). Es handelt sich ebenfalls um einen Stimmbelastungstest. Belastungserscheinungen drücken sich hierbei in Änderungen der Steilheit der spektralen Regressionsgeraden (geringere Steilheit) infolge erhöhten Phonationsdruckes (Kompensationsmechanismus der Ermüdung der Stimme) aus. Halbstündiges lautes Lesen ist für den Test ausreichend. Eine Vertäubung ist unnötig.

3.7.5 Genauigkeit und Stabilität der Stimme

Genauigkeit. Unter Genauigkeit (Intonationssicherheit) der Stimme versteht man die Fähigkeit, einen Ton von bestimmter Höhe zu bilden. Diese ist abhängig von der Musikalität des einzelnen Menschen, dem subglottischen Druck, Appoggio (Stütze), der Atmung, von hormonellen Faktoren, Gehör, Tonvorstellungsvermögen u. a.

Das Tongedächtnis kann durch Nachsingenlassen eines Tones geprüft werden. Unter absolutem Gehör versteht man die Fähigkeit, einen gehörten Ton in seiner Höhe zu bestimmen.

Ungenauigkeiten der Intonation bezeichnet man als Detonieren (zu tief singen) und Distonieren (zu hoch singen).

Normalerweise schwankt bei der Reproduktion von Tönen der Abweichungsfehler von der Zielfrequenz zwischen 0 und 2 %. Besonders bei Dysphonikern Verschlechterung der Stimmgenauigkeit bei Unterbrechung der audio-phonatorischen Kontrolle. Beim Singen von vorgeschriebenen Intervallen zu einem gleichzeitig erklingenden Ton sind die Fehler deutlich größer als beim Nachsingen des gleichen Tones. Das Treffen der Quint bereitet die größten Schwierigkeiten.

- Ursachen einer zu tiefen Intonation: Allgemeine Unterspannung oder eine Überspannung, die zur Erschöpfung geführt hat.
- Ursachen einer zu hohen Intonation: Meist Überspannung. Beim unsauberen Singen sind ursächlich Fehlfunktionen vor allem in den Bereichen Atmung, Kehlkopf (Über- oder Unterspannung) und zentraler Leistung (Hörkontrolle, Musikalität, Aufmerksamkeit) möglich. Auch die Klangbildung im Ansatzrohr wirkt sich aus, da zuweilen der Eindruck des Detonierens entsteht, wenn sich die Stimme von ihrem optimalen Sitz entfernt.

Prüfung der Genauigkeit der Stimme:

a) Prüfung durch die Reproduktionsgenauigkeit vorgegebener Töne und durch die Präzision der Tonhöheneinstellung bei Tonhöhenwechsel.
b) Prüfung mittels binauraler Vertäubung. Hierbei bleibt die Stimmstabilität bei Sängern praktisch konstant, während sie sich bei Normalstimmen und besonders bei Dysphonikern rasch verschlechtert.

Stabilität der Stimme. Hierunter versteht man die Fähigkeit, eine bestimmte Tonhöhe zu halten.

Durch geringfügige Aktivitätsvariationen der Kehlkopfmuskulatur entstehen unregelmäßige Tonhöhenschwankungen. Diese physiologischen Tonhöhenschwankungen sind bei funktionellen Stimmstörungen verstärkt. Die Folge sind Flattern oder Tremolieren. Sie sind Ursache der sog. Frequenzwechselperioden bei der stroboskopischen Untersuchung.

Die Größe der physiologischen Tonhöhenschwankungen wird mit Hilfe der Grundtonanalyse gemessen, z. B. beim Aufwärtssingen eines

Dreiklanges. Pathologisch ist z. B. ein initiales Überschwingen beim Tonhöhenwechsel. Beim Halten eines Tones finden sich bei Stimmgesunden Tonhöhenschwankungen von 1–2 Halbtönen oder 7–10 Hz. Diese sind Ausdruck des neuromuskulären Kontrollmechanismus. Sie sind abzugrenzen vom Vibrato (siehe Abschn 3.7.11).

Die Schwankungen bei langem Festhalten eines Tones betragen im Bereich von c^1 und c^2 nur $^1/_2$–2 Schwingungen in der Sekunde.

Prüfung der Stabilität der Stimme. Messung mittels der Grundtonanalyse und zwar durch rechnergestützte Weiterverarbeitung der Tonhöhenkurve zu einem Grundfrequenzhistogramm.

Bei hyperfunktioneller Dysphonie z. B. größere Tonhöhenschwankungen beim Halten eines Tones.

3.7.6 Tragfähigkeit der Stimme

Mit Tragfähigkeit der Stimme ist das Durchdringungsvermögen oder die Durchschlagskraft der Stimme gemeint, d. h. ihre Hörbarkeit weitgehend unabhängig von ihrer Lautstärke in störenden Umweltgeräuschen bei gegebener Stimmlautstärke.

Der Begriff Tragfähigkeit beinhaltet aber auch einen Qualitätshinweis auf das Stimmtimbre (Helle, Glanz, Brillianz, Metall). Je tragfähiger eine Stimme ist, um so geringer ist der für eine akustische Informationsübermittlung erforderliche Energieaufwand. Ziel jeder Stimmausbildung und Stimmtherapie ist daher die Verbesserung der stimmlichen Tragfähigkeit.

Im einzelnen sind die Bedingungen für eine große Tragfähigkeit der Stimme noch unbekannt. Man weiß, daß Geräuschanteile im Stimmklang die Tragfähigkeit der Singstimme und die Durchschlagskraft der Sprechstimme vermindern. Günstig sind mit sparsamem Luftverbrauch erzeugte Töne sowie eine Weichwandigkeit und Entspanntheit des Ansatzrohres. Weiterhin besteht eine Abhängigkeit von der „Diffusität" des Raumes oder Saales. Eine große Diffusität wird z. B. durch Unregelmäßigkeiten der Raumwände (Verzierungen) erzielt. Hierbei kommt es zu einer weiten Streuung des Schalles infolge Reflexion von den Wänden. Der Schall trifft dann aus allen Richtungen gleichmäßig das Ohr.

Musik erfordert eine große Diffusität (Nachhallzeit), während für das Verständnis von Sprache eine große Deutlichkeit, also eine kleinere

Diffusität, günstig ist. In einem stark gedämpften Raum klingt die Stimme zwar leise, aber die Sprache ist gut verständlich.

Gelangt der reflektierte Schall (Nachhall) innerhalb von 50 ms nach dem direkten Schalleindruck an das Ohr, so wird dieser verstärkt. Andernfalls hat er eine die einzelnen Silben verschlingende Wirkung.

Hallradius. Der Hallradius ist derjenige Abstand von einer Schallquelle, gleichgültig in welcher Richtung, außerhalb dessen Hall und Reflexionen von den Wänden eines Raumes die Intensität des direkten Schalles übersteigen. Bei Abständen größer als der Hallradius besteht daher ein diffuses Schallfeld, bei Abständen kleiner als der Hallradius ein direktes bzw. freies Schallfeld. Im Abstand des Hallradius selbst sind die Intensitäten von direktem oder indirektem Schall gleich groß. Man kann den Hallradius zur Beschreibung der Halligkeit eines Raumes verwenden. Räume mit kleinem Hallradius klingen hallig, solche mit großem Hallradius trocken. Der Hallradius üblicher Räume liegt zwischen 50 und 80 cm.

Die Tragfähigkeit der Stimme drückt sich in der relativen Amplitude der Teiltöne im 3-kHz-Bereich des Vokalspektrums aus, d. h. der akustische Ausdruck des tragfähigen Stimmklanges ist eine harmonische Energieanreicherung im 3-kHz-Gebiet des Stimmspektrums (Sing-Formant, verstärkte Formantamplitude). Entstehung durch Senkung des Kehlkopfes und Verlängerung und Erweiterung des Hypopharynx. Der supraglottische Kehlkopfraum wirkt dann als ein vom Vokaltrakt getrennter Resonator.

Die Ausprägung und die Variabilität der spektralen Energie um 3 kHz ist abhängig von der Stimmlautstärke, dem Singmodus (weich, dunkel, laut, gepreßt) und der Stimmgattung (siehe auch Abschn. 3.1 und Abschn. 3.7.2).

Prüfung der Tragfähigkeit. Sie wird mittels eines Stimmtestgerätes gemessen, das mit Hilfe einer selektiven Filteranalyse den Energiegehalt im 3-kHz-Bereich mißt und mit dem Gesamtschalldruckpegel des Stimmsignals vergleicht.

3.7.7 Stimmumfang (Abb. 3-3)

Stimmumfänge bei Erwachsenen.

Durchschnittsstimmen. Hier beträgt der Stimmumfang etwa oder weni-

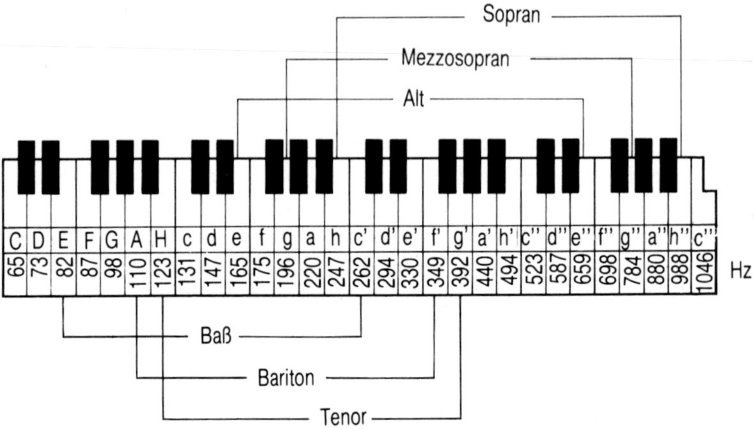

Abbildung 3-3:
Durchschnittliche Werte des Stimmumfanges und der Stimmlage bei Erwachsenen (Durchschnittsstimme)

ger als zwei Oktaven (musikalischer Stimmumfang). Der physiologische (absolute) Stimmumfang kann 2–4 Oktaven betragen. Er beinhaltet musikalisch nicht verwertbare Brumm- und Pfeiftöne. Welcher von beiden Stimmumfängen in diagnostischer Hinsicht wichtiger ist, ist noch nicht geklärt. Ein physiologischer (absoluter) Stimmumfang von weniger als 1,5 Oktaven ist pathologisch.

Bei Durchschnittsstimmen ist es schwierig, zwischen physiologischem und musikalischem Stimmumfang zu unterscheiden. Es werden nur solche Töne als Singtöne bewertet, die mindestens 2 Sekunden gehalten werden können.

Die durchschnittlichen Tonhöhenumfänge untrainierter erwachsener Normalstimmen bewegen sich zwischen weniger als zwei und drei Oktaven. Tonhöhenumfänge von mehr als vier Oktaven, die auch sängerisch genutzt werden, sind äußerst selten. Entsprechend der individuellen Kehlkopfgröße bzw. Stimmlippenlänge gibt es tief- und hochangelegte Stimmen. Beim Baß (Alt) liegt die untere Stimmgrenze um ein bis zwei Halbtöne (gelegentlich auch mehr) unter der des Bariton (Mezzo), beim Tenor (Sopran) liegt sie ein bis zwei Halbtöne höher. Tiefe und hohe Stimmgattungen beziehen sich weniger auf die Lage der unteren Stimmgrenzen und der mittleren Sprechstimmlagen als vielmehr auf die Klangfärbung (Timbre) der Stimme.

Beim Sänger ist die Bestimmung des musikalischen Stimmumfanges bedeutender bzw. die Gegenüberstellung des musikalisch nutzbaren Tonhöhenbereiches mit dem gesamten physiologischen Tonhöhenumfang seiner Stimme. Daher sollte beim Sänger der physiologische und der musikalische Stimmumfang bestimmt werden.

Bei Patienten mit Störungen der Sprechstimme kommt es dagegen mehr auf die maximale Variationsbreite der phonatorischen Glottiseinstellung an, also auf den physiologischen Stimmumfang.

Gesangsstimmen. Die größten Stimmumfänge findet man bei Sopran- und Baßstimmen, die kleinsten bei Baritonstimmen. Der tiefste erreichbare Ton ist das Kontra-F (F_1 ,43 Hz), der höchste erreichbare Ton ist das e^4 (2607 Hz). In Opern und Oratorien wird von Bassisten nach unten noch D (72,6 Hz) verlangt. Bei Sängerinnen kommen Pfeiftöne um 4000 Hz vor. Die laryngealen Pfeiftöne der Kinder reichen bis g^4 (3100 Hz).

a) Sopran
- Durchschnittsstimme: 22 Halbtöne, a–g^2 (220–784 Hz)
- Gesangsstimme: 27–32 Halbtöne, a–c^3 (f^3) (220–1046 Hz)

b) Mezzosopran
- Durchschnittsstimme: 21 Halbtöne, g–f^2 (196–698 Hz)
- Gesangsstimme: 28 Halbtöne, g–c^3 (196–1046 Hz)

c) Alt
- Durchschnittsstimme: 23 Halbtöne, f–e^2 (175–659 Hz)
- Gesangsstimme: 31 Halbtöne, f–c^3 (175–1046 Hz)

d) Tenor
- Durchschnittsstimme: 20 Halbtöne, H–g^1 (123–392 Hz)
- Gesangsstimme: 25 Halbtöne, H–c^2 (dis^2) (123–523 Hz)

e) Bariton
- Durchschnittsstimme: 19 Halbtöne, A–f^1 (110–349 Hz)
- Gesangsstimme: 21 Halbtöne, G–f^1 (a^1) (98–349 Hz)

f) Baß
- Durchschnittsstimme: 20 Halbtöne, E–c^1 (82–262 Hz)
- Gesangsstimme: 29 Halbtöne, D–g^1 (73–392 Hz)

Stimmumfänge bei Kindern. Neugeborenenschrei: a^1 (440 Hz). Die laryngealen Pfeiftöne bei Kindern reichen bis g^4 (3100 Hz).

Tabelle 3-1: Stimmumfänge bei Kindern

Alter (Jahre)	3	4	5	6
Knaben	h-h^1	b-c^2	b-c^2	a-e^2
Mädchen	h-h^1	h-c^2	h-c^2	h-f^2

Die Kinderstimme hat mit sechs Jahren in jeder Beziehung ihr Maximum erreicht. Zwischen 5. und 6. Lebensjahr große stimmliche Entwicklung im oberen Tonbereich (Terz bei Knaben, Quart bei Mädchen). Die untere Grenze des Stimmumfanges bleibt bei Mädchen vom 3.–6. Lebensjahr gleich, bei Knaben Absenkung um einen Ganzton.

Stimmumfänge bei Knaben und Mädchen von 7–14 Jahren. Eine Festlegung der Stimmumfänge für die einzelnen Lebensalter läßt sich nicht vornehmen. Man kann nur die Stimmumfänge für die gesamte Altersgruppe bestimmen, jedoch in Sopran, Mezzosopran und Alt unterteilen; die Stimmumfänge sind für Mädchen und Knaben gleich:
- Sopran a–g^2
- Mezzosopran g–e^2
- Alt f–c^2.

Bestimmung des absoluten Stimmumfanges. Durch auditiven Vergleich mit dem Klavier oder dem Frequenzmesser des Stroboskopes; vom tiefsten Brummton summend bis zum höchsten erreichbaren Fistelton.

3.7.8 Mittlere Sprechstimmlage

Sie befindet sich im unteren Drittel des individuellen Stimmumfanges, eine Quarte bis Quinte (3–7 oder 4–8 Halbtöne) oberhalb der unteren Grenze *(relative Sprechstimmlage)*. Sie hängt ab von Alter, Stimmungslage, Textinhalt, Interpretationsart und Umgebungslärm. Die Beurteilung geht von folgenden Kriterien aus:
- Abstand zur unteren Stimmgrenze (relative Sprechstimmlage) oder
- Vergleich mit dem statistisch definierten Normbereich (Indifferenzlage).

Die Sprechtonhöhe bewegt sich beim spontanen Sprechen mit einer Schwankungsbreite von $^1/_2$–1 Oktave (melodischer Akzent) um einen mittleren Tonhöhenwert (mittlere Sprechstimmlage). Gleichzeitig schwankt die Sprechlautstärke um mindestens ±5 dB um einen Intensitätsmittelwert (dynamischer Akzent).

Mittlerer Tonhöhenwert und Intensitätsmittelwert umfassen den Tonhöhen- und Lautstärkebereich, der für spontanes Sprechen bei Unterhaltungslautstärke mindestens zur Verfügung stehen muß, also das Sprechfeld (siehe auch Abschn. 3.7.2).

Bestimmung der mittleren Sprechstimmlage. Die mittlere Sprechstimmlage (Sprechtonhöhe) wird aufgrund der in der Sprachmelodie am häufigsten auftretenden Grundtonfrequenz bestimmt. Entweder beim Reihensprechen (Zahlen, Wochentage) durch auditiven Vergleich der Tonhöhe auf dem Klavier; oder durch Ablesen am Frequenzmesser des Stroboskops. Man erhält nur geschätzte Werte. Nachstehend die Bereiche der *Indifferenzlage:*

- Männer: Zwischen G–c (98–131 Hz oder F–c)
- Frauen: Zwischen g–c^1 (196–262 Hz oder f–c^1)
- Knaben: c^1
- Mädchen: d^1
- Baß: G–A (G–Gis)
- Bariton: B–c (A–B)
- Tenor: c (A–c)
- Alt und Mezzosopran: unterhalb gis
- Sopran: h–c^1.

In der Indifferenzlage kann mit geringstem Kraftaufwand anhaltend und mühelos gesprochen werden. Ein dauerhaftes Abweichen der mittleren Sprechstimmlage von der Indifferenzlage bedeutet vermehrte Stimmbelastung und hat stimmschädigende Auswirkungen.

Die Kaustimme (tiefe, volle, gelöste Stimmgebung) liegt eine Terz tiefer als die Indifferenzlage.

Grundtonanalyse. Bestimmung der Tonhöhe auch durch Grundtonanalyse (Tonhöhenschreibung, Melodieschreibung) in Form des Grundfrequenzhistogramms. Die subjektiv empfundene Tonhöhe eines Stimmklanges wird durch dessen tiefsten Ton (Grundton) bestimmt. Seine Frequenz entspricht der Schwingungsfrequenz der Stimmlippen. Der Grundton kann im Spektrum so schwach ausgeprägt sein, daß er objektiv nicht nachweisbar ist. Aus der zeitlichen Änderung der Brusttonfrequenz entsteht beim Sprechen der melodische Akzent und beim Singen die Melodie.

Methodik der Tonhöhenschreibung. Graphische Registrierung von fortlaufenden Tonhöhenbewegungen beim Sprechen und Singen durch Tonhöhenschreiber. Die Grundschwingungen des Stimmschalles steuern ein elektronisches System, das die Aufzeichnung des Melodieverlaufs gestattet.

Filteranalytische Grundfrequenzextraktion. Bei dem Meßverfahren handelt es sich um die Verbindung der Filteranalyse mit einem schnellen Periodendauermeßgerät und automatischer Filterumschaltung. Alternativ wird die Elektroglottographie angewandt. Diese ermöglicht infolge des abrupten Spannungsabfalls bei Stimmlippenschluß eine sehr genaue Messung der Periodendauer. Dieses Verfahren ist ungenau, wenn kein Stimmlippenschluß zustande kommt oder erhebliche Schwingungsunregelmäßigkeiten bestehen.

3.7.9 Stimmgattungen

Sängerstimmen werden in folgende Stimmgattungen (Stimmlagen) klassifiziert:
- Kinder (7–14 Jahre) und Frauen: Sopran, Mezzosopran, Alt
- Männer: Tenor, Bariton, Baß.

Bei großen Chören unterscheidet man acht Stimmgattungen: 1. und 2. Sopran, 1. und 2. Alt usw.

Das Einordnen der Stimmgattung ist schwierig. Maßgebliche Kennzeichen sind die individuellen Höhen- und Klangunterschiede der Stimmen. Die Bestimmung wird nach folgenden Kriterien vorgenommen:

a) Stimmumfang. Groß (Baß und Sopran), klein (Tenor). Der Stimmumfang trägt nur wenig zur Klassifizierung bei, höchstens die untere Stimmgrenze.
b) Registerverteilung. Grenzen von Brust- und Mittelregister: Bezüglich der Registergrenzen ist nur die obere Grenze des Brustregisters für die Bestimmung der Stimmgattung verwertbar.
- Baß: d, d^1

- Bariton: e, e^1
- Tenor: f, f^1
- Alt: d^1, d^2
- Mezzosopran: e^1, e^2
- Sopran: f^1, f^2

c) Mittlere Sprechstimmlage. Personen, die hoch sprechen, besitzen stets eine hohe Singstimme, tiefer sprechende können einer tieferen Stimmlage angehören, aber feste Zusammenhänge gibt es dabei nicht. Die mittlere Sprechstimmlage kann infolge unvollständiger Mutation oder unzweckmäßigen Stimmgebrauches überhöht sein; hierdurch sind Fehlbeurteilungen möglich.

- Baß: G–A (G–Gis)
- Bariton: B–c (A–B)
- Tenor: c (A–c)
- Alt und Mezzosopran: unterhalb gis
- Sopran: h–c^1.

d) Stimmklang. Bei Tenor und Sopran hell

e) Gaumenform.

- Baß, Alt: breit, flach
- Tenor, Sopran: hoch, schmal

f) Zäpfchen

- Baß: breit
- Tenor: schmal

g) Ansatzrohr. Hohe Stimmen kurzes Ansatzrohr, tiefe Stimmen langes Ansatzrohr

h) Kehlkopf. Baß: groß, breiter Winkel der Schildknorpelplatten. Kehlkopftiefstand, Trachea weit einsehbar.

i) Stimmlippen

- Beurteilung der Länge und Breite: Baß 24–25 mm, Sopran 14–17 mm. Schlanke Stimmlippen bei lyrischen Stimmen, breite Stimmlippen bei kräftigen, dramatischen Stimmen.
- Farbe der Stimmlippen: Bei tiefen Stimmen leicht rötlich.

j) Länge und Durchmesser der Luftrohre von der Glottis bis zur Bifurkation

k) Körperbau

- Pykniker (kurz, breit, Brustkorb quadratisch): hohe Stimmen (Tenor, Sopran)
- Astheniker mit schmalen Kopf, langem Hals und langem flachen Brustkorb: tiefe Stimmen (Baß, Alt).

l) Formantpositionen als Ausdruck des unterschiedlichen Timbres. Der Mittelwert aus den Formantfrequenzen $F_1 - F_4$ liegt bei dunklen Stimmen (Baß) tiefer als bei hellen.

Die Gattungen der Singstimme unterscheiden sich vor allem durch die unterschiedliche Position der Formanten, insbesondere der Singformanten. Bei Baß und Bariton liegt das Singformantgebiet unter 3 kHz, bei Frauenstimmen um 3,5 kHz. Die Bedeutung des 3-kHz-Formanten nimmt mit zunehmender Tonhöhenlage der Stimmgattung ab; dafür tritt die Grundtonamplitude stärker hervor. Eine Stimmklassifizierung ist mittels des Spektralbildes nicht möglich; man kann jedoch feststellen, ob es sich um eine geübte, ungeübte, tief angelegte dunkle oder hoch angelegte helle Stimme handelt.

Singen in einer zu hohen Lage ist nur unter ständigem Einsatz von Fehlfunktionen möglich.

Muß man bei großen Stimmumfängen zwischen Tenor und Baß unterscheiden, so ist bei einer Tongrenze oberhalb von F die Stimmgattung Tenor anzunehmen. In Zweifelsfällen entscheidet das Gehör des Gesangspädagogen durch Bewertung des spezifischen Timbre der zu untersuchenden Stimme. Auch subjektive Empfindungen des Sängers sind zu berücksichtigen, welche Töne ihm liegen und ihn am wenigsten ermüden.

Nur aus der Kombination verschiedener Merkmale läßt sich ein Urteil bilden. Gerade bei Anfängern mit noch nicht voll entwickeltem Stimmumfang ist eine Festlegung schwierig. Falsche Klassifizierung kann die Ursache von wiederkehrenden Stimmstörungen sein.

Probleme, die sich bei der Klassifizierung der Stimmgattung ergeben können:

- Die Grenzen zwischen den Stimmgattungen sind fließend.
- Untergruppen und sog. Stimmtypen komplizieren die Klassifizierung zusätzlich.
  Festlegungen erfolgen häufig zu einem Zeitpunkt, an dem körperliche Entwicklung und Persönlichkeitsentwicklung noch nicht abgeschlossen sind.
- Bestimmte Merkmale der Singstimme werden durch die Ausbildung noch verändert.
- Wunschvorstellungen des Sängers und Gesangspädagogen können die Entscheidung beeinflussen.

Gesangspartien zeitgenössischer Werke lassen sich nur schwer in althergebrachter Weise klassifizieren.

Countertenor (Synonyma: Kontratenor, Gegentenor, männlicher Alt, männlicher Altus, Männeraltist, Contraaltus, Falsettist).

Es handelt sich um die Bezeichnung der dem Tenorpart hinzugefügten bzw. entgegengesetzten Gesangstimme in der mittelalterlichen polyphonen Liturgie. Sie wurde zunächst auf gleicher Höhe wie die Tenorlage, später jedoch über der normalen Tenorlage notiert. Es handelt sich um ein ausschließliches Singen in der Fistelstimme (Falsettregister), nach anderer Ansicht in der Kopfstimme. Die Fistelstimme gleicht von Farbe und Umfang her dem Frauenalt (etwa f-f²). Es sind überwiegend Baritone und nicht Tenöre, die über die entsprechende Technik verfügen. Ob man Singen mit der Fistelstimme und Countertenöre gleichsetzen kann, ist noch nicht entschieden. Auch herrscht über die Einordnung der Fistelstimme noch keine einheitliche Auffassung.

Der Einsatz der Fistelstimme in früheren Jahrhunderten. Die Chormelodie war bis zum 9. Jahrhundert einstimmig (Gregorianischer Kirchengesang). Dann beginnende Polyphonie, indem der Grundstimme, dem Cantus, eine Vox originalis als 2. Stimme zugeordnet wurde. Nach anfänglicher Oktavierung entstand im 12. Jahrhundert eine Parallelität von Quarten und Quinten, wodurch eine Verselbständigung der Melodieführung erreicht wurde. Der Discantus (Auseinandersingen) wurde dann zur obersten Stimme, dem Sopran (Besetzung meist durch Knabenstimmen). Die Einführung einer 3. Stimme, dem Contratenor, machte zusätzlich den Einsatz von falsettierenden Männerstimmen zur Unterstützung der mangelnden Knabenstimmen erforderlich. In der Mitte des 15. Jahrhunderts erfolgte eine Teilung des Contratenors in einen Contra bassus und einen Contra altus.

Beziehungen zwischen Knabenstimmlage und Klangfarbe der Fistelstimme erwachsener Sänger. Frühere Soprane haben eine bessere, hellere und höhere Klangfarbe der Fistelstimme als frühere Altisten. Die Fistelstimmen hoher Männerstimmen sind besser und höher als Fistelstimmen tiefer Männerstimmen. Ehemalige Altisten klingen auch in der männlichen Fistelstimme fast wie ein Alt. Nur 80% der Sänger sind in der Lage, die Fistelfunktion zu benutzen. Eine Gesangsausbildung in der Fistelstimme gibt es in Deutschland bis auf wenige Ausnahmen nicht, im

Gegensatz zum angelsächsischen Raum. Singen in der Fistelstimme ohne Ausbildung kann die Ursache von Stimmstörungen sein.

Stimmtypen. Innerhalb der Stimmgattungen gibt es Stimmtypen (Stimmfächer). Die Einteilung der Stimmtypen erfolgt nach der Struktur der Stimme, d. h. nach ihrer Stärke, Klangfarbe, Beweglichkeit, Akzentmöglichkeit, Expansivität, Vibrato, nach der körperlichen Gewandheit, Persönlichkeitsstruktur, Temperament, Ausdrucksvermögen.
Es werden daher folgende Zuordnungen vorgenommen:
- Sopran: Soubrette, lyrischer Sopran, jugendlich-dramatischer Sopran, Zwischenfach, hochdramatischer Sopran, Koloratursopran, dramatischer Koloratursopran
- Alt: Spielalt, dramatischer Alt
- Tenor: Tenorbuffo, lyrischer Tenor, jugendlicher Heldentenor, Zwischenfach, schwerer Heldentenor
- Bariton: Lyrischer Bariton, Charakterbariton, Zwischenfach, Heldenbariton
- Baß: Baßbuffo, seriöser Baß, Spielbaß, Charakterbaß.

Ein lyrischer Tenor muß in der Höhe $c^2 - d^2$ erreichen, ein jugendlicher Held c^2, ein schwerer Held b^1.

3.7.10 Stimmregister

Während des Aufwärts- und Abwärtssingens gibt es bestimmte Stellen, die schwierig zu überwinden sind beziehungsweise einer besonderen Aufmerksamkeit bedürfen. Werden diese Schaltstellen nicht beachtet oder ist kein allmählicher Ausgleich zu den Tönen jenseits der schwierigen Stellen möglich, so läßt sich die Stimme in der gleichen Funktion nur noch wenige Tonschritte weiterführen. Danach ergibt sich eine deutliche Klangänderung, die als Sprung auffällt.

Unter *Register* versteht man daher eine Reihe von aufeinanderfolgenden, unter sich gleichartigen Stimmklängen, die das musikalisch geübte Ohr von einer anderen, daran anschließenden Reihe ebenfalls unter sich gleichartiger Klänge an bestimmten Stellen der Tonskala abgrenzen kann. Die gleichartigen Klänge beruhen auf analogem Obertonverhalten, auf jeweils gleicher Schwingungsweise der Stimmlippen, einem bestimmten Koppelungsmechanismus zwischen Kehlkopf, Ansatzrohr und Luftröhre, charakteristischen Resonanz- und Abstrahlungsbereichen.

Einteilung der Stimmregister. Man unterscheidet:
a) bei Männern:
- Kehl- oder Strohbaßregister (unterhalb E) auch Vocal fry genannt
- Brustregister
- Mittelregister
- Kopfregister
- Falsett (Fistelregister)

b) bei Frauen:
- Brustregister
- Mittelregister
- Kopfregister
- Pfeifregister (Flageolett).

Bei Kindern, Mezzosopran- und Altstimmlagen fehlt das Pfeifregister. Normalerweise werden bei der Umgangssprache das Brustregister und das Mittelregister verwendet.

Es ist nicht geklärt, ob die Register in einer bestimmten Beziehung zur Stimmgattung stehen.

Strohbaßregister (Vocal fry). Unter Vocal fry versteht man eine Art von Stimmproduktion, deren Frequenz unter der unteren Grenze der normalen Phonation liegt und sich knarrend anhört. Der Ausdruck bezieht sich auf das Geräusch, daß entsteht, wenn man Wasser in heißes Fett tropfen läßt. Eine mögliche Übersetzung wäre Stimmbrutzeln; im Deutschen ist auch Stimmknarren gebräuchlich. Der Stimmklang ist pulsartig, knarrend; nur geringe Tonhöhenmodulationsfähigkeit. Zwischen Strohbaß und Bruststimme befindet sich ein Mischregister. Die Verschlußzeit der Glottis ist im Strohbaßregister lange und beträgt mehr als 50% der Dauer des Schwingungszyklus. Der Tonus der inneren Kehlkopfmuskulatur ist schlaff, die Stimmlippen spannungslos. Die Stimmlippen sind maximal verkürzt und liegen breit aneinander. Der M. vocalis zeigt nur eine geringe elektrische Aktivität. Daher ist keine präphonatorische Spannungseinstellung und kein Glottisschluß möglich. Die Stimmlippen müssen deshalb durch Kontraktion der Adduktoren des glottalen und supraglottalen Sphinkters zum Schluß gebracht werden.

Anmerkung: Die Stimmlippen sollen bei Respirationsstellung (Abduktion) ihre größte Länge haben und entspannt sein. Bei Stimmgebung verkürzen sie sich infolge Kontraktion des M. vocalis. Andererseits hat man im Strohbaßregister nur eine geringe elektrische Aktivität des M. vocalis gefunden, während im Brustregister der Muskel seine größten Aktivitätsschwankungen aufweist. Siehe auch Abschn. 3.7.1.

Brustregister (Synonyma: Bruststimme, Modalregister, Vollton, Vollregister). Die Vibrationsempfindungen werden vor allem im Bereich des Brustkorbs ausgelöst. Die Stimme ist obertonreich, Vibrationen sind an der Brustwand tastbar, die Glottis ist bei jeder Schwingung nur kurz geöffnet, die Stimmlippen legen sich breit aneinander, der Stimmlippenschluß ist vollständig. Weite Schwingungsamplituden.

Bei der Bruststimme findet sich ein im Verhältnis zu den folgenden Partialtönen schwacher Grundton. Der Übergang in die Mittelstimme läßt die Grundtonamplitude relativ ansteigen, die Amplituden von Teiltönen höherer Frequenzen dagegen abnehmen. Schlagersänger benutzen allein das Brustregister im ganzen Tonbereich.

Die aufsteigenden Töne im isolierten Brustregister werden durch wachsende Aktivspannung des M. vocalis herbeigeführt. Kunstgerechtes Singen erfordert jedoch bei aufsteigender Tonhöhe eine Abnahme der Aktivspannung des M. vocalis. Es kommt vielmehr zu zunehmender Kontraktion des M. cricothyreoideus.

Brustregister = Aktivspannung der Stimmlippen (Kontraktion des M. vocalis) = Vollschwingung

Mittelregister. Es handelt sich um eine Mischung der Funktion des Brustregisters und des Kopfregisters, d.h. den beiden Urregistern. Daher die Bezeichnungen voix mixte, mezza voce oder mittlere Stimme.

Offene, vorn sitzende, metallische Tonqualität; das Mittelregister wird von der Neuitalienischen Schule angewandt.

Bei vollem Grundton wenig Obertöne. Der schwingende Teil der Stimmlippen ist im Hinblick auf die Breite verkürzt; die Glottis bleibt hinten geschlossen. Die Stimmlippen sind dünner und länger. Es handelt sich um einen Bereich der Überlappung von Kopf- und Brustregister. Man spricht auch von amphoteren Klängen, das heißt von Klängen, die im Brust- oder im Kopfregister gesungen werden können. Es ist also nicht sicher, ob ein Mittelregister wirklich existiert.

Kopfregister (Kopfstimme, Randregister). Die Vibrationsempfindungen werden im Kopfbereich wahrgenommen. Leichter, schwebender, voluminöser Ton, jedoch obertonarm und ohne Substanz (gedeckter Ton, Einübung durch Gähnstellung mit geschlossenen Vokalen, z. B. u, o). Die Stimmlippen schwingen nur noch mit den Rändern. Kein Glottisschluß mehr, es bleibt eine spindelförmige Öffnung; hoher Luftverbrauch. Die Stimmlippen sind schmal, gespannt.

Zuviel Kopfstimme klingt bei Männerstimmen hohl, zuviel Falsett bei Frauenstimmen flach. Im Kopfstimmbereich ist der Grundton noch kräftiger betont, die Zahl der Obertöne ist bei gleicher Grundfrequenz etwas geringer als in der Mittelstimme. Die höherfrequenten Harmonischen (besonders um 3 kHz) sind dagegen deutlicher ausgeprägt.

Bei der Fistelstimme noch stärkere Teiltonverarmung mit herausragender Grundtonamplitude als bei der Kopfstimme.

Kopfregister = Passivspannung der Stimmlippen (Kontraktion des M. cricothyreoideus) = Randschwingung.

Falsettregister. Es wird unterschiedlich definiert. Manche Autoren fassen es als Pianoform des Kopfregisters auf. Falsett bedeutet „falsche Stimme", das heißt Männerstimme mit weiblichem Klangcharakter. Aus dem Falsett (Fistelstimme) läßt sich beim lyrischen Tenor die Kopfstimme entwickeln. Der Stimmklang ist obertonarm. Nur die vorderen 2/3 der Stimmlippen schwingen. Ein Glottisschluß ist wieder vorhanden. Man unterscheidet:

- Ungestützten (kollabiertes) Falsett. Dünne Klangqualität ohne Tragfähigkeit und Modifizierbarkeit, Übergang in die volle Stimme nicht möglich, erhöhter Atemverbrauch, schädlich für die Stimme
- Gestütztes Falsett. Modifizierbarer und klangreicher als das kollabierte Falsett, Übergang in Vollstimme möglich, geringerer Atemverbrauch als im Brustregister beim ausgebildeten Sänger.

Beide Falsettarten entstehen bei Spannung der Stimmlippen ohne Mitbeteiligung des M. vocalis.

Eine gestützte Falsettstimme läßt sich von einer ungestützten Falsettstimme sonagraphisch durch eine Anreicherung des Klangspektrums und eine Verstärkung der einzelnen Teiltöne unterscheiden.

Flageolett- oder Pfeifregister (Kurzregister). Es handelt sich um extrem hohe Töne der Frauenstimme. Sie werden von Koloratursopranen verwendet.

Klang: flötenartig, obertonarm, vibratofrei. (Nach anderer Auffassung sind die Stimmlippen nicht ganz vibrationsfrei.)

Man findet im Pfeifregister stark angespannte Stimmlippen mit einem persistierenden Glottisspalt. In dem persistierenden Glottisspalt wird die Atemluft verwirbelt. Die Tonproduktion kommt somit nach einem anderen Entstehungsprinzip zustande, nämlich wie bei einer Flöte oder Pfeife. Die Töne sollen nach Art von Spalttönen entstehen.

Im Pfeifregister kann in der Regel nur im Stakkato gesungen werden (z. B. Arie der Königin der Nacht). Gut ausgebildete Stimmen können im Pfeifregister auch im Legato singen (z. B. Blondchen).

Registerausgleich. Man nimmt an, daß, um die höchstmöglichen Tonhöhen zu erreichen, auch die Stimmlippen ihre größtmögliche Länge haben müssen. Im Brustregister soll die Längsspannung des M. vocalis im Vergleich zum M. cricothyreoideus überwiegen, während im Kopf- oder Falsettregister die Spannung der Stimmlippen durch den M. cricothyreoideus überwiegt. Die Stimmlippen müssen im Kopf- oder Falsettregister in ihrer Spannung nachgeben, um ihre größtmögliche Länge zu erreichen. Der Registerausgleich gelingt daher beim Aufwärtssingen, wenn die muskuläre Neueinstellung des Vokalissystems erfolgt, ehe der zu zunehmender Stimmlippenspannung führende Kippmechanismus des Schildknorpels sein Maximum erreicht hat. Beim Sänger sind Registerübergänge völlig verwischt und nicht herauszuhören. Beim nicht ausgebildeten Sänger erfolgt an der oberen Grenze des Brustregisters ein „Umstellen“ auf eine andere Klangfarbe zwischen d^1 und f^1.

Beim Baß erfolgt der Ausgleich bei c^1/d^1, beim Bariton bei d^1/e^1, beim Tenor bei e^1/f^1, bei Frauen eine Oktave höher.

Registerübergangsstellen. Beim Auf- und Abwärtssingen treten an bestimmten, individuell verschiedenen Stellen der Tonskala Klangveränderungen auf, die sich von der folgenden Reihe wieder untereinander ähnlicher Töne unterscheiden. Sie werden von manchen Autoren auch als Registerbruchstellen bezeichnet, falls sie akustisch besonders auffällig sind (Registerdivergenz).

Registersprung. Beim Übergang vom Brustregister zum Kopfregister kann sich bei Ungeübten die Klangfarbe der Stimme infolge mangelnden Registerausgleichs abrupt ändern. Die Stimme springt von einem Register in das andere. Bei Stimmfeldmessung zeigen sich an den Registerübergängen leichte Einbrüche in der Stimmdynamik, da der neuromuskuläre Einstellmechanismus an die Grenze eines bestimmten Arbeitsbereiches stößt.

Registerbruchstellen. Sie haben nichts mit den Registerübergangsstellen zu tun. Es handelt sich um das Fehlen von Teiltönen (Teiltonlöcher) in bestimmten Frequenzbereichen. Vorkommen bei der Mutation und medikamentös bedingten hormonellen Stimmstörungen. Eine Prüfung erfolgt durch leises Aufwärtssingen auf dem Vokal „u“.

Registerdivergenz. Durch die verschiedenen Registerübergänge beim Auf- und Abwärtssingen ist eine unruhige Tonführung mit einem anklingenden Tremolo hörbar.

Amphotäre Zonen. Es handelt sich um die Bereiche der Tonskala, in denen sich beim Auf- und Abwärtssingen die Register infolge Registerverschiebung überschneiden.

Einregister. Beim ausgebildeten Sänger dürfen die Register nicht als solche erkennbar sein. Bereits beim tiefsten Ton des Stimmumfanges müssen die Klangcharakteristika des obersten Tonbereichs mitschwingen. Bei ungeschulten Kinderstimmen oft primär vorhanden.

Registerisolierung. Isolierte oder zu frühe Ausbildung der Stimme in der Höhe oder Tiefe. Folge ist eine Arbeitshyperämie der Stimmbänder und Behinderung der Ausbildung im Einregister.

Freilauf. Tonproduktion im obersten Bereich des Stimmumfanges von Sopranstimmen, die der willkürlichen Beeinflussung entzogen ist. Die tiefen Stimmbereiche sollen dadurch gefestigt werden. Diese Art der Stimmschulung wird von Phoniatern abgelehnt.

Tiefe Tonlagen schaden der Stimme weniger als zu hohe Tonlage. Es ist daher besser, zu tieferen Stimmgattungen zu tendieren. Der Pseudotenor singt mit übermäßiger Anspannung der längeren Stimmlippen eines Baritons. Die Folge ist frühzeitiger Verlust der Stimme.

Prüfung der Registergrenzen. Die Registergrenzen lassen sich durch Tonleitern, auf den Vokal „o“ leise auf- und abwärts gesungen, bestimmen. Der Untersucher vermerkt diejenige Tonhöhe oder denjenigen Tonbereich (manchmal einige Halbtöne), in denen eine Klangänderung eintritt. Beim Aufwärtssingen liegt die Schaltstelle manchmal höher als beim Abwärtssingen. Im Überschneidungsgebiet liegen die sog. amphotären Klänge. Man beschreibt, in welchem Maße der Registerwechsel hörbar ist und drückt die günstigere Variante als Registerausgleich und die ungünstigste als Registerbruch aus.

Die Registrierung von Gleittönen (Glissando) über den Stimmumfang kann Tonunterbrechungen bei Registerübergängen (Bruststimme/Kopfstimme) darstellen, die bei ungeübten Stimmen die Regel sind.

3.7.11 Schwellton, Vibrato, Tremolo, Triller

Schwellton (Messa di voce, Messa voce). Man versteht hierunter ein allmähliches gleichmäßiges Lauter- und Leiserwerden eines auf gleicher Höhe gehaltenen Tones. Dabei Zu- und Abnahme der Stimmlippenspannung und der Schwingungsamplituden. Beim Anschwellen senkt, beim Abschwellen hebt sich der Kehlkopf. Nur an der Grenze des Stimmumfanges gibt es Abweichungen von dieser Beobachtung.

Die Luftröhre dehnt sich beim Anschwellen nach hinten aus (Pars membranacea). Beim Anschwellen nehmen die Teiltöne zu, die höheren Frequenzen treten hervor. Ein zusätzliches Vibrato ist möglich. Der Schwellton gilt als eine der schwierigsten gesangstechnischen Leistungen, da ein gleichmäßiges An- und Abschwellen bei konstanter Tonhöhe einer ausgesprochen fein abgestuften Regelung der laryngealen Muskelaktivität bedarf. Ungübte Stimmen steigern mit der Stimmlautstärke auch die Tonhöhe. Beim Decrescendo werden Singstimmstörungen durch verstärkte Instabilität der Stimme, Tonunterbrechungen oder Tonabbruch erkennbar. Zu Beginn der Tonverstärkung treten am häufigsten Stützbewegungen der Brustatmung auf. Lyrischen Stimmen gelingt der Schwellton leichter als heldischen und dramatischen.

Schwelltonverhalten. Ton zum Forte anschwellen und wieder zum Piano abklingen lassen; zunächst in der Höhe, dann in der Tiefe; dann auf- und abwärts schwellen lassen über den gesamten Stimmumfang. Zunächst empfiehlt sich ein Schwellton der Mittellage mit bequemer Vokalisation. Hohe Töne sind schwerer an- und abzuschwellen. Das

Schwellvermögen ist von Vokal und Register abhängig. Bewertet werden Dauer, Gleichmäßigkeit und Lautstärkeunterschiede beim An- und Abschwellen. Mit Gleichmäßigkeit ist die Kontinuität einer Lautstärkeänderung und die einer Klangfarbenänderung gemeint. Pathologisch ist ein Abbrechen des Tones.

Vibrato. Hierbei handelt es sich beim Halten eines Tones um einen 5–7mal pro Sekunde erfolgenden Wechsel von Tonhöhe (0,25 bis über 2 Halbtöne), Lautstärke (1–4 dB) und Klangfarbe (periodische Teiltonveränderungen insbesondere des 4., 5. und 8. Teiltones). Dieser Wechsel kann auf einer rhythmisch-elastischen Ausatmung beruhen, d. h. er wird von der Zwerchfellbewegung hergeleitet. Weiterhin können Kippbewegungen des Kehlkopfes zu Grunde liegen oder Schwingungsüberlagerungen der Grundschwingungen der Stimmlippen. Je größer die Lautstärke, desto geringer brauchen die Tonhöhenschwankungen zu sein, um hörbar zu werden. Dadurch wird der Eindruck großer Klangfülle und Gefühlswelt vermittelt. Vibrato von geringerer Frequenz (3–4,5 Perioden pro Sekunde) wenden Varietésänger und Sänger der Negrospirituals an. Neben Tonhöhe und Lautstärke schwankt auch das Timbre, d. h. das Teiltonspektrum der Stimme rhythmisch. Vibrato ist selten anlagemäßig vorhanden. Es muß durch langjähriges Stimmtraining erworben werden.

Beseeltes Vibrato. Besonders im Kunstgesang erwünschte Gesangsform. Die Tonhöhen- und Lautstärkeschwankungen sind etwas häufiger als beim Vibrato.

Weiches Vibrato. 5–6mal pro Sekunde, Variation des Tones von 2–3 dB, Schwankungen der Tonhöhe bis zu ½ Ton.

Vibrato bei Flötisten. Man unterscheidet drei Vibratotypen:
- Vorwiegend thorako-abdominaler Typ
- Gemischt laryngeal thorako-abdominaler Typ
- Rein laryngealer Typ.

Bei allen Vibratoarten reine Ausatmungsbewegung des Zwerchfells, d. h. es steigt ohne rhythmische Beteiligung am Vibratogeschehen kontinuierlich an.

Der Kehlkopf ist bei allen Vibratotypen mit folgenden Bewegungen beteiligt:
- Im Piano finden die Bewegungen vor allem an den Stimmlippenrändern statt

- Mit zunehmender Lautstärke beteiligen sich die Stimmlippen mit wachsendem Massenanteil. Im Fortissimo bewegen sich die Taschenbänder mit.
- Die Stimmlippen führen eine kombinierte Bewegung aus: in mediolateraler und in kranio-kaudaler Richtung.

Im Martellato (scharf akzentuiertes Spiel) vibratosynchrone Ausweitungen des subglottischen Raumes.

Für den notwendigen Wechsel von Spannung und Entspannung des Atems sorgen die Abdominal- und Thoraxmuskeln durch periodisch zu- bzw. abnehmende Kompression vor allem des unteren Brustkorbes. In jedem Fall ist der Kehlkopf aktiv am Geschehen beteiligt. Daher ist das thorako-abdominale Vibrato immer ein Mischtyp. Dagegen gibt es ein reines Kehlkopfvibrato ohne Beteiligung von Bauchdecken-, Thoraxmuskulatur und Zwerchfell.

Frequenz des Vibratos bei Geigern: 8 Hz (Variationsbreite von 6–10 Hz).

Flötisten erzeugen überwiegend ein Amplitudenmodulationsvibrato, Geiger überwiegend ein Frequenzmodulationsvibrato.

Prüfung des Vibratos. Überprüfung bei gehaltenen Tönen.

Beschreibung des Vibratos. Vibrato nicht vorhanden, angedeutet, ausgeprägt, inkonstant, konstant; wenig, mittel, sehr frequent; fein-, mittel-, grobschlägig.

Stimmlippenbewegungen während des Blasens von Blasinstrumenten. Während des Blasens weit geöffneter Kehlkopfeingang, Abduktion der Stimmlippen bis zu maximaler Inspirationsstellung. Knapp vor dem Toneinsatz sowie nach dem Tonabsatz Adduktion der Stimmlippen bis zur Intermediärstellung. Der Kehlkopf nimmt somit beim Blasen von Blasinstrumenten aktiv an der Abstützung teil. Bei Flötisten konnte ein glottisch reguliertes Vibrato nachgewiesen werden. Das Kehlkopfvibrato bei Flötisten kann als sehr feine Variation der Stütze durch den Kehlkopf selbst angesehen werden. Eine korrekte Technik beim Spiel eines Blasinstrumentes ist daher zur Vermeidung negativer Auswirkungen auf die Sprechstimme erforderlich.

Bei Rohrbläsern, insbesondere mit Doppelblättern (Oboe), kann sich bei schon vorherbestehenden Stimmfunktionsstörungen in Abhängigkeit vom Ausbildungsgrad des Bläsers ein negativer Einfluß einstellen. Sonst grundsätzlich keine Störung der Stimmfunktion. Das Spielen eines Blasinstruments ist stimmunschädlich.

Tremolo. Es stellt eine unschöne Abart des Vibratos dar: 8–12mal pro Sekunde erfolgt ein Wechsel der Tonhöhe mit größeren Tonhöhenunterschieden (mehr als 1 Ganzton) und größeren Intensitätsschwankungen (über 5 dB). Es kann sich dabei um ein ungewollt übermäßiges Vibrato handeln oder um einen abgeschwächten Triller.

Triller. Der Tonhöhenwechsel beträgt bis zu ±1 Ganzton. Die Frequenz entspricht der des Vibratos. Der Intensitätswechsel kann doppelt so schnell wie der Tonhöhenwechsel sein. Der Triller beruht auf rhythmischen Kontraktionen und Erschlaffungen von Larynx und Epiglottis.

3.7.12
Gleittöne (Glissando)

Bei trainierten Stimmen dürfen bei Glissando über den Stimmumfang keine Tonunterbrechungen bei Registerübergängen vorkommen.

3.7.13
Stimmeinsätze

Unter Stimmeinsatz versteht man den akustischen Effekt, der sich aus der Stimmlippeneinstellung zu Beginn der Phonation ergibt. Die Stimmeinsätze werden unterteilt nach dem Stimmlippenverhalten, dem Gehör und den Klanganalysen in die nachfolgend beschriebenen Formen des Stimmeinsatzes.

Gehauchter Einsatz. Der für die Stimmgebung notwendige Atemstrom fließt schon, während die Stimmlippen von der Respirations- in die Phonationsstellung gebracht werden. Daher h-artiges Reibegeräusch. Während der Annäherung beginnen die Stimmlippen allmählich zu schwingen. Vorher ist jedoch Atemluft (wilde Luft) verströmt. Die Stimmlippen sind also bei Phonationsbeginn einander genähert, ohne sich zu berühren.

Phonetisch wird das Geräusch des gehauchten Stimmeinsatzes durch „h“ markiert. Dieser Stimmeinsatz tritt nur prävokalisch auf (z. B. Hand).

Sonst kommt er pathologisch vor bei hypofunktioneller Dysphonie oder Stimmlippenlähmungen.

Weicher Einsatz. Die Stimmlippen liegen bei Phonationsbeginn leicht aneinander; es ist nur ein schmaler elliptischer Spalt vorhanden. Durch allmählich sich verstärkenden Atemdruck erfolgen dann gleichmäßig zunehmende Stimmlippenschwingungen. Bevorzugt wird der weiche Stimmeinsatz beim Gesang und Sprechen. Keine Luftverschwendung wie beim gehauchten Einsatz, kein Kraftverschleiß wie beim harten Einsatz. Phonetisch wird er nicht bezeichnet.

Fester und **harter Einsatz** (Sprengeinsatz, Glottisschlageinsatz, coup de glotte). Man unterscheidet:

a) Eine stimmhygienisch akzeptable, physiologische Form (fester Einsatz, weicher Glottisschlag). Nur leiche Anspannung der Stimmlippen, daher nur geringer subglottischer Druckanstieg erforderlich, um den Verschluß zu lösen. Der feste Einsatz wird beim Sprechen im vokalischen Anlaut und beim Singen neben dem weichen Einsatz angewandt. Er ist physiologisch.
Beim sog. *Ventiltönchen* handelt es sich um einen weichen hygienischen Glottisschlag, der geflüstert ist. Die Atemluft staut sich unterhalb der Stimmlippen; im Moment der Freigabe der Luft kommt es aber nicht zu Stimmlippenschwingungen (siehe auch Abschn. 6.1.3.1). Der weiche Glottisschlag entspricht dem festen Stimmeinsatz.

b) Eine stimmschädigende, krankhafte Form (harter Einsatz, harter Glottisschlag). Der harte Stimmeinsatz darf nur ausnahmsweise beim gespannten Sprechen oder Singen angewandt werden. Die Stimmlippen sind aneinandergepreßt; der stärkere subglottische Druck sprengt die Stimmlippen plötzlich auseinander. Es kommt zu einem knallartigen Geräusch, dem die Stimmlippenschwingungen plötzlich folgen. Luftverbrauch gegenüber dem weichen Einsatz vergrößert. Besondere Belastung der Stimmlippenränder. Gefahr der Stimmermüdung. Bei ermüdeten Stimmen drückt der harte Einsatz als harter Glottisschlag oder als geknarrter Einsatz (mehrere aufeinanderfolgende Glottisschläge) den Versuch aus, die Leistungsschwäche durch Überfunktion zu kompensieren. Ein harter Stimmeinsatz wird z.B. bei der Kommandostimme und bei der hyperfunktionellen Dysphonie angewandt.

Gepreßter Einsatz. Die Stimmlippen werden aneinandergepreßt, der Kehlkopf wird gehoben, der Kehldeckel gesenkt. Erhöhter Atemdruck.

Die Stimme klingt rauh, gequetscht, tief, knarrend. Der gepreßte Einsatz kommt in semitischen Sprachen vor, er besitzt dort Phonemwert und wird in der Schrift besonders gekennzeichnet.

Geknarrter Einsatz: Mehrere aufeinanderfolgende gepreßte Glottisschläge.

Physiologisch ist ein weicher bis gerade eben fester Stimmeinsatz (weicher Glottisschlag).

Prüfung der Stimmeinsätze. Nach tiefer Einatmung Mund öffnen lassen; Patient darf erst auf ein Zeichen hin mit der Phonation beginnen. Unterscheidung der verschiedenen Stimmeinsätze durch das Gehör. Mit dem Stethoskop, das man vor dem Kehlkopf ansetzt, kann ein harter Stimmeinsatz erkannt werden. Eine mehrmalige Prüfung nacheinander ist erforderlich. Prüfung während der Spontansprache, beim Vorlesen und während des Singens. Bei der Beurteilung müssen Tonhöhe und Lautstärke berücksichtigt werden.

Durch gleichzeitige Registrierung von Schallpegel und Luftstromgeschwindigkeit unter Berücksichtigung der Lautstärke und der Tonhöhe sind die Stimmeinsätze objektivierbar, z. B. mittels Pneumotachographie (siehe Abschn. 1.3).

Mittels *Pneumotachographie* können gemessen werden: Präphonatorischer Luftverbrauch, Luftverbrauch während der ersten 200 ms bei Phonation, Phonationslatenz (Zeitspanne von Beginn der Luftströmung bis zum Einsetzen der Stimme) und die Anstiegszeit (Zeitspanne von der ersten Stimmlippenschwingung bis zum quasi stationären Zustand). Auch eine *synchrone Grundton- und Lautstärkeanalyse* können den Stimmeinsatzcharakter darstellen. Differenzierungsmerkmale sind abrupter Lautstärkeanstieg mit initialem Intensitätsgipfel für den harten Stimmeinsatz, eine graduelle Lautstärkesteigerung für den weichen Stimmeinsatz und ein dem Tonbeginn kurzfristig vorauslaufendes Hauchgeräusch mit nachfolgend relativ langsamer Lautstärkesteigerung für den gehauchten Stimmeinsatz.

Formen des Phonationsendes. Entsprechend den oben beschriebenen Stimmeinsätzen gibt es auch drei verschiedene Arten des Phonationsendes:

Gehauchtes Absetzen. Im Anschluß an die Stimmgebung öffnet sich die Stimmritze, so daß ein Atemgeräusch hörbar wird.

Weiches Absetzen. Mit dem Aufhören des subglottischen Druckes klingt der Ton ohne Geräusch allmählich ab.

Festes und hartes Absetzen. Am Ende der Phonation wird die Glottis fest verschlossen. Der Ton bricht plötzlich ab.

Physiologisch ist der weiche Stimmabsatz.

Das Nachächzen am Ende eines gehaltenen Tones in Form des gehauchten oder harten Stimmabsatzes ist meist Anzeichen eines zu hohen Atemdruckes bzw. Überstützens. Von Caruso als Ausdrucksmittel angewandt (siehe auch Abschn. 1.2.2).

3.7.14 Stimmansatz (Tonansatz)

Unter Stimmansatz versteht man einerseits Sitz oder Lage der Ansatzrohrorgane in Beziehung zur Glottis. Die geistige Bereitschaft zum Singen durch das Tonvorstellungsvermögen wird in den Begriff miteinbezogen. Andererseits versteht man unter Stimmansatz die Fähigkeit, den optimalen Stimmklang schnell und mühelos in weitgehender Unabhängigkeit von Tonhöhe, Stimmstärke und Register zu finden. Der Begriff bezieht sich auf die Klangbildung im Ansatzrohr und nicht auf die Stimmbildung im Kehlkopf. Der richtige Tonansatz erfolgt durch das Tonvorstellungsvermögen vor der Tongebung.

Bei zu starker Hebung des Zungengrundes: ***kloßiger*** Stimmansatz.

Prüfung des Stimmansatzes

Handgriff nach Stern. Er behebt den kloßigen Stimmansatz. Der Daumen der rechten Hand wird fest unterhalb der Nase angelegt, der Zeigefinger oberhalb der Nasenwurzel an der Stirn. Daumen und Zeigefinger der linken Hand fixiert man in der Rinne zwischen Jochbein und Oberkieferkörper. Die Stimme klingt dann freier, heller, voluminöser und resonanzreicher.

Versuch nach Spiess. Ein 12 cm langes und 1 cm dickes Glasröhrchen wird zwischen den Zahnreihen bis zur Mitte der Zunge geführt. Ist der Stimmansatz richtig, so wird der gesummte Konsonant „m“ kontinuierlich weiterklingen, auch wenn man plötzlich die Nase beiderseits zuhält. Nur seine Klangfarbe wird entsprechend der im Verhältnis zur Nase engeren Ausströmungsöffnung des Glasröhrchens etwas schwächer und gedämpfter. Bei falschem Stimmansatz plötzliches Verschwinden des Tones beim Zuhalten der Nase.

3.7.15 Stimmsitz

Es handelt sich um das Verhältnis von Sitz oder Lage der Organe im Ansatzrohr zu den Stimmlippen beim Sprechen. Die Sprechstimme soll vorn sitzen (nach vorn gebracht werden), jedoch nicht vorn gebildet werden. Vorn sitzen bedeutet eine optimale und physiologische Ausnutzung des Ansatzrohres im Bereich der Mundhöhle.

Bezeichnungen wie „Vordersitz der Stimme“ oder „vorn singen“ geben sowohl den Höreindruck als auch die subjektiven Vibrationsempfindungen wieder, wenn die optimale Einstellung gefunden ist. Vibrationsempfindungen im Nasen- und Stirnbereich zeigen dem Sänger diese Einstellung an. Als Vorstellungshilfe dient die Aufforderung, „in die Maske“ zu singen.

Ausdrücke wie Stimmresonanz und Nasenresonanz — wie sie von Gesangspädagogen verwendet werden — führen zu der falschen Vorstellung, daß diese Regionen durch Resonanz zur Klangbildung beitragen.

Stimmführung. Der Begriff geht über das, was mit der Bezeichnung Stimmsitz erfaßt wird, noch hinaus. Er bezieht auch die Vorgänge des Stützens in die Beurteilung mit ein.

Nuscheln wird durch eine zu geringe Kieferöffnungsweite beim Sprechen verursacht.

3.7.16 Offenes (ungedecktes) und gedecktes Singen

Der Begriff „Decken“ bezeichnet eine geringe Klangveränderung (Abdunkelung) der Vokale. Der Vokalcharakter wird hierbei jedoch nicht wesentlich verändert. Decken bezieht sich somit auf die sängerische Funktion, nicht auf eine bestimmte Organeinstellung. Denn in bezug auf die Kehldeckelposition wäre der Begriff sonst paradox gewählt.

Gedecktes Singen wird in höherer Tonlage zur Vermeidung einer zu hellen Klangfarbe und zur Erleichterung des Registerwechsels vom Mittel- zum Kopfregister angewandt. Die gedeckte Tongebung kann jedoch auch unabhängig vom Registerwechsel angewandt werden.

Der offene, helle, grelle Klang (italienische Singweise) ist im Kunstgesang zu vermeiden.

Charakteristika des offenen Singens:
- Verspannungen im Halsbereich
- Mangelnde Atemführung
- Fehlen des hohen Stimmsitzes
- Kehlkopfhochstand. Hierdurch Verkleinerung des Ansatzrohres, Verkleinerung des Kehlkopfeinganges: der Kehldeckel ist gesenkt und legt sich nach hinten über den Kehlkopfeingang, die Stellknorpel sind nach vorne überkippt, die Taschenfalten nach medial vorgewölbt.
- Geschlossene Stimmritze bis in die obere Stimmlage
- Luftverbrauch wahrscheinlich nicht erhöht
- Vokalunterschiede undeutlich (alle Vokale wandeln sich mit aufsteigender Tonhöhe in a und ä um – Vernichtung der Vokalunterschiede)
- Kreischender Klangcharakter der Vokale infolge Hervortretens des 1. Obertons.

Durch andauerndes offenes Singen Tremolo der Stimme.

Durch den Versuch, die Stimmritze mit einer gewissen Intensität zu schließen, ziehen sich reflektorisch die Lippen des Mundes in die Breite (Lächeln). Der Ton sitzt dann vorn an den Zähnen und bekommt ein offenes Gepräge.

Charakteristika des gedeckten Singens:
- Tiefertreten des Kehlkopfes
- Aufrichten der Epiglottis
- Kippung des Schildknorpels nach vorn unten mit Verlängerung und Spannung der Stimmlippen (M. cricothyreoideus)
- Erweiterung des Ansatzrohres; der Mund ist geöffnet.
- Anheben des weichen Gaumens
- Nachvornbewegen des Zungenrückens
- Größere Amplituden und schnellere Schließungsbewegungen
- In den oberen Stimmlagen immer leicht geöffnete Stimmritze
- Wahrscheinlich erhöhter Luftverbrauch
- Beibehaltung der inspiratorischen Gegenspannung während des Singens
- Hoher Stimmsitz
- Weicher, warmer, obertonreicher Stimmklang
- Stärkeres Hervortreten des Grundtones

- Charakter der einzelnen Vokale kann besser beibehalten werden, bessere Textverständlichkeit.
- Lagen- und Vokalausgleich möglich.

Einleitung des Deckens spätestens beim Übergang vom Brust- zum Mittelregister.

Zum Koloraturgesang ist Decken nicht geeignet. Übertriebene Anwendung des Deckens schadet der Stimme.

Gedecktes Singen wurde eingeführt von dem französischen Tenor Duprez, 1837.

Veränderung der Klangcharakteristik bei Sängern während des Tagesablaufes: Abends mehr Teiltöne vorhanden als morgens. Vibrato abends stärker und einheitlicher. Sänger brauchen daher morgens eine längere Einsingphase zum Aufwärmen und Lockern der Kehlkopfmuskulatur.

3.7.17 Vokalausgleich

Bemühen, beim Singen in gleicher Tonhöhe den Vokaldualisimus zwischen hellen (e, i) und dunklen Vokalen (o, u) zu überwinden und eine Vokalform anzustreben, die klanglich eine Verbindung zwischen beiden Gruppen herstellt. Es darf jedoch keine Neutralisierung der Vokale eintreten.

3.7.18 Tiefgriff

Ein Ausdruck aus der Gesangspädagogik für das dem Sänger suggestiv vermittelte Gefühl einer fundierten, gesunden Singweise, beruhend auf subglottischer Kompression der Luft.

3.8 Besondere Stimmformen

3.8.1 Flüsterstimme

Strömt Phonationsluft durch die im hinteren Bereich dreieckförmig geöffnete Glottis (Flüsterdreieck), so entsteht die Flüsterstimme. Der Geräuschcharakter kommt durch aperiodische Schwingungen der Stimmlippenränder zustande. Starke Spannung der Stimmlippen. Der Luftverbrauch ist erhöht.

Die Flüsterstimme ist wegen der ungünstigen Schwingungs- und Ausatmungsverhältnisse unphysiologisch und darf nicht zur Schonung der Stimme empfohlen werden.

3.8.2 **Pseudoflüsterstimme** oder Mundflüstern

Kehlkopflose können die im Mund vorhandene Luft in geflüsterte Laute umformen, ohne von unten her anblasen zu können.

3.8.3 Bauchrednerstimme

Die Stimme wird so verstellt, daß die Illusion erzeugt wird, sie entstehe an einem anderen fernen Ort. Dabei sind Veränderungen des Ansatzrohres (Verkleinerung) entscheidend. Daher erfolgen eine maximale Kontraktion der Gaumenbögen mit Abschluß des Nasenrachenraumes, ein Zurückziehen der Zunge mit Druck auf das Zungenbein, eine maximale Senkung des Kehlkopfes, ein Senken der Epiglottis. Die Stimmlippen schwingen bei starker Glottisverengerung nur mit den Rändern (eine Art Flageoletton). Hierdurch Wegfall einer Reihe von Obertönen. Die Sprechstimmlage liegt eine Oktave höher. Außerdem werden paradoxe Zwerchfellbewegungen gefunden. Sichtbare Sprechbewegungen mit den Lippen werden vermieden. Minimaler Luftverbrauch.

3.8.4 Jodeln

Es handelt sich um ein plötzliches (unvermitteltes) Tonspringen (Überschlagen) vom Brust- in das Falsettregister (Fistelstimme). Das Mittelregister bleibt ungenutzt. Harte Stimmeinsätze bei den Jodelsilben. Überwiegen der Bauchatmung. Es kann intensiv gestützt oder ungestützt gejodelt werden. Auch die Thoraxstütze wird zuweilen angewandt. Die Jodelstimme ist obertonreicher als die gewöhnliche Singstimme. Der Effekt des Jodelns liegt in der vielfältigen Kontrastierung unterschiedlicher Stimmklänge eines Sängers in rascher zeitlicher Folge.

Beim jodelnden Natursänger plötzlicher Überschlag in ein anderes Register, d. h. Brust- und Falsettregister werden völlig isoliert eingesetzt. Das Ansatzrohr wird plötzlich verengt.

Beim jodelnden Kunstsänger wird von der Möglichkeit des Ausnützens des Registerwechsels Gebrauch gemacht, d.h. der Kunstsänger schlägt nicht in das Falsettregister über, sondern setzt vorher ab. Das Ansatzrohr ist daher weiter gestellt, der Kehldeckel wird aufgerichtet, der Kehlkopf tritt nach unten (Tiefstellung), der Klang ist offener. Brust- und Kopfstimme werden gemischt; nur das Falsett wird isoliert verwendet.

Es werden folgende Jodelsilben verwandt: ha, di, ri, ja, jo.

3.8.5 Inneres Singen

Personen, welche ein Notenblatt still lesen, Musik hören oder an eine Melodie denken, lassen an ihren Stimmlippen — entsprechend dem Rhythmus der Melodie — Bewegungen erkennen. Auch der Ablauf von Atmung und Puls wird beeinflußt. Die Auf- und Abwärtsbewegungen des Kehlkopfes fehlen jedoch. Die dem aktiven Singen zugrundeliegenden Bewegungen der Stimmlippen sind auch beim inneren Singen und beim Playback-Singen vorhanden, wenn auch nur in geringem Ausmaß, weniger koordiniert und ohne phonatorische Funktion.

Das Phänomen des inneren Singens ist bei jedem Menschen vorhanden, unabhängig von der Musikalität des einzelnen. Inneres Singen kann vom Sänger als übende Maßnahme angewandt werden. Denn jeder Sänger, der sich über sein Stimmempfinden mit seiner Stimme beschäftigt, löst Stimmlippenbewegungen bei sich aus, ohne hörbar zu singen. Es handelt sich beim inneren Singen also um eine stimmschonende Übungsmethode, die jedoch mit einer starken psychischen und emotionalen Belastung einhergehen kann.

3.8.6 Pfeifen

Beim Pfeifen bildet die Mundhöhle einen Resonanzraum, der nach hinten durch den gegen den harten Gaumen gehobenen Zungenrücken stark verengt wird. Vorn bilden die Lippen eine Verengung, an welcher beim Hindurchströmen der Luft Wirbel entstehen. Tonhöhenveränderungen werden durch Verformung des Resonanzraums mit Hilfe des vorderen Zungenanteils und durch verschiedene Lippenstellungen erzielt. Es können Frequenzen zwischen 500 und 4000 Hz erzeugt werden.

Silbo Gomero. Es handelt sich um eine gepfiffene Sprache, welche auf der Insel Gomera vorkommt. Hierbei erfolgt eine silbengetreue Transformation der Wortsprache in eine Tonsprache. Jeder Vokal wird durch einen Ton bestimmter Tonhöhe ersetzt, zu dem manchmal zur besseren Unterscheidbarkeit bei ähnlich klingenden Silben noch ein Vorschlag kommt. Die Konsonanten sind für sich allein nicht pfeifbar. Sie werden durch unterschiedliche Modulation des Klangbildes, der Schärfe beim Anpfiff, der Lautstärke und der Dauer des Pfeiflautes wiedergegeben.

3.9 Die Stimme in den verschiedenen Lebensaltern

3.9.1 Stimmentwicklung

Erste Schreiperiode. Reflexschreie, weiche Stimmeinsätze. Die reflektorischen Neugeborenenschreie werden eingeteilt in:

Elementare Schreie. Neugeborene schreien meist auf einer Tonhöhe von 440 Hz (Kammerton a^1). Es kommen jedoch Schreie in einem Bereich bis zu fünf Oktaven (a bis f^4) vor. Säuglingsschreie um 750 Hz findet man bei geistigen Schäden. Zwei Stimmregister lassen sich unterscheiden: Bruststimme und Kehlkopfpfeifen. Die Dauer der Neugeborenenschreie beträgt 0,2 bis mehr als 2 Sekunden, meist 0,5–0,8 Sekunden. Der Stimmumfang beträgt 2–3 Halbtöne.

Im Stimmspektrum der Vokale ist der Grundton im Vergleich zu Erwachsenen abgeschwächt oder er fehlt; die höheren harmonischen Töne sind verstärkt. Typisch ist ein ausgeprägter dritter Formant. Der Stimmklang ähnelt dem Vokal „a“ oder einem offenen „e“.

Ursachen: Höhere Kehlkopflage, kleinere Resonanzhöhlen, höherer Phonationsdruck, kürzere Öffnungsphasen der Stimmritze.

Modifizierte Schreie. Man unterscheidet Inspirationsschreie, gepreßte Schreie und die sog. gedrosselte Meckerstimme.

Höhenerscheinungen (Tonhöhenänderungen dominieren). Es handelt sich um bizarre Schreie, die durch rasche Veränderungen der Tonhöhe entstehen, z. B. Kehlkopfpfeifen, klonische Schreie, Jodeln, Trillern.

Reflexschreie können inspiratorisch gebildet werden; dies kann zu Heiserkeit führen.

Zweite Schreiperiode. Beginn ab der 8. Woche. Stimmdifferenzierung in:

- Harte Stimmeinsätze (Unlustschreie). Sie können zu Heiserkeit führen. „Verschreien“ oder „Wegbleiben“ ist ein nervös bedingter Krampf der Atemmuskulatur.
- Weiche Stimmeinsätze (Lustschreie). Laute wohliger Empfindung liegen tiefer als Unlustschreie.

Dritte Schreiperiode. Beginn 3.–4. Lebensmonat. Der Säugling teilt der Umgebung seine Wünsche mit.

Lallperiode. Später auftretende Klänge des Lallens haben ein anderes Spektrum als Säuglingsschreie. Der Grundton ist bei Vokalen vorhanden, die tieferen Klanganteile sind ausgeprägter.

Nachahmungsperiode. Einflüsse des Milieus auf die Qualität der Stimme (heisere Stimme, z. B. der Mutter) äußern sich bereits Ende des ersten Lebensjahres.

Die Stimme des Kleinkindes. Ab zweieinhalb Jahren beginnt die Sprechstimmlage allmählich auf d^1 zu sinken und bleibt bei Mädchen und Knaben bis zum Alter von acht Jahren weitgehend auf dieser Höhe. Bis zum Alter von sechs Jahren Ausweitung des Stimmumfanges bei Knaben nach unten und oben, bei Mädchen nur nach oben.

Bei Stimmübungen nicht bis an die Grenzen des Stimmumfanges gehen.

Die Stimme des Schulkindes. Ab dem 9. Lebensjahr bis zum Einsetzen des Stimmwechsels weiteres allmähliches Absinken der Sprechstimmlage bei Knaben und Mädchen bis auf a und h. Bei falschem Stimmgebrauch und bei Überforderung im Hinblick auf den Stimmumfang entsteht die Preßstimme. Man soll Kinderstimmen nur bis zu 2–4 Halbtöne unter der oberen Stimmumfanggrenze singen lassen.

Die Stimmumfänge zwischen 7 und 14 Jahren werden in Sopran, Mezzosopran und Alt unterteilt. Sie sind für Knaben und Mädchen gleich. Wegen der Akzeleration der stimmlichen Entwicklung kann man die Stimmumfänge für die einzelnen Lebensalter nicht festlegen (siehe auch Abschn. 3.7.7).

3.9.2 **Mutation** (Stimmwechsel)

Ursache: Bei Knaben Produktion männlicher Hormone durch die Keimdrüsen unter Einwirkung des gonadotropen Hypophysenhormons. Bei Mädchen Produktion männlicher Hormone durch die Nebennierenrinde.

Mutation der Knabenstimme. Mutationsstadien: Prämutation, Mutation, Postmutation.

Die Schildknorpelplatten bilden vor der Mutation einen Winkel von 120^0; nach der Mutation Winkel von 90^0. Das Höhenwachstum des Schildknorpels führt zur Prominenz der oberen Schildknorpelbegrenzung (Adamsapfel). Hauptwachstum des Kehlkopfs bei Knaben jedoch in anterior-posteriorer Richtung.

Prämutation. Kurz vor Beginn der Prämutation ist oft die Stimme besonders glanzvoll, der Stimmumfang besonders groß. Beginn der

Prämutation ab dem 9. Lebensjahr. Dauer ein halbes bis ein Jahr. Stimme belegt oder rauh, oft kräftiger als vorher, langsames Tieferwerden der Stimme (mittlere Sprechstimmlage). Die untere Grenze des Stimmumfanges bleibt unverändert, die obere Grenze senkt sich.

Mutation. Beginn ab dem 11.–12. Lebensjahr. Dauer 2–3 Monate. Es setzt eine hormonell gesteuerte Stimmlippenverlängerung bei Knaben bis zu 1 cm ein.

Die Stimmlippen werden breiter und nehmen an Masse zu. Der Kehldeckel wächst. Die mittlere Sprechstimmlage sinkt bei Knaben bis zum Ende der Postmutation um eine Oktave (G–c). Erhebliche Einschränkung des Stimmumfanges mit starker Einschränkung der Höhe und nur geringerer Erweiterung in der Tiefe, d.h. keine Vergrößerung des Stimmumfanges während der Mutation und Postmutation im Vergleich zur Kinderstimme (am größten ist der Stimmumfang kurz vor bzw. bei Beginn der Prämutation).

Die Atemkapazität wird größer durch das Wachstum des Brustkorbes. Der Hals wird länger und umfangreicher. Der Kehlkopf tritt tiefer; er wächst bei Knaben in anterior-posteriorer Richtung.

Die Stimme klingt infolge unvollständigen Stimmlippenschlusses im hinteren Drittel (Transversusschwäche, auch *Mutationsdreieck* genannt; siehe Abb. 3-4) und Rötung sowie Auflockerung der Stimmlippen mit Schleimauflagerung rauh, verhaucht; Intonation unsicher, Diplophonie. Selten Sanduhrform der Glottis. Völlig unauffälliger Verlauf der Mutation jedoch möglich.

Anmerkung: Nach anderer Auffassung soll das Mutationsdreieck nur im hohen Kopfregister vorhanden und mehr rhomboid als dreieckig ausgeprägt sein. Es soll unmittelbar vor der Pars cartilaginea der Stimmlippen liegen.

Postmutation. Ausgeprägte Zunahme des Stimmumfanges nach der Tiefe, geringe Abnahme in der Höhe. Allmähliche Besserung des Stimmklanges. Dauer $^1/_2$–3 Jahre.

Anmerkung: Nach anderer Auffassung engt sich bei der Mutation der Tonhöhenumfang zunächst durch Senkung der oberen Stimmgrenze auf 1–1$^1/_2$ Oktaven ein. Dann folgt eine Senkung der unteren Stimmgrenze um ca. 1 Oktave; hierdurch erweitert sich der Tonhöhenumfang wieder auf 2 Oktaven. Die obere Stimmgrenze verschiebt sich nach Beendigung des Kehlkopfwachstums u. U. wieder etwas nach oben.

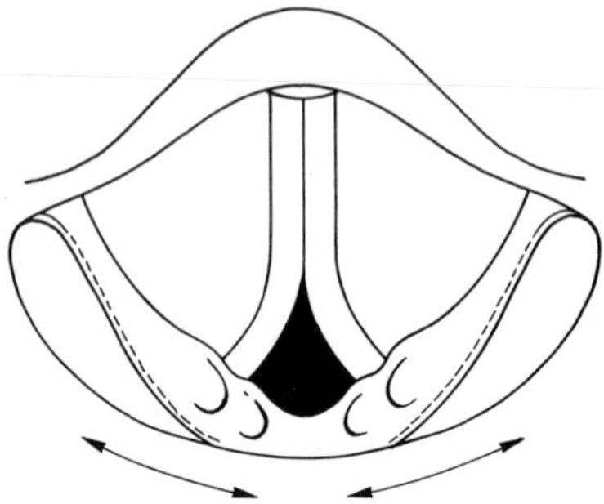

Abbildung 3-4: Mutationsdreieck

Der röntgenologische Nachweis einer beginnenden Kalzifizierung des Kehlkopfgerüstes beginnt mit der Beendigung der Mutation.

Stimmbruch. Der Stimmwechsel kann sich als Stimmbruch bemerkbar machen. Die Stimme kippt eine Zeitlang nach oben und unten, es kommt zu Oktavsprüngen zwischen Brust- und Kopfregister oder sogar zwischen Brustregister und Falsettregister.

Durch Chorsingen kann man den Mutationsbeginn hinauszögern. Nichtsingen während der Mutation schadet bei unauffälligem Kehlkopfbefund genauso wie eine stimmpädagogische schlechte Stimmführung. Es existiert eine eigene Liedliteratur zur Verwendung der Mutationsstimme im Gesangsunterricht. Wegen der Postmutationsphase soll erst mit dem 18. Lebensjahr eine Ausbildung der Männerstimme beginnen. Das Erlernen eines Blasinstrumentes ist während der Mutation gefährlich wegen des dazu notwendigen erhöhten subglottischen Druckes, evtl. auch wegen eines hierbei auftretenden Vibratos der Stimmlippen; dies kann zu einer Überbeanspruchung der Stimmlippen führen.

Aus Sopranknabenstimmen werden $^2/_3$ Bässe und $^1/_3$ Tenöre, aus Altstimmen $^1/_4$ Bässe und $^1/_4$ Tenöre.

Sängerknaben beginnen ihre Laufbahn mit 7–9 Jahren und beenden sie mit dem Beginn der Prämutation.

Die Fistelstimmen hoher Männerstimmen sind besser und höher als die Fistelstimmen tiefer Männerstimmen. Ebenso haben frühere kindliche Soprane eine bessere und höhere Fistelfunktion als frühere Altstimmen. Die Klangfarbe der Fistelstimme bei ehemaligen kindlichen Sopranen ist überwiegend hell, die Klangfarbe der Fistelstimme bei ehemaligen kindlichen Altstimmen klingt auch in der männlichen Fistelstimme fast immer wie Alt. Es wird vermutet, daß es sich um eine Reaktivierung von einem zentral vorgeprägten Impulsmuster der stimmlichen Heimat der Kinderstimme handeln könne.

Mutation der Mädchenstimme. Bei Mädchen sind keine Mutationsstadien zu unterscheiden. Beginn der Mutation im Alter von 11–12 Jahren (zwischen dem 10.–15. Lebensjahr). Gefälle des Beginns des Stimmwechsels von Norden nach Süden im Sinne einer Vorverlagerung. Der weibliche Kehlkopf erhält in der Pubertät nur einen schwachen androgenen Einfluß. Die Mutation stellt sich zusammen mit der Menarche ein. In der Regel völlig unauffälliger Verlauf der Mutation. Rauhigkeit oder überhauchter Stimmklang kann als einziges Symptom vorkommen. Stimmlippenverlängerung bis zu 3–4 mm. Dauer der Mutation sechs Wochen bis drei Monate. Die obere Stimmgrenze bleibt nahezu unverändert. Die untere Stimmgrenze senkt sich ebenso wie die mittlere Sprechstimmlage um 1 Terz. Der Kehlkopf wächst mehr in die Höhe als in anterior-posteriorer Richtung wie bei Knaben.

Die Dauer der Mutation der Singstimme ist länger, Gesangsausbildung daher ab 17. Lebensjahr.

Stimmwechsel der Gehörlosen. Späteres Einsetzen, allmählicher und unvollkommener Verlauf. Ursache ist das mangelnde Vorbild der tiefen Männerstimme.

3.9.3 Altersstimme (Greisenstimme)

Ursachen. Involutionseinflüsse, insbesondere des endokrinen Systems (Keimdrüsenatrophie).

Folgen. Ab dem 60. Lebensjahr Beginn des Alterns der Stimme beim Mann. Erstarrung der Gelenke, Verkalkung und Verknöcherung der Kehlkopfknorpel, insbesondere des Schildknorpels, nicht der Processus vocales (Ossifikation beginnt bereits im 16. Lebenjahr, bei Frauen etwas später, Schildknorpel beim Mann frühestens mit 50 Jahren, bei der Frau mit 76 Jahren vollständig verknöchert), Muskelschwäche.

Befund.

Lunge. Verminderte Atemexkursionen des Brustkorbes sowie Abnahme der atmenden Fläche. Vergrößertes Residualvolumen. Folge ist eine verminderte Vitalkapazität.

Kehlkopf. Fortschreitende Verknöcherung der Kehlkopfknorpel; Folge ist ein Elastizitätsverlust.

Atrophie der Innenweichteile des Kehlkopfs, Rückbildung der Taschenfaltendrüsen; Folge ist eine Austrocknung der Kehlkopfschleimhaut.

Umbauvorgänge der elastischen Fasern und kollagenen Fibrillen der Stimmlippen, Schwund des M. vocalis (Faserverschmälerung), Abbauerscheinungen der Schleimhaut. Folge ist eine verminderte Spannung der Stimmlippen mit ovalärem Glottisspalt bei der Phonation ***(hypofunktionelle Dysphonie,*** auch senile Myasthenie genannt) oder dreieckförmige Schlußinsuffizienz ***(Transversusschwäche).*** Kompensatorisch ist eine Hyperfunktion möglich.

Es können unregelmäßige Schwingungsamplituden bei den Stimmlippenschwingungen infolge zentraler Dysregulation auftreten. Die Taschenfalten springen weniger hervor, die Eingänge in die Ventriculi laryngis erscheinen weiter, die Stimmlippen breiter. Der Kehlkopf tritt wegen Muskelerschlaffung tiefer.

Rachen. Erweiterung und Erschlaffung; die Folge ist eine Veränderung der Klangbildung.

Stimme. Aufgrund des Elastizitätsverlustes, des Nachlassens muskulärer Leistungsfähigkeit und als Folge verminderter Präzision in den Koordinationsmechanismen kommt es zu einer Abnahme des Stimmumfanges vorwiegend im unteren Grenzbereich, d. h. Anhebung der unteren Stimmgrenze beim Mann um eine Quart bis Quint, bei der Frau um eine Terz bis Quart. Die Altersstimme klingt farblos, matt, ausgesungen, flacher und härter als früher. Neigung zum Detonieren und Tremolieren. Höhere Töne lassen sich nicht längere Zeit aushalten, oder die Stimme klingt behaucht, belegt, brüchig, kippelnd, evtl. scharf und schrill. Die Bruststimme geht bei Männern verloren. Männerstimmen werden höher und dünner infolge Schlafferwerden der Stimmlippen.

Überschnappen der Stimme in die ***Fistellage*** (Greisendiskant). Die mittlere Sprechstimmlage ist erhöht.

Frauenstimmen werden *tiefer* und schriller infolge vermehrter Blutfüllung der Stimmlippen und dickerer Schleimhaut. Bei Frauen Absinken der mittleren Sprechstimmlage.

Die obere Tongrenze verändert sich bei Männern und Frauen dagegen kaum. Altersstimmen ermüden rasch. Die Wechseljahre können bei der Frau das Ende einer sängerischen Laufbahn einleiten. Bei Sängern setzen die Rückbildungsveränderungen später ein. Männer können bis zu 60 Jahren den Gesangsberuf ausüben, wenn sie von dramatischen zu mehr lyrischen Partien übergehen.

Therapie. Versuch mit Elektrotherapie (Exponentialstrom) und gleichzeitigen Stimmübungen.

3.10 Stimme und Gehör

Die Eigenkontrolle durch das Hörorgan ist für die Stimme und Sprache wichtig. Das Ohr steuert alle Sprechbewegungen. Tonhöhe, Lautstärke und Klang der Stimme werden vom Hörorgan gemessen und mit der Klangvorstellung des kortikalen Erinnerungsspeichers verglichen. Ergeben sich hierbei Regelabweichungen, so werden diese subkortikalen Bezirken und der kortikalen Willkürsteuerung zugeführt. Der gewünschte stimmliche Ausdruck und die tatsächliche phonische Leistung können somit verglichen werden.

Bei Ausschaltung der audio-phonatorischen Kontrolle Anhebung der Sprechstimmlage und der Lautstärke. Abflachung des melodischen und des dynamischen Akzentes. Abnahme der Stimmgenauigkeit.

Beim *Lombard-Leseversuch* (Ausschaltung des Gehörs mittels zweier Lärmtrommeln) Zunahme der Stimmstärke usw. Der Lombard-Leseversuch wird gleichzeitig als *Simulationstest* bei simulierter Taubheit oder psychogener Heiserkeit benutzt. Stottern läßt bei Vertäubung der Ohren nach (audioartikulatorischer Reflex).

Bei verstärkter Sprachrückkopplung dagegen reflektorisches Absinken der Sprechlautstärke.

3.11 Berufliche Verwendung der Stimme

Kommandostimme. Zuerst lange, tiefe Einatmung durch Mund und Nase. Beginn der Stimmgebung mit einem Schwellton, d.h. einem weichen Stimmeinsatz, dann Anschwellenlassen der Stimme unter Benutzung der Atemstütze.

Häufiger Fehler: Harter Stimmeinsatz, zu hohe Sprechstimmlage.

Bis zu 10 Ganztönen kann das „Ausführungskommando" höher liegen als das „Ankündigungskommando". Der Lärmpegel steigt dabei bis zu 23 dB.

Stimme des Vortragenden. Während eines Vortrages wird die Sprechstimme um eine Terz bis Quint (je nach Emotion) angehoben, ebenso die Lautstärke. Ein dramatischer Effekt wird durch plötzliche Verdunkelung der Stimme, Senkung der Tonhöhe und Verminderung der Stimmstärke erzielt.

Stimme des Sängers. Sowohl beim Singen als auch beim Sprechen erfolgt die Bildung der Stimme mit den gleichen Organen und nach den gleichen physiologischen Prinzipien. Besonderheiten beim Sänger:
- Nicht jede Körperhaltung kann eingenommen werden.
- Die Atemfunktion läuft differenzierter ab.
- Intensiverer Stützvorgang
- Der Kehlkopf ist größeren Belastungen ausgesetzt, z.B. durch Singen nahe der oberen Grenze des Stimmumfanges.
- Bewußt gesteuerte Stimmbildung und Klangformung überwiegen.
- Eigenständige Form des sängerischen Phonationsablaufes mit speziellem Funktionsablauf im Zentralnervensystem. Daher Wechsel von Singen (Partie) und Sprechen (Dialog) während einer Aufführung besonders anstrengend.

Bei Überforderung eines Sängers geht zuerst das Piano verloren. Später Störungen in der Kontinuität des Tones, detonieren, distonieren, Einschränkung des Stimmumfanges. Keine organisch faßbaren Veränderungen an den Stimmlippen (siehe auch Abschn. 7.3).

3.12 Stimmhygiene bei Stimm- und Sprechberufen

Ein angehender Sprecher muß den bewußten Einsatz stimmlicher Mittel lernen, um bestimmte Wirkungen zu erreichen. Zum physiologischen Stimmgebrauch gehören:
- Orientierung auf die Indifferenzlage
- Sprechen mit optimalem Anblasedruck
- Vermeiden häufiger harter Einsätze
- Günstige Bedingungen für die Schallabstrahlung im Ansatzrohr (Vermeiden von Artikulationsverlagerungen, Verengungen im Rachenbereich, geringen Kieferöffnungsweiten).
- Anwendung der kostoabdominalen Atmung (bei Kindern ist kostale Atmung physiologisch).

Bei nicht geschulten Stimmen findet man bei der Sprechatmung oft ein Überwiegen der kostalen Atemform gegenüber der abdominellen Atmung.

Der Zuhörer vollzieht die muskulären Aktivitäten des Sprechers nach (funktionelles Hören). Bei falscher Sprech- und Stimmtechnik ermüdet daher der Zuhörer durch eigene Muskelanspannung, und seine Konzentration läßt nach.

Auch beim Musikhören oder beim stillen Lesen von Tonfolgen erfolgen unbewußt Einflüsse auf den Stimmapparat sowie auf den Ablauf von Atmung und Herzschlag.

Keine Überforderung der Stimme!

Große Gesangspartien sollten höchstens zwei- bis dreimal wöchentlich gesungen werden. Fettleibigkeit führt zu Zwerchfellhochstand und dadurch zu Kurzatmigkeit.

In einem Stimm- oder Sprechberuf Tätige (besonders Lehrer) sollten sich bezüglich ihrer Eignung vor Beginn der Ausbildung einer phoniatrischen oder hals-nasen-ohrenärztlichen Untersuchung unterziehen.

In der Schule sollten keine Lieder geübt werden, die den durchschnittlichen Stimmumfang überschreiten. Schulsingen nach Eintritt der Pubertät ist ungünstig. Bestimmte Stimmübungen sind auch während der Mutation vorteilhaft, und zwar in der Lage zwischen f und d^1. Gesangsausbildung bei Männern ab 17 Jahren, bei Frauen ab 16 Jahren. Männerstimmen können ab 40 bis 45 Jahren, Frauenstimmen ab 35 Jahren ihre künstlerische Eignung verlieren. Bei der Stimmschulung darf mit der Ausbildung der Höhe nicht zu früh und zu intensiv begonnen werden. Sonst entsteht zunächst eine vorübergehende Arbeitshyperämie der Stimmlippen, später eine chronische Heiserkeit. Eine Klangverschlechterung tritt beim Sprechen auf durch zu geringe oder zu weite Mundöffnung, durch schlechte Zungenstellung und defektes Gebiß.

3.13 Die gute und die schöne Stimme

Bei der Beurteilung der Güte einer Stimme handelt es sich um ein mit dem Verstand getroffenes Urteil. Die Schönheit einer Stimme wird dagegen gefühlsmäßig begründet. Eine schöne Stimme braucht nicht unbedingt eine gute Stimme zu sein. Die schöne Stimme besitzt emotionale Qualitäten, die den ästhetischen Genuß hervorrufen. Dieser wiederum ist abhängig vom jeweiligen Kulturkreis. So wird in Japan die Knödelstimme, im Nahen Osten das höchste genäselte Falsett, in Indien, Indonesien und Polynesien die Fistelstimme für schön gehalten. Ästhetische, ethnische, gesellschaftliche und andere Wertungen gehen mit ein.

Die gute Stimme ist frei von Nebengeräuschen, Druck, Dauer-, Fehl- und Überspannungen. Ihr Klang ist in jeder Höhe beliebig kräftig oder leise, weittragend, resonanzreich, weich und anstrengungslos. Sie kann jedoch infolge fehlender gemüthafter Beimischungen kalt klingen.

4
Stimmdiagnostik

4.1
Auditive Beurteilung der Stimme

Ein geschultes und differenziertes Hörvermögen ist bis heute auch nicht durch aufwendige apparative Verfahren zu ersetzen.

4.1.1
Vorgeschichte

Auf folgende Punkte ist bei der Erhebung der Vorgeschichte zu achten (Tab. 4-1, 4-2).

Tabelle 4-1: Anamneseerhebung in der Stimmdiagnostik

- Familienanamnese (Heiserkeit, Schwerhörigkeit)
- Stimme in der Kindheit
- Stimme in der Mutation
- Allgemeinerkrankungen
- Erkrankungen von Hals, Nase und Ohren
- Psychische Belastungen
- Hormonbehandlung
- Rauchen
- Trinken

  Stimmgebrauch
- Wurde die Stimmstörung selbst oder nur von anderen bemerkt?
- Stimmerziehung
- Sprecherziehung
- Chorgesang
- Berufliche Stimmbelastung hinsichtlich der täglichen Dauer
- Rahmenbedingungen der beruflichen Stimmbelastung
- Lärmigkeit der Zuhörerschaft
- Beginn der Stimmstörung
- Vermutliche Ursache der Stimmstörung
- Bisherige Behandlung
- Fühlt sich der Patient durch die Stimmstörung behindert?

Tabelle 4-2: Symptome der Stimmstörung

– Schluckzwang	– Kloßgefühl
– Trockenheit im Hals	– Brennen
– Stimmstörung stärker ausgeprägt vor oder nach Stimmbelastung	– Schmerz
	– Räusperzwang
– Schleim	– Ermüdung oder Versagen beim Sprechen
– Druckgefühl	– Umkippen der Stimme

Tabelle 4-3: Heiserkeitsformen (nach Nessel)

krächzend	piepsend	halsig	stumpf
kratzend	pfeifend	kehlig	hart
knarrend	röchelnd	flatternd	kalt
rasselnd	brummend	schwebend	klangarm
prasselnd	blechern	wacklig	dünn
schmirgelnd	gellend	zittrig	muffig
fauchend	kreischend	matt	schwer
hauchig	tonlos	grell	belegt
verhaucht	gepreßt	flach	schneidend
scheppernd	abgeschnürt	hohl	verschleiert
scherbelnd	gestopft	fädig	
gesprungen	kloßig	rauh	
nasal	gaumig	scharf	

4.1.2 Funktionelle Stimmprüfung

Die funktionelle Stimmprüfung erstreckt sich auf folgende Untersuchungen:

Klangfarbe der Sprechstimme, Rufstimme und Singstimme (Tab. 4-3). Bei mangelhaftem Glottisschluß klingt die Stimme hauchig, reibend, rasselnd.

Bei zu starkem Glottisschluß klingt die Stimme belegt, rauh, knarrend, gepreßt.

Beurteilung der Rufstimme. Rufen lassen von „Komm“, „Hallo“.

Tabelle 4-4: Prüfung der subtilen Leistungen des Singens bei Störungen der Gesangsstimme

- Spricht die Stimme leicht genug an?
- Gelingt der weiche Stimmeinsatz?
- Ist das Pianosingen gestört?
- Richtiger Stimmsitz?
- Gelingt das Abschwellen?
- Schwierigkeiten beim Registerwechsel?
- Sicherheit der Intonation?
- Einengung des Stimmumfanges?
- Wird die Höhe und das Forte nur durch gesteigerten Kraftaufwand erreicht?
- Stimmliche Überforderung durch anstrengende Probenarbeit oder zu große Partien?
- Falsche Klassifizierung in bezug auf die Stimmgattung oder den Stimmtyp?
- Forcieren durch zu starke dramatische Akzente oder in zu hoher Lage?

Tabelle 4-5: Prüfung der Singstimme, Kriterien zur Beurteilung

- Steigerungsfähigkeit der Stimme
- Stimmeinsätze
- Mittlere Sprechstimmlage
- Stimmumfang
- Stimmregister
  Registrierung von Gleittönen (Glissando)
- Tonhaltedauer
- Schwelltonverhalten
- Stimmgattung
- Tragfähigkeit
- Lautstärkeumfang der Stimme (Stimmdynamik)
- Genauigkeit der Stimme
- Stimmansatz
- Vibrato
- Sprechmelodie
- Sprechstimmstärke (schwach, leise, kräftig, laut, überlaut)
- Sprechstimmvolumen, d. h. der Resonanz bzw. der Klangfülle (zart, dünn, gefüllt, überladen)
- Lautungsniveau (Dialekt, Umgangs-, Hochlautung)
- Sprechtempo
- Artikulationsverhalten

Beurteilung der Singstimme (Tab. 4-4 u. 4-5). Sie erfolgt während des Singenlassens eines Liedes. Die Singstimme ist z. B. ungestört, gestört, zeigt Registerbrüche, Tremolo, oder man findet ein Atemvorschieben.

Weiterhin gehören zur funktionellen Stimmprüfung die Prüfung der Sprechmelodie, des Lautungsniveaus (Dialekt, Umgangs-, Hochlautung), des Sprechtempos und des Artikulationsverhaltens.

Bestimmung der Sprechmelodie. Die Sprechmelodie bewegt sich über $1/2$ bis 1 ganze Oktave, die Lautstärkemodulation über 5–10 dB.

Eine quantitative Bestimmung der Tonhöhenmodulationsbreite erfolgt mittels des Grundfrequenzhistogramms.

Die Größe der Lautstärkenschwankungen wird ermittelt aus der fortlaufend registrierten Schalldruckpegelkurve, d. h. durch das Amplitudenhistogramm.

Kehlkopfdruckprobe nach Gutzmann. Der Patient phoniert einen Vokal auf einer bestimmten Tonhöhe; gleichzeitig übt der Untersucher einen leichten Druck mit dem Daumen auf den oberen Rand des Schildknorpels aus (Verkleinerung des Spatium cricothyreoideum und Entspannung des M. cricothyreoideus). Bei plötzlichem Nachlassen des Druckes schlägt die Stimme um $1/2$ bis 1 Ton in die Höhe; sie geht aber sofort wieder in die Normalstellung zurück. Pathologisch ist eine Tonerhöhung um eine Terz mit nur allmählicher Normalisierung der Tonhöhe bei weiterem Phonieren zu bezeichnen; man findet sie z. B. bei postmutationellen Veränderungen des Stimmklanges oder bei hyperfunktioneller Dysphonie.

4.1.3 Prüfung der Musikalität

Kinder oder Erwachsene müssen auf einem Klavier angegebene Töne mitsingen oder mitsummen. Weiterhin sollen rhythmische Fähigkeiten, das Tongedächtnis für Melodien und das Tontreffvermögen überprüft werden. Das musikalische Training muß bei der Auswertung berücksichtigt werden. Mangelhafte musikalische Begabung ist ein zentralsensorisches Phänomen. Viele stimmgestörte Patienten sind unmusikalisch. Unter *relativem* Tongehör (musikalisches Gehör) versteht man die Fähigkeit, Töne in ein festes Frequenzintervall zu anderen Tönen zu bringen. Als *absolutes Tongehör* wird die Fähigkeit bezeichnet, einen Ton nach seiner Schwingungszahl zu erkennen.

4.2 Apparative Beurteilung der Stimme (siehe Abschnitt 3.7)

5 Behandlung von Stimm- und Sprachstörungen mittels der perkutanen Elektrotherapie

Ziel der Elektrotherapie ist eine Verzögerung der Inaktivitätsatrophie gelähmter Muskeln sowie eine Kräftigung einer zu schwachen Kehlkopfmuskulatur.

Die Elektrotherapie bei Schädigungen des N. vagus und insbesondere des N. facialis ist in ihrer Bedeutung umstritten. Sicher ist, daß die Nervenregeneration und die Reinnervierung bei Nervenschädigungen nicht beschleunigt werden können. Eine Muskelatrophie kann durch die Elektrotherapie auf Dauer nicht verhütet werden. Sie läßt sich jedoch hinauszögern.

Aufgrund tierexperimenteller Befunde muß eine Elektrotherapie bei bestimmten Stimmstörungen empfohlen werden. Eine Elektrotherapie bei Fazialisparesen tritt dagegen ganz in den Hintergrund zugunsten sonstiger physikalischer Maßnahmen (Massage).

Therapeutisch werden Exponentialstrom, neofaradischer Strom und Schwellstrom verwendet.

5.1 Elektrophysiologische Grundlagen

Rheobase. Als Rheobase (Grundschwelle) bezeichnet man die Stromstärke (I) in mA und die Spannung (U) in mV, die beim Einschalten eines Gleichstromes gerade eine Erregung auslösen (Schwellenstromstärke). Die Stromstärke eines Reizes wird als Reizintensität bezeichnet.

Stromdichte. Der entscheidende Parameter für eine Reizwirkung ist die Stromdichte, d.h. die Stromstärke pro Flächeneinheit der Membran. Am Reizort soll die Stromdichte möglichst hoch sein. Aus diesem Grund benutzt man als differente, aktive Elektrode (Reizelektrode) eine kleinflächige Elektrode, während die in einigem Abstand davon befindliche indifferente Elektrode großflächig sein muß. Infolge der geringeren Stromdichte an der indifferenten Elektrode kommt es dort nicht zu unerwünschten Reizwirkungen.

Nutzzeit. Als Nutzzeit wird die Zeit bezeichnet, die ein Reizstrom bei vorgegebener Stärke mindestens fließen muß, um eine Erregung auszulösen. Näherungsweise ist die Nutzzeit umgekehrt proportional der Reizstärke. Die Hauptnutzzeit ist die Nutzzeit eines Rechteckimpulses von Rheobasenstärke.

Chronaxie (Kennzeit). Die Chronaxie ist ein in der Praxis wichtiger Zeitparameter. Sie ist die Nutzzeit eines Rechteckimpulses von doppelter Rheobasenstärke. Sie gilt als wichtiger Kennwert für die Beurteilung eines Nerv-Muskel-Systems. Normal innervierte und denervierte Muskeln unterscheiden sich dadurch, daß letztere einen mit dem Schweregrad der Denervierung (Entartungsreaktion) ansteigenden Chronaxiewert (höhere Nutzzeit eines Reizes gleicher Intensität) aufweisen.

Dabei gilt ein Chronaxiewert über 1 ms als pathologisch (bei Reizung durch die Haut). Glatte Muskeln haben eine denervierten Muskeln ähnelnde hohe Chronaxie (bis 1/s). Mit kurzdauernden Impulsen sind daher denervierte Muskeln nicht mehr erregbar. Synonym für Impulsdauer (t in ms) wird auch von Impulsbreite, Impulslänge, Stromflußdauer gesprochen.

Reizstärke-Reizzeit-Kurve (bzw. Reizzeit-Spannungskurve, Reizzeit-Stromkurve). Die beiden Reizparameter Schwellenstromstärke bzw. Schwellenspannung stehen zur Reizzeit(dauer) in einer gesetzmäßigen Abhängigkeit (Weiss-Horrwegsches Reizgesetz). Je kürzer die Reizzeit (t), desto höhere Stromstärken (I) sind zur Auslösung einer Minimalzukkung notwendig und umgekehrt. Die graphische Darstellung dieser Gesetzmäßigkeit ergibt eine hyperbelähnliche Kurve.

Man unterscheidet am Nerv eine örtliche Reaktion von einer fortgeleiteten. Nur ein elektrischer Reiz von einer gewissen Mindeststärke (Schwellenreizstärke) und einer gewissen Mindesteinwirkungsdauer führt zu einer fortgeleiteten Reaktion, die sich als Erregungswelle ausbreitet.

Unterschwellige Reize bleiben auf den Ort der Einwirkung beschränkt. Eine Steigerung der Reizintensität über den Schwellenwert hinaus führt indessen nicht zu einer Zunahme der Reizbeantwortung *(Alles-oder-nichts-Gesetz).*

Eine stärkere Muskelzuckung kann daher nur durch elektrische

Reizung von mehr Zellen erreicht werden, z. B. durch Erhöhung der Stromstärke oder Vergrößerung der Reizfläche.

An der *Kathode* (Minuspol) wird bei Reizung das Ruhe-Membran-Potential vermindert, an der *Anode* (Pluspol) erhöht. Entscheidend für das Zustandekommen einer fortgeleiteten Erregung ist die Minderung des Membranpotentials an der Kathode.

Legt man die Kathode beim Reizen eines Nervs muskelnah, so tritt die Muskelzuckung beim plötzlichen Schließen des Stromkreises auf; legt man die Anode muskelnah, so entsteht die Muskelzuckung beim Öffnen des Stromkreises. Verwendet man zwei Elektroden unterschiedlicher Größe, so verdichtet sich der Strom an der kleineren „differenten Elektrode". Bei gleichbleibender Stromstärke ist dadurch die Reizwirkung größer. Die größere „indifferente" Elektrode, an der eine Reizung nicht erwünscht ist, muß entfernt vom Reizort angelegt werden.

Man reizt also immer mit der ***kleinen „differenten" Kathode*** (Minuspol), da für die Kathodenschließungszuckung im Vergleich zur Anodenschließungszuckung, Anodenöffnungszuckung und der Kathodenöffnungszuckung die geringste Stromstärke erforderlich ist.

Bei einer *Schädigung des peripheren Nervs* kann es zu folgenden Phänomenen kommen:

- Entartungsreaktion. Die Reizschwelle ist dann erhöht. Sie kann so hoch liegen, daß es bei allmählicher Steigerung der Stromstärke zu einer Dauerkontraktion des Muskels kommt (Kathodenschließungstetanus, siehe auch Abschnitt 5.1.1).
- Die Anodenschließungszuckung kann bei geringerer Stromstärke ausgelöst werden als die Kathodenschließungszuckung.
- Verlust der Akkommodabilität, d. h. Verlust der Fähigkeit der Anpassung des gesunden Nervs bzw. Muskels an eine sich langsam erhöhende Stromstärke durch fortlaufende Erhöhung der Reizschwelle (Akkommodation). Es besteht folglich die Möglichkeit einer selektiven Kontraktion gelähmter Muskeln bei Reizung mit verzögertem Anstieg der Stromstärke ohne Mitbeteiligung intakter Muskeln.

Beim Überschreiten einer gewissen Reizschwelle kann bei intaktem Nerv-Muskel-System mit entsprechend hoher Stromstärke eine Muskelkontraktion ausgelöst werden. Je kürzer die Pausen zwischen den Impulsen, d. h., je zahlreicher die Impulse sind, desto rascher erfolgen die Kontraktionen. Folgen 20–30 Impulse aufeinander, so kann der Muskel den einzelnen Impuls nicht mehr beantworten. Es kommt zu einer Verschmelzung der Einzelreize, d.h. zu einer Dauerkontraktion *(Tetanisierung).*

Bei einem intakten Nerv-Muskel-System unterscheidet man zwei Reizungsmöglichkeiten:
- Direkte Reizung des Muskels an seinem Reizpunkt
- Indirekte Reizung des Muskels über den ihn versorgenden motorischen Nerv. Man benötigt bei indirekter Reizung geringere Stromstärken als bei der direkten Reizung.

5.1.1 Entartungsreaktion

Man unterscheidet eine partielle Entartungsreaktion (EAR) als Ausdruck einer geringgradigen Schädigung (Neurapraxie) von einer kompletten EAR, dem Zeichen einer schweren Schädigung (siehe auch Abschn. 2.3.8).

Folgen der **kompletten EAR** (die Nervenleitung ist unterbrochen, z.B. durch Druck):
- Verlust der direkten und indirekten faradischen Erregbarkeit des Nervs nach Ablauf von 3–4 Tagen
- Verlust der indirekten galvanischen Erregbarkeit nach etwa 14 Tagen
- Änderung des Zuckungsablaufes bei direkter galvanischer Reizung des Muskels. Die Zuckung ist dann nicht mehr blitzartig, sondern träge und wurmförmig.

Folgen der **partiellen EAR** (die Nervenleitung ist nicht unterbrochen, der Muskel aber gelähmt):
- Die faradische Erregbarkeit ist meistens vier Tage nach Lähmungsbeginn noch erhalten.
- Bei galvanischer Reizung ist die Zuckung anfangs nicht träge, geht aber nach einer Reihe von Impulsen wieder in eine träge, wurmförmige Zuckung über.
- Die Anodenschließungszuckung kann bei geringerer Stromstärke ausgelöst werden als die Kathodenschließungszuckung (bei intakten Nerven umgekehrte Verhältnisse).

Bei einer Neurapraxie (partielle EAR) liegt zwar ein vollständiger Funktionsausfall der Muskulatur vor, die Nervenleitung ist aber nicht unterbrochen. Die faradische Erregbarkeit bleibt daher auch nach

Ablauf von fünf Tagen weiterhin erhalten, obwohl der Muskel gelähmt bleibt. Aus einer partiellen EAR kann sich eine komplette EAR entwickeln und umgekehrt. Im allgemeinen liegt der Zeitpunkt für eine prognostische Beurteilung ungefähr bei drei Wochen nach der Läsion.

Bei Reizung mit galvanischem und faradischem Strom kann man sich also rasch einen Überblick über die Erregbarkeitsverhältnisse und evtl. über die Prognose verschaffen.

5.1.2 Ermittlung der Erregbarkeitsverhältnisse

Eine Information über den Reizbedarf eines Muskels erhält man durch die Ermittlung seiner It-Kurve (I Stromstärke in mA; t Impulsdauer in ms).

Der Muskel wird direkt mit rechteckigen (Rechteckimpulscharakteristik) und dann mit dreieckigen Impulsen (Dreieckimpulscharakteristik) geprüft. Kleine Muskeln, wie z.B. die Gesichtsmuskulatur, werden monopolar (Kathode am Muskelreizpunkt) geprüft.

Bestimmung der Rechteckimpulscharakteristik. Zuerst Bestimmung des Grundschwellenwertes *(Rheobase)* mit Rechteckstrom bei einer Impulsdauer von 1000 ms und einer Pausendauer von 2000 ms. Gemessen wird diejenige Stromstärke, bei der eine eben tastbare Zuckung auszulösen ist. Bei gleichbleibender Stromstärke wird nun die Impulsdauer verkürzt, bis keine Schwellenzuckung mehr ausgelöst werden kann. Die Zeit, die eben noch ausreicht, um eine Zuckung auszulösen, wird als „Nutzzeit" bezeichnet.

Es wird nun bei doppeltem Grundschwellenwert (Rheobase) die *Chronaxie* ermittelt, d.h. es wird bei doppelter Stromstärke (mA) die Impulszeit bestimmt, bei der gerade noch eine Muskelkontraktion erfolgt. Die It-Kurve für Rechteckimpulse ergibt somit folgende Anhaltspunkte: Rheobase (mA), Nutzzeit und Chronaxie (ms).

Bestimmung der Dreieckimpulscharakteristik. Das unterschiedliche Reaktionsvermögen zwischen gesunder und geschädigter Muskulatur kommt deutlicher zum Ausdruck, wenn man auch die Dreieckimpulscharakteristik aufnimmt.

Es wird zuerst analog zum Grundschwellenwert (Rheobase) die *Akkommodationsschwelle* ermittelt bei einer Impulsdauer von 1000 ms und einer Pausendauer von 2000 ms. Gemessen wird diejenige Stromstärke, bei der keine Muskelzuckung mehr auszulösen ist. Dividiert man dann den Akkommodationsschwellenwert (mA) durch die Rheobase (mA), so erhält man den ***Akkommodationsquotienten.*** Er ist ein Hinweis für die Akkommodabilität. Normalerweise liegt er zwischen 3 und 6. Ein Absinken unter 3 zeigt ein Nachlassen der Akkommodabilität und somit den Beginn einer Entartung an. Ein Quotient von 1 bedeutet den Verlust der Akkommodabilität und somit eine schwere Entartung.

Bei Aufnahme der Dreieckimpulscharakteristik verfährt man so wie bei der Rechteckimpulscharakteristik. Dabei stellt man fest, daß mit zunehmender Verkürzung der Impulsdauer die Muskelzuckung kräftiger wird. Denn bei Verkürzung wird der Anstieg der Stromstärke steiler und somit dem Rechteckimpuls ähnlicher. Man reduziert aber bei jeder Messung die Stromstärke soweit, bis man wieder die Schwellenzuckung tastet. Die hier gefundene Stromstärke trägt man in das auf das Untersuchungsgerät abgestimmte Formblatt ein.

Im Laufe der Testung sinkt die Stromstärke und somit auch die Dreieck-Kurve ab. Schließlich gelangt man an einen Punkt, an dem die Stromstärke trotz steiler werdendem Anstieg nicht mehr ausreicht, um eine Schwellenzuckung auszulösen. Man hat also den tiefsten Punkt erreicht.

Von nun an muß die Stromstärke wieder zunehmen, um eine Schwellenzuckung auszulösen; die Kurve steigt wieder an. Der Dreieckimpuls wird dem Rechteckimpuls immer ähnlicher; beide Kurven nähern sich einander (konvergieren) mit zunehmender Impulsverkürzung.

Der Verlauf beider Kurven, d.h. der mit Rechteckstrom und der mit Dreieckstrom aufgenommenen It-Kurven vermittelt ein zusätzliches Bild über die Erregbarkeit des Muskels. Ein besonders langer waagerechter Verlauf der Rechteckimpulscharakteristik auf Rheobasenhöhe, ein flacher Endanstieg sowie eine extrem kurze Chronaxie (unter 0,05 ms) lassen auf eine hohe Erregbarkeit schließen. Ebenso deutet ein extrem hoher Quotient (in Ausnahmefällen bis 8 oder 12) d.h. ein steiler Abfall der Dreieckimpulscharakteristik innerhalb der langen Impulszeiten, auf eine hohe Erregbarkeit hin. Ist die nervöse Versorgung des Muskels intakt, so verlaufen beide Kurven kontinuierlich, der Muskel ist „homogen“ (gleichmäßig) versorgt. Bei einer „inhomogenen“ Versorgung zeigt die Rechteckimpulscharakteristik sogenannte „Stufen“ und die Dreieckimpulscharakteristik „Mulden“. Die Stufen in der Rechteckimpulscharakteristik weisen auf Muskelanteile mit unterschiedlicher Chronaxie hin, die Mulden in der Dreieckimpulscharakteristik auf Anteile mit unterschiedlicher Akkommodation.

Eine Chronaxie von 0,05–1,0 ms ist gewöhnlich nur bei einem gesunden Muskel anzutreffen. Bei peripheren Schädigungen leichterer Art steigt die Chronaxie an und kann bis zu 10 ms betragen. Chronaxiewerte über 20 ms lassen auf eine schwere Entartung schließen und sind prognostisch wenig günstig.

5.2 Niederfrequente Ströme (Impulsströme)

Niederfrequente Ströme gliedern sich in folgende Stromarten: Galvanischer Strom, Rechteckstrom, Dreieckstrom (Exponentialstrom), faradischer Strom, neofaradischer Strom, Schwellstrom.

Galvanischer Strom (konstant fließender Gleichstrom, Abb. 5-1). Eine Muskelkontraktion unter physiologischen Bedingungen ist bei Anwendung von galvanischem Strom nicht möglich.

Er hat jedoch eine ***hyperämisierende*** und ***analgesierende*** Wirkung. Durch Einwirkung von galvanischem Strom für einige Minuten Dauer soll eine Herabsetzung der Reizschwelle für Exponentialstrom eintreten.

Indikation. Myalgien, Neuralgien und Neuritiden des N. laryngeus superior. Vorbereitung der Exponentialstromtherapie.

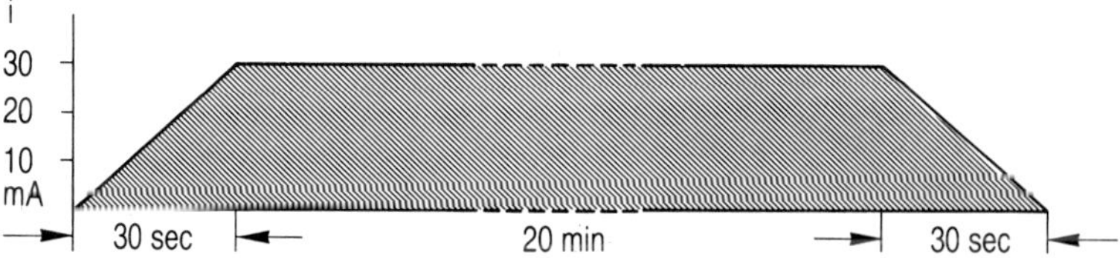

Abbildung 5-1:
Konstanter galvanischer Strom: Langsames Einschleichen über mehrere Sekunden; langsames Ausschleichen über mehrere Sekunden (nach GILLERT)

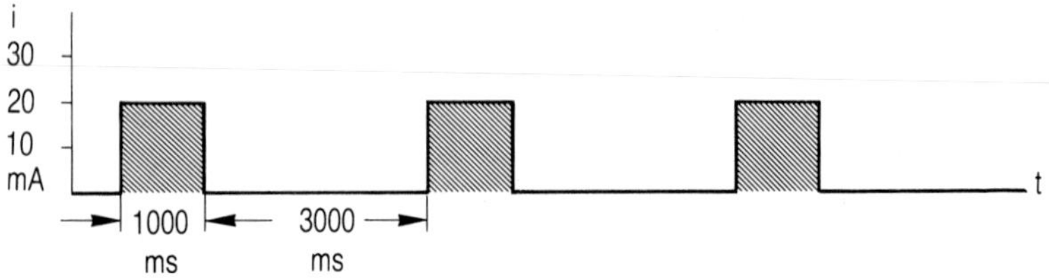

Abbildung 5-2:
Rechteckimpulse: Steiler Anstieg, gleichbleibende Stromstärke während der Impulsdauer, steiler Abfall (nach Gillert)

Rechteckstrom (Rechteckimpulse, Abb. 5-2). Er entsteht durch plötzliches Schließen und Öffnen des Stromkreises eines galvanischen Stromes.

Der Rechteckstrom wirkt schmerzauslösend auf die sensiblen Nervenendigungen. Gesunde und gelähmte Muskeln können gereizt werden, wenn auch mit sog. Stromschmerzen. Gesunde Muskeln reagieren früher und stärker als gelähmte. Eine selektive Reizung gelähmter Muskeln ist somit nicht möglich.

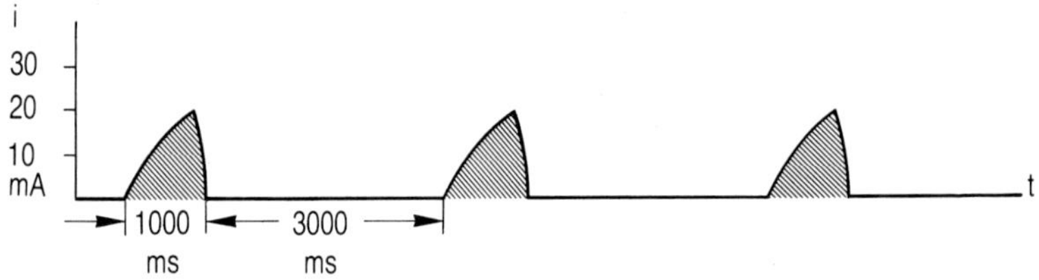

Abbildung 5-3:
Dreieckimpulse (Exponentialstrom): Schräger Anstieg, einschleichender Impuls (nach Gillert)

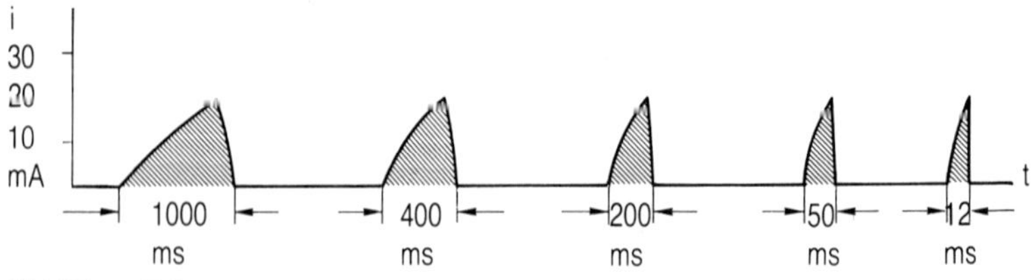

Abbildung 5-4:
Steilerwerden des Anstiegs bei Verkürzung der Impulsdauer (nach Gillert)

Dreieckstrom (Exponentialstrom, Abb. 5-3, 5-4). Benutzt werden Dreieckimpulse, deren Anstieg nicht rechtwinklig steil, sondern schräg in Form einer Kurve mit verzögertem Anstieg verläuft. Man unterscheidet den linear-dreieckigen Anstieg und den exponentiellen *(Exponentialstrom)* Anstieg, dessen Kurve der einer mathematischen Exponentialgleichung entspricht.

Je länger die Impulsdauer, desto flacher der Anstieg; je kürzer die Impulsdauer, desto steiler ist der Anstieg.

Vorteil. Infolge des allmählichen Impulsanstieges ist der Exponentialstrom nicht schmerzhaft, da die sensiblen Nervenendigungen schwächer gereizt werden. Gesunde Muskeln akkommodieren bei Reizung mit Exponentialstrom, daher erfolgt keine Kontraktion. Somit ist eine selektive Reizung gelähmter Muskeln möglich, da bei diesen — je nach Entartungsgrad — die Akkommodationsfähigkeit herabgesetzt oder aufgehoben ist.

Faradischer Strom (niederfrequenter Wechselstrom, Abb. 5-5). Die Bezeichnung „faradischer Strom" hat sich bis heute erhalten, obwohl es diesen Strom in seiner ursprünglichen Form nicht mehr gibt. Nur die steil nach oben verlaufende Zacke (Schließungsimpuls) ist wirksam. Es ist keine Konstanz der Impulsfrequenz und Impulsdauer gegeben. Die größte Reizwirkung liegt bei 50 Impulsen pro Sekunde; diese führt jedoch zur tetanischen Dauerkontraktion der Muskulatur.

Da die faradische Erregbarkeit bei fortschreitender Schädigung des Nervs, d.h. zunehmender Entartungsreaktion infolge der kurzen Impuls- und Pausenzeiten erlischt, ist der faradische Strom nur für leicht geschädigte Muskeln geeignet.

Abbildung 5-5:
Faradischer Strom in seiner ursprünglichen Form: Spitzenstromstärke, Impuls- und Pausendauer unregelmäßig (nach Gillert)

Neofaradischer Strom. Man versteht darunter dreieckförmige Gleichstromimpulse mit einer Impulsdauer von 1 ms und einer Pausendauer von 20 ms; dies entspricht einer Frequenz von rund 48 Hz. Es handelt sich also um tetanisierende Frequenzen. Der Unterschied zum faradischen Strom besteht darin, daß beim neofaradischen Strom die Stromstärke genau reguliert und gemessen werden kann.

Schwellstrom (Abb 5-6). Es handelt sich um neofaradischen Strom. Eine Impulsfrequenz von 20 – 30 Impulsen pro Sekunde wirkt tetanisierend auf den Muskel (siehe auch Abschn. 5.1). Man muß daher die tetanisierende Wirkung durch Schwellstrom vermeiden. In genau regulierten Abständen (Schwellfrequenz) läßt man die Stromstärke von Null bis zur jeweils erforderlichen Spitzenstromstärke an- und abschwellen. Man muß also beim Schwellstrom einstellen:
- Impulsfrequenz in Impulsen pro Sekunde
- Schwellfrequenz in Anzahl der Schwellungen pro Minute sowie
- die Spitzenstromstärke in mA.

Abbildung 5-6:
Schwellstrom: Rhythmisches An- und Abschwellen der Stromstärke. Die einregulierte Impulsfrequenz verläuft unabhängig von der Schwellfrequenz (nach Gillert)

5.3 Therapeutisches Vorgehen bei Stimmstörungen

Indikationen für die perkutane Elektrotherapie:
- Periphere (nukleäre und infranukläre) Stimmlippenlähmungen
- Hypofunktionelle Dysphonie
- Internusschwäche
- Transversusschwäche.

Anlegen von zwei Metallelektroden an beide Schildknorpelhälften (transversal) oder Anlegen der kleinen Elektrode vor dem Kehlkopf und der großen Elektrode in den Nacken (sagittal) oder Anlegen der kleinen Elektrode an die gelähmte Kehlkopfseite und der großen Elektrode an der Hand des Patienten. Zwischen Metallelektroden und Haut wird eine mit Leitungswasser angefeuchtete oder in Kochsalzwasser getränkte Zwischenschicht, z.B. Flanell, Viskoseschwamm oder Frotteestoff, gelegt. Diese soll an den Elektrodenrändern allseitig um 1 cm überstehen, damit eine direkte Berührung mit der Haut ausgeschlossen ist. Während der Elektrotherapie müssen gleichzeitig Stimmübungen oder Hustenstöße erfolgen zwecks Bahnung des Bewegungsablaufes.

Eine Elektrotherapie ohne gleichzeitige Stimmübungen ist zwecklos.

Ein allgemein gültiges Behandlungsschema läßt sich nicht aufstellen. Man unterscheidet das therapeutische Vorgehen bei intaktem Nerv-Muskel-System von demjenigen bei Lähmungen und schweren Internusschwächen.

Therapeutisches Vorgehen bei intaktem Nerv-Muskel-System. Bei hypofunktioneller Dysphonie, Internusschwäche leichten Grades, wird eine die Muskulatur kräftigende Wirkung angestrebt. Verwendet wird hierzu ein Impulsstrom in Form des neofaradischen Schwellstroms mit einer Frequenz von 50 Hz, einer Anstiegs- und Impulsdauer von 1 ms und 15 Schwellungen pro Minute.

Angewandt wird jedoch auch Exponentialstrom mit einer Impulsdauer von 50–100 ms. Die Kathode kommt hierbei wechselnd auf die rechte und linke Seite (Betätigung des Polwenders des Gerätes). Pausendauer mindestens 2–5mal solange wie die Impulsdauer.

Impulsfolgen mit einer Frequenz zwischen 100 und 200 Hz und einer Impulsdauer von 2 oder 1 ms ergeben mehr einen Massageeffekt (Reizstrommassage). Sie wirken analgetisch, hyperämisierend in der Haut und den tiefen Gewebsstrukturen durch eine direkte Beeinflussung der vasomotorisch-vegetativen Nervenfasern, aber auch trophikverbessernd und enttonisierend.

Therapeutisches Vorgehen bei gelähmter Muskulatur. Es wird eine Verlangsamung der Muskelatrophie angestrebt, bis der Nerv wieder funktionstüchtig ist.

Histologisch ist durch Reizstrom ein reduzierter Atrophieablauf der Muskelfibrillen nachgewiesen. Es kann sogar zu einer geringen Muskelfaserhypertrophie kommen, allerdings auch zu einer Zunahme des Bindegewebes im Muskel.

Bei Lähmungen entzündlicher Genese, z. B. bei idiopathischen (rheumatischen) Stimmlippenlähmungen, beginnt man mit der Exponentialstrombehandlung erst nach Abklingen der Entzündungserscheinungen.

In den ersten 5–6 Tagen nach Auftreten der Parese werden daher nur galvanische Dauerdurchströmungen zur Hyperämisierung angewandt von jeweils 5 s Dauer mit Pausen von 20 s. Die Stromstärke wird soweit erhöht, bis ein leichtes Prickeln auf der Haut spürbar ist.

Ab der 2. Krankheitswoche dann Beginn mit der Exponentialstrombehandlung; ca. 20 Sitzungen über vier Wochen, beginnend mit einer Zeitdauer von 3 min auf maximal 10 min steigernd.

Da es stromsensible und stromunsensible Patienten gibt, wird die erforderliche Stromstärke ermittelt, indem man von null mA beginnend die Stromstärke soweit erhöht (3–12 mA), bis ein Stechen oder Kribbeln auftritt.

Die Einstellung der erforderlichen Stromdosis kann vor Behandlungsbeginn erfolgen durch:
- Bestimmung der it-Kurven
- Laryngoskopische Kontrolle. Es muß zu einer initialen Adduktionszuckung kommen.
- Den stroboskopischen Schwingungsablauf (strombedingte Amplitudenverkürzungen, Erhöhung der Frequenz der Stimmlippenschwingungen mittels eines an ein Stroboskop angeschlossenen Reizstromgerätes).

Die Stromempfindlichkeit des Patienten ist abhängig von der Gewöhnung und dem Hautwiderstand (Fettgewebe, Faszie).

Impulsdauer (Stromanstiegszeit) 100–500 ms, am zweckmäßigsten wählt man 250 ms bei gelähmter Muskulatur, 50 ms bei geschwächter Muskulatur. Die Pausendauer soll mindestens das 2–3fache der Reizzeit betragen. Nach 10 Impulsen Einlegen einer Pause von 2–3 Minuten (nach anderer Ansicht 15 Minuten). Anschließend dreimalige Wiederholung. Es werden somit pro Behandlung 40 Impulse verabreicht. Bei jedem Impuls Plosiveinsatz, also z. B. pa, ka oder ta sagen lassen mit gleichzeitigen kräftigen Armbewegungen.

Behandlungshäufigkeit während der ersten vier Wochen täglich, mindestens jedoch dreimal wöchentlich, dann zweimal wöchentlich. Die

Dauer der Reizstrombehandlung richtet sich nach dem optisch kontrollierbaren Vorhandensein einer impulssynchronen Adduktionszuckung der gelähmten Stimmlippe. Reizstromtherapie ohne nachweisbare Adduktionszuckung ist sinnlos. Bei sich einstellenden Reinnervationshinweisen Elektrotherapie sofort beenden.

Die Impulshäufigkeit darf nicht über 30 pro Minute betragen.

Evtl. zusätzliche Überaktivierung (Anbahnung einer Arbeitshypertrophie) der nicht gelähmten Seite mit Impulsen von 50 ms Dauer.

Wegen der selektiven Reizung der gelähmten Muskulatur ist ein möglichst schräger Stromanstieg (lange Stromanstiegszeit) erforderlich. Eine kräftige Kontraktion des Muskels erfolgt dagegen bei einem möglichst steilen Stromanstieg. Das bedeutet: Die Impulsdauer muß so kurz wie möglich, aber so lang wie nötig sein.

Die günstigste Impulsdauer läßt sich an der Dreieckimpulscharakteristik ablesen. Es ist jene Zeit, bei der die Dreieckimpulscharakteristik den tiefsten Punkt erreicht. Diese günstigste Impulsdauer ist aber nur auf die Schwellenstromstärke bezogen. Man muß daher ungefähr den doppelten mA-Wert nehmen. Je weiter sich das Reizverhalten des Muskels normalisiert, desto kürzer können Impuls- und Pausendauer sein, d.h. desto steiler kann der Stromanstieg sein. Da die Impulsfolge dann in den Bereich der tetanisierenden Frequenzen kommt, wendet man diese Frequenzen als Schwellstrom an, um eine Dauerkontraktion der Kehlkopfmuskeln zu vermeiden.

Bei kompletter Entartungsreaktion ist es besser, die Anode als Reizelektrode zu verwenden. Man erzielt bei gleicher Stromstärke einen besseren Effekt.

Durch gleichzeitige Stimmübungen erfolgt infolge Spannung des paretischen M. vocalis durch den bei Rekurrensparesen noch funktionstüchtigen M. cricothyreoideus ein noch besserer Effekt bezüglich der Erhaltung der Muskelmasse (Kontraktion des M. vocalis unter isometrischen Bedingungen). Weiterhin kann durch Koppelung der elektrischen Impulse mit den aktiven Bewegungsimpulsen die Vorstellung des Bewegungsablaufes von neuem gebahnt werden, wenn der Patient nach längerer Lähmungszeit die Vorstellung des Bewegungsablaufes verloren hat.

Während der Elektrotherapie bei Muskelschwächen (hypofunktionelle Dysphonie) sollte während paralleler Phonationsübungen nur die Zielmuskulatur aktiviert werden. Daher ausschließlich Anwendung von Vokalübungen. Keine Übungssilben mit Konsonanten wegen Verlagerung der muskulären Aktivität von der laryngealen Ebene in die Artikulationszonen.

Mittels neuerster Geräte ist auch eine sog. ***harmonische Elektrisierung*** möglich. Die Stromimpulse werden über die Mikrophonsteuerung mit der Tongebung synchronisiert.

Kontraindikation für die Elektrotherapie: doppelseitige Stimmlippenlähmung ohne Tracheotomie. Beidseitige Adduktionszuckungen können hierbei zu Erstickungsanfällen führen.

Keine Elektrotherapie bei zentralen Stimmlippenlähmungen. Die in seltenen Fällen angewandte Elektrotherapie bei spastisch gelähmten Muskeln beruht auf der Erfahrung, daß nach einer Elektrotherapie eine mehrstündig anhaltende Relaxation der spastischen Muskulatur eintritt. Erklärung: Durch Reizung der Spannungsrezeptoren (Golgi-Sehnenorgane) soll die Aktivität der betreffenden Muskeln gehemmt werden (sog. autogene Hemmung der motorischen Vorderhornzellen).

Stimmübungen vor oder nach der Elektrotherapie der Kehlkopfmuskulatur. Angewandt werden Entspannungsübungen, Atemübungen, Atemwurfübungen, Abspannungsübungen, Vokaleinsatzübungen; z. B. Summübungen auf „m„; dann mit Vokalen: mo, ma usw.; mom, mam usw.; nong, nang usw. Die Übungen werden in der unteren Mittellage begonnen und später nach oben und unten ausgedehnt.

Vokalübungen. Vokale auf langem Atem gleichmäßig durchziehen: a, e, i, o, u, au, eu, ei; später Crescendo und Decrescendo.

Vokaleinsatzübungen auf Wort- und Satzebene: A-bend, Gna-de usw.

Plosiveinsatzübungen: pa, ta, ka, usw.

Kräftigungsübungen: Krap, krop usw. Rufübungen: Komm! Hallo!

5.4 Fazialislähmungen

Der N. facialis führt motorische, sensorische, sekretorisch-parasympathische und sensible Fasern mit sich.

5.4.1 Motorische Funktionsdiagnostik des N. facialis

Folgende 6 mimische Grundfunktionen werden geprüft:
- Stirn runzeln (M. frontalis)

- Augen schließen (M. orbicularis oculi)
- Nase rümpfen (M. levator labii)
- Mund spitzen (M. orbicularis oris)
- Zähne zeigen (Mm. zygomatici major et minor)
- Herabziehen der Mundwinkel (M. depressor anguli oris).

5.4.2 Zentrale faziale Lähmung

Klinik. Meist *inkomplette* Gesichtslähmung ohne Beteiligung des Stirnastes, komplette Lähmung bei ausgedehnten zentralen Prozessen, wie z.B. Enzephalitis, möglich; oft Kombination mit anderen neurologischen Symptomen (z.B. Hemiparese, Aphasie, Dysarthrie, bukkofaziale Apraxie).

Ursache. Supranukleäre Läsionen wie Apoplex, Hirntumoren, Schädel-Hirn-Trauma, Multiple Sklerose etc.

Pathophysiologie. Aufgrund der bilateralen kortikobulbären Innervation ist der Stirnast des N. facialis in der Regel intakt (Ausnahme: diffuse Hirnschädigung). Der dagegen nur monokortikal innervierte Mund-Augenast ist gelähmt. Muskeltonus erniedrigt, Spastik gehört nicht zum klinischen Bild.

Bei den zentralen (supranukleären) Fazialisparesen sind die perioralen Muskelgruppen stärker als die orbitofrontalen befallen, so daß Augenschluß immer vollständig möglich ist. Die Innervation der Stirn bleibt immer erhalten. Fast immer auch gleichseitige zentrale Armparese.

5.4.3 Periphere Fazialislähmung

Klinik. Lähmung der *gesamten* Gesichtsmuskulatur (auch des Stirnastes!), Parese (Schwäche) oder Paralyse (vollständige Lähmung), typisch ein Lagophthalmus (Unfähigkeit des Augenschlusses).

Ursache. Nukleäre und infranukleäre (neurale) Läsionen, z.B. Erkrankungen der Hirnnervenkerne (Bulbärparalyse), idiopathisch (Bellsche Parese), otogene Lähmung als Entzündungs- oder Operationsfolge,

Speicheldrüsenerkrankungen oder -operationen, traumatische Lähmung nach Unfall (laterobasale Frakturen).

Pathophysiologie. Schlaffe Lähmung durch Beeinträchtigung des peripheren Neurons, Muskeltonus aufgehoben. Orbitofrontale (signe de clignement) und sensible (Hitselberger-Zeichen) Fazialisfasern oft frühzeitig betroffen. Klinische Einteilung auf internationale Empfehlung nach dem HOUSE-Schema in 6 Gruppen.

Elektrophysiologische Unterteilung in:

- Primäre Markscheidenläsion (partiell/komplett)
  Beispiele: Ödem, Prellung, Druck, Hämatom.
  Bei fehlender Kontinuitätsunterbrechung der Axone (Achsenzylinder) resultiert eine Herabsetzung der Nervenleitgeschwindigkeit bis zum Leitungsblock (= Neurapraxie). Erregbarkeit peripher der Läsion erhalten, keine Denervationszeichen im EMG (Elektromyogramm).
- Axonale Läsion (Axonotmesis)
  Beispiel: Quetschung
  Unterbrechung der Axone bei erhaltenen Nervenhüllen führt zur Lähmung der Muskulatur mit Entartungsreaktion, periphere Erregbarkeit verändert.
- Komplette Unterbrechung von Axonen und Nervenhüllen (Neurotmesis). Siehe auch Abschn. 2.3.8.
  Beispiele: Scharfe Durchtrennung, Abriß.
  Klinisch komplette Lähmung mit absteigender (Wallersche oder sekundäre Degeneration) und aufsteigender (primäre Degeneration) Zerstörung von Myelinscheiden und Axonen. Axondegeneration bereits nach 12 Stunden. Da Wallersche Degeneration nur langsam fortschreitet, indirekte Erregbarkeit distal der Läsion noch einige Tage möglich, evtl. auch erhöhte Erregbarkeit (rhythmische Aktivität mit tetanischer Kontraktion = Entartungsreaktion), Denervierungszeichen nach 1–2 Wochen.
  Mischformen zwischen den genannten Möglichkeiten.

Lähmungen nach peripheren Fazialisschädigungen. Sie werden unterteilt in:

- Schlaffe Lähmungen bei fehlender oder mangelhafter Reinnervation.
- Funktionelle Paresen als Folge des autoparalytischen Syndroms, die sich in Restparesen in Kombination mit Synkinesien äußern bei normalem Ruhetonus.

– „Spastische“ Paresen bei Entwicklung von Kontrakturen.
Nach Fazialisplastiken treten im Erfolgsfalle immer Restparesen in Kombination mit Synkinesien auf. Kontrakturen dagegen inkonstant.

Schwere Fazialisschädigungen. Bei rheumatischer Genese z. B. kommt es elektromyographisch zu einem Bild vom Typ der ***Axonotmesis,*** d. h. zu einer Unterbrechung der Achsenzylinder bei Bestehenbleiben der bindegewebigen Strukturen. Die Kontinuität des Nerven wird nicht unterbrochen. Es resultiert eine vollständige Lähmung mit Entartungsreaktion der Muskulatur. Da die Neurolemmscheiden bestehenbleiben, ist durch Auswachsen der Axone eine weitgehende funktionelle Wiederherstellung möglich.

Leichte Fazialisschädigungen. Hierbei degenerieren die Axone nicht (nur segmentale Demyelinisierung), die elektrische Erregbarkeit bleibt erhalten *(Neurapraxie).* Es kommt immer zur Spontanrestitution. Die Remyelinisierung erfolgt innerhalb von drei Wochen.

5.4.4 Regeneration und Folgezustände

Regeneration und Remyelinisation bei zentralen Lähmungen abhängig von Läsionsort, -art und -ausdehnung. Kompensationsmechanismen abhängig von intakten Neuronen und subkortikalen Bahnen. Periphere Lähmungen je nach elektro- und pathophysiologischer Ausprägung rückbildungsfähig:

- Markscheidenläsion: Normalisierung der Innervation. (Restitutio ad integrum)
- Axonotmesis: Über Schwann-Zellen als Leitstrukturen Axonaussprossung. Bildung neuer motorischer Endplatten an Muskelmembranen, Restitutio oder Defektheilung
- Neurotmesis: Regenerationsvorgang abhängig vom Vorliegen richtungsweisender Neurolemmscheiden, Defektheilung, klinisch auswachsende Neuriten oft übererregbar (Hoffmannsches Klopfzeichen), Regenerationsgeschwindigkeit peripherer Nerven ca. 1 mm/Tag.

Folgezustände peripherer Nervenläsionen:

- Motorische Restparesen: z. B. Artikulations-, Trinkschwierigkeiten bei Lähmung des M. orbicularis oris und M. buccinator.

- Synkinesien: Massen- und Mitbewegungen durch Fehlaussprossung mit Innervation falscher motorischer Endplatten. Statt willkürlicher Einzelkontraktionen undifferenzierte Massenaktion.
- Autoparalytisches Syndrom: Fehlaussprossung regenerierender Axone mit kreuzweiser Innervation antagonistisch wirkender mimischer Muskeln, Bewegungen blockieren sich gegenseitig.
- Aurikulotemporales Syndrom (Freysches Syndrom, gustatorisches Schwitzen): Aberrierende Regeneration und Konnektion von postganglionären parasympathischen, drüsenversorgenden mit sympathischen, hautversorgenden vegetativen Fasern im Bereich des N. auriculotemporalis.
- Neurombildung: Durch fehlende Leitschienen der Axonaussprossung Bildung von Knäuel aus Nervenfasern, Bindegewebszellen und Schwann-Zellen (Neurom-, Phantomschmerz).
- Hemispasmus facialis: Einseitige synchrone klonische oder tonische Muskelzuckungen durch abnorme Erregungsproduktion an „parabiotischen" (elektrisch instabilen) Nervenstellen.
- Kontrakturen: leichte Dauerkontrakturen zuvor schlaff gelähmter Muskeln durch Fehlregeneration und funktionelle Anschlüsse nach Art der Ephapsen (überspringende Erregungsbildung an instabilen Nervenstellen). Kombination pathologischer Mitbewegungen, z.B. Lidspalten enger, Nasolabialfalten schärfer, Mundwinkel hochgezogen, Wangenmitkontraktion bei Augenschluß.
- Krokodilstränen: Einwachsen von Chorda-tympani-Fasern in den N. petrosus major nach Verletzung der Intermediusfasern des N. facialis im Bereich des Ganglion geniculi. Tränenträufeln beim Essen.

5.4.5 Elektrodiagnostik

Bei einer Teilschädigung des N. facialis (z.B. Ödem) läßt sich der noch aktive Faserquerschnitt mit dem Nerve Excitability Test oder genauer mittels der Elektromyographie oder der Elektroneuronographie abschätzen.

Nervenerregbarkeitstest (Nerve Excitability Test = NET). Messung der geringsten Stromstärke (mA), welche bei konstanter Reizdauer (0,3 ms/Impuls) gerade eine Muskelzuckung auslöst. Eine Seitendifferenz des Schwellenwertes zwischen gelähmter und gesunder Seite von

≥ 3,5 mA gilt als erstes Zeichen einer schlechten Prognose. Bei Anstieg der Reizschwellendifferenz über 3,5 mA bis 20 mA ist mit einer begrenzten Nervenfaserdegeneration und geringfügigen Sekundärdefekten, bei Anstieg über 20 mA mit einer Degeneration einer größeren Gruppe von Nervenfasern mit Gefahr bleibender Schäden zu rechnen.

Beurteilung. Wenig aussagekräftig und zuverlässig. Der Test erlaubt in den ersten 4 Tagen keine Aussage. Bei erforderlichen höheren Reizstärken treten oft Schmerzempfindungen mit Verspannung der mimischen Muskulatur auf, die es unmöglich machen, die minimale Reizstärke zu bestimmen. Änderungen von Reizpunkt und Hautwiderstand können das Meßergebnis verfälschen. Um den 4. Tag dann zunächst oft erniedrigte Reizschwelle, da vor dem Stadium des Ausfalls der motorischen Einheit ein Stadium der Übererregbarkeit durchlaufen wird.

Elektromyographie (EMG). Gegenüber der Oberflächen-EMG ist die Nadel-EMG sensitiver und selektiver. Es werden mittels Nadelelektroden Muskelaktionspotentiale mimischer Muskeln bei Willkürinnervation abgeleitet. Zur Beschreibung der Funktion des Gesamtnervs wird die Dichte der Aktivitätsmuster in Stadien eingeteilt: Interferenzbild, Übergangsmuster, Einzelentladungsmuster, Einzelentladungen, Null-EMG. Im Falle einer Nervenschädigung treten in der 2. Woche Denervationszeichen, wie z. B. spontane Entladungen nach Null-EMG, Fibrillationspotentiale und positive Wellen, auf. Diese Potentialmuster sind als pathologisch zu werten und weisen auf eine schlechte Prognose hin.

Beurteilung. In den ersten 12–14 Tagen ist die Methode unzuverlässig, da Denervationspotentiale erst ca. 2 Wochen nach Beginn der Lähmung nachgewiesen werden. In dieser Zeit kann nicht zwischen Neurapraxie und Axonotmesis unterschieden werden. Falls sich jedoch in den ersten 3–4 Tagen ein komplettes Null-EMG entwickelt, muß mit einer schweren Schädigung des Nervs gerechnet werden. Eingesetzt wird das EMG z. B. zur Diagnostik progredienter Druckschädigungen, partieller akuter Schädigungen und zum Nachweis von Reinnervationen.

Elektroneuronographie (ENOG). Mittels einer bipolaren Oberflächenelektrode wird der Fazialisstamm extratemporal nahe des Foramen stylomastoideum supramaximal gereizt und die Reizantworten in Form von Summenaktionspotentialen mit einer zweiten bipolaren Oberflächenelektrode aus dem Stirn- oder Mundwinkelbereich abgeleitet. Der Vergleich der Summenaktionspotentiale zwischen gelähmter und gesunder Seite erlaubt eine Aussage über die Zahl der nicht mehr leitenden Axone, d. h. die relative Amplitudengröße ist direkt proportional zur Anzahl der noch intakten Axone. Solange nur eine Neurapraxie vorliegt, ist die Amplitude der Summenpotentiale ebenso groß wie auf der gesunden Seite.

Erst wenn eine Axonotmesis vorliegt, d. h. eine zunehmende Zahl der Wallerschen Degeneration anheimfällt, kommt es entsprechend der Zahl dieser degenerierenden Nervenfasern zum Absinken der Amplitude. Ergeben die Verlaufskontrollen einen Amplitudenabfall innerhalb von 2 Tagen von > 50 % oder nach 6 Tagen eine Amplitudenverminderung von > 90 %, liegt eine schlechte Prognose vor.

5.4.6 Therapie der Fazialislähmungen

Die Behandlungsrichtlinien sind abhängig von der zugrundeliegenden Lähmungsursache, z. B. operative Resektion des Nervs bzw. Zerreißung des Nervs bei einem Schädeltrauma; konservative Therapie einer idiopathischen Fazialislähmung.

5.4.6.1 Möglichkeiten der operativen Revision peripherer Fazialislähmungen

Dekompression. Freilegung des Nervs im knöchernen Fazialiskanal mit Schlitzung der Nervenscheide z. B. bei sekundärer Lähmung infolge eines traumatischen Ödems nach laterobasaler Fraktur.

Wiederherstellungschirurgie bei Kontinuitätsunterbrechnung.

- End-zu-End-Naht: Perineuralnaht nach Nervenstumpfpräparation
- Rerouting: Herauslösen des N. facialis aus dem Knochenkanal und Verkürzung der Verlaufsstrecke durch Verlagerung, oft hierdurch erst spannungsfreie End-zu-End-Naht möglich.
- Autogene Nerventransplantation: Zur spannungsfreien Überbrükkung von Nervendefekten Interposition eines freien Nerventransplantates (z. B. N. auricularis magnus, N. suralis)
- Ersatz-Nervenplastik: Bei Unmöglichkeit der direkten Nervenrevision (z. B. Defekt nahe des Kleinhirnbrückenwinkels) Methode der Nervenpfropfung. Verknüpfung des distalen Nervenstumpfes mit einem

ipsilateralen Hirnnerv (N. hypoglossus, N. accessorius) oder mit funktionstüchtigen Fazialisästen der Gegenseite durch freie autologe Nerventransplantate (Cross-face-Technik, fazio-faziale Anastomose).
Bei alten Lähmungen und irreversiblen Nervenschädigungen werden dynamische Zügelplastiken (z. B. M. masseter, M. temporalis), statische Aufhängeplastiken (Fascia-lata-, Lyodura-Aufhängung) oder alternative Eingriffe (Face Lift, Tarsoraphie) durchgeführt.

Nervennaht. Danach kann eine Reneurotisation zwischen dem dritten und sechsten Monat erfolgen. Die Nervenfasern finden jedoch teilweise ihren früheren Muskel nicht mehr und erreichen einen anderen Muskel, z. B. einen Antagonisten. Hierdurch kommt es bei Innervation zu Synkinesien *(Massenbewegungen* einer Gesichtshälfte), wobei oft die Stirn nicht mehr gerunzelt werden kann (Verengung der Lidspalte beim Versuch, die Stirn zu runzeln). Oder es resultiert eine „Restparese“, die sich infolge eines *„autoparalytischen Syndroms“* in einer Fazialisschwäche äußert. Durch paradoxe Innervation und damit kreuzweise Innervation der Antagonisten kommt es also trotz wiederhergestellter Innervation (Neurotisierung) nur zu schwachen Bewegungen im Gesichtsbereich.

5.4.6.2 Durchführung der Elektrotherapie

Grundsätzlich *keine Elektrotherapie bei zentralen Fazialislähmungen* (s. Abschn. 5.3). Bei peripheren Fazialslähmungen tritt die Elektrotherapie ganz in den Hintergrund zugunsten von Massagebehandlungen, insbesondere in Anlehnung an die Technik der propriorezeptiven neuromuskulären Faszilitation. Bei der Elektrotherapie ist hier aufgrund der fehlenden knöchernen Widerlager die Gefahr der Übergänge von Verkürzungsrückständen in Muskelkontrakturen zu groß. Die Muskeln sollten daher nur manuell gedehnt werden.

Ziel der Elektrotherapie. Der nicht vorgedehnte Muskel soll gegen Widerstand zu einer Kontraktion gebracht werden (isometrische Kontraktion). Dies soll mit einer möglichst niedrigen Stromstärke erreicht werden.

Beginn ab der 2. Krankheitswoche

Stromart. Exponentialstrom

Reizstärke. Individuell supramaximal, d.h. zwischen 0–12 mA. Orientierung am Verlauf der it-Kurve.

Reizzeit. 50–100 ms; sie kann ebenso wie die Pausendauer im Laufe der Behandlung verkürzt werden.

Pausendauer doppelt so lang wie die Reizzeit, wegen der Refraktärzeit.

Häufigkeit. Anfangs 10–15, später 20–30 kräftige Kontraktionen 1–2mal tägl., dann auf drei Sitzungen pro Woche zurückgehend. Ermüdet der Muskel, d.h. wird die Zuckung schwächer, muß sofort abgebrochen werden. Bei der nächsten Behandlung dann Verlängerung der Pausendauer, um die Ermüdungsgrenze hinauszuschieben.

Elektrodenlage. Die Kathode (Minuspol) wird direkt an den Muskelreizpunkt geführt, da der denervierte Muskel nur noch direkt über seine Muskelfasern zur Kontraktion zu bringen ist. Die Anode wird am Arm angepaßt.

Aufsuchen der Reizpunkte (Abb. 5-7). Entlanggleiten mit der Reizelektrode auf der Haut bis die Muskelzuckung am deutlichsten wahrgenommen wird. Beim Aufsetzen der differenten Elektrode auf die Haut oder beim Entlanggleiten auf der Haut darf kein Strom fließen.

Bei kompletter Entartungsreaktion, dem Zeichen einer schweren Schädigung, ist es besser, die *Anode als Reizelektrode* zu verwenden;

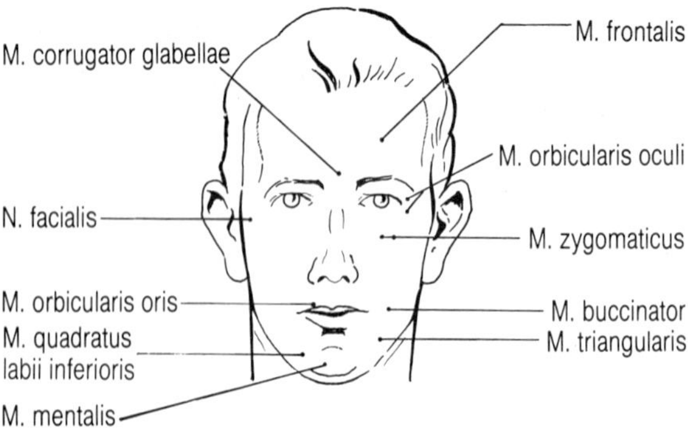

Abbildung 5-7: Muskel- und Nervenreizpunkte des N. facialis und der von ihm innervierten Muskulatur (nach GILLERT)

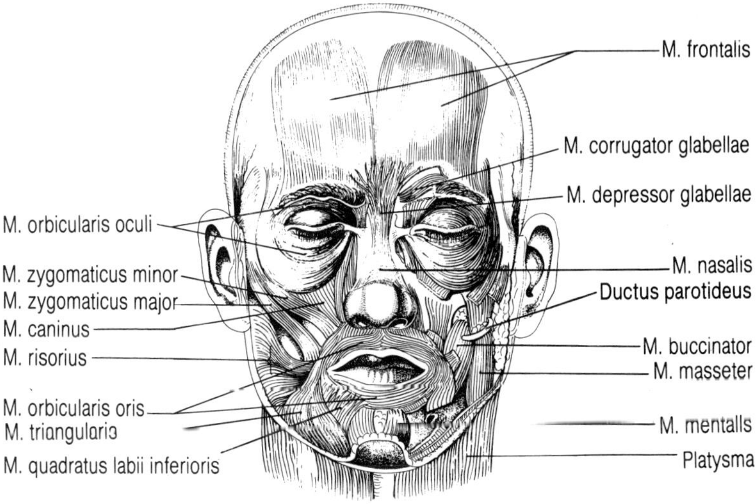

Abbildung 5-8:
Die vom N. facialis innervierte Gesichtsmuskulatur

Abbildung 5-9:
Der N. facialis und seine Aufzweigung

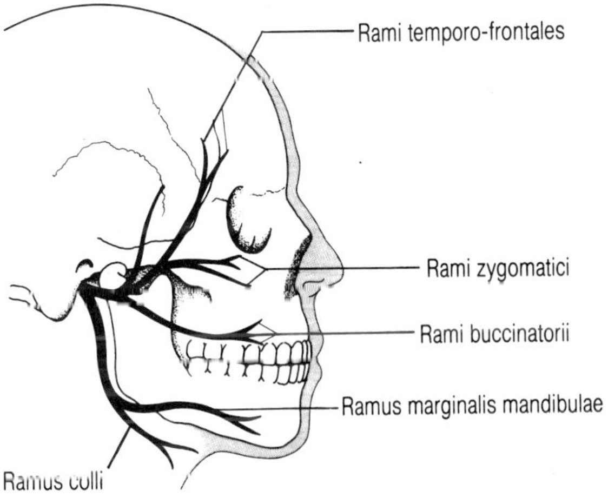

man erzielt bei gleicher Stromstärke einen besseren Effekt. Kommt keine Muskelzuckung zustande, so kann die indifferente Elektrode an der nichtgelähmten Stirnseite befestigt werden.

Dauer. Beendigung der Elektrotherapie kurz vor der zu erwartenden Reinnervation der Muskelfaser, d.h., im Falle einer Axonotmesis 2½–3 Monate nach Lähmungsbeginn bzw. Nervenplastik.

Begründung. Um möglichst alle denervierten Muskelfasern zu erregen, ist eine supramaximale Reizung erforderlich. Diese drängt eine Ausbreitung von Acetylcholin-Rezeptoren über die gesamte Muskelfasermembranoberfläche zurück. Diese Rezeptoren wirken als neuromuskuläre Transmitter. Normalerweise finden sich diese Rezeptoren nur im Bereich der motorischen Endplatte. Breiten sie sich dagegen aus, so können die Muskelfasern, deren ursprüngliche Nervenfasern nicht mehr neu zum Auswachsen kommen, von Nervenfasern aus der Nachbarschaft innerviert werden.

Spätestens wenn der Mundwinkel waagerecht steht, aufhören mit der Elektrotherapie. Sonst Gefahr einer postparalytischen Kontraktur. Ablösung der Elektrotherapie dann durch aktive Übungen.

Wendet man die Elektrotherapie bereits in den ersten 3–4 Tagen an, so muß wegen der noch nicht bis in die Peripherie gelangten Waller-Degeneration Schwellstrom verwendet werden.

Ermittlung der günstigsten Impulsdauer (siehe auch Abb. 5-4). Sie läßt sich ähnlich wie bei der Elektrotherapie der Kehlkopfmuskulatur (siehe Abschn. 5.3) an der *Dreieckimpulscharakteristik* ablesen.

Je steiler der Stromanstieg, d.h. je kürzer die Impulsdauer eingestellt werden kann, desto effektiver ist die Reizung.

Vorgehen. Reizung mit Dreieckimpulsen von 1000 ms Dauer bei einer Pausendauer von 2000 ms. Die Stromstärke wird von 0,0 mA beginnend langsam erhöht, bis eine sichtbare Muskelzuckung auftritt. Nun wird die Impulsdauer auf 400 ms verkürzt, ohne die Stromstärke zu verändern (eine Impulsdauer von mehr als 400 ms ist praktisch nie erforderlich). Die Zuckung wird kräftiger, da bei Verkürzung der Impulsdauer der Impulsanstieg bei gleichbleibender Stromstärke automatisch steiler wird. Dann wird bei der Impulsdauer von 400 ms die Stromstärke soweit vermindert, bis die Schwellenzuckung wieder erreicht wird; denn je kürzer die Impulsdauer, desto weniger Strom wird für die

Tabelle 5-1: Anhaltspunkte für die Impulsdauer und Pausendauer (nach Gillert)

Zustand der Muskulatur	Impulsdauer (msec)	Pausendauer (msec)
Schwerste Entartung	400–600	2000–5000
Schwere Entartung	150–400	1000–3000
Mittlere Entartung	50–150	500–1000
Geringe Entartung	10–50	50–150
Normale Erregbarkeit	0,5–1,0	20

Schwellenzuckung benötigt. Man geht dann weiter mit der Impulsdauer bei unveränderter Stromstärke zurück, bis der Strombedarf wieder steigt (günstigste Impulsdauer, siehe auch Tab. 5-1). Da der Energiestoffwechsel des gelähmten Muskels häufig gestört ist, muß die Stromstärke möglichst gering gehalten werden. Die Stromstärke wird bei der günstigsten Impulsdauer nunmehr soweit erhöht (meist doppelter mA-Wert), bis eine kräftige Muskelzuckung auftritt. Eine Minimalkontraktion ist nicht ausreichend. Nach 4–6wöchiger Behandlung kann oft die Impulsdauer und damit auch die Pausendauer verkürzt werden.

Es wird heute diskutiert, ob durch die Elektrotherapie bei Fazialislähmungen über eine Reizung des N. trigeminus nicht evtl. doch eine Beschleunigung der Rückkehr der Nervenfunktion erreicht werden kann.

5.4.6.3
Physikalische Therapie

Wärme. Durch lokale Wärmeapplikation (Sollux-Lampe mit vorgeschobenem Blau- oder Rotfilter, Hochfrequenzströme, d.h. Kurzwellen oder Mikrowellen) können infolge des durchblutungsfördernden (hyperämisierenden) Effektes die Zirkulationsstörungen in der gelähmten Muskulatur vermindert werden. Es ist daher vorteilhaft, wenn anderen physikalischen Maßnahmen und der Elektrotherapie eine zwanzigminütige Wärmeapplikation vorausgeht.

Massage. Anregung der Blutzirkulation durch leichte Knetungen, Reibungen, Klopfungen, Zirkelungen, Vibrationen, leichte Bürstungen. Mit Streichungen wird der Mundwinkel nach oben ausgedehnt und die Muskulatur der Wange vom Kinn aufwärts gehoben.

Synkinesien und Kontrakturen sind durch krankengymnastische Übungen nicht beeinflußbar. Bei Kontrakturen kommt daher nur der Versuch mit Vibrationen, weichen Knetungen und Zirkelungen in Frage. Streichungen werden in entgegengesetzter Richtung ausgeführt, also bezüglich des Mundwinkels von oben außen nach unten innen. Die verkürzte Muskulatur selbst wird bis zur Schmerzgrenze gedehnt.

Gelähmte Muskeln sind gegen Zug in Längsrichtung sehr empfindlich, da sie keinen Schutz durch den Eigenreflex besitzen. Es kann an Teilen des Muskels dann zu irreversiblen Schädigungen kommen; trotz Reinnervation ist dann keine Kontraktion des Muskels mehr möglich.

Massage in den ersten 3–4 Wochen täglich, dann dreimal pro Woche.

Massagebehandlung in Anlehnung an die PNF-Technik (propriorezeptive neuromuskuläre Faszilitation). Ein elektrischer, unterschwelliger Reiz auf den Kortex löst keine Muskelkontraktionen aus, wenn sich das Gelenk frei bewegen kann. Dagegen bewirkt der gleiche Reiz nach vorhergehender Dehnung und nachfolgendem Widerstand eine Muskelkontraktion. Widerstand hat somit einen faszilitierenden Effekt. Der Widerstand soll nahtlos nach der Dehnung einsetzen. Stimulation und Faszilitation erfolgen bei der PNF-Technik durch kurze Eisanwendungen auf der Haut oder im Mund, schnelle Dehnung und Widerstandsübungen. Prinzipien:

- Taktiler symmetrischer Kontakt mit den Fingerkuppen an beiden Gesichtshälften für den jeweils zu übenden Muskel.
- Bei reinnervierter Muskulatur kurze Vordehnung des Muskels, verbunden mit wiederholten Kontraktionen und Aufbauen von Haltewiderständen.

Mimische Bewegungen, (z. B. Mund breitziehen, Mund spitzen, Augen schließen) werden bei noch fehlender Willkürinnervation von dem Therapeuten geführt, der Patient denkt sie mit und kontrolliert seinen Gesichtsausdruck im Spiegel.

Innervationsschulung. Durch die Lähmung Verlust des Gefühls für die betroffene Muskulatur. Der Patient weiß nicht, wie er den willensmäßigen Impuls in den Muskel hineinzulenken hat. Die Vorstellung über den Bewegungsablauf geht verloren. Der Patient wird daher aufgefordert, während der Elektrotherapie die elektrisch ausgelösten Kontraktionen aktiv zu verstärken und über das Ende des elektrischen Reizes hinaus zu halten.

Liegen Synkinesien (Massenbewegungen) vor, so ist eine kortikale Beeinflussung der Fehlinnervation, d. h. ein Auseinanderüben der Funktionen nicht möglich, also auch nicht durch mimisches Training vor dem Spiegel.

5.4.6.4
Medikamentöse Therapie

Bei idiopathischen Fazialislähmungen werden entzündungshemmende und abschwellende Medikamente angewandt. Sofortiger Beginn mit 1 mg Prednison pro kg Körpergewicht während 10 Tagen, dann Reduktion auf die Hälfte während 5 Tagen, auf etwa 1/4 während weiterer 5 Tage und dann Ausschleichen innerhalb 1 Woche.

Sonstige Maßnahmen: Augentropfen tagsüber, Salbe nachts, Tragen einer Brille mit Seitenschutz.

5.4.6.5
Sprachtherapie

Übung von Lippenlauten: p, f, m, und Vokalen: a, e, o, u,
Lippenübungen: Blasen, Backen aufblasen, pfeifen. Übungen wie fa, fe usw.; paf, flap, bap usw.

5.4.7
Prognose

Idiopathische Fazialislähmungen und sekundäre Lähmungen nach laterobasalen Frakturen bilden sich in 80% ohne jegliche Therapie in 4–6 Wochen vollständig zurück, da nur eine Neurapraxie vorliegt. Bei 20% liegt eine Axonotmesis (Axonzerstörung) vor. Falls keine bleibende Lähmung resultiert, hier nur Defektheilung innerhalb von 3–9 Monaten mit Restparesen und Synkinesien oder Kontrakturen. Nach Nervennaht immer nur Defektheilung:

- 46% gute bis sehr gute Resultate
- 28% weniger befriedigende Ergebnisse
- 26% Mißerfolge.

Nach Nerventransplantation Defektheilung bis zu einem Jahr möglich.

Kontrakturen können sich aus bisher unbekannten Gründen noch nach Jahren von selbst lösen.

Durch Injektion von Botulinum-Toxin in den M. orbicularis oris kann der Augenbereich von Mitbewegungen (Synkinesen) ausgespart werden.

Anmerkung: Elektrotherapie des Gaumensegels mit der Gaumensegelsonde bei Schwäche oder Lähmung des weichen Gaumens sowie im Rahmen der postoperativen Behandlung der Gaumenspalten. Elektrotherapie der Zunge bei Lähmung des N. hypoglossus.

5.5 Elektrotherapie bei Verspannungen der Kaumuskulatur

Bei einer neuromuskulären Inkoordination (Fehlen des Zusammenwirkens) mit schmerzhafter Verspannung der Kaumuskulatur und eingeschränkter Mundöffnung infolge funktioneller Kiefergelenkserkrankungen Entspannung der Muskulatur durch myofunktionelle Übungen und Reizstromtherapie mit dem Myo-Monitor. Reizung der motorischen Äste des N. trigeminus und N. facialis mit Impulsen von 500 ms Dauer, Pausendauer 1,5 s. Durch die Muskelkontraktionen Anhebung des Unterkiefers. Es kommt zu einer vermehrten Durchblutung und somit Entspannung der Kaumuskulatur.

5.6 Elektrische Vibrationsmassage

Mit einem *Maspo-Gerät* mit Igelansatz wird entlang der Halsmuskulatur von oben nach unten und von hinten nach vorn massiert. Außer einer Entspannung werden eine bessere Durchblutung und Kräftigung der Fixationsmuskulatur des Kehlkopfes erreicht.

Mit dem *Vibramat* erfolgt eine Vibrationsmassage auf dem Brustbein. Dabei läßt man den Patienten mit „r“ beginnende Silben sprechen. Die äußere und innere Kehlkopfmuskulatur wird hierdurch entspannt und ein verkrampftes Festhalten des Stimmklanges verhindert.

6 Funktionelle Stimmbehandlungsmethoden

Ganz allgemein gilt für die zahlreichen logopädischen Stimmbehandlungsmethoden: Der Therapeut ist die Methode der Stimmtherapie. Zweifellos gibt es angeborene therapeutische Grundfähigkeiten.

Das Ziel aller therapeutischer Maßnahmen bei funktionellen Dysphonien besteht darin, unphysiologische Spannungszustände abzubauen und eine ausreichende Arbeitsspannung herbeizuführen. Eingesetzt werden überwiegend übende Verfahren. Zunächst geht es darum, den Patienten die Fehlleistungen im einzelnen bewußt zu machen. Fast alle Patienten haben eine persönliche Stimmform (vocal image). Die Patienten zeigen daher der neuen Stimme gegenüber oft eine negative Reaktion. Der Patient muß daher die Notwendigkeit zur Entwicklung einer neuen Stimme einsehen und diese akzeptieren.

Eine Stimmtherapie kann sich aus folgenden Grundelementen zusammensetzen:

- Verfahren zur Spannungsregulierung des Körpers (Spannungsaufbau [z. B. Eutonie nach Alexander] oder Spannungsabbau [z. B. Progressive Muskelentspannung nach Jacobson])
- Verfahren zur Atemregulierung
- Verfahren zur Verbesserung der Phonation und Artikulation.

6.1 Grundlagen der Stimmtherapie nach Fernau-Horn

Fernau-Horn fand das Prinzip der *Kehlfederung*, auf der ihre Stimmtherapie basiert, auf empirischem Weg. Die wissenschaftliche Untermauerung erfolgte durch experimentelle Untersuchungen von Schilling. Die Methode nach Fernau-Horn kann bei sämtlichen primär- und sekundärfunktionellen Stimmstörungen sowie zahlreichen postoperativen Stimmstörungen angewandt werden.

6.1.1 Atemübungen

Bei fehlender Bauchatmung (kein Mitgehen der Bauchdecke bei der Atmung) oder bei konträren Bauchdeckenbewegungen werden folgende Übungen durchgeführt, um die Bauchatmung zu erlernen:

Bauchschnellen. Es handelt sich um eine Vorübung. Die Bauchdecke im Sitzen mit krummem Rücken und vorfallenden Schultern weich rückwärts und vorwärts hinein- und hinausschnellen lassen, ohne dabei zu atmen.

Blasebalgübung. Während die Bauchdecke weich herausfedert, durch den leicht geöffneten Mund einatmen. Danach auf f — f — f — t langsam ausatmen. Das Zwerchfell tritt nach oben, die Bauchwand flacht ab. Brustkorb und Schultergürtel müssen vollkommen ruhig gehalten werden. In der Bauchmuskulatur darf keine Spannung auftreten.

Atemwurfübung. Durch die Atemwurfübung soll die Federung der Halsmuskulatur, der Tiefstand des Kehlkopfes, die Weite des Resonanzraumes und dadurch die unbehinderte Tätigkeit der Stimmlippen ermöglicht werden. Es handelt sich um eine verstärkte und beschleunigte Ausatmung. Die Übung steht nicht unter der Zielvorstellung einer Entspannung. Durch eine schnelle federnde Kontraktion der abdominalen Atmungsmuskulatur mit Einziehung der Bauchdecken wird das Zwerchfell nach oben bewegt, so daß die Luft stoßartig aus den Lungen entweicht.

Zuerst ruhige Einatmung mit weichem Heben der Bauchdecke. Die Bauchdecke wird dann mit einem kurzen, federnden Ruck schnell eingezogen. Dabei spricht man leise „hop", hält die Lippen einen Augenblick geschlossen, dann wird mit der Aussprache des „p" die Luft herausgelassen. Der Bauch kehrt nunmehr in die Ruhelage zurück. Mit den Fingerspitzen werden die Bewegungen kontrolliert. Der Brustkorb muß ruhig bleiben.

Anwendung bei hypofunktioneller Dysphonie.

Flankenatmungsübung. Nach ruhiger Einatmung durch den Mund kräftig ausatmen. Die Hände unterstützen die Ausatmung durch starken seitlichen Druck auf die unteren Rippen. Die Fingerspitzen liegen an den vorderen Rippenbögen und die Daumen im Rücken möglichst nahe der Wirbelsäule. Nach einer Atempause Lockerung des Drucks auf die Flanken und langsames Einatmen durch den Mund. Durch Heben der Rippen wird die untere Partie des Brustkorbes erweitert. Die vordere Bauchwand flacht ab. Die Differenz zwischen Ein- und Ausatmungsstellen über dem untersten Rippenbogen soll 10–20 cm betragen.

Flankenstützübung (Vergrößerung des Atemhaltungsvermögens). Die Rippen sinken infolge ihrer Schwere bei der Ausatmung zu rasch herunter, daher zu schnelles Ausatmen. Zur Kräftigung der Zwischenrippenmuskulatur dient folgende Übung:

Nach tiefer Flankeneinatmung werden die Fingerspitzen unter die tiefsten Stellen der vorderen Rippenbögen gelegt, so daß diese nicht heruntersinken können. Man zählt nun flüsternd oder mit leiser Stimme etwa 5–10 Sekunden lang, später länger; hierbei dürfen sich die Flanken nicht senken. Am Ende der Übung atmet man kräftig aus und läßt die Rippen heruntersinken.

Kombinierte Atmung (Zwerchfell-Flankenatmung). Über die Bauchwand gibt das Zwerchfell, je nach Bedarf, allmählich (legato oder stakkato) den Atem ab; die Bauchwand sinkt ein. Mittels der Zwischenrippenmuskulatur wird der für die Länge einer Phrase noch erforderliche Atem zurückgehalten. Die Bauchdecke ist die einzige Stelle des Atemapparates, an der die Atemluft dosierbar abgegeben werden kann. Die Flankenmuskulatur ist die einzige (richtige) Muskelpartie, mit der der Atem bewußt zurückgehalten werden kann. Diese kombinierte Atmung ist daher für Sprechberufe unerläßlich.

6.1.2 Übungen zur Weitung des Kehl- und Rachenraumes

Voraussetzung für die Entwicklung einer gesunden Stimme und für die Schulung einer schwachen oder überanstrengten Stimme ist die Weiträumigkeit der Schallräume, d. h. des Kehlraumes und des darüberliegenden Rachenraumes während der Stimmgebung. Die Weite des Rachens ist abhängig vom Stand und von der Beweglichkeit des Zungenbeins. Das Zungenbein ist durch Muskeln mit dem Kehlkopf, mit dem Kinn und mit dem Brustbein verbunden.

Diese Schallräume sind eng bei hochstehendem Kehlkopf, zurückliegendem Zungenbein und darunter vorspringendem Kehlkopf sowie einem spitzen Winkel zwischen Kinn und Halslinie, flachem Mundboden, stark ausgebildetem Zungengrund, großen Mandeln und unzweckmäßigen Muskelverspannungen. Enge Schallräume verleiten zum sog. Forcieren und steigern dadurch die Stimmbeschwerden.

Bei der reinen Tonfunktion im Sprechen (Vokale) und Singen soll der Kehlkopf möglichst tief stehen. Bei allen palatalen und gutturalen Lauten hebt sich der Kehlkopf. Beim Sprechen geht der Kehlkopf also rasch hinauf und hinunter (federnde Bewegung). Fehlende Federung, d.h. feststehender Kehlkopf ist die Ursache von Stimmschäden (Randrötungen, Pachydermien, Knötchen).

Ziel der Übungen ist es, eine Weitung des Kehlraumes und Rachenraumes durch Tiefstellung des Kehlkopfes bei der reinen Tonfunktion im Sprechen und Singen zu erreichen.

Zunächst Vibrationsmassage ohne Phonation zur Kräftigung der Fixationsmuskulatur des Kehlkopfes (Mm. sternothyreoidei usw.).

Gähnübungen. Beim Gähnen mit geschlossenem Mund ziehen der M. geniohyoideus und der M. sternohyoideus nach dem Gesetz vom Parallelogramm der Kräfte das Zungenbein schräg nach unten. Dieser Bewegung folgt der Kehlkopf; er tritt tiefer. Kehlkopf- und Rachenräume werden geweitet (Abb. 6-1). Auf diese Weise gewinnt der Kehlkopf eine besonders vorteilhafte Stellung für die Stimmerzeugung.

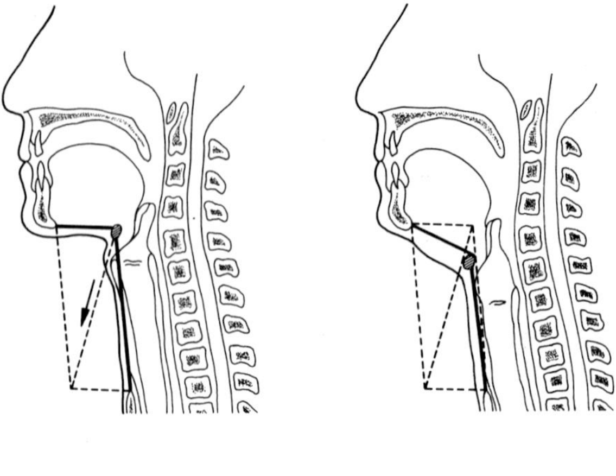

Abbildung 6-1: Durch Gähnen bewirkte Schallraumweitung (nach Fernau-Horn)

Gähnen dient daher als Lockerungsübung, um den harten Glottisschlag zusammen mit den bestehenden Verspannungen im gesamten Vokaltrakt zu beseitigen.

Man legt die Fingerspitzen in den Halswinkel unmittelbar vor das Zungenbein. Die Lippen werden geschlossen. Durch die Nase einatmend versucht man langsam ins Gähnen zu kommen, ohne den Unterkiefer zu senken. Das Zungenbein rückt schräg nach vorn und abwärts, so daß der Halswinkel verschwindet und die Halslinie sich weich vom Kinn zum Kehlkopf nach unten rundet. Das Gaumensegel hebt sich, der Kehldeckel richtet sich auf, der Kehlkopf tritt tiefer, optimale Einstellung für eine ungehinderte Tonbildung ist erreicht.

Übung der Federung. Federung bedeutet automatische Wiedertiefstellung des Kehlkopfes während der vokalischen Sprachelemente. Der Kehlkopf hebt sich bei allen palatalen und gutturalen Lauten (d, t, n, l, s, z, sch, g, k, ch). Läßt man „holla", „hilf" oder „halt" rufen, so wird die Bauchwand mittels Atemwurf schnell eingezogen, das Zwerchfell entspannt sich ruckartig und versetzt das Brustbein in Vibrationen; diese wirken als mechanischer Reiz auf die am Brustbein und der ersten Rippe ansetzenden Mm. sternohyoidei und sternothyreoidei (Kehlkopfherabzieher). Der Kehlkopf bleibt unten, d.h. der Ton „sitzt". Sobald die Kehlkopffederung selbsttätig zu wirken beginnt, wird der Atemwurf mit den Bauchdecken abgebaut.

Pleuelübung. Es handelt sich um ein weiches Vor- und Zurückfedern der an den unteren Schneidezähnen angestellten Zunge.

Ein stark ausgebildeter Zungengrund kann zu weit hinten im Rachen liegen und auf den Kehldeckel drücken. Beim Sprechen, besonders bei den dunklen Vokalen a, o, u, kann sich der Zungengrund so stark zurückschieben, daß die Klangfarbe des Vokals leidet. Bei den Pleuelübungen wird der Unterkiefer leicht gesenkt, der vordere Zungenrand hinter die unteren Schneidezähne gelegt und die Zunge bei ruhig stehendem Unterkiefer federnd vor- und zurückbewegt.

6.1.3 Übung der Stimmeinsätze mit Federung

Die Güte des Tones hängt von der Beherrschung der Atmung ab und von der Exaktheit, mit der die Stimmlippen in die Tonstellung (Stimmritzenverschluß) gehen. Unvollständiger Stimmlippenschluß hat eine verhauchte Stimmgebung, zu starker Stimmlippenschluß eine harte, scharf oder knarrend klingende Stimme zur Folge. Grundlage einer Stimmschulung ist demnach das Erlernen eines exakten Verschlusses der Stimmritze.

6.1.3.1
Die drei Arten des Stimmeinsatzes

Sog. Schließeinsatz oder Einsatz nach stimmlosen Konsonanten. Zuerst tritt Atemluft durch die Stimmritze aus, dann schließen sich die Stimmlippen und werden in Schwingungen versetzt. Dieser Einsatz kommt bei allen Wörtern vor, die mit einem stimmlosen Konsonanten beginnen (zweiphasiger Stimmeinsatz).

Stelleinsatz oder Einsatz mit stimmhaften Konsonanten. Die Stimmlippen schließen im gleichen Augenblick, in dem die Ausatmung einsetzt (einphasiger Stimmeinsatz).

Sprengeinsatz oder Einsatz mit Vokal. Erst Stimmlippenschluß, dann Ausatmung. Die Atemluft staut sich unter den fest geschlossenen Stimmlippen. Der Stimmeinsatz erfolgt mit einem deutlichen kleinen Knall. Es handelt sich um einen zweiphasigen Stimmeinsatz, d. h. zuerst Verschluß, dann Öffnung.

Übungen mit kurzen Vokalen

a) Stimmeinsatz nach stimmlosen Konsonanten: Atemwurf und Federung erfolgen immer auf den Vokal. Ho, hoft, hopt, hokt, host, homt, hont, holt, hort usw. mit den übrigen Vokalen, z. B. hö, höft, höpt ... sowie mit den Anfangskonsonanten f, sch, z, p, t, k, b.

b) Stimmeinsatz mit stimmhaften Konsonanten: Atemwurf und Federung erfolgen im Augenblick des Vokalbeginns. Mo, moft, mopt, mokt, most, momt, mont, molt, mort usw. mit den übrigen Vokalen, z. B. möft, möpt...
Dieselben Reihen werden dann mit den stimmhaften Anfangskonsonanten n, l, r, w, s, j und den Konsonantengruppen bl, pl, br, pr, dr, tr, fl, fr, gl, gr, kl, kr, schw geübt.

Übungen mit langen Vokalen

a) Stimmeinsatz nach stimmlosen Konsonanten: Hof, hop, hok, hos, hom, hon, hol, hor usw. mit den übrigen Vokalen, z. B. hös, höp...
Die gleichen Übungsreihen auch mit den Doppellauten ei, au, eu sowie mit den stimmlosen Anlautkonsonanten f, sch, s, p, t, k, b, d, g.

b) Stimmeinsatz mit stimmhaften Konsonanten: Mof, mop, mok, mos, mom, mon, mol, mor usw. mit den übrigen Vokalen, z. B. möf, möp...
Anschließend werden die gleichen Reihen mit den anderen stimmhaften Konsonanten n, l usw. geübt.

c) Stimmeinsatz mit Vokal: Es handelt sich um den schwierigsten Einsatz. Als Vorübung stimmloser Vokaleinsatz: *Abknallübung (Ventiltönchen).*
Verwendet wird der Vokal a. Man läßt ihn mit ganz leiser Stimme bei weit geöffnetem Mund und in Gähnstellung des Rachens zart anlauten.
Oder man flüstert bei völlig zurückhaltendem Atem ohne jede Stimmgebung sehr langsam die Wörter „am anderen Abend", dann hört man deutlich zu Beginn jedes dieser Wörter einen mehr oder minder deutlichen Knall. Die Stimmlippen sind geschlossen und werden bei jedem anlautenden Vokal durch einen einzigen kleinen Atemdruck für einen Augenblick auseinandergedrängt, ohne zu schwingen, und schließen sich dann sofort wieder.
Bei der Übung des Abknalls ist zu achten auf: Einstellung einer offenen Vokalform (a, o, ö, ä), Weitung der Kehle mittels Gähnvorstellung, Anhalten des Atems mit abgestützten Flanken und leicht eingezogener Bauchdecke.
„Abknallen" des gleichen Vokales 5–10mal hintereinander langsam und taktmäßig. Es dürfen weder ein Hauchgeräusch noch ein Reibegeräusch während der Übung zu hören sein.
1. Phase (stumm): Vokalform einstellen, Kehle weiten, Atem anhalten.
2. Phase (tönen): Ohne Änderung von Mund-, Kehl- und Atemeinstellung den Ton fallen lassen.
Kurzer Vokal: Oft, opt, okt, ost, ompt, ont, olt, ort; dann mit den übrigen Vokalen, z. B. öft, öpt...
Langer Vokal: Of, op, ok, os, om, on, ol, or; dann mit den übrigen Vokalen, z. B. öf, öp...
Vokaleinsatz in Wörtern: Ab und an, Arm in Arm, aus Übermut, eifrige Arbeit, im Unmut, ohne Aufenthalt, Übel über Übel.

6.1.3.2 Kombination von Konsonanten- und Vokaleinsätzen

Verbindung von Silben aus allen drei Gruppen miteinander, z. B.:
- Kurze Vokale: Ho, hoft, moft, oft usw.
- Lange Vokale: Ho, hof, mof, of usw.

6.1.3.3 Stimmeinsatz- und Stimmabsatzübungen mit Akzentverschiebung

Am Satzende fällt die Sprachmelodie, die Stimme wird tiefer und leiser. Dabei wird zuweilen *„abgeknarrt“;* besonders hörbar ist das Abknarren der Stimme, wenn am Phrasen- oder Satzende stimmhafte Laute stehen (Vokale oder stimmhafte Konsonanten), auch wenn noch ein „t“ folgt.

Übungen zur Vermeidung des Abknarrens werden zuerst mit Betonung der dritten Silbe, dann der zweiten Silbe und zuletzt der ersten Silbe durchgeführt:
..!, .!., !..
A wa lam, ma a sar, a ra bal, wa gla an, a bra wang. Dann mit den übrigen Vokalen: E we lem usw.

Die Gefahr des Abknarrens ist noch größer am Ende einer Phrase mit mehr als zwei unbetonten Silben.
Betonungsfolgen: ...!, ..!.., .!.., !...
A ba la wan, ma gla a sart. Dann mit den übrigen Vokalen: E be le wen, me gle e sert usw.

6.1.4 Übungen der Vokalformen

Der *Vokalklang* ist abhängig von der *Tonbildung* (Atemführung, Kehlstand, Stimmeinsatz) und der *Vokalform* (Einstellung der Artikulationsorgane). Bei zu wenig geöffnetem Mund (Zahnreihen stehen dicht zusammen) ist der Vokalklang flach und gedrückt, die Aussprache undeutlich. Dies gilt besonders für e, i, ü (enge Vokalformen). Bei diesen Vokalen ist eine starke Hebung der Zunge erforderlich, damit erfolgt ein Anheben des Kehlkopfes und eine Einengung des Resonanzraumes. Bei Übung der Vokale e, i, ü muß daher auf die Vokalform und den Kehlstand geachtet werden.

Bei den runden Vokalen o, ö (kurz offen oder lang geschlossen) und u, ü beobachtet man zwei Fehler:
- Der Mund wird zu weit geöffnet.

- Die Lippen werden gespitzt zusammengezogen.

Folge: Der Vokal klingt stumpf, besitzt keine Tragfähigkeit; ein Ausgleich erfolgt durch Forcieren der Stimme.

Kleinere Unterschiede im Öffnungsgrad bestehen auch zwischen langen und kurzen Vokalen, z. B. Mut — Mutter.

Ableitung der Vokalformen der deutschen Hochsprache

Ausgangspunkt ist der Grundvokal „ä“; die Artikulationsorgane sind hier völlig entspannt, zwischen oberer und unterer Zahnreihe findet sich ein Abstand von Daumenbreite, die Mundwinkel sind in Ruhelage, die Zunge berührt mit ihrem Vorderrand leicht die unteren Zähne.

- Ä wird durch Mundwinkelverengerung zum ö (Hölle).
- Ö wird durch Zungensenkung zum o (holla).
- Ä wird durch Kieferhebung zum e (heben).
- E wird durch Mundwinkelverengung zum ö (Höhle).
- Ö wird durch Zungensenkung zum o (holen).
- E wird durch Kieferhebung zum i (hier).
- I wird durch Mundwinkelverengung zum ü (Hülle).
- Ü wird durch Zungensenkung zum u (Hund).
- Ä wird durch Zungensenkung zum a (Hand).

Doppelvokale

- A, ei wird angelautet wie a^e
- Au wird angelautet wie a^o
- Äu, eu wird angelautet wie o^o

Schwachtonige e-Laute

E klingt in den Vorsilben „ent“ und „ver“ wie ein abgeschwächtes ä.

E klingt in den Vorsilben „be“, „ge“ und der Nachsilbe „en“ wie ein abgeschwächtes ö.

Vokalübungen

Wechsel zwischen rundem und breitem Vokal. Zahnreihenabstand bleibt gleich. Die Mundwinkel gehen rasch auseinander und zusammen. Die Lippen werden bei den runden Vokalen locker ausgestülpt, so daß die Ränder der Zahnreihen sichtbar werden. Die Übungen werden unter Spiegelkontrolle durchgeführt.

- Ho, he, ho, he usw.
- He, ho, he, ho usw.

- Hö, he, hö, he usw.
- He, hö, he, hö usw.

Dann mit den Vokalen i — u, u — i, i — ü, ü — i.
Anschließend mit den Anfangskonsonanten m, n, l, b, d, p, t.
Danach die gleichen Übungen mit Reduplikation:

- Mo mo me me usw.
- Me me mo mo usw.

Vokalübungen in Wörtern

- Langes ä: Wähle, erzähle
- Kurzes ä: Helft, schnell, Schwächling
- Langes a: Sag's, Waage
- Kurzes a: Halt, Gewalt usw.

6.2 Pädagogische Stimmbehandlung nach Wängler

6.2.1 Atemübungen

Im Liegen durch die Nase einatmen und durch den Mund ausatmen. Dabei wird die Gürtellinie als Zentrum der Atembewegungen angesehen. Allmähliches Verlängern der Ausatmungszeit auf 10 und 20 Sekunden und während der Ausatmung stimmloses, später stimmhaftes s, stimmloses f und stimmhaftes w sprechen. Die Atemmuskulatur soll dabei die Luftabgabe regulieren.

Anschließend Einbauen einer Bereitschaftsspannung durch Einlegen eines Intervalls nach Beendigung der Einatmung und vor Beginn der Ausatmung.

Es folgt dann eine mehrmalige Unterbrechung des Ausatmungsstroms auf s, f, w. In den Pausen darf nicht nachgeatmet werden. Das Absetzen muß durch plötzliches Anhalten der Atemmuskulatur erreicht werden, nicht durch Glottisschluß.

Nun wird die Einatmungszeit verkürzt durch eine Mund-Nasen-Mischatmung.

Einbau der Stützfunktion. Der Brustkorb darf während der Ausatmung nicht einsinken; es muß eine inspiratorische Gegenspannung erfolgen. Gegen Ende der Ausatmung wird die Stütze mit einem kurzen Luftstoß abgebaut.

Dann wird die Stützspannung im Bereich der unteren Thoraxapertur aufgebaut. Hier (nicht nur in den Flanken) wird eine inspiratorische Gegenspannung erzeugt: Nach der Einatmung warten, bis im unteren Teil des Brustkorbs am Übergang von Knochen zu Weichteilen eine Gegenspannung erfolgt. Dieses Spannungsempfinden wird in den anschließenden Ausatmungsvorgang herübergenommen.

Einatmen — Bereitschaftsspannung — Ausatmen mit Decrescendo, später mit Crescendo auf s (stimmlos), f (stimmlos), s (stimmhaft), w (stimmhaft). Auf die Stütze während der Ausatmungsphase muß geachtet werden.

Nachfüllen der Luft. Beim Sprechen muß oft wegen der Sinneinheit mehrerer Wörter der Exspirationsvorgang abgebrochen werden, obwohl noch genügend Ausatmungsluft vorhanden ist. Es besteht atmungstechnisch die Gefahr, daß Inspirationsvorgänge aufeinandergepfropft werden und so fälschlich Spannung angesammelt wird. Es darf daher nicht zuviel Luft nachgeatmet werden.

Übung: Stimmloses s, f oder stimmhaftes s, w während der Ausatmung sprechen, nach einigen Sekunden abbrechen und dann schnell einatmen lassen.

6.2.2 Resonanzübungen

Resonanz wird an von ihr ausgelösten Vibrationsempfindungen kontrolliert, z. B. Lippenvibrationen.

Lippenvibrationsübungen stärken zugleich die Stütze. Der Mund wird locker wie zur B-Bildung geschlossen, und durch Ausatmung werden die Lippen über 10 Sekunden in Vibrationen versetzt (Kutscher-Brr oder Lippen-r). Die Übung wird dann auf Tönen der unteren Mittellage und auf Gleittönen durchgeführt. Anschließend wird zwischen stimmhaften Lippenvibrationen und Lippenvibrationen + Vokal gewechselt. Lücken dürfen nicht entstehen.

Summübungen. Die Lippen berühren sich gerade noch, auf „m“ wird durch die Nase gesummt. Vibrationsempfindungen an Lippen und im Nasenraum.

Kauübungen. Während natürlicher Kaubewegungen „brummelt“ man. Dann wird nach jeder dritten oder vierten Kaubewegung ein „o“ geformt, dann die übrigen Vokale.

Nasalwechselübungen. Die Nasallaute m, n, ng werden nacheinander im Wechsel geformt, zunächst in der unteren Mittellage, dann auf Gleittönen von oben nach unten.

6.2.3 Übungen zum Stimmeinsatz

Fester Stimmeinsatz ist bei vokalischem Anlaut ***physiologisch.***
Weitungsübungen. Bei geöffnetem Mund durch die Nase einatmen (Gähnspannung); Zungengrund und weicher Gaumen dürfen dabei nicht die Mundpassage versperren. Die Weitstellung wird durch Stütze gehalten. Anschließend wird die Gähnspannung bei geschlossenem Mund aufgebaut, die Weitstellung fünf Sekunden durch Stütze gehalten, und dann langsam ausgeatmet. Danach wird auf „i“ und den übrigen Vokalen ausgeatmet. Später läßt man nach sehr leisem Stimmeinsatz die Vokale gleichmäßig anschwellen. Abschließend, während der Anschwellung, 5–10maliges Einsetzen des Vokales „i“ und dann der übrigen Vokale.

6.2.4 Tonansatzübungen

Die Sprachlaute sollen frei von überflüssigen Behinderungen im Rachen- und hinteren Mundraum sein. Daher müssen die Artikulationsstellen so weit wie möglich nach vorn verlagert werden. Dies erreicht man am besten mit den Konsonanten der ersten beiden Artikulationszonen; sie können den dann folgenden Laut etwas vorziehen, ohne seinen Lautklang zu verzerren.

Kombinationsübungen

- Me, mi, mü, mö. Dann mit o, u, a, eu, ei, au.

– Be, bi, bü, bö usw., p, pi, pü, pö usw. Dann mit n, t.
Zuerst mehrmalige Wiederholung auf einer Ausatmung; später jede einzelne Konsonant-Vokal-Kombination auf einer Ausatmung für sich allein.

6.2.5 Artikulationsübungen

Richtige Atmung, Resonanz, Stimmeinsatz und Tonansatz müssen mit präziser Artikulation verbunden werden.

Lippenübungen. Die Lippen werden in periodischem Wechsel übertrieben breit gespannt und vorgeschoben. i — u; u — i; i — u — a; o — e — ü.

Anschließend Vorspannen der Lippen bis zur Rüsselbildung; bei geschlossenem oder leicht geöffnetem Mund soll die Oberlippe die Nase berühren; dann Breitspannung der Lippen. Danach Wechsel zwischen Einsaugen der Lippen unter die etwas auseinanderstehenden Zahnreihen und Rüsselbildung.

Zungenübungen. Zunge herausstrecken und zurückziehen, ohne an Lippen oder Mundwinkel anzustoßen. Danach Kreisen der Zungenspitze am Lippenrot links- und rechtsherum. Dann wird die Zungenspitze bei geschlossenem Mund weich am Alveolarrand der Oberzahne entlanggeführt, bis sie in kreisender Bewegung auf die Unterzahnreihe trifft. Hier soll sie bei jetzt leicht geöffnetem Mund an der Innenkante entlangtasten, bis sie in der Schließungsbewegung des Mundes an der anderen Seite wieder die Oberzahnreihe bzw. deren Zahntaschen streift. Zuletzt Aufkrempeln der Zungenränder; hierbei bildet sich eine tiefe sagittale Rinne; Zunge so herausstrecken und zurückziehen.

Kieferübungen. Horizontales und vertikales Verschieben, Kreisen, Kaubewegungen, Lutschbewegungen.

6.3 Funktionelle Atmungstherapie nach Parow

6.3.1 Die normale Atmung

Beim Einatmen spannt sich die Muskulatur des Brustkorbs und des Zwerchfells an. Der Brustkorb gibt durch seine erhöhte Muskelspannung dem Zwerchfell an seinem unteren Rand einen sicheren Halt. Er weitet sich geringfügig in horizontaler Richtung, hauptsächlich in seinem unteren Teil. Die Funktion der Brustkorbmuskulatur besteht daher vornehmlich in einer Haltgebung, die des Zwerchfells in einer Volumenänderung.

Die Bauchmuskulatur wird bei der Einatmung elastisch gedehnt, bei der Ausatmung elastisch zusammengezogen; hierdurch wird das Zwerchfell in seine Ausgangslage zurückgeschoben. Eine Verengung des Brustkorbs durch Kontraktion der Mm. intercostales interni soll nach Parow nicht stattfinden.

Heben und Senken des Brustkorbs gehören daher nicht zur normalen Atmung. Falsche Atembewegungen erkennt man insbesondere am Heben und Senken des Schlüsselbeins. Beim korrekten Nasenatmen entsteht im oberen Teil der Nasenspitze das normale Atemgeräusch. Beim korrekten Mundatmen entsteht das Atemgeräusch im oberen Rachen.

Normale Atemsteuerung. Die normale Atemsteuerung liegt in der Nase (Nasenenge). Die Nase wirkt somit als Gegenspanner der Einatmungsmuskulatur und der Ausatmungskraft der Lunge.

Erlernen des normalen Atmens. Mit und in der Nase atmen, den Atem dort hin- und herführen. Die Lenden beim Einatmen nachgeben lassen. Die Lippen leicht öffnen, Gesicht und Zunge entspannen. Die Spannung der Bauchmuskulatur bleibt beim Ein- und Ausatmen unverändert.

Beim Sprechen und Singen durch den Mund atmen. Luft schöpfen soweit oben wie möglich; es muß im Rachen gespürt werden.

Atemführung beim Ton. Mit dem Tonansatz spannen sich die Einatmungsmuskulatur, die Lunge und die Bauchmuskulatur. Der Brustkorb weitet sich oben geringfügig. Die Taille wird vom Zwerchfell, das sich kräftig anspannt, etwas herausgedrückt, am deutlichsten in den Lenden und der Magengrube. Der Bauchmuskelschlauch gibt nicht wie beim Einatmen weich nach, sondern spannt sich und leistet dem Zwerchfell Widerstand. Solange der Ton klingt, bleibt diese Spannung bestehen. Hierin besteht die sog. ***Atem- oder Tonstütze.*** Bei fortlaufendem Sprechen erfolgt automatisch ein schnelles Einatmen.

Mit dem Absetzen des Tones wird der gestaute Atem losgelassen, Brustkorb und Zwerchfell geben nach, die Bauchmuskulatur zieht sich elastisch zusammen. Die erneute Einatmung erfolgt blitzartig durch den Mund. Absichtlich ausatmen soll man nur dann, wenn das Loslassen des Atems beim Tonabsetzen verlorengegangen ist und erst wieder eingeübt werden muß.

Tonansatz. Das automatisch korrekte Zusammenspiel aller am Ton beteiligten Muskeln kann man sich am besten so vorstellen:

Der Ansatz des Tones liegt innen in der Mitte des Kopfes, oberhalb des Gaumens, in Augenhöhe hinter der Nasenwurzel. Diese Stelle muß unter minimalem Aufwand an Atem und Spannung zum Klingen gebracht werden. Von diesem Klangkern aus soll sich der Klang nach oben in den Kopf, die Stirn und die Nasenwurzel ausdehnen. Die Brust wird zum Mitklingen gebracht. Gesicht, Hals und Lippen sollen so entspannt wie möglich bleiben. Der Ton muß ununterbrochen festgehalten und geführt werden, unabhängig von allen Veränderungen in Höhe, Stärke, Klangfärbung und Resonanz. Gleichzeitig mit dem Tonansatz läßt man den Rumpf weiter werden und versucht, solange der Ton klingt, ihn möglichst weit zu halten. Beim korrekten Öffnen der Kiefer tritt dabei der Unterkieferwinkel nach hinten.

6.3.2 Natürliche Atemübungen

Singen kräftigt die Atemmuskulatur.

Lachen wirkt elastisch-federnd. Der Brustkorb bleibt gespannt. Der schnelle Wechsel von Spannen und Loslassen des Zwerchfells äußert sich in Erschütterungen der Taille.

Seufzen entspannt. Es handelt sich um ein schnelles Ausatmen bis zur Entspannung von Lunge und Atemmuskeln.

Stöhnen dehnt die Muskulatur. Die Luft wird drucklos angestaut unter geringerer Anspannung der Atemmuskeln als bei der Tonbildung. Im Kehlkopf wird ein tonloses Geräusch erzeugt. („ah" oder „äh"). Jedes Drücken muß vermieden werden durch Halten des Brustkorbs und Herausspannen der Taille, unter der Vorstellung, daß sich die Luft nach unten in den Rumpf ausdehnt.

Gähnen bedeutet eine Kombination der Wirkungen des Lachens, Seufzens und Stöhnens. Es macht daher zur Steifheit neigende Muskeln geschmeidig.

Herbeiführung des Gähnens. Den breiten Mund weit öffnen und mit dem Rachen hörbar (ch) einatmen; die Zunge wird immer weiter zurückgezogen. Dann den Atem stehenlassen und die Taille weiten (Anstauen). Ausatmen mit einem Seufzer. Der Brustkorb darf nur etwas in sich zusammensinken.

Blasen und Pfeifen. Der Brustkorb muß gespannt bleiben, er darf nicht heruntersinken.

Anmerkung: Unterdrückung des Hustenreizes. Bei spaltförmig geöffnetem Mund ganz wenig Luft mit den Lippen einschlürfen („fff"), unteren Brustkorb anspannen und breit machen; während des Anspannens Atem von selbst unhörbar abströmen lassen.

6.3.3 Einüben der Normalatmung

Der Brustkorb darf sich nicht heben und senken; Kontrolle am Schlüsselbein. Die Lenden sollen beim Einatmen weich nachgeben. Bauch und Lenden dürfen beim Ein- und Ausatmen nicht herausgedrückt oder eingezogen werden. Das Stillhalten des Brustkorbs wird durch Brustkorbgymnastik erreicht.

Rippenspreizübung. Kurzes wiederholtes Anspannen der inneren, in der Wand des Brustkorbs gelegenen Muskulatur unter der Vorstellung, die Rippen wie Finger zu spreizen. Eine ausreichende Kräftigung ist erreicht, wenn der obere Brustkorb beim Ausatmen gespannt gehalten werden kann.

Entspannung der Atmung durch kurzes, leises, abschwellendes, weich klingendes „sch"; es wird mit der Zungenspitze am vorderen Gaumen, ziemlich weit hinter den Zähnen ohne Beteiligung der Lippen gebildet. Der untere Brustkorb wird dabei schmaler, die Magengrube sinkt ein. Nicht nachdrücken bei der Ausatmung. Bei der Einatmung durch den Mund soll der untere Brustkorb möglichst schmal bleiben und nur eine Dehnung der Magengrube und der Lenden erfolgen. Dabei sollte man sich vorstellen, die Luft ströme ins Kreuz.

Pathologisches, unwillkürliches Atemanhalten wird hervorgerufen: Durch gewohnheitsmäßige, unvollständige Ausatmung (bis zur normalen Ruhestellung relativer Entspannung in Lungen und Atemmuskeln) infolge nervöser Überbeanspruchung oder bei starken Muskelverspannungen, z. B. beim Sport. Die Folge ist Pressen mit ungünstiger Auswirkung auf die Stimmlippen. Verhütung durch häufiges Loslassen des Atems oder Verbindung jeder Muskelanspannung mit einem willkürlichen Ausatmen.

Erlernen der korrekten Atemführung. Kräftigung des Brustkorbs durch Brustkorbgymnastik. Kräftigung des Zwerchfells durch Nasenatmung und Herausspannen der Taille. Der Rücken wird dabei gestreckt, der Brustkorb gehalten, die Lenden von innen heraus ohne Einatmung gespannt. Im Lendenbereich muß eine spürbare Muskelspannung mit Vorwölbung nach außen tastbar sein; das Zwerchfell selbst kann bekanntlich nicht willkürlich kontrahiert werden.

Erlernen korrekter Klangsteuerung. Korrektes Öffnen des *Unterkiefers*. Unterkiefer nach unten und hinten sinken lassen. Eine Kontrolle erfolgt durch den Daumen, der von hinten an den senkrechten Teil des Unterkiefers gelegt wird, unmittelbar unterhalb des Ohres.

Entspannung und entspanntes Liegenlassen der *Zunge*. Bei Nichtgelingen Dehnungsübungen der Zungenmuskulatur. Lippen und Unterkiefer dürfen sich bei den Übungen nicht bewegen.

6.3.4 Dehnungsübungen

Zunge. Herausstrecken der Zunge und zurückziehen. Kauen unter möglichst weitem Herausstrecken der Zunge. Vorschieben und Zurückziehen der breiten flachen Zunge, wobei ihre Ränder an den oberen Backenzähnen entlanggleiten. Abfahren der Lippenränder mit der Zungenspitze. Spitz- und Breitmachen der auf der Unterlippe liegenden Zunge.

Gesicht. Artikulationsschwierigkeiten beruhen zuweilen auf Verspannungen der Gesichtsmuskulatur. Bei Massage muß die Muskulatur in ihrer Längsrichtung gedehnt werden.

Gesichtsgymnastik. Rüsselförmiges Vorschieben beider Lippen nach vorn oben. Isoliertes Auf- und Abbewegen der Unterlippe. Isoliertes, waagerechtes Vorschieben der Oberlippenspitze. Kiefer und Zunge dürfen nicht mitbewegt werden.

Rachen. Kräftigung der Rachenmuskulatur durch senkrechtes Auf- und Abbewegen der Zunge. Zunächst wird bei breit zurückgezogener Zunge geübt; die Zunge wird nach hinten oben, hinter das Zäpfchen, und dann nach unten in den Schlund bewegt; dabei soll sie dicht an der hinteren Rachenwand entlanggleiten. Es dürfen keine Formveränderungen der Zunge oder Lippen- und Kieferbewegungen dabei auftreten. Anschließend wird nur der hintere Teil der Zunge auf- und abbewegt, während die übrige Zunge in Ruhe bleibt. Der Atem darf nicht angehalten werden.

6.3.5 Stimmübungen

Ansetzen und Halten des Klanges mit dem nasalen Klinger „ng" auf einem Ton. Der Ton wird innen in der Mitte des Kopfes oberhalb des Gaumens angesetzt und diese Stelle unter geringem Luftverbrauch und Anspannung zum Klingen gebracht. Der Klang soll sich von dort in Kopf, Stirn und Nasenwurzel ausdehnen; auch die Brust wird zum Mitklingen gebracht. Der Ton muß genau gleichzeitig mit dem Anheben der Zunge an den Gaumen entstehen. Der Mundboden darf nicht heraufgedrückt, die Kehle nicht heruntergedrückt oder hochgezogen werden; deshalb wird die Zunge zusammen mit dem Tonansatz nach hinten gezogen.

Gleichzeitig mit dem Tonansatz wird der Rumpf gespannt (Atemstütze). Die Kehle bleibt beim Singen und Sprechen völlig ruhig.

Eine Nasalierung des Tones kräftigt die Rachenmuskulatur.

Luftschöpfen. Einatmen „mit dem Rachen“; der hintere Zungenteil, der während des Summens am weichen Gaumen liegt, wird gleichzeitig mit dem Absetzen des Tones fallen gelassen, dann wird durch den Mund eingeatmet. Keine Kieferbewegung. Mit dem Absetzen des Tones soll die Brustkorbspannung nachlassen; dies erreicht man durch absichtliches Sinkenlassen des Brustbeins.

Halten des Klanges mit wechselnder Tonhöhe. An- und Abschwellen, Höher-und-tiefer-werden-Lassen des nasalen Summtones. Beim Höhersingen den Ton mit der Rachenkuppel nach unten drängen, beim Tiefersingen zur Nasenwurzel hin verlegen. Beim Höhersingen nicht nachdrücken; der höhere Ton soll eher leiser werden.

Halten des Klanges bei der Vokalbildung. Aus dem nasalen Summton „ng“ bildet man nacheinander die verschiedenen Vokale bei gleichbleibender Tonhöhe; der Klang muß dabei gleichmäßig weiterlaufen: Ng — i — e — a — o — u.

Die Mundhaltung bleibt bis einschließlich „e“ die gleiche. Zum „a“ Öffnen der Kiefer mit Anheben der Nase. Zum „o“ Vorschieben der Lippen, der Kiefer bleibt unverändert. „U“ entsteht aus „o“ durch weiteres Vorschieben der Lippen. Mund bei i, e, a breit, bei o, u rund.

Halten des Klanges beim Vokalsingen mit wechselnder Tonhöhe. Es wird mit den einzelnen Vokalen in der gleichen Weise geübt wie vorher mit „ng“. Alle innerhalb von 1 1/2 Oktaven liegenden Übergänge müssen mühelos gelingen.

Halten des Klanges beim Artikulieren auf einem Ton. Übung des korrekten Artikulierens. Man läßt die verschiedenen Laute aus „ng“ oder einem Vokal bei gleichbleibender Tonhöhe entstehen. Der Atem im Rumpf und der Klang im Kopf werden auch dann gehalten, wenn der Klang durch tonlose Konsonanten unterbrochen wird. Die Strömungslaute (s, f, h, ch) sollen nur mit Hilfe der im Mund vorhandenen Luft zustande kommen; diese Laute möglichst kurz sprechen.

Halten des Klanges bei artikuliertem Singen. Beim Stakkatosingen müssen Atemführung wie Klanghalt ununterbrochen eingestellt bleiben trotz Aussetzen des Tones (Atem und Klang werden „stumm“ gehalten im Gegensatz zu dem mit Loslassen verbundenen Absetzen des Tones).

Variationen der Klangfarbe und der Registermischung kommen durch kleinste Änderungen der Muskeleinstellung und Muskelspannung zustande, ohne daß die Grundeinstellung des Rachens geändert wird. Durch das „Halten des Klanges im Kopf“ lassen sich jede Registerdivergenz und jede Schwierigkeit in den Übergängen sicher verhüten. Es handelt sich um die Technik des „Einheitsregisters“, bei dem im Brustton auch noch etwas Kopfklang und im Kopfton noch etwas Brustklang enthalten ist.

Halten des Klanges beim Sprechen. Indem monoton-singend in gleicher Tonhöhe gesprochen wird, kann man lernen, während des Sprechens einen Klang zu halten.

6.4 Atemlehre und Stimmtherapie nach Egenolf

Egenolf unterteilt seine Atemlehre in drei Arbeitsatmungsakte:
Ausatmung. Die Ausatmung lockert, entkrampft. Sie sollte möglichst tief sein. Durch stoßweises Ausatmen ereignet sich ein Rückprall, der ein paradoxes Heruntergehen des Zwerchfells wie bei der Einatmung zur Folge hat. Das Zwerchfell bildet auf diese Weise mit der umgebenden Hilfsmuskulatur die sog. *Stimmstütze.*

Atempause. Sie ist Ausdruck wirklicher, innerer Entspannung. Die Atempause hat zwei Komponenten: die Lockerung und aus dieser die entwicklungsfähige Konzentration.

Einatmung. Sie rangiert im Gegensatz zu anderen Atemlehren bei Egenolf an letzter Stelle. Die Nase dosiert die Einatmungsmenge, nicht die Mundatmung. Die Nasenatmung sollte bevorzugt werden, da in der Regel zuviel Luft eingeatmet und zuwenig Luft ausgeatmet wird. Bei behinderter Nasenatmung soll die Nase durch „Einschnüffeln“ von Luft trainiert werden. Beim Schnüffeln wird der Atemschwerpunkt vom Brustkorb in den Bauch verlegt (Tiefatmung); gleichzeitig Vorwölbung der Bauchdecke, Herausdehnen der Flanken, Bewegung der Rückenmuskeln und Innervierung der Unterleibsmuskulatur infolge der beim Schnüffeln auftretenden Zwerchfellkontraktionen.

6.4.1 Entspannungsübungen

Lockerung der Atmung. Die Übungen werden liegend durchgeführt. Ziel ist, den Tiefatemschwerpunkt zu bekommen.

- *Erste Übung.* Zweimal kurz einschnüffeln; bei jedem Einschnüffeln hebt sich die Bauchdecke. Zwischen jedem Heben der Bauchdecke muß eine kurze Pause eingehalten werden, damit die Bauchdecke wieder zurückfallen kann. Nach dem zweiten Schnüffler Luft durch die Nase herauslassen.
- *Zweite Übung.* Nach dem zweiten Schnüffler keine Luft ausatmen, sondern den Bauch einziehen. Der Brustkasten hebt sich. Dann im Konsonanten „S“ fließend ausatmen. Der Konsonant „S“ wird gebildet durch das Aufeinandersetzen der Zähne, die Zunge liegt am inneren Rand der Unterzähne, die Lippen sind gespreizt, die Oberlippe ist nach oben vorgewölbt. Der „S“-Strom endet im Wort „Schluß“.
- *Dritte Übung.* Der „S“-Strom mündet in die Silbe „Fuß“.
- *Vierte Übung.* Zweimal einschnüffeln, Brust hoch, ausatmen in die Silben „thu — phu“; „h“ bedeutet Luft heraus; dann Verlängerung der zwanglosen Ausatmung durch die Silben:
  Tu — pu — fu
  Ti — ti — tu — pu
  Ti — ti — tu — pu — fu
  Si — ti — ti — tu — pu — fu.
- *Fünfte Übung.* Ausatmen in die Silben si — si — si …, solange der Atem reicht, dann sü — sü — sü — …, su — su — su …

Atempause

- *Erste Übung.* Zweimal einschnüffeln, Brust hoch und, bevor im „S“-Strom ausgeatmet wird, Augen schließen. Ausatmen im „S“-Strom, — S — Sch — u — ß — Pause — zweimal einschnüffeln usw.
- *Zweite Übung.* Nach der Pause wird noch weiter eingeatmet; dann Pause, nochmals weiter ausatmen usw.

6.4.2 Innervierungsübungen

Das Ziel ist eine Mobilisation des Zwerchfells durch stoßweises Ausatmen. Im Liegen wird versucht, ein Licht auszublasen oder zu hüsteln.

Die Folge ist ein Herausschnellen der Bauchdecke. Die Hauptschwierigkeit bei diesen Übungen liegt darin, daß beim stoßweisen Ausatmen infolge Verkrampfung versucht wird, den Brustkorb ausgedehnt oben zu halten, anstelle ihn sofort fallen zu lassen.

- *Erste Übung* (grobe Reflexe). Zweimal einschnüffeln, Brustkorb hoch, stoßweise Ausatmung flüsternd mit guter Artikulation und kurz auf „psch — psch" oder „kss — kss" oder „piff — puff" oder „du — Schuft".
- *Zweite Übung* (feine Reflexe). Zweimal einschnüffeln, Brust hoch, zweimal „pst — pst". Die Zwerchfellbewegungen sind dabei zarter.
- *Dritte Übung* (ein- und ausschnüffeln). Sie wirkt in die Tiefe der Atmungsorgane. Bei geschlossenem Mund zweimal einschnüffeln, Brust hoch, zweimal ausschnüffeln. Der Brustkorb muß beim Ausschnüffeln herunterfallen, die Luft muß frei durch den Kehlkopf strömen.

6.4.3 Stimm- und Artikulationsübungen

Eine Stimmverstärkung kann durch Stimmstütze, Resonanz und Artikulation erzielt werden.

Stimmstütze. Bei stoßweisem Ausatmen geht das Zwerchfell im Gegensatz zum ruhigen Ausatmen paradox nach unten. Dies ist auch beim Singen der Fall (Atemstütze oder Tonstütze). Stützen in der Kehle ist falsch. Unmittelbares Stützen erfolgt durch Drücken oder Pressen (Knödeln). Der Bauch wird dabei während des Singens eingezogen, der Brustkorb ist fixiert.

Erlernen des normalen Stützvorganges (Zwerchfellstütze). Nach dem Hinlegen reine Atem-Innervierungsübungen (Flüsterübungen) durchführen. Anschließend: Zweimal einschnüffeln, Brust hoch, dann die Silben „Titus" flüstern. Zweimal einschnüffeln, Brust hoch, dann die Silben „Titus" laut sprechen.

Das Zwerchfell wird durch die in den Wörtern enthaltenen Konsonanten immer wieder neu innerviert. Durch die dabei auftretenden Zwerchfellkontraktionen und Zwerchfellvibrationen werden die Luft in den Lungen und die Stimmlippen zum Vibrieren gebracht; Bauch-, Flanken-, Rücken- und Interkostalmuskulatur werden durch die Zwerchfellkontraktionen in einen elastischen Zustand versetzt *(elastische Stütze* der Stimme).

Bei langem Aushalten eines Tones muß der Tendenz des Zwerchfells, nach oben zu steigen, durch Halten der Bauchmuskulatur in Expansionsstellung entgegengewirkt werden.

Das Zwerchfell reagiert auf dieses Bremsen mit immer stärker werdenden Vibrationen und damit zunehmenden Schwingungen des Tons. Hiervon zu unterscheiden ist das Tremolo der Stimme. Es ist die Folge eines Abwürgens der Tonsäule im Hals bei gelockertem Zwerchfell. Ursache des Tremolos ist eine falsche Stütze.

Bruststütze. Beim Herausstrecken der Brust (Bruststütze) zieht sich der Bauch ein. Durch die Kontraktion der Bauchmuskulatur wird das Zwerchfell beim Einatmen am Heruntergehen gehindert. Die Folge ist eine Verkrampfung auch der Kehlkopfmuskulatur.

Bauchstütze. Vor der Tonproduktion wird der Bauch herausgestreckt (Bauchstütze). Der Atem wird in den Bauch „gepumpt". Die Bauchstütze wird durch Atem- und Muskeldruck erzeugt. Zwerchfellschwingungen werden behindert; hierdurch starre Belastung der Stimmlippen.

Bei den beiden genannten Stützarten wird erst gestützt, dann gesprochen oder gesungen. Die Stütze soll jedoch gleichzeitig mit dem Sprechen und Singen erfolgen.

Resonanz. Es handelt sich um den zweiten Stimmverstärker. Man unterscheidet *Brustresonanz* und *Kopfresonanz*. Eine Brustresonanz gibt es jedoch nach Ansicht von Egenolf nicht.

Kopfresonanz. Der Begriff wird von Egenolf als „das Gefühl des Singens und Sprechens im Kopf" definiert. Es handelt sich dabei nicht um den Kopfton oder das Kopfregister.

Stimmregister. Manche Sänger können nicht zusammenhängend eine Skala singen, ohne eine Umstellung der Stimme vorzunehmen *(Registerausgleich)*. Der Registerausgleich erfolgt durch *Decken* der Stimme. Der Übergang von der Bruststimme zur Mittelstimme und besonders von der Mittelstimme zur Kopfstimme bereitet Schwierigkeiten. Es muß vermehrt Kraft aufgewendet werden; um dies zu vermeiden, werden die Vokale dunkler gefärbt (a→oa, e→oe, i→ue).

Schädelstütze (Kopfresonanz). Nach den Atemübungen werden Übungen des „Aufsuchens der Klangquelle“ durchgeführt: S... hum. In der Indifferenzlage läßt man „S“ in das „hum“ einmünden. „Hum“ muß unmittelbar von „S“ aus im Kopf entspringen.

Resonanzübungen. Sie müssen rhythmisch und leise vorgenommen werden, z. B. 2/4 S... um — mün, denn jede Silbe muß das Zwerchfell innervieren (Zwerchfellstütze).

Vermehrung der Halbvokale *(Klinger)* zur Förderung der Kopfresonanz.

- 3/4 S... un — num — mün
- 4/4 S... in — nun — nün — nin.

Erweiterung der Übungen durch Innervation des Zwerchfells mit den Konsonanten „t“ und „p“, der Hauptakzent liegt auf den Konsonanten, Vokale nur ganz kurz:

- Stum — mün
- Stin — nin — nin
- Stin — nun — nün — nin
- Spün — mün
- Spun — mün — nin — mum.

Man erreicht so eine Kombination von Zwerchfellstütze, Kopfstütze und Kopfresonanz.

Sperr-Übungen werden durchgeführt, um hohe Töne zu erreichen und um ein Kopfresonanzgefühl bis zur höchsten Höhe zu erzeugen: „Ng“ wird gebildet durch weites Öffnen des Mundes im Kiefergelenk, Nach-oben-Wölben des Zungenrückens, Senken des weichen Gaumens und somit Abschluß der Mundhöhle. Die gesamte Luft entweicht durch den Nasenraum. Die Zunge liegt am inneren Rand der Unterkieferzähne.

Übungen mit „ng“ werden leise von unten bis zur höchsten Höhe durchgeführt. Summ- und Sperrübungen erfolgen dann im Wechsel.

Summübungen mit den ganz kurz zu nehmenden Vokalen „i“ und „ü“ werden durch die Vokale e, o, a erweitert; das Schwergewicht muß auf den Konsonanten liegen:

- Sin — nun — nen
- Sen — non — nan.

Anschließend wird als Auslaut ein Vokal gewählt:

- Min — nun — ne

- Mun — min — no
- Stin — nen — na.

Läßt man die Sperr-Übung „ng" in die Vokale i, ä, o, u übergehen, so wird ein Gefühl des offenen Rachens vermittelt. Vibrationen der Schädeldecke werden durch Auflegen der Hände auf den Kopf gefühlt. Die Stimme muß immer mehr nach vorn kommen ***(vorderes Resonanzgefühl).***

Beim Singen hoher Töne dürfen Gaumensegel und Zäpfchen nicht hochgezogen werden ***(Kopfstimme).*** In tiefer Tonlage schließen Gaumensegel und Zäpfchen den Nasen-Rachen-Raum oft völlig ab ***(Bruststimme).***

Der Kehlkopf soll immer möglichst tief stehen, ohne starr fixiert zu sein. Appoggio (Anlehnen) bedeutet eine zusätzliche sekundäre Stütze der Stimme durch die Interkostalmuskulatur als Hilfsmuskulatur des Zwerchfells.

Nach Erarbeitung des kopfigen Singgefühls folgen Singübungen mit *offenen* Vokalen (sie lassen die Weite des Halses fühlen). Der Vokalansatz wird erleichtert durch die Konsonantenverbindungen „bl":

- bl — i — o, bl — ä — o, bl — ä — o — a.

  Singübungen mit *geschlossenen* Vokalen (der Hochsitz der Stimme wird deutlich):
- bl — ü — o, bl — ö — o, bl — u — o — a.

Durch Kauübungen (die Kaumuskulatur ist bei der Tonproduktion mitbeteiligt) Förderung der Kopfresonanz und Lockerung des Unterkiefers. Die Zunge liegt in ihrer ganzen Fläche in der Mundhöhle. Die Kauübungen bestehen im Aneinanderreihen von Silben, die mit „j" beginnen. „J" wird als halbes „i" angesetzt; hierdurch wird das Kopfgefühl gefördert:

- Jä — jä — jä
- Je — je — je
- Jo — jo — jo
- Ja — ja — ja

Das Zwerchfell wird jedesmal stark innerviert. Die Übungen werden durch anderthalb Oktaven gesungen. Tritt in höheren Lagen ein unangenehmes Gefühl auf, so darf nicht mit der unteren Spannung nach oben weitergefahren werden; man muß die Stimme „loslassen", d.h. umschlagen lassen. Bei manchen Menschen geht nun die Stimme in das Falsett über, bei anderen entsteht eine neue Stimme, die keine unangenehmen Spannungen in sich trägt und doch kein Falsett ist. Durch Übung verschwindet die Schwelle des Umschlagens.

Bei Falsettstimmen muß im Falsett nach oben weitergesungen werden. Unter Zuhilfenahme der Stütze wird die Stimme kräftiger. Der Kehlkopf muß tiefgestellt werden durch gespannte Vokale: u, ü, geschlossenes o und ö.

Das sog. „Decken“ anstelle des „Loslassens“ zum In-die Höhe-Kommen ist falsch. Durch Verengung der Schlundmuskulatur wird beim Decken in der Höhe beispielsweise „a“ dunkler gefärbt („ao“). Mit der Zeit entstehen Stimmschäden durch Überanstrengung; der Text des Gesungenen kann beim Decken nicht verstanden werden.

Stimmverstärkung durch Artikulation. Die Gesichtsmuskulatur muß beim Singen entspannt sein, die Lippen müssen möglichst nach vorn gezogen werden. Der Mund darf nicht mit den Lippen, sondern muß mit dem Unterkiefer geöffnet werden. Die Artikulation ist eine Folge innerer Stimmfunktion. Durch präzise Lautbildung erfolgt eine richtige Zwerchfellinnervation. Die das Zwerchfell innervierenden Konsonanten sind wichtige Stimmverstärker.

Heilung der Stimme. Stimmschwäche und falsche Stimmgebung werden nicht durch Ruhigstellung, sondern durch angemessene Arbeit beseitigt. In den ersten zehn Tagen der Behandlung gilt ein Sprechverbot. Es darf nicht zu tief gesprochen werden; denn hierdurch Förderung der hohen Resonanz. Zunächst Atemübungen, dann Summübungen sowie Übungen mit Konsonanten und Vokalen, später Übungen mit der Gesangsstimme.

6.5 Stimmübungen für das Sprechen und Singen nach Pahn

6.5.1 Übungen der Sprechstimme

6.5.1.1 Atemübungen

Die vielfältigen Bedingungen erlauben entsprechend viele Nuancen des Atmungsablaufs und haben zu mehreren, unterschiedlichen Theorien über die richtige Sprech- und Singatmung geführt. Fehlerhaft sind ausschließlich Brust-, Klavikularatmung sowie hörbare Atmung, da diese mit Bewegungen des Rückens und Schultergürtels verbunden sind, die ihrerseits zu Spannungen der Halsmuskulatur und Einschränkung der Kehlkopfbeweglichkeit führen. Die wichtigste Korrektur ist daher die Ruhigstellung des Schultergelenkes und des Rückens.

Die Ruheatmung ist eine fast reine Bauchatmung.

Bei der Ausatmung wird das Zwerchfell entspannt; es wird von den elastischen Kräften der Lunge nach oben gezogen und vom Druck im Bauchraum nach oben gedrängt; die Bauchdecke wird dabei einwärts bewegt.

Die Einatmung besteht in einer Zwerchfellkontraktion; die Lunge wird nach unten gezogen und die Bauchdecke nach vorn bewegt.

Bei der Sprechatmung handelt es sich um eine Brust-Bauchatmung. Die im Vergleich zur Ruheatmung stärkere Beteiligung der Brustatmung beim Sprechen äußert sich in Ausdehnungen im Flankenbereich nach den Seiten und nach vorn infolge Kontraktion der Zwischenrippenmuskulatur und nicht im Heben des Brustkorbs.

- *Übung der Ausatmung.* Die Laute „f“ und „sch“ werden über die gesamte Ausatmungsphase artikuliert. Einwartsbewegung und zunehmende Spannung der Bauchdecke müssen mit der Hand kontrolliert werden. Nach vollständiger Ausatmung, soll die Bauchdeckenspannung kurz gehalten und dann plötzlich losgelassen werden.
- *Falsch:* Einziehen des Bauches bei der Einatmung. Folge: Der Brustkorb wird durch die Atemmuskulatur nach oben gehoben; hierduch entsteht eine Spannungsempfindung und ein Engegefühl im Hals.

Bei falscher Sprechatmung muß Luft eingezogen werden.

Übung der Ausatmung auf „ks“ bewirkt eine stärkere Anspannung der Bauchmuskulatur. Mehrmaliges kurzes Unterbrechen der Einatmung vertieft die Empfindung für die Bauchdeckenbewegung.

6.5.1.2 Nasalierungsübungen

Ziel ist die Korrektur von Fehlern der Stimmgebung und der Artikulationsbewegungen bei Vokalen. Durch Nasalierung erfolgt eine Ruhigstellung des Mund- und Rachenraumes. Hierdurch werden fehlerhafte Muskelverspannungen beseitigt, die die Beweglichkeit des Gaumensegels und die Stimmlippenschwingungen behindern. Das Gaumensegel hängt dabei schlaff herab. Eine Voraussetzung für das Gelingen der Übungen ist oft das Beherrschen des autogenen Trainings und der Atemfunktion.

Durchführung der Übungen. Bei leicht geöffnetem Mund ruhiges Atmen durch Mund und Nase. Stimmgebung ohne fühlbare Bewegungen im Mund- und Halsbereich, d.h. ohne artikulatorische Stellung; es erklingt dann ein indifferenter Vokal. Anschließend Erzeugung nasalierter Vokale. Der Stimmklang muß sich bei angedrückten Nasenflügeln verändern. Der Mundboden darf nicht angespannt werden (Kontrolle mit dem Daumen). Durch Zwischenübungen mit „m" kann man den freien Nasendurchgang überprüfen. Die Ausdehnung des Tones erfolgt dann über den ganzen Sprachmelodiebereich des Brustregisters. Die Stimme wird von der Tonhöhe des Einsatzes in einer gleichmäßigen Schleifbewegung abwärts geführt; später auf- und abwärts. Zu Beginn der Übungen wendet man einen Stimmeinsatz mit einem „h" an, es wird also gehaucht; dann einen weichen Einsatz und schließlich Ventiltoneinsatz (physiologischer Glottisschlag).

6.5.1.3 Kauübungen nach Fröschels

Die Kaumethode nach Fröschels basiert auf der funktionellen Verwandtschaft zwischen Kauen und Sprechen. Kauen und Artikulation werden mit der gleichen Muskulatur durchgeführt. Beim Artikulieren erfolgen jedoch feinere Bewegungs- und Spannungsabläufe. Die Kauübungen dienen der Umwandlung fehlerhafter Artikulationsgewohnheiten in den günstigsten Spannungs- und Bewegungsablauf.

Das Ziel der Kaumethode ist, die angeborene natürliche Funktion des Kauens, d.h. deren ungestörtes muskuläres Zusammenspiel auf die Bewegung des stimmhaften Sprechens zu übertragen. Das Kauen bedeutet die Einschaltung einer phylogenetisch älteren Funktion zur Regeneration der überlagernden jüngeren.

Man erreicht mit der Kaumethode auch ein Einpendeln in die Indifferenzlage der Sprechstimme. Weiterhin ist eine Verstärkung der nasalen Resonanz möglich.

Der Patient wird angewiesen, gleichzeitig zu kauen und zu sprechen. Mit einem Kaugut werden Eßbewegungen provoziert und dazu wird phoniert. Über sinnlose Silben werden eine normale Sprechstimmlage und Entspannung der Stimm- und Sprechorgane entwickelt. Darauf aufbauend wird ein physiologischer Phonationsmechanismus erlernt. Die Methode eignet sich zur Therapie ***hyperfunktioneller Dysphonien*** und des ***Stotterns***.

Folgende Stufen werden durchlaufen:
- Stummkauen mit Kaugut
- Stimmkauen mit Kaugut
- Vokalkauen
- Kaudialoge
- Worteinschube
- Satzeinschübe
- Lesen mit umrahmender Kauphonation
- Freisprechen mit umrahmender Kauphonation
- Lesen mit Kauerinnerungssilben
- Freisprechen mit Kauerinnerungssilben.

Den Übergang vom Kauen zur Artikulation erreicht man am besten auf folgende Weise:
- *Geschlossenes Kauen.* Summübung, dann mit geschlossenem Mund zu kauen beginnen.
- *Offenes Kauen.* Mit Stimmgobung langsame Kaubewegungen mit nicht ganz geschlossenem Mund durchführen. Die Stimme muß nasaliert und klar bleiben.
- *Schüttelübungen.* Schüttelnde Kaubewegungen, große Mundöffnung, die Zungenspitze soll am Innenrand der unteren Schneidezähne liegen, auch bei l, n, s, d, t.
- *Schüttelübung ohne Explosivlaute:* na na na, la la la, ja ja ja oder na no na, na ni na usw.
- *Schüttelübung mit Explosivlauten:* ta ta ta, pa pa pa, ka ka ka oder ta te ta, ta ti ta usw.
- Kausilben: Mnjam, mnjem, mnjim usw.
- *Kausilben mit Explosivlauten:* Kjam, pjam, tjam usw. Die Vokale müssen immer nasaliert werden.

6.5.1.4
Übungen zur Lockerung im Kehlkopf-, Rachen- und Mundbereich

Lippenvibrationsübung. Vibrationen der Lippen versetzen den Luftstrom auch nach innen in Schwingungen. Diese übertragen sich auf die Weichteile des Rachens und Halses. Manchmal ist so die Beseitigung eines Räusperzwanges möglich. Dieser entsteht durch Schleim auf den freien Stimmlippenrändern. Durch das feste Aufeinanderpressen der Stimmlippen und Hindurchpressen des Luftstromes beim Räuspern entstehen oft leichte Entzündungen; diese regen zur verstärkten Schleimproduktion und damit zum Räuspern an.

Durchführung. Voraussetzung ist eine völlige Entspannung im Bereich der Mundwinkel. Die Lippen locker aufeinanderlegen und durch einen kräftigen Luftstoß zum Flattern bringen. Die Backen sind leicht aufgeblasen. Die Übung wird ohne und mit Stimme ausgeführt. Es darf dabei kein Zungenspitzen-r erzeugt werden.

Kieferschüttelübungen. Sie dienen der Lockerung der Kaumuskulatur. Es handelt sich um Kaubewegungen, die schnell und mit Betonung der Öffnungs- und Schließungsbewegung des Mundes ausgeführt werden.

Durchführung. Es wird langsam kauend begonnen. Jeder Vokal soll mit gleich großer Mundöffnung gebildet werden. Die Zunge soll mit der Spitze am Innenrand der unteren Schneidezähne in Höhe des Zahnfleischansatzes liegen.

Blablabla — blablebla usw., mapala — mapale usw., kapatala — kapatale usw.

Trinkübung. Sie dient der Weitung des Rachens und des Rachenringes. Sie soll besser als die Gähnübung sein, da bei dieser im Artikulationsablauf nicht vorkommende Spannungen auftreten.

Durchführung. Die zur Schale zusammengelegten Hände werden zum Mund geführt, und mit weit geöffnetem Mund wird in tiefen Zügen Luft aus den Händen getrunken.

Stauübung. Sie dient der Weitung des Rachenraumes und durch Senkung des Kehlkopfes der Beseitigung von Verspannungen der oberen Kehlkopfaufhängemuskulatur. Die Stauübung lehnt sich an Übungen nach Fernau-Horn an.

Durchführung. Der Hals wird im Stehen nach vorn gestreckt. Zuerst wendet man die Trinkübung an, die den Rachen weit machen soll. Dann

„hupp" oder „hops" sagen lassen; dabei scharfes Anziehen der Bauchdecke. Die beim „p" mit leichter Verspannung verschlossenen Lippen bewirken das Stauen der Ausatmungsluft (1–2 s). Durch diese Stauung wird der Rachenraum geweitet. Anschließend plötzliches Loslassen der Bauchdecke. Bevor die Lippen zum „p" geschlossen werden, auf „ho" etwas verharren und die Bauchdecke noch nicht einziehen.

6.5.1.5 Artikulationsübungen

Ziel der Übungen sind die Beseitigung von Stammeln, Nuscheln, Poltern, Dialektfehlern, die Steigerung der Artikulationsdeutlichkeit und die Erarbeitung der deutschen Hochlautung. Stimmübungen finden bei allen Sprachstörungen Anwendung, da die Stimme oft gleichfalls in Mitleidenschaft gezogen ist.

Vor den Artikulationsübungen werden *Nasalierungs-, Kau-* und *Kieferschüttelübungen* durchgeführt. Alle Artikulationsübungen werden von der Vorstellung des Kauens getragen. Die artikulatorische Spannung und die Feinführung werden durch folgende Übungen allmählich gesteigert:

Wortreihen ohne Explosivlaute. Artikulation von „nennen, mahnen, meinen". Der Mund wird so weit wie bei den Kauübungen geöffnet. Nasalierung aller Vokale. Die Übungswörter werden in ständigem Wechsel mit Nasalierungs-, Kau- und Kieferschüttelübungen gesprochen.

Anschließend Wörter wie „Name, Mann, lahm, wallen, ballen, Rahmen, Sahne".

Wortreihen mit Explosivlauten. Artikulation von „kennen, kommen, kauen".

Anschließend Wörter wie „Bahnen, Panne, Mappe, Dame, Tanne, Matte, Gabe, Kanne, Jacke".

Wortreihen mit „Sch". Es wird empfohlen, alle deutschen Sprachlaute mit Ausnahme des „sch" mit Zungenspitzenkontakt zu den unteren Schneidezähnen zu bilden. Beim „sch" soll die Zunge zurückgezogen werden. Die Vorderzunge berührt den harten Gaumen hinter den oberen Schneidezähnen.

Übung: „Schaden, schauen, scheinen".

Dann Wörter wie „schaben, haschen, Stab, spannen, Schrank, Geschichtsschreiber".

Anschließend üben von leichten Sätzen, Wortgruppen und schweren Sätzen, dann lesen, beschreiben und nacherzählen lassen, schließlich freies Gespräch.

6.5.2 Übungen der Singstimme

6.5.2.1 Sprechen und Singen

Die Bewegungs- und Spannungsabläufe des Singens unterscheiden sich nur in ihrer Feinstruktur von denen des Sprechens. Die *Atmung* wird zum Singen gesteigert in der Stütz- und Antriebsfunktion, die *Stimmgebung* in der festen Tonhöhe, im größeren Tonumfang, in der Registeranwendung und in Intervallsprüngen, die *Artikulation* in rhythmischen Veränderungen und das *Timbre* in bewußt resonanzverändernden Bewegungen.

Beim Sprechen und Singen werden die gleiche Sprache und die gleiche Muskulatur verwendet; beim Singen sind jedoch Hirnzentren eingeschaltet, deren Einfluß die Sprache musikalisch anhebt und verändert. Es sind also zwei Stereotypen vorhanden.

Daher wird beim Singen nicht gestottert, und es kann eine gute Singstimme mit einer schlechten Sprechstimme und umgekehrt einhergehen.

Die beiden Stereotypen können jedoch aufeinander übergreifen. Daher müssen bei der Stimmbildung Fehler des Sprechens mit beseitigt werden. Resonanzformende Bewegungen müssen zunächst vermieden werden, da sie oft die Artikulationsfunktion erschweren und auf diese Weise als stimmliches Hindernis wirken. Nur ein überlagerungsfreier, dem persönlichen Organbau des Sängers entsprechender Stimmklang ermöglicht es, das gewünschte Stimmideal zu erarbeiten. Die Funktionsgleichheit von Sprechen und Singen ermöglicht die Anwendung gleicher Übungen; diese müssen jedoch wegen der höheren Differenzierung des Singens modifiziert werden.

6.5.2.2 Atem-, Stütz- und Antriebsübungen

Erreicht werden sollen eine allmähliche Verlängerung der Gesangsphrasen und Steigerung der Geschwindigkeit der Einatmung. Dazu muß die Bauchdecke schnell entspannt werden. Jede aktive Beteiligung der Muskulatur mit einer fühlbaren Einziehbewegung der Luft verlangsamt den Vorgang. Optimal ist die passive Einatmung durch Zwerchfellkontraktion.

Beim Einatmen Loslassen der *Stütze,* d.h. Erschlaffung der Bauchdecke. Nur in besonderen Fällen darf die Rumpfspannung über die Einatmungsbewegung hinweg beibehalten werden. Trotz unveränderter Stützspannung muß die Atemluft die Stimmlippen mit stetigem oder langsam zu- und abnehmendem Druck anblasen.

6.5.2.3 Nasalierungsübungen

Die im Tonbereich des Sprechens gesicherte gute Stimmqualität muß auf den gesamten Tonbereich übertragen werden. Die Nasalierungsübungen enthalten nur Vokale und sind daher zusätzlich zur Beseitigung hörbarer Registerübergänge, zum Registerausgleich und zur Ausbildung oder Rückgewinnung von Registern geeignet. Der Übergang von einem zum anderen Register (Änderung der Organeinstellung) soll beim Kunstgesang allmählich, über mehrere Tonhöhen ausgedehnt erfolgen. Eine Gefahr liegt in der zu großen Ausdehnung eines Registers nach oben. Dabei nehmen die Muskelverspannungen so stark zu, daß der gleitende Übergang in das nächst höhere Register unmöglich wird. Die Umstellung kann nur durch plötzliches Loslassen dieser Spannungen erfolgen *(Registerbruch).*

Das Herabziehen eines Registers nach unten ist nicht gefährlich, da die nachlassenden Muskelverspannungen den gleitenden Übergang in das nächst tiefere Register begünstigen.

Die Übungen des Registerwechsels müssen daher immer vom höheren Register aus nach unten begonnen werden.

Bei Männerstimmen werden im Hinblick auf die spätere Verwendung das Brust- und Mittelregister, bei Frauen das Brust-, Mittel-, Kopf- (auch Randregister genannt) und Pfeifregister geübt. Da das Training der Registerübergänge jeweils vom nächst höheren erfolgt, soll bei Frauenstimmen das Pfeifregister, auch wenn es in der Gesangspraxis nicht in vollem Umfang gebraucht wird, zum Training des oberen Kopfregisterbereiches mit benutzt werden.

Schleifen. Vor dem Singen auf festen Tonhöhen muß der gesamte Stimmumfang mit reiner, nasalierter Stimme in ab- und aufwärtsschleifenden Bewegungen beherrscht werden. Für die Kehlkopfmuskulatur ist es leichter, ihre Spannung ständig zu ändern, als eine Zeitlang zu erhalten. Man beginnt in der Sprechtonlage auf einem Vokal; klingt die Stimme gut, so wird sie in möglichst hoher Tonlage eingesetzt; man läßt sie dann in mäßiger Geschwindigkeit abwärts bis zur unteren Grenze des Stimmumfanges schleifen. Der hohe Stimmeinsatz muß bei Frauen im Kopfregister, bei Männern im Mittelregister liegen. Später abwärts- und ohne Unterbrechung wieder aufwärtsschleifen; danach Beginn der Übung mit tiefem Toneinsatz. Nun werden kleinere Tonbereiche (Terz-Quinträume) mit Registerübergang geübt. Es folgen dann Übungen mit festen Tonhöhen. Als Übergangsübung wird auf einem festen Ton in großer Höhe angesetzt und mit unbestimmtem Absatz sowie unbestimmtem Abschluß abwärts geschliffen. Es wird dann als unterer Abschluß der Oktavton des Einsatzes gewählt. Anschließend umgekehrt, d.h. Beginn mit einem tiefen Ton, auf- und abschleifen und mit dem gleichen Ton schließen. Die Übungen werden nun mit Vokalen durchgeführt.

Feste Tonhöhen. Die Töne werden 2–3 Sekunden lang in Indifferenzlage gehalten. Die Indifferenzlage liegt eine Terz bis Quint über dem tiefsten, klaren Ton des gesunden Stimmorgans (Baß F–G, Bariton A–H, Tenor c–d, Alt f–g, Mezzo a–h, Sopran c^1–d^1). In der gleichen Lage werden dann 3–5 Töne diatonisch (Dur- oder Molltonleiter) abwärts gesungen. Danach werden feste Tonhöhen im Mittel- und Kopfregister gesungen.

Intervalle. Man beginnt mit kleinen Sprüngen abwärts, dann aufwärts. Die Intervallsprünge werden bis zu einer Oktave gesteigert. Auf Artikulationsabläufe soll noch verzichtet werden. Als Vorstufen zur Artikulation werden Kauübungen durchgeführt. Beginn mit gehaltenen Tönen und diatonischen Folgen im Bereich der Indifferenzlage; allmählich Ausdehnung über den ganzen Stimmumfang. Anschließend schüttelnde Kaubewegungen mit und ohne Explosivlauten. Es folgen Wort-, Satz- und Liedübungen.

6.6 Atem-, Stimm- und Artikulationsübungen nach Coblenzer und Muhar

Das Ziel der Methode besteht darin, schnell, mühelos und geräuschlos einzuatmen. Das Luftholen in Form von „Schnappen“ vor dem Stimmeinsatz muß unterlassen werden. Die Verfasser sehen hierin eine der Hauptursachen für die Erschöpfung des Sprechers und für den Konzentrationsmangel beim Zuhörer. Die Phonation soll immer aus der Atemmittellage heraus begonnen werden. Der Sprecher sollte nicht zu viele Wörter in einer Atemphase sagen, sondern angepaßt an seine individuelle Atemfrequenz rhythmisch abspannen und warten, bis die Luft von selbst, dem negativen Druck im Brustkorb folgend, in die Lungen einströmt. Eine wichtige Voraussetzung für die mühelose Inspiration ist eine korrekte Artikulation. Vor allem die Endsilben dürfen nicht verschluckt werden. Die Lautstärke soll nicht durch Pressen, sondern durch Öffnung der supraglottischen Räume und durch Einsetzen einer inspiratorischen Gegenspannung während der phonatorischen Exspiration erreicht werden. Folgende *Hauptfehler* beim *Sprechen* werden unterschieden:

- Nachlässige oder übertriebene Artikulation
- Verschlucken der Endsilben
- Mangelnde Abstimmung von Mimik und Gestik beim Sprechen
- Verhauchen
- Pressen
- Offenes Näseln
- Knödeln
- Zu hohes oder zu tiefes Sprechen — mangelndes Pendeln der Sprechmelodie um die Indifferenzlage
- Die Art, lauter oder nachdrücklicher zu werden
- Modeabhängiger Stimmgebrauch
- Mühsame und geräuschvolle Atmung.

6.6.1 Ökonomie der Atmung beim Stimmgebrauch

Die Ökonomie der Atmung beim Stimmgebrauch wird erreicht durch Sprechen und Singen im Bereich der Atemmittellage und rhythmische Gliederung der Phonation.

Sprechen und Singen im Bereich den Atemmittellage. Luftholen vor dem Sprechbeginn wirkt belastend. In der jeweiligen Ausgangsposition ist immer genügend Luft vorhanden. Beim Sprechen und Singen ist eine erhöhte Atemmittellage erforderlich, d.h. eine Balance zwischen den Kräften, die jeweils für die Ein- und Ausatmung verantwortlich sind. Mit dem Einnehmen einer entsprechenden Haltung und der Einstellung auf den Partner bekommt man allein durch Erhöhung der Atemmittellage soviel Luft, wie zum Sprechen notwendig ist. So werden zu tiefes Luftholen und ein Ausatmungszwang vermieden.

Rhythmische Gliederung der Phonation. Die einzelnen Phonationsabschnitte müssen rhythmisch gegliedert werden, damit der Bereich der Atemmittellage erhalten bleibt *(atemrhythmisch angepaßte Phonation).*

6.6.2 Übungen zu einer atemrhythmisch angepaßten Phonation

Richten der Aufmerksamkeit auf den Atemablauf durch Atemempfinden im Stehen (mit geschlossenen Füßen und Augen, Atem von selbst durch die Nase kommen und gehen lassen und dabei still zu stehen versuchen) und im Liegen. Achten auf Empfindungen, die durch Spannungsänderungen der Muskulatur zustande kommen. Lernen der Unterscheidung von aktiven und passiven Bewegungen anhand des Auftriebsprinzips oder der Erarbeitung der Schwerpunktsempfindung durch Pendelübungen.

Erlernen des Kontrollempfindens für die eigene Stimme. Die Tonqualität ändert sich in Abhängigkeit von der Kopfhaltung (Kopf in den Nacken und auf das Brustbein) und von der Körperposition (Testsatz im Liegen, Sitzen und Stehen sprechen lassen).

Erlernen von Bewegungshilfen für den Ton:
Durch *Lassoschlingen* bei gleichzeitigem rhythmischen Hoo-Hoo-Hoo-Rufen. Die Stimme entfaltet sich hierbei.

Durch *Schaukeln;* die Luft „kommt“ mit dem Rückschwung und „geht“ mit dem Vorschwung. Später mit der hinteren Bewegungsumkehr in mittlerer Stimmhöhe ein „Hoo“ einsetzen lassen und zum Zeitpunkt der vorderen Bewegungsumkehr den Ton aufgeben. Die Luft dringt beim Rückwärtsschwingen ganz von selbst in die Lungen; „man läßt sich inspirieren“.

Die geistige und muskuläre Spannung muß zusammenspielen, da gesteigerte Aufmerksamkeit eine erhöhte Aktionsbereitschaft der beteiligten Muskeln mit federnder Spannung hervorruft. Übung durch Aufrichten des nach vorn gebeugten Körpers zur „Bereitschaftsstellung“.

Erlernen der Atemführung durch Ausblasen einer Kerze aus der Atemmittellage heraus bei entsprechender Lippenspannung und Atemdruck sowie federndem Loslassen der Ventilspannung.

Erlernen einer Haltungsverbesserung im Gehen und Sitzen u. a. durch Nackenaufrichtungsübungen mit Absenken des Schultergürtels zur Vermeidung einer Hochatmung.

Erlernen des muskulären Trainings für die Stimmatmung. Muskuläres Training des Gürtelbereiches erreicht auch das für die Stimmfunktion so wichtige Zwerchfell. Durch Gähnen weiten sich Mund-, Rachen-, Hals- und Gürtelbereich. Gähnbewegungen sind auch Zwerchfellbewegungen. Weitung der Mund- und Rachenräume für die Tragfähigkeit der Stimme und deutliche Artikulation sind notwendig. Erarbeiten der *Gähnspannung* durch Erheben aus der Hocke mit Ton (Silbenfolge hu — mu — nu — ngu); „u“ erfaßt die tiefsten Resonanzräume, „h“ entspricht der hintersten, „m“ der vordersten Artikulationsstelle, „n“ der zweiten, „ng“ der dritten Artikulationsstelle. Weiterhin ist eine Erarbeitung der Gähnspannung durch Rückenrollen auf dem Boden mit dem Ton „a“ möglich. Es erfolgt eine Dehnung im hinteren Gürtelbereich. Ebenso auch durch Beckenschaukeln; dadurch Verringerung des Hohlkreuzes; oder durch Bärensitz (Sitzen auf dem Boden mit abgehobenen Beinen); dabei sprechenlassen eines Testsatzes.
Übung der intentionalen Zuwendung, die mit einem für die Phonation wichtigen Atemantrieb einhergeht, z. B. durch Lauschen oder Tasten.

Übung des Zusammenspiels von Aufmerksamkeitssteigerung und muskulärer Spannung durch Bogenspannen zum Erlernen der *Tonstütze*. Appoggio wird als die Summe aller Kräfte definiert, die dem Ausströmen der Luft während der Phonation entgegenwirken. Der Gesamteffekt der dabei beteiligten Kräfte wird nach FRITZ und SCHILLING als „elastische

Spannhalte" zusammengefaßt. Im Bereich der Phonation ist dieser Begriff besser als „Tonstütze" zu bezeichnen.

Nach LOHMANN bedeutet Appoggio Harmonie der Spannungen im Gesangsinstrument.

Erlernen des rhythmischen Spannens und Lösens des Atemdruckes beim freien Sprechen und Singen. Eine Klangverstärkung muß ohne Erhöhung des Atemdruckes erreicht werden. Dies gelingt nur, wenn die anfängliche Luftmenge während der Phonationsdauer erhalten bleibt, d.h. die inspiratorischen Kräfte müssen aktiviert werden. Nach Beendigung der Phonation vollzieht sich die Inspiration von selbst, wenn eine Grundspannung mit Inspirationstendenz vorhanden ist. Eine solche Inspiration dauert nur 0,2 s; es handelt sich hierbei um einen Reflexmechanismus. Der Vorgang, der die reflektorische Luftergänzung auslöst, wird als ***„Abspannen"*** bezeichnet. Übung des Abspannens durch:

- ***Reihenzählen bis 25.*** Mit jeder Zahl muß abgespannt werden, d.h. am Ende jeder Zahl rückfedern in die Grundspannung, aber nicht erschlaffen.
- ***Abspannen mit „t".*** Hände vor der Brust ineinanderhaken und bei dem Wort „nicht" auseinanderziehen. Synchron mit dem Aufgeben des „t" wird die Spannung der Hände gelöst, die Luft entweicht.
- ***Abspannen mit Lokomotivspielen*** (sch, sch).
- ***Abspannen mit Ballwerfen*** (hopp, hopp).

Erlernen der richtigen Artikulation durch Übungen mit der mimischen Muskulatur und Zungenmuskulatur. Nach Korkensprechen (Sektkorken zwischen die Schneidezähne nehmen und fest zusammenbeißen) gelingt der Zugriff zu den einzelnen Konsonanten leichter, die Schärfenunterschiede zwischen b und p, d und t, g und k werden deutlicher.

Erlernen der plastischen Artikulation, d.h. der Artikulation, die aus der Intension und unter Zuhilfenahme der Körpermuskulatur zustande kommt. Üben der plastischen Artikulation an den Lippen (bimbim, plumps), an der Zungenspitze und an der oberen Zahnreihe (Du Lump, du!). Erlernen des Zungenspitzen-r durch schnelles Wiederholen der Buchstabenfolge tdd-tdd oder durch ein Lippenflattern (Nachahmen eines Motorrades). Üben der plastischen Artikulation am Zungenrücken und Gaumen mit „k" und „ng".

Erlernen des weich-elastischen Stimmeinsatzes. Als Vorübung dient das *Ventiltönchen* nach SCHILLING. Man flüstert: „Am Abend ist alles aus." Der Vokaleinsatz muß ein dem Platzen einer Seifenblase ähnliches Geräusch ergeben. Vor dem Stimmeinsatz soll immer die Gähnspannung hergestellt werden.

Das Ventiltönchen gilt als diagnostisches Merkmal für die Dichte des Stimmlippenschlusses. Die Glottis gibt im Anstauen der Luft für einen kurzen Augenblick eine winzige kleine spindelförmige Lücke frei, durch die eine geringe Menge Luft mit einem ganz leichten Knall entweicht. FERNAU-HORN nennt das gleiche Phänomen „Abknall". Nur der Stimmgesunde kann mit einem weichen Stimmeinsatz einen stimmlosen Glottisschlag dieser Art erzeugen. So kann das Ventiltönchen als Vorübung zum Erlernen eines weich-elastischen Einsatzes dienen.

Erlernen des Auffindens der Indifferenzlage: „Hmm" brummen und dann zu sprechen beginnen. Beim Sprechen wird hinsichtlich des Stimmregisters die „voix mixte", d.h. die aus Kopf- und Brustanteilen gemischte Stimme angestrebt.

6.7 Akzentmethode nach SMITH

Es handelt sich um eine Ganzheitsmethode mit breitem Anwendungsbereich (Stimm- und Sprachkrankheiten). Sie wird z.B. bei der Behandlung der hyper- und hypofunktionellen Dysphonie angewendet. In die Stimmübungen werden Atmung, rhythmische Körperbewegung und Teile der Kaumethode nach FRÖSCHELS einbezogen. Das Prinzip der Methode beruht auf der Regulierung und Verstärkung des subglottischen Anblasedrucks mit Hilfe der Bauchpresse und in der Koordination mit der Stimmbildung und dem Sprachablauf. Die Methode baut auf vier Behandlungsstufen auf:
- Umstellung der Atmung auf eine abdominelle Respiration
- Koppelung ruhiger Inspiration und Exspiration mit Stimmübungen
- Kurze Inspirationen mit Verlängerung der Exspiration; dabei Einfügungen von Akzenten mit Exspirationsdruck
- Anwendung bei unbewußtem Sprechen.

Atemübungen. Es wird eine überwiegend abdominale Form der Atmung angestrebt. Einatmung mit hauptsächlicher Zwerchfellkontraktion und

Vorwölbung der Bauchdecke, passives Ausatmen und abschließende Ruhepause.

Einleitende Phonationsübungen. Während der Ausatmung läßt man weich und verhaucht in tiefer Lage auf „hu" phonieren.

Akzentuierte, rhythmische Stimmübungen (Abb. 6-2). Kurz nach Beginn der Phonation werden die Bauchmuskeln plötzlich kontrahiert und wieder entspannt. Dadurch entstehen eine Beschleunigung der ausströmenden Atemluft sowie ein Anstieg des subglottischen Druckes. Die Akzentübungen werden in drei sich steigernden Tempi durchgeführt. Geübt wird im $^{3}/_{4}$- oder $^{4}/_{4}$-Takt.

Die Stimmgebung (Tonstoß) wird mit Körperbewegungen verbunden:

- Beim Largo Aufrichten des Oberkörpers
- Beim Andante leichte Drehung des gesamten Körpers in wechselnder Richtung um die Längsachse
- Beim Allegro schnelle, federnde Auf- und Abbewegungen in den Fuß- und Kniegelenken.

Später werden die drei Grundbewegungsformen zu einer gemeinsamen Bewegung zusammengefügt. Auch die oberen Extremitäten werden mit einbezogen. Nach Lockerung aller Verspannungen Differenzierung der Bewegungen, z.B. in Richtung dramatisierender Ausdrucksbewegungen.

In die Stimmübungen und Ausdrucksbewegungen werden auch die Kiefer- und Mundmotorik mit einbezogen. Zunächst weiche Öffnungs- und Schließungsbewegungen des Unterkiefers, später Bildung verschiedener Laute in schnellem Wechsel.

Abbildung 6-2: Akzentuierte Stimmübungen; a = Einatmen

Bewußtes Lesen — spontanes Sprechen. Die betonten Silben eines Textes werden vor dem Lesen unterstrichen. Damit wird verdeutlicht, daß durch steten Wechsel zwischen betonten und unbetonten Silben ein natürlicher Sprachrhythmus entsteht.

Anschließend stilles Lesen einer Zeile und dann freies Vorsprechen.

6.8 Kombiniert-psychologische Übungsbehandlung nach Krech

Die Methode wurde zunächst für die Sigmatismustherapie entwickelt, dann auf die Behandlung von Stimmstörungen erweitert. Grundlage der Methode ist die Annahme einer „Störung der Person" zum Teil in der leiblichen, zum Teil in der seelischen Sphäre. Krech nimmt an, daß jede sprachliche und stimmliche Fehlleistung mehr oder weniger psychisch beeinflußt ist. Ein wichtiger Faktor bei der Behandlung ist die „Bewußtheit des Könnens". Neu bei Krech ist die Benutzung der Schallaufnahme und Schallwiedergabe im Verlauf einer Übungsbehandlung als zentrales Therapiemittel, weil mit dem objektivierenden Anhören der eigenen Stimme eine Selbstkorrektur einhergehen soll. Große Bedeutung kommt dem therapeutischen Gespräch zu. Weitere methodische Bestandteile des Therapieverfahrens nach Krech sind die Kaumethode nach Fröschels, das Entspannungstraining und die Gruppentherapie.

6.9 Stoßübungen nach Fröschels

Sie beruhen auf der Tatsache, daß die Kraft einer Muskelgruppe auf andere Muskelgruppen zu übertragen ist. Der phylogenetisch alte Sphinktermechanismus des Kehlkopfes wird dabei aktiviert. Bei körperlicher Anstrengung wird der Kehlkopf fest verschlossen durch das Aneinanderlegen der Stimmlippen, der Taschenfalten und das Zusammenziehen des Kehlkopfeinganges; das gleiche gilt für den Sphinkterverschluß des Gaumenventils. Eine beschädigte Stimmlippe kann zum Ausführen fein koordinierter Bewegungen bei der Phonation außerstande sein, aber die elementare Aufgabe des Kehlkopfverschlusses noch erfüllen. Durch die Stoßübungen wird somit die adduktive Annäherung der Stimmlippen während der Phonation unterstützt. Die geballten Fäuste werden an den Brustkorb gelegt und während lauten Sprechens der Silben pa, pe, pi, po, pu kräftig nach unten bewegt.

6.10 Kieferschütteln nach Fröschels

Anwendung bei funktionell heiseren, geknödelten oder gepreßten Stimmen. Ziel ist eine Entspannung der an der Bildung von Stimme und Sprache beteiligten Muskelgruppen über die primär betroffene Unterkiefer- (Kaumuskulatur) und äußere Halsmuskulatur. Es handelt sich um eine Anfangsübung, an die sich die Kauübungen anschließen können. Der weit nach unten gesenkte Unterkiefer soll möglichst schnell nach rechts und links geschüttelt werden. Dabei soll ein W-ähnlicher Laut gebildet werden.

6.11 Methode des subtonalen Brummtones im Strohbaßregister nach Gutzmann (nach Seeman auch Flatterstimme genannt)

Ihr Anwendungsbereich liegt in der Behandlung von *Stimmlippenlähmungen.* Die Methode beruht auf dem Prinzip der temporären Ausschaltung der Spannmuskulatur der Stimmlippen. Die Folge ist ein Überwiegen der Funktion des M. lateralis und des M. transversus; die gesunde Stimmlippe kann bei der Phonation die Mittellinie überschreiten.

Vorgehen. Es wird der tiefstmögliche Ton (evtl. Geräusch) erzeugt. Die Artikulationsorgane werden in A-Stellung gebracht, und es wird ein langgezogenes Räuspergeräusch ausgeführt.

Anschließend wird das initiale Räuspergeräusch weggelassen und der Ton mit gehauchtem Stimmeinsatz geübt; das gleiche wird später mit den übrigen Vokalen, Silben und Wörtern durchgeführt. Die Strohbaßstimme verliert sich allmählich, und eine normale kräftige Stimme bleibt bestehen.

6.12 Atem- und Stimmbehandlung nach Schlaffhorst und Andersen

Bei dieser Methode spielen vor allem empirisch ermittelte Übungen eine Rolle, denen die gegenseitige Auswirkung der einzelnen Teilfunktionen Atmung, Kehlkopfstellung, Stimmbildung und Artikulation der einzelnen Laute zugrunde gelegt ist.

Es handelt sich um eine Weiterentwicklung der Gedanken, d.h. der Einschätzung der Bedeutung von Atmung und Stimme des Gesangspädagogen Leo Kofler (1837–1908) durch Clara Schlaffhorst und Hedwig Andersen. Die Methode ist dem musischen-pädagogischen Bereich zuzuordnen, nicht dem medizinisch-therapeutischen Bereich.

Über die Methode der Schule Schlaffhorst-Andersen liegen nur wenige Publikationen vor. Deshalb ist hier nur eine bruchstückhafte Wiedergabe möglich.

Nach Schlaffhorst-Andersen kann richtiges Atmen nicht durch willkürlich vertiefte Einatmung erlernt werden, sondern allein durch willkürlich geregelte Ausatmung. Ausatmungsübungen bewirken sowohl eine genügende Entleerung der Lunge und die langsame Abspannung des Zwerchfells als auch die der Ausatmung folgende Ruhepause des Atmungsapparates und dem aus der Ruhepause hervorgehenden unwillkürlichen Impuls für eine bis an die Peripherie gehende Zusammenziehung des Zwerchfelles mit gleichzeitiger Einatmung. Atemübungen müssen daher durch Einschaltung von Hemmungen die Ausatmung verlangsamen. Der ideale Hemmapparat ist die Stimme. Die Einatmung soll möglichst durch die Nase und nicht geräuschvoll durch den Mund erfolgen. Ebenso falsch ist das Schnappen nach Luft durch den Mund. Jede Lautgattung hat ihre besondere Atemführung und Lungentätigkeit.

Bei den Konsonanten f, s, sch, ch strömt der Atem ruhig von den Lippen, Zähnen usw. Vokale beruhen dagegen nicht auf reiner Ausatmung; bei ihnen wird durch die Spannung der Stimmlippen der Atem zurückgedrängt, die Lunge ist abgespannt.

Auch die Klinger (l, m, n, ng) müssen mit ganz lockeren Lippen und so wenig Atem gebildet werden, daß ein Gefühl für die Ausatmung fast erlischt. Bei allen Lauten ist absolute Ruhigstellung der Bauchmuskulatur notwendig. Selbst Explosivkonsonanten dürfen nicht durch einen willkürlichen Stoß der Bauchwand hervorgebracht werden. Der Atem darf nicht mit schlaffem Zwerchfell und geschlossener Glottis gehalten werden, sondern mit gespanntem Zwerchfell und offener Stimmritze.

Man muß auch darauf achten, daß nicht zuviel Luft eingeatmet wird. Überluft ist schädlich, da sie entweder ungenützt als sogenannte wilde Luft durch die Stimmritze gedrängt oder zu unnatürlichen Kraftleistungen der Stimme benutzt wird.

Eine richtige Atmung ist also Voraussetzung für eine optimale Stimmbildung. Bei jeder Senkung des Zwerchfells senkt sich auch der Kehlkopf.

Je mehr sich das Zwerchfell durch Atemübungen an eine tiefere Senkung gewöhnt, desto tiefer wird die Stellung des Kehlkopfes. Besonders für den Sänger ist die Senkung des Kehlkopfes bei der Einatmung von Bedeutung. Durch die Tiefstellung des Kehlkopfes, verbunden mit einer größeren An- und Abspannungsfähigkeit der Stimmlippen, gewinnt die Stimme an Umfang, und zwar sowohl an Höhe als auch an Tiefe.

Bei den Atemübungen muß die natürliche Zusammenziehung der Lungen durch Widerstand erschwert und verlangsamt werden. Hierzu eignen sich am besten die verschiedenen Konsonanten (f, s, sch, ch), dann Vokale mit Flüsterstimme und später Klinger (w, s, j, r, l, m, n) und tönende Vokale. Man soll immer mit einer möglichst kleinen Luftmenge arbeiten. Eine volle Einatmung verlangt einen überflüssigen Kraftaufwand. Richtig ist die kosto-abdominale Atmung.

Die Sprachlaute werden eingeteilt in Vokale, Konsonanten und Klinger. Es werden unterschieden: Die Vollklinger l, m, n, ng; die Halbklinger w, j, r und das Anlaut-s zwischen zwei Vokalen (Gesang) oder zwischen einem Klinger und einem Vokal (Anselm).

Die Halbklinger grenzen sich von den Vollklingern dadurch ab, daß sich bei ihnen zu der Tönung an den Stimmlippen noch ein konsonantisches Geräusch im Ansatzrohr gesellt; so bei „w“ das Luftgeräusch des „f“, bei „j“ das des vorderen „ch“; bei „r“ das Flattergeräusch der schwingenden Zungenspitze und beim tönenden „s“ das Säuselgeräusch des Konsonanten „s“.

Der Vokal als Ton verlangt eine gedehnte Lunge (Spannung im Zwerchfell), der Konsonant benötigt eine Zusammenziehung der Lunge (Abspannung im Zwerchfell), und beim Klinger sind Lunge und Zwerchfell in lockerer Stellung.

Die Halbklinger spielen eine wichtige Rolle für die Kräftigung der inneren Brustmuskeln, da sie dem Luftstrom einen doppelten Widerstand bieten, zum einen an der Stimmlippe und zum anderen im Ansatzrohr, wo sie gebildet werden.

Das Anspringen der inneren Brustmuskeln in den verschiedenen Teilen des Brustkorbs empfindet man besonders deutlich, wenn man beim Üben von einem Klinger zu einem Halbklinger übergeht, z.B. von „m“ zu „w“ (am Wege), von „m“ zu „r“ (im Regen) oder von dem zugehörigen Konsonanten zum Halbklinger, z.B. von „f“ zu „w“ (auf Wegen).

Das Zungenspitzen-r verlangt im Vergleich zum Zäpfchen-r eine starke Zwerchfellspannung und steigert dadurch die Kraft des Zwerchfells. Deutlich fühlt man das Einsetzen dieser Zwerchfellspannung beim Zungenspitzen-r, wenn „r" in Verbindung mit einem Klinger auftritt (am Rande, anregen).

Für Menschen, die viel sprechen müssen, werden folgende Artikulationsübungen empfohlen:
- Lippenübung: I — u, ö — e — ö
- Zungenübung: Ü — u, ö — o — ö, ä — a — ä
- Kieferübung: E — ä.

6.13 Stimmtherapie im Kindesalter nach Wilson

Folgende Ziele sollen erreicht werden:
- Abstellen jeglichen Stimmißbrauches wie Schreien, Husten, Räuspern, harter Stimmeinsatz
- Anwendung der individuellen richtigen mittleren Sprechstimmlage
- Behebung des gestörten Muskeltonus
- Angemessene Lautstärke
- Angemessene Sprechgeschwindigkeit
- Normale Resonanzverhältnisse
- Anwendung nonverbaler Laute als Ersatz für stimmliche Äußerungen.

Erreicht werden die o. g. Ziele durch Aufklärung über die normale Stimmfunktion und die vorliegende Stimmschädigung, durch Training des Lauschens und Zuhörens, Lehren des korrekten Stimmgebrauches, negative Übungen und Gewöhnung an das neue Stimmmuster.

6.14 Summübungen nach Spiess

Es handelt sich um Resonanzübungen. Sie sind für Sprecher und Sänger anwendbar. Ziel ist eine Verminderung der hyperfunktionellen Symptome im Bereich der Sprechorgane. Ausgegangen wird von den Konsonanten m, w, n, l, s, da diese den Kehlkopf in eine physiologische Position bringen und einen günstigen Stimmansatz unterstützen. Die Erschlaffung des Gaumensegels beim Summen und Brummen hat auch eine Reduzierung des Muskeltonus des gesamten Stimmapparates zur Folge. Summübungen in Höhe der mittleren Sprechstimmlage werden zu Beginn einer Stimmbehandlung 14 Tage lang durchgeführt. Die Konsonanten werden dann mit Vokalen verbunden; dann wird der Vokal, für sich abgesetzt, wiederholt: m — o, o.

6.15 Kommunikative Stimmtherapie nach Gundermann

Es handelt sich um eine ganzheitliche Methode zur Behandlung von Stimmstörungen, die überwiegend stationär durchgeführt wird im Rahmen einer Stimmheilkur. Behandelt wird die Stimme und der Stimmungsträger, da Stimme und Stimmung in enger Beziehung zueinander stehen. Das Kurprogramm einer Stimmheilkur umfaßt:
- Stimmübungsbehandlung (kommunikative Stimmtherapie nach Gundermann, Atemübungen, Singstimmübungen)
- Hörtraining (kreative Hörerziehung, funktionelles Zuhören)
- Phonisch-rhythmische Gymnastik (koordinatives Funktionstraining der Stimm-, Sprech- und Körpermotorik)
- Entspannungstraining (autogenes Training, progressive Relaxation nach Jacobson)
- Psychotherapie (Einzel- und Gruppengesprächstherapie)
- Physiotherapie (Inhalationen, Massagen, Atem-Biofeedback, Elektrotherapie, Stimm-Jogging)
- Themenzentrierte Interaktion (Seminare und Vorträge über Stimme und Stimmung [Anatomie und Physiologie, Struktur und Funktion], Stimmhygiene, Stimmpraxis [rhetorisches Propädeutikum], medizinische Sprech- und Redeschulung).

6.16 Eutonie nach Gerda Alexander

Eutonie heißt übersetzt Wohlspannung. Ziel der Methode ist der Ausgleich der verschiedenen gleichzeitig im Körper bestehenden Spannungen zu einer Spannungsbalance des Grundtonus. Es handelt sich jedoch nicht um eine Entspannungsmethode. Erstrebt wird eine Eutonie der Gesamtpersönlichkeit. Um sie zu erreichen, müssen die folgenden Punkte erarbeitet werden:
- Körperraumbewußtsein
- Willentliche Tonusumstellung

- Kontakt- und Durchströmungstechnik zwecks Beeinflussung vegetativer Spannungen
- Einfühlung in jeden Teil der Haut und des Körperinneren einschließlich der Blutgefäße und Knochen
- Normalisierung des Körperbildes durch Bewußtmachung von Oberflächen- und Tiefensensibilität
- Regulierung der Zirkulation und unbewußten Atmung durch Harmonisierung der Sympathikus- und Parasympathikusfunktion (eine optimale Atmung wird indirekt durch Lösung von Spannungsfixierungen, d.h. ohne Atemübungen erreicht)
- Bewußtmachung des „Transportreflexes", d.h. die bewußte Anwendung des propriozeptiven Haltungsreflexes als Grundlage für eutonische Haltungs- und Bewegungserziehung.

6.17 Bewußtheit durch Bewegung nach MOSHÉ FELDENKRAIS

Vererbung, Erziehung und Selbsterziehung sollen nach FELDENKRAIS den Menschen prägen. Vererbung und Erziehung sind jedem vorgegeben. Die Selbsterziehung hängt jedoch vom eigenen Willen jedes einzelnen Menschen ab. Daher muß der Mensch sich seiner selbst, d.h. auch seines Leibes und dessen Funktionen innewerden, wenn er wirklich Mensch sein will. Die Methode, mit der FELDENKRAIS das erreichen möchte, ist ein bewußtes Training aller körperlichen und geistigen Funktionen.

In 12 exemplarischen Lektionen vermittelt FELDENKRAIS Anleitungen zum Training, z.B. über Unterscheidung der Teile und Funktionen beim Atmen, Koordinierung der Beuge- und Streckmuskeln, Bewegungen des Beckens, Kopfhaltung, Vervollständigung des Ich-Bildes, Beziehungen im Raum als Mittel zu koordinierter Handlung, Beziehungen zwischen Bewegung der Augen und Bewegung des Körpers, Bewußtmachen unbewußter Teile mittels bewußter Körperteile, Denken und Atmen.

6.18 Atemreflextherapie nach SCHMITT

Die Atemreflextherapie nach SCHMITT gliedert sich in eine passive Therapie in der ersten Behandlungsphase, die in einer Atemreflexmassage durch Reizgriffe besteht. An die passive Therapie schließt sich später dann eine aktive Therapie im Sinne einer Atemgymnastik an, die der Patient selbständig durchführt. Auch mit dieser Methode kann eine rasche Besserung der Körperhaltung und der Atmung als Basis für den Phonationsapparat erreicht werden.

6.19 Psycho-physische Atemtherapie nach Ilse Middendorf

Der erfahrbare Atem ist der Kern der Atemtherapie nach Middendorf. Middendorf bezeichnet diese Atemart deswegen so, weil man bei ihr des Atems gewahr wird, ihn aber nicht willentlich beeinflußt, sondern in das, was er wandelnd in einem bewirkt, spürend einwilligt. Erst wenn man sein Bewußtsein dazu verwendet, die bewußte Atemfunktion wahrzunehmen, kennenzulernen und sich ihren Wirkungen überläßt, kann der Atem als Mittler zwischen Bewußtem und Unbewußtem wirken in Richtung auf größere Selbsterkenntnis und Verwirklichung seines individuellen Selbst. Das Verfahren stellt also das Erleben des Atems in den Mittelpunkt des Übens.

B
Spezieller Teil

7 Funktionelle Stimmstörungen

Es handelt sich hierbei um Krankheiten der Stimme, die durch eine Störung des Stimmklanges und der stimmlichen Leistungsfähigkeit gekennzeichnet sind. Krankhafte primärorganische Veränderungen am Stimmapparat finden sich nicht. Funktionelle Störungen können jedoch bei längerem Bestehen sekundär organische Veränderungen hervorrufen. Aber auch zunächst organische Störungen können funktionell überlagert werden. Stimmbandlähmungen, Stimmbandentzündungen oder eine Verletzung können auslösende Ursache sein. Die Funktionsstörung kann dann eigenen psychogenen Gesetzen folgen; jeder kausale Zusammenhang mit der Verletzung oder der Krankheit verschwindet schließlich.

Die funktionell bedingten Abweichungen des Muskeltonus treten entweder im Sinne eines „Zuviels“ oder „Zuwenigs“ auf. Betroffen sind der Anblasedruck (Aktivität des Atemapparates), der glottische Widerstand (Spannung der Stimmlippen bzw. der ganzen Kehlkopfmuskulatur) und die muskuläre Einstellung des Ansatzrohres und des ganzen Körpers.

Man unterscheidet Störungen der Sprechstimme und der Singstimme (Dysodie). Die Sprechstimme kann gestört und die Singstimme normal sein. Störungen der Sprechstimme können aber auch die Singstimme beeinflussen und umgekehrt.

Ätiologie. Es wird ein multifaktorielles Geschehen angenommen.

Konstitutionelle Faktoren. Anlagebedingte Organminderwertigkeit des Stimmapparates (Größe und Form des Kehlkopfes, Masse der Kehlkopfmuskulatur; Störung der neurovegetativen Erregbarkeit). Eingeschränktes auditives Wahrnehmungsvermögen (Unmusikalität).

Habituelle Faktoren. Durch Gewohnheit bedingter unzweckmäßiger Stimmgebrauch (d.h. erworben durch unbewußtes oder bewußtes Lernen bestimmter funktioneller Abläufe bei der Phonation), z.B. gewohnheitsbedingtes zu lautes Sprechen, inadäquate mittlere Sprechstimmlage, Überschreiten des Stimmumfanges, Gebrauch falscher Register.

Ponogene Faktoren. Durch zu starke Anstrengung bedingter übermäßiger (zu langer oder zu lauter) Stimmgebrauch.

Oder als Gegenteil: Chronische körperliche Erschöpfung mit zu schwachem Stimmgebrauch.

Organische Faktoren. Auslösende organische Veränderungen:
- Primär-organische Veränderungen im Bereich des Stimmapparates z. B. eine akute Laryngitis oder ein Reinkeödem können nachfolgend funktionelle Dysphonien auslösen.
- Erkrankungen außerhalb des Stimmapparates, z. B. reduzierter Allgemeinzustand (sog. symptomatische funktionelle Dysphonien).

Psychogene Faktoren. Psychische Fehlsteuerungen (neurotische Verarbeitung seelischer Konflikte, psychosozialer Streß, herabgesetzte psychophysische Leistungsfähigkeit, Depressionen evtl. nur larviert).

Sogenannte ***symptomatische funktionelle Stimmstörungen*** sind durch eine andere Grundkrankheit bedingt, z. B. eine symptomatische hypofunktionelle Dysphonie durch schlechten Allgemeinzustand.

Bei unklaren Befunden, die sich keinem der später genannten Krankheitsbilder zuordnen lassen, muß man sich auf die Bezeichnung ***„funktionelle Dysphonie“*** beschränken.

Gliederung. Die funktionellen Stimmstörungen kann man in Phonoponosen und Phononeurosen unterteilen.

7.1 Phonoponosen

Man versteht hierunter Stimmstörungen infolge Stimmüberlastung oder fehlerhafter Stimmgebung. Psychische Faktoren sind von geringerer Bedeutung. Schwerhörigkeit oder Erkrankungen der oberen Luftwege müssen ausgeschlossen werden.

7.1.1 Hyperfunktionelle Dysphonie

Es handelt sich um eine unabsichtliche, übertriebene Kontraktion der Phonationsmuskulatur einschließlich der Atem-, Artikulations- und Halsmuskulatur. Ein Übergang in eine sekundäre hypofunktionelle Dysphonie im Sinne eines Erschöpfungszustandes ist möglich. Anfangs kann die hyperfunktionelle Dysphonie Kompensationsversuch einer stimmlichen Mangelleistung sein (primäre hypofunktionelle Dysphonie mit sekundärer Hyperfunktion). Die Stimmstörung tritt infolge unökonomischen Stimmgebrauches bei lauten Kindern und bei Sprechern (Berufsdysphonie) auf.

Begünstigend wirken konstitutionelle Faktoren, z. B. Kehlkopfasymmetrien (s. Abschn. 8.1), Nachahmung bei Kindern, Gaumenspalten.

Nach anderer Auffassung soll es keine primäre hyperfunktionelle Dysphonie geben. Diese soll vielmehr immer auf der Grundlage einer hypofunktionellen Tonusstörung mit Schlußinsuffizienz und längsschenklig-dreieckiger Glottisöffnung — oft nur im hinteren Glottisbereich — als sekundärer Kompensationsmechanismus entstehen.

Ursachen.

Ponogene und habituelle Faktoren. Stimmüberlastung, Stimmfehlbelastung, Sprechen im Lärm mit Anstieg der mittleren Sprechstimmlage, Diskrepanz zwischen individueller Stimmleistung und Anforderung an die Stimmleistung mit dem Versuch des Leistungsausgleichs durch vermehrte Kraftanstrengung, Sprechen mit schwerhörigen Angehörigen, mangelhafte sängerische Ausbildung, anstrengende Probenarbeit, zu große Partien, falsche Klassifizierung in bezug auf Stimmgattung und Stimmtyp, Singen in zu hoher Lage, Husten und Räuspern infolge mechanischer Belastung der Stimmlippen. Party-Syndrom: Intensiver Stimmißbrauch durch erhöhten Geräuschpegel, Rauchen, Trinken, Müdigkeit.

Organische Faktoren. Nach entzündlichen und allergischen Erkrankungen der Luftwege mit mangelnder Stimmschonung oder über passagere und bleibende Gewebsabweichungen kann es zu Änderungen in den kinästhetischen Rückkopplungsmechanismen kommen. Nach mikrochirurgischen Stimmlippenoperationen, nach Kurz- und Langzeitintubation, bei Schwerhörigkeit infolge mangelnder Stimmkontrolle, bei akustisch rezeptiver Minderbegabung infolge eines herabgesetzten auditiven Diskriminationsvermögens mit sekundärer Unterentwicklung eines kinästhetischen Kontrollvermögens oder primär mangelhafter neuromuskulärer Koordinationsfähigkeit, bei Über- oder Minderproduktion von Schilddrüsenhormon (Thyroxin) und bei sog. Aryknorpelüberkreuzung.

Da äußere Kehlkopfmuskeln (M. sternothyreoideus, M. thyreohyoideus) über CI–CIV, d.h. über den Plexus cervicalis (Halsmarknerven) versorgt werden, können auch Veränderungen der Halswirbelsäule ursächlich für eine hyperfunktionelle Dysphonie in Frage kommen (vertebragene Dysphonie), besonders nach mikrochirurgischen Eingriffen am Kehlkopf mittels Kehlkopfstützautoskopien. Behandlungserfolg sofort nach Manualtherapie der oberen Halswirbelsäule stroboskopisch und durch Stimmfeldmessungen objektivierbar.

Psychogene Faktoren. Herabgesetzte psychophysische Leistungsfähigkeit, mangelnde Kraft zur Lösung allgemeiner Lebensaufgaben, besondere Situationen und Befürchtungen, unbewältigte Erlebnisse, Umsetzung eines unlösbaren psychischen Konfliktes in körperliche Reaktionen im Sinne einer Scheinlösung (Konversionsreaktion), Überlastungsreaktionen (psychosozialer Streß), ungünstige Arbeits- und Berufsbedingungen. Eine Laryngitis kann im Sinne einer Organfokussierung prädisponierend wirken. Aktiver Persönlichkeitstyp.

Symptome. Die Stimme klingt belegt, rauh, klangarm, knarrend, gepreßt, diplophon. Von der Stimmbelastung abhängige und in ihrer Intensität schwankende Heiserkeit. Nach kurzer Stimmruhe Beschwerdefreiheit. Räusper- und Schluckzwang. Kloßgefühl beim Leerschlucken (Differentialdiagnose: Globusgefühl), Fremdkörpergefühl im Hals. Empfindung einer vermehrten Schleimbildung. Trockenheitsgefühl im Rachen (Wassertrinken beim Reden). Kitzeln im Kehlkopf mit Hustenreiz und nachfolgender kurzdauernder krampfhafter Aphonie. Schmerzen im Bereich des Kehlkopfes und der Halsmuskulatur. Im Spätstadium ständige Heiserkeit.

Gewohnheitsräuspern und Hüsteln als Begleiterscheinung oder Mitursache. Es ist oft nur anfangs zweckgerichtet, dann reflektorisch (Gewohnheitsräuspern). Ausbleiben beim Essen und Trinken und bei angespannter Aufmerksamkeit auf andere Dinge. Als Folgeerscheinung umschriebene Rötung der Schleimhaut der Stellknorpel. Schleim aus dem Ventriculus laryngis und den Schleimdrüsen der

Taschenfalten spielt auch eine Rolle für die Auslösung des Räusperns. Stoßartige Sprengung der Glottis beim Räuspern.

Die Hyperfunktion des Kehlkopfes äußert sich auch in einer gesteigerten Reflexbereitschaft des Rachens (gesteigerter Würgreflex). Hierdurch wird die Untersuchung des Kehlkopfes erschwert. Ein logopädischer Behandlungserfolg äußert sich daher u. a. in einer leichteren Untersuchung des Kehlkopfes (Normalisierung des Würgreflexes).

Anmerkung: Ursachen des Globusgefühls (Globus pharyngis):
- Stimmstörungen
- Funktionsstörung der Halswirbelsäule
- gastroösophageale Refluxkrankheit
- psychisch

Nebenwirkungen von Medikamenten: Antihypertensiva machen Schleimhauttrokkenheit.

Eine Sonderform der sekundär hyperfunktionellen Dysphonie soll die sog. vegetative Kehlkopfdystonie sein.

Symptome: Adduktionsinhibition der Stimmlippen, Tonuserhöhung im M. vocalis, verminderte oder aufgehobene Randkantenverschiebung, erschwerter subglottischer Druckaufbau, verkürzte Glottisschlußphase, Tendenz zum Pressen und zu supraglottischer Aktivierung, laryngeale Sensibilitätsstörungen (oft mit erheblichem Druckschmerz über dem Schildknorpeloberhorn einhergehend), eingeschränktes Stimmfeld, Tendenz zu allgemeinen muskulären Fehlspannungen, Symptome der allgemeinen vegetativen Dystonie, wie Neigung zur Nervosität, innerer Unruhe, kühle, feuchte Hände, Fingertremor, rote Flecken am Hals, verstärkter Dermographismus.

Befund.

Stimme. Mittlere Sprechstimmlage situationsbedingt erhöht. Harte Stimmeinsätze (Glottisschlag — klickendes Geräusch bei Phonationsbeginn von mit einem Vokal beginnenden Wörtern). Starke Tonhöhenschwankungen beim Halten eines Tones. Stimmumfang regelrecht. Tonhaltedauer normal bis leicht verkürzt. Schwelltonvermögen, insbesondere Abschwellen zum Piano, eingeschränkt. Nach hinten verlagerter Stimmansatz (Knödeln).

Gutzmann-Probe: Tonabweichung nach Druckentlastung größer als einen halben oder ganzen Ton nach oben.

Atmung. Thorakal- oder Klavikularatmung. Atmung stoßend, drückend, regellos.

Sprache. Artikulationszonen nach dorsal verschoben. Enge Artikulation mit geringen Kieferöffnungsbewegungen. Unzureichende Lippenbewegungen. Evtl. offenes oder geschlossenes Näseln.

Muskulatur. Verspannungen und Fehlstellungen der Zunge, der Lippen, des Unterkiefers, der Gesichts-, Hals-, Nacken-, Schulter- und evtl. der gesamten Körpermuskulatur. Hervortreten der Halsvenen infolge vermehrter Füllung (Stauung). Zunge nach dorsal verzogen. Vertikalbewegungen des Kehlkopfes verringert.

Palpation der Überfunktion der suprahyoidalen und subhyoidalen Muskulatur, indem man den Zeigefinger zwischen den Unterkiefer und die obere Kehlkopfbegrenzung legt (Böhme).

Pharynx. Bei länger bestehender Dysphonie Schleimhaut atrophisch, lackartig glänzend. Die Gefäße heben sich deutlich ab.

Kehlkopf. Spiegeluntersuchung des Kehlkopfes (indirekte Laryngoskopie) wegen der starken Verspannungen im Rachen (Würgreiz) und im ganzen äußeren Halsbereich erschwert. Die Epiglottis ist nach hinten gesenkt (Dorsalflexion), die Stimmlippen sind daher schwer einsehbar. Petioluswulst. Vorwölbung der Taschenfalten. Rötung der Stimmlippen oder nur der freien Ränder ***(Chorditis marginalis)*** infolge erweiterter Gefäße (Belastungshyperämie) durch hartes Gegeneinanderschlagen der Stimmlippen. ***Achtung vor Fehldiagnose „Kehlkopfkatarrh"*** oder ***Stimmbandentzündung!*** Zäher Schleim auf den Stimmlippen ist Folge, nicht Ursache der Stimmstörung. Die weißen Schleimtropfen sammeln sich an der Stelle der maximalen Schwingungen an der Grenze vom vorderen zum mittleren Stimmlippendrittel. Evtl. unvollständiger Stimmlippenschluß im hinteren Drittel ***(dorsale Schlußinsuffizienz)*** mit dreieckförmigem Glottisspalt infolge primärer Transversusschwäche bei hypofunktioneller Dysphonie. Dieser Befund wird auch als Folge übertriebener Spannung der Kehlkopfmuskeln gedeutet und als sog. hyperfunktionelles Dreieck (Ritze) aufgefaßt. Die gleiche muskuläre Kraft, welche die Stimmlippen in den vorderen zwei Dritteln ihrer Länge fest aneinanderpreßt, soll deren Schluß im hinteren Drittel nicht erlauben. Hoch- oder Tiefstellung des Kehlkopfes.

Stroboskopischer Befund. Verkürzte Schwingungsamplituden, eingeschränkte Randkantenverschiebung, verlängerte Schlußphase, Schwin-

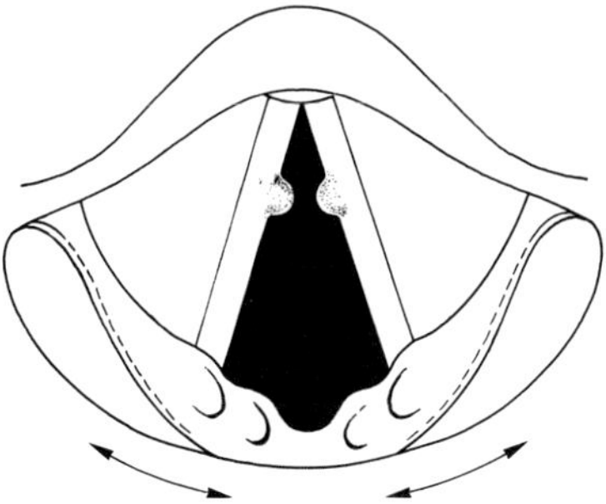

Abbildung 7-1:
Stimmlippenknötchen am Übergang vom vorderen zum mittleren Stimmlippendrittel bei Respirationsstellung der Stimmlippen

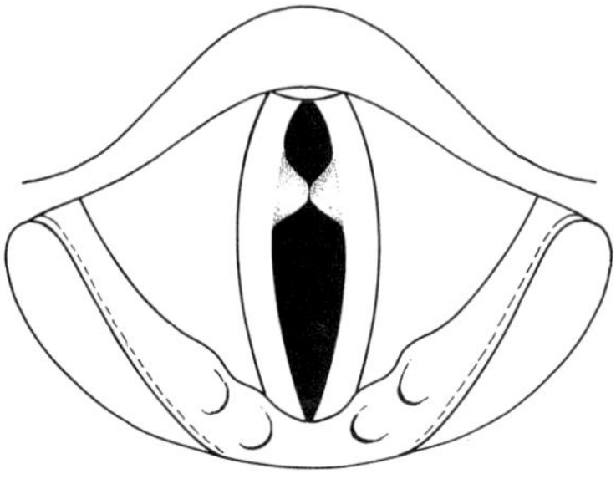

Abbildung 7-2:
Sanduhrförmiger Glottisspalt bei Phonation

gungsunregelmäßigkeiten (Symptom der Unschärfe im stehenden Bild, siehe auch Abschn. 2.3.4), seitendifferente Schwingungsbewegungen. Trotz Lautstärkesteigerung bleiben Schwingungsamplituden und Randkantenverschiebungen klein, oder sie nehmen nach zunächst leichter Zunahme mit weiterer Intensitätssteigerung wieder ab (Amplitudenkonstanz). Frequenzwechselperioden. Manchmal nur einseitige Schwingungseinschränkungen, dann meistens links.

Seltene Befunde: ***Schnarchfalten.*** Es handelt sich um den Aryknorpeln oder den aryepiglottischen Falten aufsitzende und bei der Atmung flottierende Schleimhautwülste. Sie sind durch arterielle oder venöse Hyperämie eines dort befindlichen Venenplexus bedingt. Hyperfunktionelle Dysphonie kann auslösende Ursache sein.

Überkreuzung (Voreinanderschieben) der Aryknorpel siehe Abschn. 8.1.

Auf der Grundlage der hyperfunktionellen Dysphonie kann es zur Ausbildung von Stimmlippenknötchen (sog. Schrei- oder Sängerknötchen, Abb. 7-1, 7-2) am Übergang vom vorderen zum mittleren Stimmlippendrittel kommen (siehe Abschn. 14.2.6). Auch breitbasige Verdickungen im mittleren Stimmlippendrittel sowie Randkantenödeme werden beobachtet. Bei akuter Stimmüberlastung ***ödematöse Stimmlippenknötchen*** oder ***Stimmlippenhämatom.***

Frühsymptom drohender Knötchenbildung: Bei Abduktion der Stimmlippen nach Phonation zwischen den typischen Punkten der

Knötchenbildung (Übergang vom vorderen zum mittleren Stimmlippendrittel) Schleimfaden. Bei Phonation zähe, punktförmige Schleimansammlung.

Stimmlippenknötchen (Phonationsknötchen) treten nur bei Frauen auf. Sehr selten bei Sängern. Bei akuter Stimmüberlastung kommen ödematöse Stimmlippenknötchen auch bei Männern vor.

Sonagraphie: Verschiebung der Hauptresonanzen in die tieferen Tonbezirke. Geräuschbildungen in den hohen Frequenzbereichen, Zusammenfließen einzelner Silben durch Stimmgeräusche oder durch einen übermäßig hervorgehobenen Grundton. Beim Halten eines Tones starke Tonhöhenschwankungen (geringere Stimmstabilität).

Verlauf (bei Nichtvorhandensein von Stimmlippenknötchen).

- Nach längerem Fehlgebrauch der Stimme Gewebsverdickung der Taschenfalten und Hypertrophie des M. ventricularis.
- Hyper- und hypofunktionelle Symptome können abwechselnd beim gleichen Patienten vorkommen.
- Übergang in eine hypofunktionelle Dysphonie im Sinne eines Erschöpfungszustandes selten möglich mit ovalärem oder dreieckförmigem Glottisspalt (Vokalisschwäche oder Transversusschwäche). Die hyperfunktionellen Zeichen im Taschenfalten- und Kehlkopfeingangsbereich können weiterbestehen (hyperfunktionelle Dysphonie mit sekundärer Hypofunktion).
- Übergang in eine unerwünschte Taschenfaltenstimme und schließlich in eine spastische Dysphonie (selten, da eigenständiges Krankheitsbild).
- Übergang in einen Sulcus glottidis selten.

Differentialdiagnose.

Kehlkopfkatarrh.

Hormonelle Stimmstörungen z. B. bei Hyperthyreose oder Hypothyreose, hier mit kompensatorischen hyperfunktionellen Symptomen.

Unvollständige Mutation bei zu hoher mittlerer Sprechstimmlage (bei Männern höher als c).

Therapie.

Allgemeine Hinweise. Rauch- und Alkoholverbot. Vermeiden von Husten und Räuspern wegen der Gefahr zusätzlicher Stimmlippenschädigung (Schleimhautrötung, Schleimauflagerung, Hypersekretion). *Kei-*

nesfalls Flüstern, da unphysiologisch; möglichst wenig und mit normal lauter Stimme sprechen. Vor Beginn der Stimmtherapie eine Woche Stimmruhe.

Zu lange Stimmruhe ist schädlich. Evtl. zusätzlich Libriumgaben zur Entspannung und Codeinpräparate gegen Husten. Während der ersten drei Wochen der Stimmtherapie keine berufliche Stimmbelastung. Dauer einer intensiven Stimmtherapie ca. vier Wochen.

Massage. Lockerung der Muskulatur durch Vibrationsmassage auf Hals, Brustbein und Schultergürtel. Hierbei Summ- und Brummübungen. Ohne Phonationsübungen ist die Vibrationsmassage wertlos. Durch Vibrationsmassage wird gleichzeitig eine bessere Durchblutung und Kräftigung der Muskulatur erreicht.

Entspannungsübungen. Lippenflattern, Kieferschütteln. Die Atem- und Stimmtherapie nach Schlaffhorst-Andersen verbindet Körper-, Atem- und Stimmübungen miteinander.

Lösung von gesamtkörperlichen Verspannungen, z. B. durch Eutonie nach Gerda Alexander, Körperbewußtseinsmethode nach Moshé Feldenkrais, funktionelle Entspannung nach M. Fuchs, progressive Relaxation nach Jacobson, autogenes Training nach Schultz, konzentrative Bewegungstherapie nach Stolze. Ziel ist bewußtes Erleben der Körperreaktionen durch vertiefte Aufmerksamkeit sowie selbständiges Einwirken auf Spannungszustände.

Atmung. Umstellung des pathologischen Atemtyps auf die physiologische kostoabdominale Atmung. Erlernen der Zwerchfellatmung unter Verwendung der Blasebalgübungen nach Fernau-Horn. Erlernen bewußter Atemführung, Atemverlängerung und Atemeinleitung nach Pahn, Parow und Wängler. Atemübungen nach Coblenzer und Muhar oder Lodes. Haltungskorrektur.

Stimmübungen. Diese bestehen aus Resonanzübungen, weichen Stimmeinsatzübungen, Stimmansatzübungen und Übungen zur Verlängerung der Tonhaltedauer.

a) Die *Resonanzübungen* setzen sich zusammen aus Summübungen nach Seeman auf „m" oder den Summ- und Brummübungen nach Spiess, Kauübungen nach Fröschels und Nasalwechselübungen nach

WÄNGLER, wobei die Nasallaute „m, n, ng“ im Wechsel geformt werden. Nasalierungsübungen nach PAHN.
Die Einstellung des Ansatzrohres beim Summen, besonders die Erschlaffung des Gaumensegels, wird genutzt, um die Einstellung eines geringen Muskeltonus auf den gesamten Stimmapparat zu übertragen und so eine Reduzierung von Hyperfunktionen zu erreichen.

b) Eine Verlängerung der *Tonhaltedauer* erhält man durch Vokalübungen mit gleichmäßig fließendem Atem auf „o“.
c) Erweiterung des Stimmumfanges. Senkung der mittleren Sprechstimmlage.
d) *Weiche Stimmeinsätze* werden mit Wörtern geübt, die mit stimmhaften Konsonanten beginnen, z. B. mit w, l, j, z. B. nach SVEND SMITH.
e) *Stimmansatzübungen* bezwecken, den Stimmansatz soweit wie möglich nach vorn zu verlagern. Dies erreicht man mit Konsonanten der ersten beiden Artikulationszonen, also b, d, n.
f) *Artikulation.* Achten auf deutliche Artikulation und gute Beweglichkeit der Artikulationsorgane, insbesondere auf ausreichende Kieferöffnungsweite. Weitung des Ansatzrohres durch Gähnübungen nach FERNAU-HORN.
g) *Verstärkte auditive Kontrolle.* Da es vielen Patienten schwerfällt, den Klang ihrer eigenen Stimme zu beurteilen, werden Tonbandaufzeichnungen angefertigt. Diese werden im Beisein des Patienten abgespielt und kritisch besprochen.
h) Bei Diskrepanz zwischen Sprech- und Singstimme, d. h. wenn trotz heiserer Stimme gut gesungen werden kann, Beginn der Stimmtherapie mit Singübungen.
i) *Stimmheilkur* im Rahmen eines Kurverfahrens: Stimmtherapie, Hörtraining, phonisch-rhythmische Gymnastik, Entspannungstraining, Psychotherapie, Physiotherapie, themenzentrierte Interaktion.

Prognose. Beziehung zwischen Therapieerfolg und Musikalität. Patienten mit hyperfunktioneller Dysphonie sind jedoch oft unmusikalisch.

Eine dorsale Schlußinsuffizienz ist durch eine logopädische Behandlung meist nicht beeinflußbar. Sie kann auch nach Abtragung von Stimmlippenknötchen bestehenbleiben. Trotzdem Besserung des Stimmklanges und der Ermüdungserscheinungen beim Sprechen infolge Entspannung der an der Phonation beteiligten Muskulatur.

Juvenile hyperfunktionelle Dysphonie. Es handelt sich um die häufigste Stimmstörung bei Kindern. Knaben sind häufiger betroffen als Mädchen (3 : 1). Entstehung meist im Vorschulalter. Es besteht die Gefahr der Entwicklung von Stimmlippenknötchen (oft im Alter von 5–10 Jahren).

Entstehung. Konstitutionelle und habituelle Faktoren, fehlerhafte Stimmgewohnheiten der Umgebung (familiäre Dysphonie), übermäßiger Gebrauch der Stimme durch zu lautes Sprechen und Singen oder schrilles Schreien, evtl. um die Aufmerksamkeit der Umgebung zu erreichen, dominierendes oder aggressives Spielverhalten. Die Kinder sind laut und extrovertiert. Infekte der oberen und unteren Luftwege sowie Kehlkopfasymmetrien wirken begünstigend. Eine Schlußinsuffizienz des Gaumensegels stellt einen prädisponierenden Faktor für die Bildung von Stimmlippenknötchen dar.

Symptome. Stimme rauh, heiser, oft verhaucht, mittlere Sprechstimmlage zu tief. Räusperzwang und Bellhusten können sich automatisieren und psychisch fixieren.

Befund. Die weichen Explosivlaute b, d, g werden durch harte (p, t, k) ersetzt. Die Artikulation ist unpräzise und verwaschen, der Sprechablauf schnell.

Indirekte oder direkte Laryngoskopie. Ödematös aufgelockerte, zur Mittellinie spindelförmig aufgetriebene Stimmlippen oder diffuse Infiltration des gesamten Stimmlippengewebes oder umschriebene Knötchen. Fehlender dorsaler Glottisschluß durch ungenügende Adduktion der Stimmlippen. Rötung im Bereich des dorsalen Eingangspfeilers. Stroboskopisch verkürzte Schwingungsamplituden.

Differentialdiagnose. Breitbasige Knötchen mit Rötung der Stimmlippen im Sinne einer Belastungshyperämie können mit einer hyperplastischen Laryngitis verwechselt werden.

Therapie. Eine gewisse Reife und Einsicht des Kindes sind für die logopädische Behandlung Voraussetzung. Die Umstellung auf eine leisere Sprechweise bedeutet einen Eingriff in die Persönlichkeitsstruktur des Kindes. Chronische Infekte der oberen Luftwege müssen behandelt werden.

Anwendung verhaltenstherapeutischer Techniken bei der Anbahnung anderer Stimmgewohnheiten. Familientherapeutische Maßnahmen bei sozialpsychologischen Entstehungszusammenhängen. Anhebung der mittleren Sprechstimmlage. Logopädische Behandlung ab dem 7.–8. Lebensjahr sinnvoll. Keine Abtragung der Stimmlippenknötchen, da diese bei Knaben spontan spätestens in der Pubertät (Mutation) verschwinden, bei Mädchen jedoch meist nicht (siehe auch Abschn. 14.2.6).

7.1.2 Taschenfaltenstimme

7.1.2.1 Unerwünschte Taschenfaltenstimme

Es handelt sich um die Extremform der hyperfunktionellen Dysphonie. Normalerweise werden die Taschenfalten zur Stimmbildung nicht benutzt. Pathologischerweise kann die Stimme durch Schwingungen der Taschenfalten erzeugt werden, ohne daß organische Veränderungen der Stimmlippen vorliegen.

Entstehung. Eine Überbeanspruchung des Stimmorgans hat eine immer schlechtere Stimme zur Folge, und die Stimmgebung muß immer gewaltsamer erzwungen werden. Schließlich springt diese Fehl-Dauer-Überspannung des Stimmapparates auf ein fremdes Innervationssystem über und beteiligt auf diese Weise die Taschenfalten. So kommt es zur Hyperfunktion des ***stylopharyngealen Muskelsystems*** (M. stylopharyngeus, M. thyreopharyngeus, M. palatopharyngeus, M. obliquus [Fortsetzung des M. aryepiglotticus]). Dadurch Anhebung des Bodens der Recessus piriformes; Rotation der Aryknorpel nach innen, wobei sich die Taschenfalten aneinanderlegen.

Anmerkung: Die Innervation des M. stylopharyngeus erfolgt durch den N. glossopharyngeus; bei Stimmlippenlähmungen sind daher Bewegungen der Taschenfalten möglich. Dies ist von Bedeutung bei doppelseitiger Stimmlippenlähmung mit Fixation der Stimmlippen in Intermediärstellung.

Dieser Entstehungsmechanismus der Taschenfaltenstimme und die hierauf basierenden logopädischen Behandlungsmöglichkeiten werden neuerdings bezweifelt.

Oder Entstehung der Taschenfaltenstimme durch Kontraktion des M. ventricularis (Taschenfaltenmuskel); diese führt zu einer Taschenfaltenadduktion, einem Ziehen des Aryknorpels nach vorn und einer Senkung des Kehldeckels.

Der M. ventricularis wird vom N. laryngeus superior innerviert. Bei kompletter Vaguslähmung ist daher keine Adduktion der Taschenfalte der betreffenden Seite durch Kontraktion des Taschenfaltenmuskels möglich.

Die Taschenfaltenstimme entsteht durch Schwingungen der vorderen zwei Drittel der Schleimhautränder. Im hinteren Drittel entweicht „wilde“ Luft.

Ursachen. Extreme hyperfunktionelle Dysphonie; Beibehalten der Taschenfaltenstimme nach abgeklungener chronischer Laryngitis: psychische Faktoren.

Symptome. Die Stimme klingt gepreßt, rauh, heiser, ächzend, tief. Laryngeale und pharyngeale Mißempfindungen.

Befund. Mittlere Sprechstimmlage zu tief (Strohbaß), Stimmumfang eingeschränkt, geringe Modulationsfähigkeit der Stimme. Bei Phonation starke Annäherung oder Kontakt beider Taschenfalten, die hyperplastisch sein können (Gewebsverdickung und Hypertrophie des M. ventricularis), evtl. mit granulierter Oberfläche. Die Epiglottis ist nach hinten geneigt und der Kehlkopfeingang eingeengt (supraglottische Einschnürung). Die Stimmlippen sind kaum oder nicht sichtbar. Zur Klärung des Stimmlippenbefundes ist dann eine Untersuchung mittels flexibler Optik pernasal mit Durchtritt zwischen den Taschenfalten oder eine direkte Laryngoskopie erforderlich. Oft ist primär oder sekundär als Folge der Taschenfaltenstimme kein vollständiger Stimmlippenschluß mehr vorhanden.

Differentialdiagnose.
Primäre Taschenfaltenhyperplasien. Ursachen:
- Glandulär zystische Taschenfaltenhyperplasie (dyschylischer Pseudotumor). In den Taschenfalten befindet sich ein Konglomerat von Schleimdrüsen mit dilatierten Gängen.
- Innere Laryngozelen.

- Prolaps entzündlich-ödematös geschwollener Schleimhaut des Ventriculus laryngis.
- Bei einseitiger Taschenfaltenverdickung Ausschluß eines Tumors im Bereich der Taschenfalte selbst mit verborgener Lokalisation im Ventriculus laryngis oder an der laryngealen Epiglottisfläche. Hierdurch erscheint die Taschenfalte infolge Verdrängung aus der Umgebung oder durch Nachbarschaftsödeme verdickt.
- Entzündlich bedingte Taschenfaltenverdickungen bei Allergie oder nach Bestrahlung.

Sekundäre Taschenfaltenhyperplasien bei hyperfunktioneller Dysphonie, bei chronischer Laryngitis, Reinke-Ödem der Stimmlippen, einseitigen Stimmlippenlähmungen, nach Chordektomie.

Einseitige, meist nur linksseitige Taschenfaltenvorwölbung im vorderen Drittel der Taschenfalte infolge fast nur bei Männern vorkommender Impression (Einwölbung) der Schildknorpelplatte durch ungleichmäßiges Größenwachstum der Schildknorpelplatten während der Mutation. Die sich übermäßig verlängernde Schildknorpelplatte wölbt sich unter der Sogwirkung des Luftstromes, dem Druck der extralaryngealen und dem Zug der endolaryngealen Muskulatur nach innen. Zusätzlich muß eine Schwächung der Knorpelstruktur (Wandschwäche) vorhanden sein (siehe auch Abschn. 8.1).

Eine Impression der Schildknorpelplatte geht oft mit weiteren Asymmetrien einher:
- Verdrängung des Schildknorpels zur Gegenseite
- Verdrängung der hinteren Kommissur zur gleichen Seite
- Glottisschiefstand
- Weiter-hinten-Liegen der aryepiglottischen Falte der gleichen Seite und Überkreuzen bei Phonation an der dorsalen Seite.

Hyperfunktionelle Form der psychogenen Dysphonie. Nur aufgrund der Vorgeschichte möglich: plötzliches Auftreten der Heiserkeit.

Spastische Dysphonie (Stimmveränderungen durch phonischen Stimmritzenkrampf). Hier normale Singstimme und zwischendurch klare Phonationsperioden. Die für die spastische Dysphonie typischen Vokalunterbrechungen bei angestrengter Stimmgebung können auch bei der Taschenfaltenstimme vorkommen.

Anmerkung: Bei granulierendem Aussehen der Taschenfalten ist ein Probeexzision erforderlich.

Therapie.

Konservative Maßnahmen. Abbau der hyperfunktionellen Fehlfunktionen im stylopharyngealen Muskelsystem. Atemübungen, Summübungen mit weichem Stimmeinsatz usw. (siehe Therapie der hyperfunktionellen Dysphonie). Unterstützend wirken Schleimhautanästhesie des Pharynx und Larynx sowie allgemeine Entspannung durch autogenes Training nach Schultz oder durch das *Entspannungstraining* nach Jacobson. Es ist leichter und schneller zu erlernen als das autogene Training. Das Entspannungstraining beruht auf dem Erlernen einer Technik zur progressiven Muskelentspannung. Alle Muskeln des Körpers (16 Gruppen) müssen in bestimmter Reihenfolge fest angespannt und anschließend entspannt werden. Dadurch wird eine Verringerung der Muskelspannung unter das Anspannungsniveau erzielt.

Dehnung der Taschenfalten in Lokalanästhesie mit der Gutzmann-Zange. Anästhesie der Nn. laryngei superiores, die die Taschenfaltenmuskeln innervieren. Injektion eines Lokalanästhetikums in den Schnittpunkt der Plica pharyngoepiglottica mit der Plica palatostyloidea (medialer Bereich des Recessus piriformis).

Operative Maßnahmen. In Ausnahmefällen Durchtrennung des M. stylopharyngeus (Réthi) oder Verlagerung der Taschenfalten nach außen über ein Schildknorpelfenster (Laterofixation nach Herrmann), oder partielle Exzision der Taschenfalten.

7.1.2.2 Erwünschte Taschenfaltenstimme

Es handelt sich um eine *Ersatzphonation* durch Aneinanderlegen der Taschenfalten bei organischen Veränderungen der Stimmlippen, z.B. bei Kehlkopfoperationsfolgen (Chordektomie, frontolaterale Teilresektion), Synechien des vorderen Stimmlippendrittels mit unvollständigem Stimmlippenschluß nach Dekortikation oder frontolateraler Teilresektion, doppelseitiger Stimmlippenlähmung in Intermediärstellung, Kehlkopftraumen (äußeren Traumen, Intubationsschäden), chronischer Laryngitis, kongenitalen Stimmlippenmißbildungen; hypofunktioneller Dysphonie mit großer ovalärer Spaltbildung (Internusschwäche), falls

Kollageninjektion ohne Erfolg; Myasthenie des M. vocalis nach Laryngitis, Fixation der Stimmlippen in Intermediärstellung nach Arthritis des Krikoarytänoidgelenkes.

Anbildung der Taschenfaltenstimme: Durch Pressenlassen bewußtes Herbeiführen einer hyperfunktionellen Stimmgebung.

Anmerkung: Posterior-anteriorer Ersatz-Phonationsmechanismus durch Aryknorpel-Epiglottis-Annäherung. Hierbei können die Aryknorpel selbst auch Schwingungsfähigkeit erlangen und die Phonation begünstigen.

7.1.3 Hypofunktionelle Dysphonie

Es handelt sich um eine Schwäche der Kehlkopfmuskulatur mit dadurch bedingtem unvollständigem Stimmlippenschluß. Bei Frauen häufiger als bei Männern. Persönlichkeitstyp: übergenau, gewissenhaft, Bemühen um Durchsetzung, Schwächen werden ungern zugegeben.

Ursachen:
- Anlagebedingte Schwäche der Kehlkopfmuskulatur, allgemeiner Schwächezustand oder nur lokale Schwäche im Kehlkopfbereich.
- Allgemeine Erkrankung, z. B. entgleister Diabetes mellitus, Lebererkrankungen, Kreislaufinsuffizienz, Addison-Krankheit (Nebennierenrindenschwäche), Hyperthyreose (thyreotoxische Myopathie). Altersschwäche. Gewichtsabnahme, z. B. bei Abmagerungskur.
- Myasthenie nach einer Myositis des M. vocalis oder M. arytaenoideus transversus infolge einer akuten Laryngitis.
- Entwicklung aus einer lange bestehenden primären hyperfunktionellen Dysphonie infolge eines schließlich einsetzenden sekundären Erschöpfungszustandes der Kehlkopfmuskulatur.
- Gewohnheitsmäßige Fehlhaltungen; Ängstlichkeit.
- Intubation. Nach vielstündiger Intubation Bewußtloser als Folge des langdauernden Überdehnungsreizes; therapieresistent.

Symptome. Leise, matte, belegte, heisere, verhauchte, klangarme Stimme; Ermüdung beim Sprechen; Trockenheitsgefühl; Halsschmerzen. Manchmal offenes Näseln infolge zu schwacher Kontraktion des

Gaumensegels. Aussprache undeutlich. Durch unvollständigen Stimmlippenschluß vermehrter Luftverbrauch (wilde Luft) beim Sprechen.

Befund. Körperhaltung schlaff, Atmung flach, hoher Luftverbrauch beim Sprechen mit verkürzten Phonationsphasen und beschleunigter Atemfrequenz beim Sprechen (phonatorische Dyspnö), Einengung des melodischen Akzentes (Monotonie), Steigerungsfähigkeit der Stimme gering oder aufgehoben (Rufen, Schwelltonbildung). Tonhaltedauer verkürzt, mittlere Sprechstimmlage normal oder erhöht. Lippenkieferspiel vermindert. Stimmeinsätze weich, verhaucht. Kompensatorisch (sekundär) Verspannungen der mimischen Muskulatur sowie der Artikulations- und Halsmuskulatur. Pianosingen ist erschwert; „Loch" in den Registerbruchstellen. Vertikalbewegungen des Kehlkopfes kompensatorisch vergrößert.

Indirekte Laryngoskopie:
- Ovalärer Glottisspalt *(Internusschwäche)*,
- Dreieckförmiger Spalt infolge mangelnden Glottisschlusses im hinteren Stimmlippendrittel *(Transversusschwäche* mit dorsaler Schlußinsuffizienz)
- Dreieckförmiger Spalt im hinteren und mittleren Stimmlippendrittel *(Lateralis-obliquus-transversus-Schwäche)*
- Klaffen der Stimmlippen in ihrer gesamten Länge.
- *Kombinierte Internus-transversus-Schwäche* ist selten (Sanduhrglottis).
- Im Spätstadium oder nach Myositis Atrophie der Stimmlippen mit Exkavation auch in Respirationsstellung.

Der Befund der phonatorischen Glottisinsuffizienz muß stroboskopisch abgesichert werden. Bei stroboskopischer Betrachtung kann nämlich ein Glottisschluß noch zustande kommen, während er bei der indirekten Laryngoskopie mit gewöhnlichem Licht infolge Überwiegens der Öffnungsphase unvollständig erscheint.

Bei einseitiger Exkavation zuweilen kompensatorische Hyperplasie der anderen Seite (Ödem). Keine Abtragung, da sonst postoperativ noch ungünstigere Schwingungsbedingungen.

Weitere Kompensationsfolge bei glottischer Insuffizienz: Epiglottis-Aryknorpel-Annäherung (anterior-posteriore Phonation); Kippung des Kehldeckels nach hinten, die Stellknorpel gehen nach vorn.

Anmerkung: Bei Frauen findet man häufig geringe Schlußunfähigkeit der Stimmlippen im hinteren Stimmlippendrittel ohne negative stimmliche Auswirkungen. Der unvollständige Stimmlippenschluß beruht auf einer Minderfunktion der Adduktoren oder seltener auf einem Überwiegen des M. cricoarytaenoideus posterior (Stimmritzenöffner).

Stroboskopie. Erweiterte Schwingungsamplituden und Randkantenverschiebungen bereits bei leiser Phonation; mit wachsender Stimmstärke keine Änderung (Amplitudenkonstanz). Schlußphase verkürzt; daher kein Glottisschluß bei Untersuchung mit gewöhnlichem Licht; er kann bei stroboskopischer Untersuchung jedoch noch vorhanden sein (siehe auch Abschn. 2.3.4). Betonung der vertikalen Schwingungskomponente. Schwingungsunregelmäßigkeiten wie auch bei der hyperfunktionellen Dysphonie.

Verlauf. Aus einer primären Hypofunktion kann sich infolge von Kompensationsversuchen eine Hyperfunktion entwickeln.

Differentialdiagnose:
- Primäre hyperfunktionelle Dysphonie mit sekundärer Hypofunktion; das Krankheitsbild wird dann zu den hyperfunktionellen Dysphonien gerechnet. Befund:
  Internus- oder Transversusschwäche bei verkürzten Schwingungsamplituden
- Phonasthenie
- Bei primärer Hypofunktion Ausschluß der hypofunktionellen Form der psychogenen Dysphonie
- Hypophysenvorderlappeninsuffizienz
- Hypothyreose
- Morbus Addison (Nebennierenrindenschwäche)
- Restparesen nach Stimmlippenlähmung mit bis ventral reichender Schlußinsuffizienz.

Therapie. Bezüglich „allgemeiner Hinweise“ und „Massage“ wird auf die Therapie der hyperfunktionellen Dysphonie verwiesen.

Bei der Behandlung der primären hypofunktionellen Dysphonie ohne hyperfunktionelle Symptome brauchen meist keine Fehlfunktionen abgebaut zu werden, es kann gleich mit einem Neuaufbau der Stimme begonnen werden. Bei primärer Hyperfunktion müssen jedoch zunächst die hyperfunktionellen Symptome abgebaut werden.

Beginn der Therapie mit *Atemübungen.* Erlernen der richtigen Einteilung der Atemluft für die Phonation. Im Liegen läßt man während der Ausatmung ein stimmloses „sch", später ein stimmhaftes „s" sagen. Es folgen mehrmalige Unterbrechungen des Ausatmungsstromes; in den Pausen darf nicht nachgeatmet werden. Das Absetzen muß durch plötzliches Anhalten der Atemmuskulatur erreicht werden, nicht durch Glottisschluß.

Die Kraft, um eine gewisse Lautstärke der Stimme zu erzielen, darf nicht vom Hals-Schulter-Bereich genommen werden, d. h. mittels fehlerhafter Bruststütze. Daher Erlernen der *Zwerchfellstütze,* z. B. durch die Flankenstützübungen und Atemwurfübungen nach Fernau-Horn.

Kräftigung der Stimme durch Stoßübungen nach Fröschels. Erlernen des weichen bzw. physiologisch festen Stimmeinsatzes durch Abknallübungen (Ventiltönchen) mit Vokalen nach Fernau-Horn. Es folgen Stimmeinsatzübungen mit kurzen Vokalen mit Atemwurf und Federung nach Fernau-Horn. Zur Erzielung eines exakten Stimmlippenschlusses schließen sich Stimmeinsatzübungen mit stimmlosen Fortis-Verschlußlauten, d. h. Konsonanten wie p, t, k an.

Die Stimmübungen können durch gleichzeitige *Elektrotherapie* unterstützt werden.

Eine größere Stimme bekommt man weiterhin durch Verbesserung der Resonanz und Artikulation.

Behandlung der internistischen Grundleiden, roborierende Maßnahmen.

Zur Beseitigung von Exkavationen und Erzielung eines Glottisschlusses ein- oder beidseitige Stimmlippenunterspritzung (Hinterspritzung) mit in Glycerin gelöster Teflonpaste (oder Hydron-Gel oder Kollagen) während direkter Laryngoskopie in Narkose.

- Frühreaktionen. Vorübergehende leichte Rötung der Stimmlippen oder ödematöse Schwellung.
- Spätreaktion. Nach 6–10 Wochen Resorption des Glycerins möglich mit Stimmverschlechterung. Nachinjektion frühestens sechs Monate später.
- Komplikation. Granulombildung infolge Überempfindlichkeit gegen Teflon.
- Prognose. Kein Abwandern der Teflonpartikel in die Blut- oder Lymphgefäße. Keine Karzinomentstehung. Logopädische Nachbehandlung erforderlich.

Kollageninjektionstherapie. Kollagen ist im Gegensatz zu Teflon kein Fremdkörper. Im Gegensatz zur Tefloninjektion tritt keine Versteifung der Stimmlippen durch das Implantat ein. Nach der Injektion erfolgt eine Vaskularisierung des Implantates. Die mit dem Kollagen injizierte Salzlösung führt zu einer 50%igen Resorption der Injektionsmenge. Kollagen selbst kann abgebaut werden. Überkorrektur und eventuelle Nachinjektion sind daher erforderlich. Verwendung findet das Präparat Zyderm® (Kollagen aus Rinderhaut + Lidocain). Es bestehen folgende Kontraindikationen:
Lokal:
- Entzündliche Kehlkopferkrankungen
- Psychogene Stimmstörungen
- Respiratorische Glottisinsuffizienz (z. B. Dyspnoe bei Lungenerkrankungen)

Allgemein:
- Positive Substrat-Test-Reaktion
- Lidocain-Allergie
- Autoimmunerkrankungen
- Anaphylaktische Reaktionen in der Anamnese
- Schwangerschaft
- Kindesalter

Vier Wochen vor der geplanten Injektion ist daher ein intrakutaner Test mit dem zu verwendenden Präparat zwecks Ausschluß einer Allergie durchzuführen. Das Kollagen muß in die mittlere Schicht der Lamina propria injiziert werden, nicht in den M. vocalis. Bei atrophischen Stimmlippen infolge Stimmlippenlähmung Injektion entlang der medialen Oberfläche des M. vocalis mit zusätzlicher subepithelialer Injektion zwecks Medianverlagerung der Stimmlippe. Langzeitergebnisse liegen noch nicht vor (siehe auch Abschn. 11.5.2.3).

Prognose. Bei anlagebedingter hypofunktioneller Dysphonie oder bei Entwicklung der hypofunktionellen Dysphonie aus einer hyperfunktionellen Dysphonie ist die Beeinflussung durch logopädische Behandlung schwierig.

7.1.4
Dysphonia mixta

Es handelt sich um abwechselndes Auftreten hyper- und hypofunktioneller Symptome beim gleichen Patienten je nach der psychischen und vegetativen Gleichgewichtslage. Die stroboskopische Untersuchung läßt keine eindeutige Diagnose zu.

Beschränkung dann auf eine Einordnung des Geschehens als eine „funktionelle Dysphonie" erforderlich.

7.1.5
Phonasthenie (Stimmschwäche)

Ihre Begriffsbestimmung und Zuordnung sind noch uneinheitlich. Man versteht unter *Phonasthenie* eine abnorme Stimmermüdung auf hypofunktioneller Basis ohne Heiserkeit und ohne objektivierbare laryngostroboskopische Symptomatik.

Menschen mit einer Anlage zur wenig leistungsfähigen Stimme sind schon einer normalen Stimmbelastung beim Sprechen oder Singen nicht gewachsen. Folge ist eine Stimmermüdung. Evtl. Entstehung einer hyperfunktionellen Dysphonie als Kompensationsversuch oder, bei geringer Muskelspannkraft und adynamischem Persönlichkeitstyp, einer konstitutionellen hypofunktionellen Dysphonie.

7.1.6
Berufsdysphonien

Es handelt sich um kein einheitliches Krankheitsbild.

Entstehung der Berufsdysphonien durch exogene organische oder funktionelle Störungen.

a) Zu den durch exogene organische Veränderungen bedingten Störungen gehören plötzliche Ereignisse *(Unfälle)* oder Langzeiteinwirkungen schädlicher Substanzen *(Berufskrankheiten)*, d. h. chemische, mechanische (Stäube), physikalische (Hitze) Ursachen und Allergene.

Plötzliche Ereignisse. Prellungen und Verletzungen des Kehlkopfes, Schleudertrauma der Halswirbelsäule, Inhalation, z. B. durch Explosion frei werdender Gase oder ätzender Stoffe, Hitzeeinwirkung usw.

Symptome: Kehlkopfhämatome, Stimmlippenblutungen, Glottisödeme mit Heiserkeit und Atemnot.

Langzeiteinwirkungen. Inhalation von toxischen Dosen von Reizgasen, Nebeln oder Stäuben sowie klimatische und thermische Faktoren oder Allergene. Man findet Entzündungszeichen am Kehlkopf oder Ulzerationen, z. B. bei Chromateinwirkungen.

Versicherungsrechtlich liegt bei plötzlichen Ereignissen, also Kurzzeitschädigungen, ein ***Arbeitsunfall*** vor. Bei Langzeitschädigungen ist eine ***Berufskrankheit*** nur gegeben, wenn der betreffende Stoff in der Liste der Berufskrankheitenverordnung aufgeführt ist. Eine Anerkennung als Versicherungsfall erfolgt ab einer MdE (Minderung der Erwerbsfähigkeit) von 10%; eine Entschädigungspflicht besteht erst ab einer MdE von 20%.

Durch sog. Listenstoffe ausgelöste Stimmstörungen sind nach § *5* der z. Z. gültigen BKVO meldepflichtig. Bei nicht in der Liste der BKVO aufgeführten Stoffen kann eine Anerkennung und Entschädigung aufgrund des Unfallversicherungs-Neuregelungsgesetzes gemäß § 551 Abs. 2 erfolgen. Es findet dann Anwendung, wenn eine in der Liste nicht aufgeführte Erkrankung nachweislich auf eine berufliche Tätigkeit zurückzuführen ist.

b) Die berufsbedingten funktionellen Stimmstörungen (hyper- oder hypofunktionelle Dysphonie) treten auf bei Lehrern, Kindergärtnerinnen, Schauspielern, Sängern, Müttern mit mehreren Kindern, Sprechen im Lärm, bei Patienten mit schwerhörigen Angehörigen usw.

Ursachen. Ob eine hohe Stimmbelastung zur Dysphonie führt, wird von mehreren Faktoren bestimmt:
- Konstitutionell gegebene, individuell unterschiedliche Leistungsfähigkeit und Belastbarkeit des Stimmapparates
- Stimm- und Sprechtechnik
- Psychovegetative Faktoren, Konflikte
- Ungünstige Raumverhältnisse (Störgeräusche, trockene Luft).

Sprechen im Lärm: Steigerung des subglottischen Druckes, Zunahme der Spannung der Kehlkopfmuskulatur. Folge: Erhöhte Stimmintensität und Sprechstimmlage.

Ab 85 dB (A) bei 50% und ab 90 dB (A) bei 90% der Sprecher pathologische Abweichungen in der Stimmgebung. Auftreten von Stimmschäden ab dem 3. bis zum 7. Arbeitsjahr.

Die Entstehung einer ***chronischen Laryngitis*** als Folge des Sprechens im Lärm ist möglich. Eine stimmliche Überlastung prädisponiert zu einer Laryngitis oder läßt deren Auswirkungen deutlicher erscheinen.

Nur von geringerer Bedeutung sind: Erkrankungen der oberen Luftwege, Allgemeinerkrankungen.

Die Ursachen für die hohen Erkrankungsziffern bei *Lehrern* sind zu suchen in bisher fehlenden stimm- und sprachlichen Eignungsuntersuchungen vor Beginn des Studiums, ungenügender Stimm- und Sprechererziehung während des Studiums und in der Gesamtpersönlichkeit des Lehrers, also psychischen Momenten.

Symptome. Zunehmende Heiserkeit nach der 2.–3. Unterrichtsstunde, Räusperzwang, Trockenheitsgefühl im Hals und Halsschmerzen, zu hohe Sprechstimmlage, Hinaufschrauben der Stimme bei vermehrter Lautstärke.

Befund. Einschränkung des Sprechstimmumfangs auf eine Terz und weniger (normal ist eine Quint). Beschleunigtes Sprechtempo. Die Tonhaltedauer ist verkürzt. Die Artikulation ist nach hinten verlagert, die Lautbildung im Zahn- und Lippenbereich unpräzise. Das klinische Bild entspricht am häufigsten der ***hyperfunktionellen*** Dysphonie, seltener der ***hypofunktionellen*** Dysphonie bzw. den Mischformen.

Versicherungsrechtlich sind die funktionellen Dysphonien bei Lehrern und anderen Sprechberufen nicht in der Liste der Berufskrankheiten aufgeführt und können somit nicht als Berufskrankheit anerkannt werden, obwohl solche Dysphonien zur Berufsunfähigkeit führen können. Keineswegs liegt jeder Stimmstörung bei Lehrern eine Schädigung durch berufliche Einflüsse zugrunde. Es gibt Menschen mit einer anlagebedingten Schwäche der Kehlkopfmuskulatur. Diese können eben keinen Sprechberuf ergreifen.

Eine funktionelle Stimmstörung sollte nur dann als Berufskrankheit bezeichnet werden, wenn es nach mehrjähriger Tätigkeit in einem Sprechberuf zu bleibenden funktionellen oder organischen Schäden gekommen ist, trotz stimmlicher und sprachlicher Eignung für den

Beruf, trotz Sprecherziehung in der Ausbildung und trotz phoniatrischer Fürsorge im Beruf. Ergreifen Menschen mit anlagemäßig vorhandener Stimmschwäche oder sonstigen ungünstigen Voraussetzungen einen Sprechberuf und versagen dann nach kurzer Zeit, so kann es sich hierbei nicht um eine berufsbedingte Schädigung handeln; es müssen vielmehr besondere Ereignisse von außen dazukommen.

Es gibt jedoch bisher noch keine verbindlichen Kriterien, die für die Diagnosestellung „berufsbedingte Dysphonie" Voraussetzung sind.

Prophylaxe. Auf der Grundlage der bisher zur Verfügung stehenden Methoden ist es schwierig, unter den morphologischen und funktionellen Voraussetzungen das Für und Wider bezüglich der Ergreifung eines Sprechberufes sicher zu unterscheiden (vgl. Tab. 7-1 bis 7-4).

Tabelle 7-1: Untersuchungen bei Tauglichkeitsbeurteilungen für Sprech- und Gesangsberufe

- Hals-Nasen-Ohren-ärztliche Untersuchtung
- Hörprüfung
- Stimmklang
- Stimmeinsatz
- Sprechstimmlage
- Steigerungsfähigkeit der Stimme (bei normaler Sprechlautstärke 80–84 dB, bei maximaler Lautstärke 90–94 dB, Rufstimme 100–104 dB)
- Artikulation
- Sprechablauf

Tabelle 7-2: Zusätzliche Untersuchungen bei Tauglichkeitsbeurteilungen für Gesangsberufe

- Physiologischer (absoluter) und musikalischer Stimmumfang
- Registerübergänge
- Klang und Timbre der Stimme
- Schwelltonvermögen
- Vibrato
- Vokalausgleich
- Tonhalten und Beurteilung dieser Gesichtspunkte bei Anwendung in Lied und Arie

Tabelle 7-3: Phoniatrische Erkrankungen, die das Ergreifen eines Sprechberufes ausschließen (nach Böhme)

- Kehlkopfmißbildungen
- Sulcus glottidis
- Irreversible ein- oder beidseitige Stimmlippenlähmung
- Rezidivierende Stimmlippenknötchen
- Rezidivierende Stimmlippenpolypen
- Kehlkopfpapillome
- Therapieresistente postmutationelle Stimmerkrankungen
- Rezidivierende, therapieresistente hyperfunktionelle oder hypofunktionelle Dysphonie
- Taschenfaltenstimme
- Rezidivierende und therapieresistente psychogene Dysphonie oder Aphonie
- Spastische Dysphonie
- Chronische therapieresistente Laryngitis
- Irreversible Veränderungen der Stimme durch Kehlkopfverletzungen
- Gaumensegellähmung mit fehlender Kompensation
- Submuköse Gaumenspalte mit zu kurzem Gaumen u. offenem Näseln
- Offene und operierte Lippen-Kiefer-Gaumen-Spalte
- Stottern, Poltern
- Therapieresistente Sigmatismen besonders bei Kiefer-Zahnstellungsanomalien oder Hörstörungen
- Mittelgradige oder stärkere Schalleitungs- oder Schallempfindungs-schwerhörigkeit beiderseits
- Einseitige Taubheit

Tabelle 7-4: Erkrankungen, bei denen das Ergreifen eines Sprechberufes nicht empfohlen werden kann

- Allergische Rhinitis
- Chronische hyperplastische Kieferhöhlenentzündung
- Nasenpolypen
- Allergisch bedingtes Asthma bronchiale

Als *ungünstig* gelten: Langer Hals mit schwacher Muskulatur, flacher Mundboden, spitzer Winkel zwischen Kinn und Hals, dicke, hochgewölbte Zunge, Engstellung des Ansatzrohres, Hochstand und Asymmetrie des Kehlkopfes, wenig aufrichtbare und stark gefaltete Epiglottis, konstitutionell hohe Sprechtonlage und eingeschränkte Zwerchfellexkursionen, d.h. sog. Hochatmung. Bei unkompliziertem Heuschnupfen ist das Ergreifen eines Sprechberufes möglich. Siehe auch Tablelen 7-3 und 7-4.

Bei Sängern brauchen stark durchblutete Stimmlippen und verstärkte Gefäßzeichnung nichts Krankhaftes zu bedeuten; ebenso auch ein kleiner dreieckförmiger Glottisspalt bei Phonation im Bereich des hinteren Stimmlippendrittels.

Schnellere Stimmermüdung bei Sängern, wenn eine Partie durch Dialoge unterbrochen wird. Der rasch wechselnde Gebrauch unterschiedlicher Funktionsabläufe stellt eine besondere Belastung für den Stimmapparat dar.

Therapie. Siehe hyperfunktionelle Dysphonie oder hypofunktionelle Dysphonie.

Bei Lärmeinwirkungen Konditionierung des Stimmapparates durch Anpassungsprogramm: Selbstkontrolle, Korrektur, Training.

Allgemeine Gesichtspunkte. Ein angehender Sprecher muß einen physiologischen Stimmgebrauch lernen und den bewußten Einsatz stimmlicher Mittel, um bestimmte Wirkungen zu erreichen.

Zum physiologischen Stimmgebrauch gehören: Orientierung auf die Indifferenzlage, Sprechen mit optimalem Anblasedruck und das Vermeiden häufiger harter Stimmeinsätze, Schaffung günstiger Bedingungen für die Schallabstrahlung im Ansatzrohr (Vermeiden von Artikulationsverlagerungen, Verengungen im Rachenbereich, geringe Kieferöffnungsweite).

Beim funktionellen Hören vollzieht der Zuhörer die muskulären Aktivitäten des Sprechers nach. Bei falscher Sprech- und Stimmtechnik ermüdet der Zuhörer und seine Konzentration läßt nach.

7.2 Phononeurosen

Die Phononeurosen entstehen aufgrund von akuten oder chronischen *seelischen* Störungen. Die Übergänge von den Phonoponosen zu den Phononeurosen sind fließend.

Bei der Bezeichnung psychogen handelt es sich um einen Oberbegriff (Sammelbegriff). Man versteht darunter psychisch entstandene oder wesentlich beeinflußte Krankheitserscheinungen. Bei der Pathogenese einer psychischen Störung kommt der emotionalen Erlebnisverarbeitung eine wesentliche Bedeutung zu. Zu beachten sind eine Prädisposition in Form von angeborenen oder früh erworbenen psychologischen Reaktionsstereotypien, eine aktuelle Auslösung und Konsequenzen als Faktoren zur Aufrechterhaltung (z. B. sekundärer Krankheitsgewinn).

Psychogene Störungen werden unterteilt in:
- Neurosen, d.h. erlebnisbedingte Störungen der zerebralen Reizverarbeitung mit Krankheitswert. Diese werden weiter unterteilt in Psychoneurosen und Organneurosen bzw. vegetative Neurosen.
- Situativ ausgelöste Reaktionen und
- Psychosomatische Störungen.

7.2.1 Psychogene Dysphonie

Es handelt sich um eine psychogene Heiserkeit, die mit einer *Über-* oder *Unterfunktion* der Larynxmotilität einhergeht.

Entstehung. Streßsituationen, psychische Belastungen, Schreck, Depression, Neurose. Als Ursache wird meistens auch ein Kehlkopfkatarrh angegeben mit entsprechenden Symptomen.

Symptome. Unabhängig von einer Sprechbelastung auftretende Heiserkeit, rasch wechselnde Stimmsymptome, Pressen beim Sprechen oder hauchige Stimme, neurovegetative Symptome wie feuchte Hände, Schwitzen, Dermographismus, Tremor, starker Würgereiz bei der indirekten Laryngoskopie. Die Heiserkeit kann jedoch einziges Symptom sein.

Befund. *Hypofunktionelle* Symptome wie Internus- oder Transversusschwäche oder ***hyperfunktionelle*** Symptome wie Hervortreten der Taschenfalten, Senkung der Epiglottis.

Seltener Befund: Exkavation einer Stimmlippe (wie bei einseitiger Vokalislähmung), verkürzte Schwingungsamplituden, eingeschränkte Randkantenverschiebung. Weitere pathologische Stimmlippenbefunde kommen vor.

Diagnose. Normalisierung der Stimme bei Vertäubung der Ohren (z. B. mit zwei Bárány-Lärmtrommeln) oder bei Ausschaltung des kinästhetischen Rückkopplungssystems durch Schleimhautanästhesie im Rachen-Kehlkopf-Bereich.

Therapie. Zuerst logopädische Behandlung mit aufklärendem Gespräch, später evtl. zusätzlich psychologische Behandlung.

7.2.2 Psychogene Aphonie

Es handelt sich um eine Tonlosigkeit der Stimme; der Patient kann nur noch flüstern. Überwiegend sind Frauen betroffen. Sie entsteht wie die psychogene Dysphonie durch Schreckerlebnisse, Streßreaktionen, untragbar erscheinende psychische Belastungen, Depression, Neurose. Ursächlich wird oft ein Kehlkopfkatarrh angegeben mit entsprechenden subjektiven Symptomen, wobei sich die Stimme über eine Dysphonie zur Aphonie verschlechtert haben soll.

7.2.2.1 Hyperfunktionelle Form der psychogenen Aphonie

Sie tritt häufiger auf als die hypofunktionelle Form. Sie kann primär entstehen oder sekundär aus der hypofunktionellen Form.

Ursachen. Psychogene Faktoren oder sekundär nach akuter Laryngitis oder Dekortikation der Stimmlippen.

Symptome. Stimme tonlos, gepreßt.

Befund. Epiglottis nach hinten gesenkt, die Taschenfalten wölben sich vor, die Stimmlippen werden *zusammengepreßt;* erst ein extrem hoher

Anblasedruck sprengt die Glottis, und eine gepreßt-krächzende Stimme ertönt, die sofort wieder abbricht; oder es ist überhaupt keine Stimmgebung möglich. Rötung der Stimmlippen als Ausdruck einer Belastungshyperämie (Differentialdiagnose: Laryngitis).

Erklärung des Zustandekommens: Psychogen bedingte Hemmung der kortikalen Impulse; die subkortikalen Sphinktermechanismen funktionieren dagegen normal.

7.2.2.2
Hypofunktionelle Form der psychogenen Aphonie

Sie tritt seltener auf als die hyperfunktionelle Form.

Symptome. Plötzliches Auftreten und evtl. wieder plötzliches Verschwinden der Aphonie. Nervöser Reizhusten.

Befund. Bei Phonation *klaffende Stimmritze,* die eine Lähmung der Glottisschließmuskulatur vortäuscht; die Spaltbreite variiert jedoch. Fixation beider Stimmlippen in Lateralstellung ist möglich (Ofenrohrglottis). Zögernde, leicht ruckartige, ataktische Bewegungen der Stimmlippen oder schneller Schluß der Stimmritze mit Zurückspringen der Stimmlippen in Respirationsstellung. Seitendifferente Beweglichkeit der Stimmlippen, Verharren in Abduktionsstellung und somit Vortäuschung einer Stimmlipponlähmung. Oder ovaläre Schlußinsuffizienz. Eine diffuse durchscheinende Rötung der Stimmlippen ist Ausdruck einer Belastungshyperämie (Verwechslung mit Kehlkopfkatarrh möglich). Würgereflex oft abgeschwächt bis aufgehoben. Stroboskopie wegen der Aphonie nicht möglich.

Differentialdiagnose. Im Gegensatz zu *Stimmlippenlähmungen* oder Stimmlippenschwächen ist der Hustenstoß tönend, das Lachen stimmhaft. Die reflektorische Beweglichkeit der Stimmlippen ist also erhalten.

Stimmlippenteilparesen sind meist einseitig; bei doppelseitigem Auftreten zwecks Abgrenzung von dem dann gleichen Befund wie bei der psychogenen Aphonie evtl. Elektromyographie zum Ausschluß von Erkrankungen des extrapyramidalen Systems, amyotrophischer Lateralsklerose oder apraktischen Störungen usw., die mit Stimmlippenlähmungen einhergehen bzw. diese vortäuschen können.

Therapie. Sofortiger Beginn. Notfallsituation, denn mit jedem Tag stärkere Fixierung.

Erst Beseitigung der Stimmstörung, dann psychologische Behandlung.

Lockerungs- und Entspannungsübungen, s. auch Behandlung der hyperfunktionellen Dysphonie. Kehlkopfhandmassage, Larynxvibrator. Drei bis sieben Tage Stimmruhe ist zweckmäßig. Evtl. psychosomatische Behandlung.

Es gibt mehrere Verfahren für *Überrumpelungsversuche:*

- Brummen und summen lassen; dann Bindung des „m“ an einen Vokal usw.
- Ablenkung des Patienten und Aufhebung der Selbstkontrolle durch faradische Ströme, die einen milden Schmerz an der Halsseite erzeugen.
- Auslösung eines Hustens durch Einbringen von einigen Tropfen sterilen Wassers in Larynx und Trachea mit der Kehlkopfspritze.
- „Hi“ sagen lassen während der indirekten Laryngoskopie.
- Aufbau der Stimme über den immer vorhandenen Hustenstoß oder über das Räuspern, z. B. aus dem tönenden Hustenstoß kurzes Ausstoßen von ó, ó, ó, á, á, á, é, aé, dann länger gedehnte Einzelvokale mit hartem Stimmeinsatz und schließlich ganze Wörter. Gleichzeitig leichter Druck auf den Kehlkopf, um die Aufmerksamkeit auf die Organempfindungen bei der Stimmbildung zu richten.
- Anästhesie der Rachenschleimhaut zwecks Ausschaltung der kinästhetischen Eigenkontrolle. (Oder Leitungsanästhesie des N. laryngeus superior zur Unterbrechung des Reflexbogens bei der hyperfunktionellen Form.)
- Ausschaltung der akustischen Rückkopplung durch Vertäubung der Ohren mit zwei Bárány-Lärmtrommeln. Vertäubung über 10–15 Minuten, falls die Stimme nicht sofort klangvoll wird. Von 10000 ab rückwärts zählen lassen.
- Auslösen eines Würgereizes mit dem Mundspatel oder Kehlkopfspiegel.
- Berühren der Stimmlippen mit einem in ätherisches Öl getränkten Watteträger.
- Flatau-Handgriff: Der Mittelfinger der rechten Hand wird auf den Zungenrücken gelegt und stark abwärts gedrückt. Mit der linken Hand werden die hinteren Ränder des Schildknorpels umfaßt und zusammengedrückt. Der Patient muß gleichzeitig husten oder phonieren.

– Einführen einer Kugelsonde (Metallkugel mit 1 cm Durchmesser an gebogenem Stiel, Muck-Kugel) in die Glottis ohne Anästhesie, bis ein Erstickungsgefühl mit einem reflektorischen Angstschrei eintritt. Der Patient muß sofort unter energischen Befehlen vorgesprochene Laute nachsprechen. Anwendung bei der hypofunktionellen Form.

Der Patient wird durch eine logopädische Behandlung zunächst in eine Lebenssituation gebracht, in der sich für ihn das Sprechen mit normaler Stimme als das kleinere Übel darstellt. Erst nach Normalisierung der Stimme psychotherapeutische Maßnahmen, falls der Patient hierfür motiviert ist. Ohne Stimme finden zahlreiche psychotherapeutische Methoden keine Anwendung, z. B. Gesprächstherapie.

7.2.3 Spastische Dysphonie

Es handelt sich um eine Störung der Stimmgebung beim Sprechen infolge eines Stimmritzenkrampfes bei der Phonation. Es findet ein Einbruch des primitiven Sphinktermechanismus in die Phonation statt. Meist geht der Erkrankung ein längerer Leidensweg seelischer, körperlicher oder soziologischer Art voraus.

Entstehung. Überwiegen laryngealer Sphinktermechanismen gegenüber der Phonation infolge Hervortretens phylo- und ontogenetisch früherer Funktionsmuster.

Andererseits weisen zuweilen vorkommende extrapyramidale Zeichen, Hirnstammfunktionsstörungen im ENG und abnorme EEG-Befunde auf eine neurologische Ursache hin.

Ursache. Noch nicht geklärt. Vermutet werden:
Psychogene Faktoren (Depression, Neurose)
– Psychiatrische Erkrankungen. Manche Patienten müssen als Grenzfälle zur Psychose angesehen werden.
– Neurologische Erkrankungen (zentralnervöse Dysfunktion)

Es besteht kein Zusammenhang mit einem bestimmten Ereignis oder Erlebnis. Eine Anerkennung als Unfallfolge oder Kriegsschaden ist daher nicht möglich.

Ursächlich wird auch eine Störung der propriozeptiven Eigenkontrolle der Stimme evtl. als Folge einer Virusinfektion (Demyelinisation des N. recurrens wurde beobachtet) diskutiert.

Symptome. Die Stimme klingt gequält, stöhnend, ächzend, angespannt, gequetscht; knarrende Stimmeinsätze. Stimme kann ins Kopfregister überschlagen. In schweren Fällen völlige Stimmlosigkeit bei höchster Anspannung des gesamten Phonationsapparates. Beim Sprechversuch Eindruck, als ob Patienten gewürgt würden. Beim Anlauten Unterbrechung betonter Vokale, d.h. Trennung oder Überbetonung in zwei Tonstöße, die durch ein leises gepreßtes Weitertönen miteinander verbunden sind (A-apfel). Manifestation der Stimmstörung daher auch als Sprechablaufstörung (Stottern). Neigung zu freiwilligem Flüstern. Artikulation mühsam, evtl. inspiratorisches Sprechen. Übertriebene Mimik, Tics der vom N. facialis innervierten Gesichtsmuskulatur. Das Gesicht verfärbt sich rötlich bis zyanotisch. Hals- und Gesichtsvenen sind beim Sprechen infolge Anwendung der Bauchpresse gestaut. Spasmen der Thorax- und Abdominalmuskulatur führen zur Anstrengung bei der Ausatmung.

Die Stimme kann für kurze Zeiträume normal klingen. Die nicht kommunikative Stimmgebung (Flüstern, Lachen, Weinen, Singen) ist intakt.

Manche Patienten können abwechselnd spastisch oder bei Konzentration auf die Sprache normal sprechen.

Befund. Indirekte Laryngoskopie. Hat der Patient beim Spiegeln nicht auf Sprechen geschaltet, so findet man ein normales Kehlkopfbild mit normaler Stimmfunktion. Andernfalls sind bei *Phonation* die Stimmlippen wegen der aneinandergepreßten Taschenfalten kaum sichtbar. Die Phonation erfolgt jedoch mit den Stimmlippen. Manchmal findet man wie beim Stottern bei der Phonation zuckend intendierende, zu mehrmaligem kurzen Stimmlippenschluß führende ataktische Bewegungen der Stimmlippen (Stimmstottern).

Bei *Respiration* erkennt man, daß die Stimmlippen und Taschenfalten leicht gerötet sind (Belastungshyperämie), die Taschenfalten sind hypertrophisch.

Zuweilen zusätzlich Tremor von Kopf, Händen, Lippe, weichem Gaumen. Diskrete Abnormitäten des Stapediusreflexes und der Potential-V-Latenzzeit bei den akustisch evozierten Potentialen weisen auf eine Hirnstammdysfunktion hin.

Evtl. Kombination mit anderen spastischen Störungen, z.B. Colitis spastica. Manchmal pathologisches EEG vorhanden.

Elektromyographisch verlängerte und verstärkte Präphonationsphasen sowie postphonatorische Hyperaktivitäten. Direkter Übergang der postphonatorischen in die nächsten präphonatorischen Phasen.

Diagnose. Sie beruht in erster Linie auf der auditiven Beurteilung.

Differentialdiagnose:
- Beim Stottern findet man gleichfalls spastisch-dysphonische Bestandteile.
- Taschenfaltenstimme; sie tritt auch beim Singen auf, d.h. die Stimme ist immer heiser.
- Hyperfunktionelle Form der psychogenen Dysphonie
- Pseudobulbäre und bulbäre Dysarthrie (Dysarthrophonie)
- Spastische Formen der Zerebralparesen
- Amyotrophische Lateralsklerose
- Multipie Sklerose.

Therapie. Die Behandlung erfolgt von der ***psychischen*** und nur selten von der ***somatischen*** Seite her, da unter logopädischer Therapie Verschlechterungen beobachtet wurden. Insbesondere Änderung der Lebensumstände, unter denen die Erkrankung entstand.

Somatische Therapie. Entspannungsübungen im Liegen, vor allem Entspannung der Bauchmuskulatur. Atemübungen, die mit erst hauchender, dann flüsternder und schließlich fest intonierender Stimmgebung verbunden werden. Anschließend werden die Übungen in aufrechter Haltung durchgeführt. Zusätzlich Vibrationsmassage.

Kombination von Stimmübungen mit einseitiger Infiltrationsanästhesie des N. recurrens. Botulinumtoxininjektion durch das Ligamentum conicum in den M. vocalis. Wirkungsdauer 5–14 Wochen. Dann Nachinjektion. Nebenwirkungen: leise Stimme, Singen nicht mehr möglich, vorübergehende Schluckstörungen.

Operative Verfahren. Quetschung des N. recurrens und damit nur temporäre Ausschaltung. Folge ist eine dauerhafte Zerstörung der propriozeptiven Faser für die feinere Kontrolle der Stimmlippentätigkeit, während die motorischen Fasern zur Regeneration fähig sind.

Resektion eines Teilstückes aus dem N. recurrens einer Seite. Folge: Stimmlippenlähmung. Anschließend Wegfall der spastischen Komponente und auch allmähliches Verschwinden der körperlichen Begleiterscheinungen.

Myotomie der vorderen Kehlkopfmuskulatur (M. sternohyoideus, M. thyreohyoideus, M. sternothyreoideus bds.).

Die genannten Operationsverfahren sind nur Eingriffe an der Oberfläche des Krankheitsgeschehens. Sie befassen sich nicht mit dem Hintergrund der Krankheit.

Prognose. Schlecht, nur ca. 50% Heilungsquote. Späte Formen sind einer Therapie meist nicht mehr zugänglich. Therapiedauer Monate bis Jahre.

Anmerkung: Eine seltene Form der spastischen Dysphonie geht mit Unterbrechung der Stimmgebung durch Abduktionsspasmen einher.

7.2.4 Inspiratorische Stimmgebung

Stimmgebung während des Einatmens ist unphysiologisch. Nur bei Säuglingen kommen inspiratorische Schreie vor. Gelegentlich Vorkommen eines inspiratorischen „Ja“ im Gespräch. Sonst psychische Ursache.

Pferd wiehert, Katze miaut inspiratorisch. Ruf des Esels besteht aus einem inspiratorischen „I“ und einem exspiratorischen „A“.

7.2.5 Psychogene Fistelstimme

Vorkommen meist bei Frauen.

7.3 Dysodie

Es handelt sich um funktionelle Störungen der Sing- und Sängerstimme, die durch eine Störung des Stimmklanges und/oder eine Einschränkung der stimmlichen Leistungsfähigkeit in Erscheinung treten. Die Leistungseinschränkung fällt durch ein Nachlassen oder einen Verlust besonderer, natürlich vorhandener oder erworbener stimmlicher Fertigkeiten bzw. mangelhafte Belastbarkeit der Stimme auf. Die Strukturen, die sich an der Stimmgebung beteiligen, zeigen primär keine krankhaften organischen Veränderungen. Gewisse Fähigkeiten und Fertigkeiten im Singen müssen vor Einsetzen der Störung vorgelegen haben, ehe man von einer Dysodie sprechen kann. Ein unmusikalischer „Brummer", der nie singen konnte, leidet also nicht an einer Dysodie.

Singen und Sprechen liegen grundsätzlich gleiche Funktionsmechanismen zugrunde. Daher können sich Fehler der Singstimme auch in der Sprechstimme äußern. Es gibt aber eine Dysphonie ohne Dysodie. Rollen mit ständigem Wechsel von Singen und Sprechen können zu einer Dysodie führen. Funktionelle Störungen der Singstimme wirken sich bevorzugt im Bereich des Registerübergangs oder im Schwelltonvermögen aus. Die stroboskopische Untersuchung muß daher diese Übergangsbereiche mitumfassen.

Symptome. Erschwerter Stimmeinsatz, insbesondere erschwerter weicher Stimmeinsatz, Stimmbehauchung, Belegtsein der Stimme, Verkürzung der Tonhaltedauer, gestörtes Schwellen und Abschwellen, gestörte Registerwechsel, Sicherheitsverlust beim Intonieren, erschwertes Pianosingen, Abbrechen der hohen Töne besonders bei geringer Stimmintensität, Einengung des Stimmumfanges in der Tiefe, Erreichen der Höhe und des Forte nur durch erhöhten Kraftaufwand, mangelnde Modulationsfähigkeit, Elastizitätsverlust beim Vibrato, Kehlkopfsensibilitätsstörungen, Trockenheit im Rachen, schnelle Stimmermüdung.

Häufigste Ursachen der Dysodie: konstitutionelle Schwächen, schlechte Gesangsausbildung, Stimmüberforderung, zu schwierige Gesangspartien, psychische Beeinträchtigungen, falsche Einreihung bei Stimmtyp und Stimmgattung. Häufigstes Störungsbild ist die hyperfunktionelle Dysodie.

Chorsänger haben Probleme, sich in ihre richtige Stimmlage einzuordnen. Die meisten wählen eine zu hohe Stimmgattung. Ursächlich wird ein der stimmlichen Realität nicht entsprechendes Wunschbild der eigenen Stimme vermutet bzw. Tenormangel oder die leichter singbare, meist im Sopran liegende Melodiestimme. Hinzu kommt, daß die Chorliteratur überwiegend nur für hohe und tiefe Lage geschrieben ist; somit müssen die am häufigsten vorkommenden Mezzosopran- und Baritonstimmen ungünstige Kompromisse eingehen.

Singstimmveränderungen können erstes Anzeichen einer Sprechstimmstörung sein.

Ursachen funktioneller Störungen der Gesangsstimme (Dysodie):

a) Atemfehler beim Singen
- Zu kurzer Atem
- Unruhige Atemgebung
- Schlechte Atembalance infolge nicht gleichmäßig ablaufender Zwerchfellbewegungen, allgemeine Körperunruhe oder Überstütztheit durch Einatmen einer übergroßen Luftmenge
- Fehlende Atemstütze.

b) Fehleinstellungen im Ansatzrohr
- Verengte Klanggebung durch Rachen- und Kehlverengung
- Flache, gedrückte oder dumpfe Klanggebung durch zu hoch oder zu tief gestellten Kehlkopf
- Artikulationsbehinderung durch zu langsame Zungenbewegungen
- Näselnder oder greller Klang durch ein zu schlaffes oder zu gespanntes Gaumensegel.

c) Mängel der Vokal- und Konsonantenbildung
- Zu harter Stimmeinsatz
- Schwerfällige oder schwache oder zu weit rückwärts gelagerte Konsonanten
- Zu weit rückwärts gelagerte Vokalbildung
- Zu helle oder zu dunkle Vokalisierung.

d) Resonanzstörungen
- Unvollkommene Resonanz und Resonanzlosigkeit
- Timbrelosigkeit (Timbre entsteht vor allem in den von Rachen und hinterer Nase gebildeten Räumen)
- Einseitige Resonanzbetonung.

e) Registerstörungen
- Lageschwierigkeiten
- Reibungen (allgemeine Verspannung, die auch das Gaumensegel mit einbezieht, bewirkt eine verminderte Elastizität und Abspannungsfähigkeit. Mögliche Folge: „Reibungen", d. h. schabende und kratzende Nebengeräusche als Stimmbeiklang)
- Brüchigkeit (hochgradige Versteifung der Forte-Funktion einer Sängerstimme. Jedes Nachlassen der Tonstärke und damit der Festigkeit läßt die gesamte Stimme zusammenbrechen.)
- Scharfe Registergegensätze (bei einer Überdehnung der Register kann es sich um ein zu hohes Hinaufführen oder zu tiefes Herabziehen einzelner Register handeln).
- Einseitiges Training von Brust- oder Kopfstimme.

f) Störungen der Klangfarbe der Stimme
- Überhelle „weiße" Stimme (bedingt durch Klangvergrößerung durch allgemeines Training der Gesanggeschicklichkeit und durch Betonung der vorderen Resonanz; kein Vibrato)
- Überdunklung und Dumpfheit (schlechte Stimmlippenspannung mit unzulänglichem Schluß, schlaffe Atemführung, Überbetonung von Brust- und Kopfstimme mit Ausfall des Mittelregisters)
- Heller Knödel (Hochstand des Kehlkopfes mit Enge im Kehlraum und Ansatzrohr, verkrampfte aufgewölbte Zunge)
- Dunkler Knödel (Druck auf den Zungengrund, Kehlkopftiefstand, nach rückwärts gelagerte Artikulationsneigung, Fehlbildung einzelner Laute).

g) Ausfälle im Gebiet der Tonstärke
- Fehlendes Forte (nach Gebrauch großer Tonstärken mit Überanstrengung, Überspannung oder habituelle und krankheitsbedingte schwächliche oder zu schlaffe Einstellung im Gesamtorganismus)
- Fehlendes Piano (verfrühter Einsatz des Sängers in hochdramatischen Rollen, z.B. Heldenpartien, moderne Aufführungspraktiken, ständiges Forte-Singen).

h) Fehlende Tragfähigkeit der Stimme
- Zu kleine Stimme (meist anlagebedingt)
- Nicht in großem Raum tragende Stimme
- Das Piano trägt, das Forte hat keinen raumfüllenden Klang.

i) Fehlbeurteilung der Stimmgattung

Singen in einer zu hohen Lage (Tenor) ist auf die Dauer nur durch Fehlfunktionen möglich.

j) Unreinsingen
- Im ganzen Zu-tief-Singen (detonieren) oder Zu-hoch-Singen (distonieren, Störung des ausgewogenen Verhältnisses von Masse und Spannung; überwiegt die Masse, so wird der Ton zu tief, überwiegt die Spannung, so wird der Ton zu hoch)
- Lagenmäßig Zu-tief-Singen oder Zu-hoch-Singen.

Beispiele organischer Ursachen von Störungen der Gesangsstimme:
- Medikamente, z.B. Antihypertensiva mit Schleimhauttrockenheit. Einnahme von Kortikosteroiden mit abschwellender und muskelschwächender Wirkung (siehe Abschn. 10.2).
- Hormonelle Einflüsse, z.B. zyklische Schleimhautveränderungen bei Sängerinnen, die bei stimmlichen Belastungen zu Ödemen oder

Einblutungen in die Stimmlippen führen können (Prämenstruation, Menstruation). Einnahme von männlichen Hormonen.

Anmerkung: Bei der Stimmkonferenz 1885 in Wien einigte man sich auf a^1 = 440 Hz, während Verdi 432 Hz forderte (Verdi-Stimmung). Die Stimmung hat sich jetzt zuweilen bis auf fast 450 Hz erhöht, was zu Problemen auf gesanglicher Ebene führt, z. B. in der Handhabung unterschiedlicher Plazierungen des Tones, Schwierigkeiten des Registerwechsels, in der veränderten Klangfarbe und Intonation. Es bestehen daher Bestrebungen zur Wiedereinführung der Verdi-Stimmung.

Therapie. Die therapeutische Behandlung der Dysodie setzt Erfahrung in der Gesangspädagogik, im Umgang mit Sängern sowie den Übungsmethoden voraus. Der Therapeut muß Kenntnis besitzen in der gesangspädagogischen Terminologie sowie den wichtigsten Gesangspartien und ihren Besonderheiten.

8
Fehlbildungen des Kehlkopfes

Segelbildungen, Kehlkopfstenosen usw. sind überwiegend für den Laryngologen von Bedeutung. Bei den für den Phoniater wichtigen Fehlbildungen (Dysplasien) findet sich im Gegensatz zu anderen organischen Stimmstörungen bei Dysplasien keine ständige Heiserkeit, sondern nur eine vorzeitige Ermüdbarkeit der Stimme mit hypo- oder hyperfunktionellen Zuständen.

8.1
Kehlkopfasymmetrien

Es handelt sich um asymmetrische Formveränderungen des Kehlkopfes mit einer sog. *dysplastischen Dysphonie*. Keine Beziehung zwischen dem Ausmaß der Asymmetrie und dem Grad der Stimmstörung. Ein Sprechberuf sollte nicht ergriffen werden.

Ursachen.
Kongenitale Entstehung. Solche Kehlkopfasymmetrien beruhen auf anlagebedingten Kehlkopfmißbildungen, zum Teil einhergehend mit Asymmetrien des Gesichts oder des Gaumens (Tiefstand einer Gaumenhälfte).

Postnatale Entstehung infolge von Halswirbelsäulenmißbildungen, muskulären Fehlentwicklungen im Bereich des Halses, habituellen und traumatischen Krikothyreoid-Dislokationen, einseitigen Strumen, Narben nach Strumaresektion und Tracheotomie, Larynxhypoplasie bei allgemeiner Asthenie (Ausschluß endokrinologischer Ursachen erforderlich).

Postmutationelle Entstehung infolge Zurückbleibens einer Kehlkopfseite im Wachstum während des Stimmwechsels (siehe Abschn. 9.2.2).

Symptome. Ermüdungserscheinungen, Heiserkeit. Die stimmliche Insuffizienz wird durch vermehrte Anstrengung zu kompensieren versucht; Folge: hyperfunktionelle Dysphonie mit Hyperämie der Kehlkopfschleimhaut.

Befunde.

Scheinbare Überkreuzung, Überkreuzungsphänomen oder Vorkippen der Aryknorpel. Eine bessere Bezeichnung wäre: Aneinandervorbeischieben der Santorini-Knorpel oder der Arygegend. Es handelt sich um eine Adduktionsasymmetrie. Hierbei schieben sich jedoch nur die Tubercula corniculata (Santorini-Knorpel) und die lateral davon liegenden Tubercula cuneiformia (Wrisberg-Knorpel) aneinander vorbei. Die Spitzen der Aryknorpel sind daher nicht sichtbar. Nur bei ca. 50% der Patienten Stimmstörung.

Ursachen:
- Asymmetrische Stellung der Aryknorpel bzw. der Santorini-Knorpel bei Phonation oder Asymmetrie der Krikoarytänoid-Gelenke (siehe auch Abschn. 11.5.1, 11.3.2.5, 7.1.1).
- Unregelmäßiges Schildknorpelwachstum. Die Folge ist eine Asymmetrie der supraglottischen Schildknorpelanteile. Eine dadurch bedingte unterschiedliche Zugrichtung der aryepiglottischen Falten führt bei Phonation zu einer Lagedifferenz der Santorini-Knorpel (Tubercula corniculata). Verstärkung des Überkreuzungsphänomens durch eine Hyperadduktion. Meist erscheint der rechtsseitige Aryknorpel nach vorne geschoben. Die sog. Aryknorpelüberkreuzung geht mit einer hyperfunktionellen Dysphonie einher. Geht die Aryknorpelüberkreuzung mit einer Stimmstörung einher, dann keine Stimmnormalisierung durch logopädische Behandlung möglich.
- Verstärktes Wachstum einer Schildknorpelhälfte während der Mutation mit Einwölbung und Taschenfaltenvorwölbung, evtl. einhergehend mit einem Glottisschiefstand (siehe auch Abschn. 7.1.2).
- Zu starke Kontraktion des M. transversus infolge einer hyperfunktionellen Dysphonie.
- Postmutationelle Abweichung funktionellen Ursprungs infolge einer Hyperfunktion bestimmter Innenmuskeln des Kehlkopfes.

Differentialdiagnose:
- Abgrenzung von einer Asymmetrie nach Kehlkopffraktur durch Anamnese, Palpation und Röntgenaufnahme.
- Gegen eine posttraumatische Luxation spricht die gute Beweglichkeit bei Phonation und Respiration.

Glottisschiefstand infolge einer Schildknorpelasymmetrie. Diese ist palpatorisch feststellbar, da die Vorderkante einer Schildknorpelhälfte vorspringt. Die Stimmlippen verlaufen meist von rechts hinten nach links vorn. Die hintere Kommissur liegt auf der Seite der längeren Schildknorpelplatte. Dadurch wird leicht eine ***Stimmlippenlähmung*** vorgetäuscht (Abduktionseinschränkung).

Differentialdiagnose: Verdrängung des Kehlkopfes bei Struma, Tumoren, Halswirbelsäulenveränderungen.

Niveauunterschiede beider Stimmlippen.

Verschiedene Länge der Stimmlippen (Differenz 1–2 mm).

Verschiedene Breite der Stimmlippen

Ein- und doppelseitige Exkavation der Stimmlippen als Folge einer Hypoplasie oder Aplasie des M. vocalis.
- Achsenverschiebung. Die Sagittalachse des Schildknorpels ist gegenüber der Mediansagittalen der Halswirbelsäule zur Seite der kürzeren Schildknorpelplatte verschoben.
- Pomum Adami. Das Pomum Adami liegt extramedian auf der Seite der kürzeren Schildknorpelplatte.
- Impression der Schildknorpelplatte. Die längere Schildknorpelplatte wird angulusnahe lumenwärts eingebogen (Impression).
- Medialverlagerung der Taschenfalte. Die Taschenfalte auf der Seite der längeren Schildknorpelplatte wird bei Vorliegen einer Impression passiv medial verlagert.

Sulcus glottidis (Stimmlippenfurche): Längsfurche (Rinnenbildung) entlang des medialen Stimmlippenanteils. Sie zieht von ventral nach dorsal und unterteilt die Stimmlippe in eine obere und untere Hälfte. Behinderung der Schwingungsfähigkeit der Stimmlippen.

Ursachen:
- Kongenitale Hypoplasie oder Aplasie des M. vocalis
- Folge einer Muskelatrophie nach chronischer Laryngitis
- Folge einer lange bestehenden hyperfunktionellen Dysphonie
- Altersinvolution
- Nach Verletzung

Die Längsfurche ist in Respirationsstellung am deutlichsten sichtbar.

Anmerkung: Entstehung des Sulcus glottidis vermutlich im Bindegewebsraum zwischen Schleimhaut und Muskel. Die Stimmstörung ist wahrscheinlich Folge der Beeinträchtigung des elastischen Fasersystems, welches in diesem Bindegewebsraum verläuft. Durch Veränderung des Stimmlippenpofils Auftreten vermehrter Turbulenzen im Ausatmungsstrom und damit von störenden Beiklängen. Durch Stimmtherapie können daher nur begleitende funktionelle Beeinträchtigungen (z.B. hyperfunktionelle Dysphonie) beseitigt werden. Eine Beeinflussung von Stimmklangveränderungen, die auf den Sulcus glottidis selbst zurückzuführen sind, ist nicht möglich.

Vorspringen der Processus vocales. Ursache ist eine kongenitale Hypoplasie der Mm. vocales.

Anomalien der Epiglottis wie tüten-, rinnen-, hufeisen- und omegaförmige Epiglottis (Abb. 8-1, 8-2 und 8-3), Knickungen, Schrägstand, Spalten (Epiglottis bifida), Hypoplasie, Aplasie sind trotz des hierdurch engen Kehlkopfeinganges für den Stimmklang ohne Bedeutung. Die überhängende, bei Phonation sich nur wenig aufrichtende Epiglottis ist ungünstig für die Stimmbildung.

Ursache. Besonders weicher Knorpel, schwache Muskulatur.

Anmerkung: Endo-ekto-laryngeale Disproportion. Es handelt sich um eine während der Mutation sich entwickelnde Kehlkopfdysplasie.

Ursache. Die Dysplasie wird als Folge eines disproportionalen Wachstums während der Mutation aufgefaßt, wobei das Wachstum des endo-laryngealen Weichteilschlauches mit dem des Kehlkopfes nicht Schritt gehalten hat.

Symptome. Klangarme, verhauchte Stimme. Rasche Stimmermüdung.

Prognose. Logopädische Behandlung wenig erfolgversprechend, da organisch bedingte Stimmstörung.

Befund. Normal großes Kehlkopfskelett. Bei Respiration profilloser Endolarynx; bei Phonation springen jedoch die Stimmlippen bis zur Mittellinie vor. Keine Hypoplasie der Stimmlippen. Evtl. Sulcus glottidis, aber nur beim Übergang der Stimmlippen in die Schlußphase (funktioneller Sulcus glottidis). Kein charakteristischer stroboskopischer Befund.

Therapie. Von einem Sprechberuf muß bei dysplastischen Dysphonien abgeraten werden, da eine Behandlung nicht erfolgversprechend ist. Das Ausmaß der Kehlkopfasymmetrie sagt jedoch nichts über den Grad der Stimmstörung aus. Stimmhöchstleistungen sind möglich.

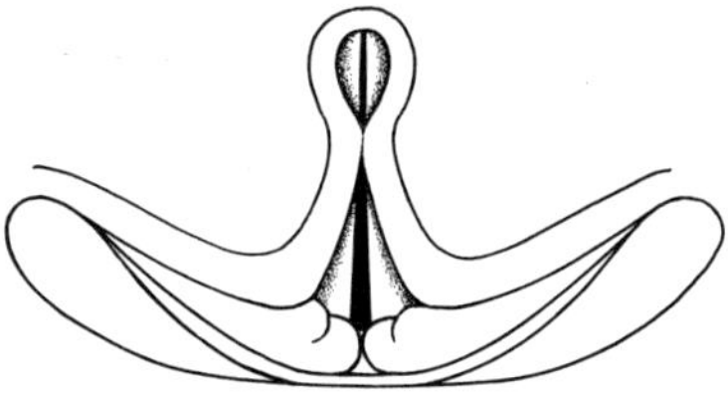

Abbildung 8-1:
Tütenförmige Epiglottis

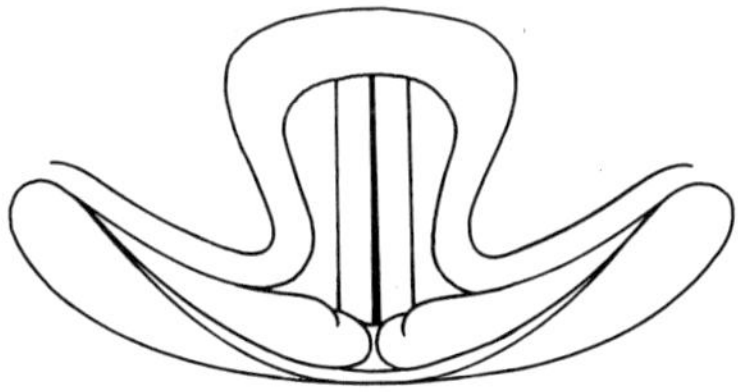

Abbildung 8.2:
Hufeisenförmige Epiglottis

Abbildung 8-3:
Omegaförmige Epiglottis

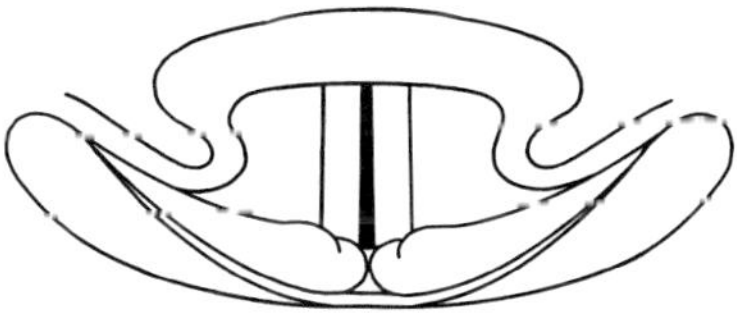

8.2 Diaphragma laryngis

Es handelt sich um eine Segelbildung zwischen den Stimmlippen.

Entstehung. Entweder angeboren oder Folge einer Kehlkopfoperation oder Verletzung (z. B. durch Intubation, siehe auch Abschn. 13.2).

Symptome. Bei angeborenem Diaphragma Heiserkeit oder Tonlosigkeit von Geburt an, in- und exspiratorischer Stridor.

Befund. Weißliche Membran, die sich zwischen den reizlosen Stimmlippen bei Respiration von der vorderen Kommissur über die ganze Fläche im Niveau der Stimmlippen spannt und hinten eine kleine erbsgroße, scharfrandige Öffnung freiläßt (Abb. 8-4). Bei Phonation fächerförmiges Zusammenlegen der Membran, die subglottisch verschwindet. Meist keilförmig, d. h. freier Rand, hinten dünn, vorn dick.

Therapie. Bei dünnen Membranen endolaryngeale Abtragung. Gefahr der Bildung neuer Synechien im Exzisionsbereich.

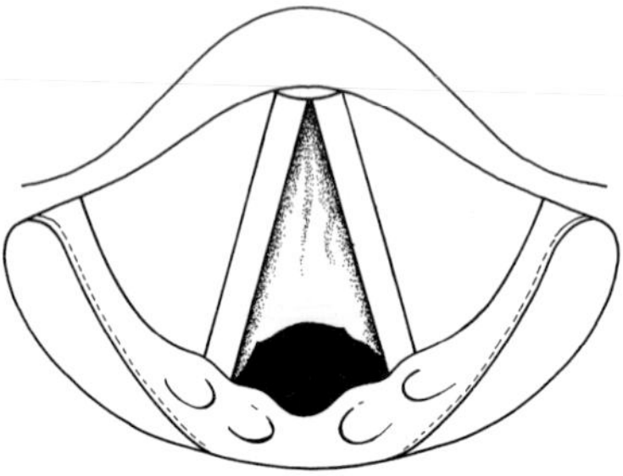

Abbildung 8-4:
Segelbildung zwischen den Stimmlippen

Bei dicken Membranen Tracheotomie und nach Abtragung Befestigung eines Platzhalters aus Kunststoff im Bereich der vorderen Kommissur für 2–4 Wochen. Oder Thyreotomie und Einlegen eines T-Stückes aus Kunststoff. Neuerdings auch Durchtrennung mit dem Laserstrahl.

8.3 Kongenitale Synechie der Processus vocales

Symptom. Stridor

Therapie. Endoskopische Durchtrennung, danach normale Abduktion der Stimmlippen möglich.

8.4 Angeborene Stimmlippenlähmung

Kann familiär erblich sein.

Symptome. Kraftloser Säuglingsschrei, Stridor, Atemnot.

Therapie. Bei Ausbleiben einer spontanen Glottisweitung während des postnatalen Kehlkopfwachstums endoskopische Laterofixation einer Stimmlippe.

Differentialdiagnose. Kongenitale Ankylose des Krikoarytänoidgelenkes. Im Elektromyogramm hier atemsynchrone Aktivitätsschwankungen im M. vocalis nachweisbar.

8.5 Laryngozelen

Es handelt sich um Ausweitungen des *Ventriculus laryngis*.

Ursachen:
- Erworben durch Ventilverschluß des *Ventriculus laryngis* infolge einer chronischen Entzündung oder durch Narben nach Trauma.
- Chronischer Überdruck (Trompeter, Husten).
- Angeboren. Atavistische Fehlbildung. Zusammenhang mit den physiologischen Brüllsäcken bei Affen.

Innere Laryngozele. Die Luftsackbildung erfolgt innerhalb des Kehlkopfes in die Taschenfalte oder die aryepiglottische Falte hinein (Abb. 8-5).

Symptome. Heiserkeit, Atemnot, Schluckbeschwerden.

Befund. Vorwölbung der Taschenfalte oder der aryepiglottischen Falte. Verstreichung der Vallecula epiglottica und des Recessus piriformis.

Taschenfalte nach medial gedrängt. Verlegung des Kehlkopfeinganges. Tritt erst im Erwachsenenalter auf.

Anmerkung: Alle inneren Laryngozelen sollen Retentionszysten sein.

Äußere Laryngozele. Die Aussackung tritt zwischen oberer Schildknorpelkante und Zungenbein durch eine schwache Stelle oder Dehiszenz der Membrana hyothyreoidea nach außen. Der Sack steht ventilartig mit dem Ventriculus laryngis und damit dem Kehlkopfinneren in Verbindung. Durch Einpressen der Luft erfolgt eine zunehmende Erweiterung des Sackes.

Abbildung 8-6:
Innere Laryngozele im Bereich der linken Taschenfalte

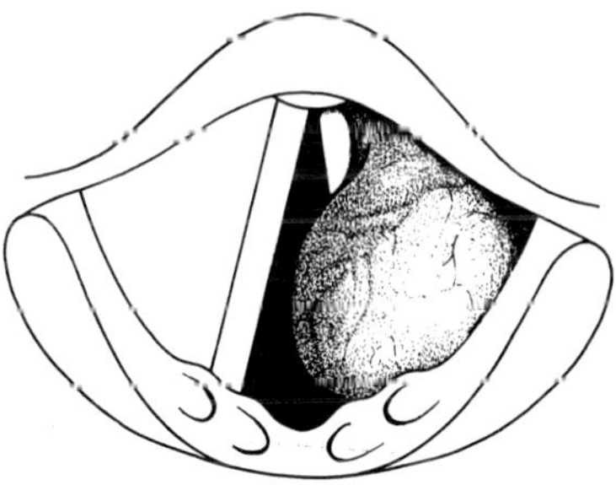

Befund. Vorwölbung außen am Hals.

Kombinierte (innere und äußere) Laryngozelen

Diagnose. Röntgenologische Darstellung des Luftsackes (anterior-posteriore Projektion). Bei Infektion Sekretspiegelbildung.

Therapie. Abtragung des Luftsackes von außen.

8.6 Kongenitale Kehlkopfzysten

Entstehung je nach Lokalisation:

- Appendikuläre Abschnürungen des Ventriculus laryngis
- Folge embryonaler Epithelversprengungen (z.B. Vallekulazyste mit Dorsalverdrängung der Epiglottis und Verlegung des Kehlkopfeingangs).

Symptome. Kongenitaler Stridor.

Differentialdiagnose. Retentionszysten entstehen postnatal durch Obstruktion von Schleimdrüsen (siehe Abschn. 15.1.2).

8.7 Laryngomalazie (Stridulus)

Häufigste Ursache stenosierender kongenitaler Kehlkopfanomalien, harmlos. Es handelt sich um eine besondere Epiglottisform in Verbindung mit einer Ausreifungsverzögerung: Tüten- oder rinnenförmige Epiglottis mit Weichheit des Kehlkopfskeletts.

Entstehung des Einatmungsgeräusches: Bei forcierter Inspiration kommt es infolge der erhöhten Luftströmungsgeschwindigkeit zu einem Ansaugeffekt (Bernoulli-Effekt). Hierdurch kollabieren entweder die gefalteten Epiglottishälften, oder sie werden in Schwingungen versetzt. Es resultiert ein schnarchendes Einatmungsgeräusch (Stridulus) und eine Behinderung der Einatmung. Die Behinderung der Einatmung ist jedoch nicht bedrohlich; auch nicht, wenn die schlaffe Mukosa der aryepiglottischen Falten und der Aryknorpel mit in den Larynxeingang hineingesaugt werden.

Keine Therapie erforderlich. Spätestens am Ende des ersten Lebensjahres Verschwinden des Stridulus.

8.8 Ventrale Umfassung des Schildknorpels durch das Zungenbein

Vor der Geburt liegt das Zungenbein vor dem Schildknorpel. Nach der Geburt kommt es zu einem Descensus laryngis. Die enge Verbindung zwischen Schildknorpel und Zungenbein löst sich. Persistiert die ventrale Umfassung des Schildknorpels durch das Zungenbein trotz normalen Descensus laryngis, so resultiert eine Hemmungsmißbildung des Larynxskelettes.

Symptome:
- Bestehenbleiben der embryonalen Lagebeziehungen zwischen Schildknorpel und Zungenbein
- Weibliche Schildknorpelkonfiguration
- Neigung zu Wachstumsstörungen des Schildknorpels mit Auswirkungen auf den Endolarynx (Glottisschiefstand, Überkreuzungsphänomen der Aryknorpel)
- Stimmbelastungsdefizit oder Prädisposition zur Entstehung von Stimmstörungen.

Diagnose. Computertomographie des Larynx; Befund: Verlagerung des Zungenbeines bis knapp unter die Incisura thyreoidea superior.

8.9 Kehlkopfspalte

Vordere Kehlkopfspalte. Entstehung infolge Fusionsstörung der Schildknorpelplatten.
Symptome. Kongenitale Aphonie

Befund. Verkürzte bogenförmige vordere Stimmlippenkommissur. Nachweis durch Palpation des Halses.

Laryngoösophageale Spalte.
Symptome. Schluckstörung, Aspirationspneumonie, evtl. inspiratorischer Stridor.

8.10 Intralaryngeale Struma

Kommt fast nur bei Erwachsenen vor.
Entstehung. Embryonal versprengte Schilddrüsenkeime oder embryonal in das Larynxlumen eingesproßtes Gewebe der Schilddrüsenanlage.

Symptome. Langsam zunehmender Stridor.

Befund. Einengung des subglottischen Raumes durch einen rundlichen Tumor mit glatter Oberfläche.

Therapie. Laryngofissur.

8.11 Subglottische hypoplastische (harte) Krikoidstenose

Therapie. Tracheotomie. Plastische Kehlkopferweiterung von außen ab dem 2. Lebensjahr.

8.12 Subglottische hyperplastische (weiche) Bindegewebsstenose

Sie ähnelt einer entzündlichen subglottischen Schleimhautschwellung.

Therapie. Spontane Rückbildung möglich, daher nur Tracheotomie.

8.13 Subglottische Hämangiome

Tumorartiges kavernöses Hämangiom.
Symptome. Zunahme des Stridors bei Schreien infolge vermehrter Blutfülle, keine Heiserkeit.

Therapie. Kann sich in den ersten 2–4 Lebensjahren spontan zurückbilden. Chirurgische Entfernung daher nur bei bedrohlicher Atembehinderung.

Flächenhaftes Hämangiom im Rahmen einer kongenitalen Hämangiomatose.
Symptome. Führt erst zusammen mit einem Atemwegsinfekt zu einem pseudokruppähnlichen Krankheitsbild.

9 Mutationsstörungen

Die Mutationsstörungen (Abb. 9-1) lassen sich folgendermaßen einteilen:

Funktionelle Störungen

- Mutationsfistelstimme
- Unvollständige Mutation
- Stark verlängerte (oder unvollkommene) Mutation
- Stürmische Mutation
- Verzögerter Eintritt der Mutation
- Mutationsbaß bei Knaben
- Manche Fälle von perverser Mutation bei Mädchen

Organische Störungen

a) Endokrin bedingte Störungen

- Persistierende Kinderstimme
- Verzögerte Mutation (Mutatio tarda)
- Verfrühte Mutation
- Manche Fälle von perverser Mutation bei Mädchen
- Schwangerschaftsmutation

b) Asymmetrien des Kehlkopfs

9.1 Funktionelle Mutationsstörungen

Manche funktionellen Mutationsstörungen lassen sich erst nach der Zeit diagnostizieren, in der die normale Mutation abgelaufen sein sollte. Man bezeichnet solche Störungen daher auch als postmutationelle Störungen. Während der Mutation kann man nur das Zu-hoch-Werden der Knabenstimme (als Vorläufer der Mutationsfistelstimme) und die perverse Mutation der Mädchenstimme bis zum Baßton als Störung erkennen.

Sogenannte larvierte (akustisch unauffällige) Mutationsstörungen werden erst nach Stimmbelastung beobachtet. Es handelt sich um leichte Formen der unvollständigen Mutation. Die mittlere Sprechstimmlage liegt hier innerhalb einer Terz oberhalb der physiologischen Grenze. Bei Männern zwischen e und g, bei Frauen zwischen e^1 und g^1.

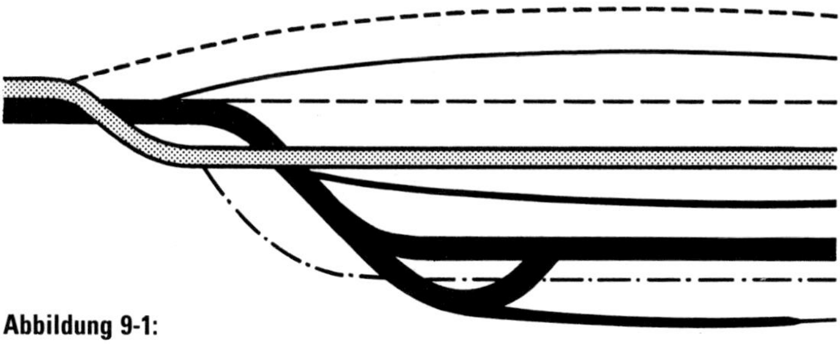

Abbildung 9-1:
Die verschiedenen Formen der krankhaften Mutation (nach Weiss).
1 Mutationsfistelstimme bei Mädchen; 2 Mutationsfistelstimme bei Knaben;
3 persistierende Kinderstimme; 4 normale Mutation bei Mädchen;
5 unvollständige Mutation bei Knaben; 6 normale Mutation bei Knaben;
7 perverse Mutation bei Mädchen; 8 Mutationsbaß beim männlichen Geschlecht

Mutationsfistelstimme. Sie liegt höher als die Kinderstimme. Es handelt sich um eine Art Falsett (Kopfregister).
Entstehung. Zu starke Kontraktion des M. cricothyreoideus gegenüber dem M. vocalis, die bei längerer Dauer zur Inaktivitätsatrophie des M. vocalis führen kann. Die Ursache kann psychisch sein (abnorme Mutterbindung bei Einzelkindern, Klassenkameraden haben noch die Kinderstimme, Aversion gegen den Vater, Ablehnung des Erwachsenwerdens, Identifikationsschwierigkeiten mit der männlichen Rolle). Oder Defekte in der Anpassung der zentralen Impulse der Stimmgebung an die veränderten Größenverhältnisse im Kehlkopf. Häufig Unmusikalität.

Symptome. Die mittlere Sprechstimmlage liegt höher als vor der Mutation (a–c^1 und höher), vereinzelt tiefe Brummtöne, Heiserkeit, Pressen, Diplophonie, Räusperzwang, Parästhesien.

Befund. Stimmlippen normal oder gerötet und ödematös (Verwechslung mit Kehlkopfkatarrh möglich), stark gespannt, bei Phonation spindelförmiger oder dreieckförmiger Spalt (Mutationsdreieck siehe Abb. 3-4), der sich zur hinteren Kommissur hin öffnet. Hyperfunktionelle Überlagerung. Stroboskopisch sieht man unregelmäßige Schwingungen, die Amplituden sind verkürzt.

Therapie. Ziel ist der Übergang der Fistelstimme in die Bruststimme.
- Entspannung des M. cricothyreoideus durch Druck mit dem Daumen gegen den Schildknorpel von vorn nach hinten unten (Bresgen-Handgriff oder auch Gutzmann-Handgriff genannt) oder auf die Gegend zwischen Schildknorpel und Zungenbein und „a“ sagen lassen.
- Übung abwärts führender Tonschritte am Klavier.
- Kaumethode nach Fröschels, d. h. gleichzeitiges Kauen und Sprechen.
- Vibrationsmassage.
- Abschwellende und antiphlogistische Maßnahmen zur Beseitigung sekundärer Reizerscheinungen.
- Leise Intonation ist am Anfang leichter, Summübungen von nasalierten Konsonanten mit Vokalen: mo, ma, no, na.
- Weiches Auf- und Abwärtsgleiten der Stimme bei gleicher Lautstärke über den ganzen Stimmumfang (Schaukelübungen).

Differentialdiagnose:
- Bei Frauen und bei Männern psychogene Fistelstimme, die erst nach der Mutation entstanden ist. Die Mutationsfistelstimme kann lebenslang bestehen. Wesentlich ist daher die Anamnese (Beginn der Stimmstörung während der Mutation).
- Fistelstimme bei Stimmlippenlähmung.
- Fistelstimme bei Atrophie der Mm. vocales (Greisendiskant; siehe Abschn. 3.9.3).

Anmerkung: Manche Männer sprechen in höherem Lebensalter einen Satz hoch, den anderen tief. Die Ursache könnte in einer nicht stabilisierten tiefen Sprechstimmlage liegen oder psychogen sein.

Unvollständige Mutation. Die Stimme sinkt statt einer Oktave (12 Halbtöne) nur 4–6 Halbtöne (Mutatio incompleta). Gering ausgeprägte Formen werden auch als larvierte Mutationsstörungen bezeichnet. (Siehe auch Abschn. 9.1.)

Ursachen:
- Angeblich überwiegend psychisch bedingt. Wahrscheinlicher ist, daß irgendwelche Rezeptoren nicht genügend auf männliche Hormone ansprechen. Denn die untere Grenze des Stimmumfanges ist ebenfalls erhöht, obwohl ein normaler männlicher Hormon-Status vorliegt.

Auch das Aussehen der Patienten wirkt weniger männlich und jugendlicher als dem chronologischen Alter nach zu erwarten.
- Mangelnde Stimmschonung (Singen) während der Mutation.
- Hochgradige Schwerhörigkeit oder Gehörlosigkeit. Bei Gehörlosen setzt der Mutationsablauf verzögert ein und ist unvollständig, die mittlere Sprechstimmlage persistiert zwischen der kindlichen und weiblichen mittleren Sprechstimmlage.
- Selten Kehlkopfasymmetrien.

Diagnostisches Vorgehen. Endokrinologische Abklärung erforderlich.

Symptome. Der typische männliche Klang der Stimme fehlt. Bei Frauen gleicht die Stimme mehr der Kinderstimme, bei Männern der Frauenstimme. Männer werden am Telefon mit „Frau“ angesprochen. Die Sprechstimmlage liegt bei Männern zwischen der weiblichen und der männlichen Sprechtonhöhe. Sprechen im Mittel- oder Kopfregister.

Befund. Mutationsdreieck (dorsale Schlußinsuffizienz) oder ovalärer Glottisspalt. Oft Rötung und Schwellung der Stimmlippen (leicht Verwechslung mit ***Kehlkopfkatarrh*** möglich). Stroboskopisch verkürzte Schwingungsamplituden, verkürzte oder fehlende Schlußphase. Kehlkopfhochstand. Es besteht eine direkte Beziehung zwischen Kehlkopfsenkung und Abnahme der mittleren Sprechstimmlage während der kindlichen Entwicklung und auch im späteren Alter.

Die Kehlkopfgröße entspricht der bei Erwachsenen. Hyperfunktionelle Symptome. Im mittleren Lebensalter hypofunktionelle Dekompensation.

Es besteht keine Beziehung zwischen Kehlkopfbefund und Stimmleistung. Mittlere Sprechstimmlage bei e–g.

Therapie. Siehe Mutationsfistelstimme. Die Behandlung ist jedoch langwieriger.

Angewandt werden in der Tonhöhe sich allmählich absenkende seufzende Lautäußerungen, loses Kieferschütteln, Kauübungen nach Fröschels.

Prognose. Die Stimme erreicht oft nicht den normalen Bereich. Von Sprechberufen ist abzuraten.

Unbehandelt entwickelt sich eine Stimmschwäche.

Infolge der raschen Stimmermüdung tritt kompensatorisch eine hyperfunktionelle Dysphonie auf. Später kann es zu einer hypofunktionellen Dekompensation kommen.

Differentialdiagnose. Hyperfunktionelle Dysphonie mit erhöhter Sprechstimmlage. Überhöhung der Sprechstimmlage auch bei ungespannter Stimmgebung weist auf unvollständige Mutation hin.

Stark verlängerte Mutation (Mutatio prolongata). Die Bezeichnung unvollkommene Mutation (Mutatio incompleta) ist verwirrend. Es handelt sich um ein Bestehenbleiben der Symptome des Stimmwechsels (besser: Stimmbruches) über mehrere Jahre hinweg. Sie wird oft fälschlicherweise als *chronischer Kehlkopfkatarrh* angesehen und behandelt.

Symptome. Heisere, überhauchte Stimme mit Doppeltönen und Umkippen nach oben oder unten, Räuspern, angeblich starke Katarrhanfälligkeit.

Befund. Unvollständiger Stimmlippenschluß (Mutationsdreieck).

Therapie. Wie bei der Mutationsfistelstimme. Die Behandlung kann sich jedoch über Monate hinziehen.

Stürmische Mutation. Es handelt sich um einen besonders heftig verlaufenden Stimmbruch, der von nur ganz kurzer Dauer sein kann, aber nicht sein muß.

Verzögerter Eintritt der Mutation. Er kommt bei Knaben vor, die in Chören oder auch als Solosänger möglichst lange in der Kinderstimme zu singen versuchen.

Differentialdiagnose. Endokrin bedingte Mutatio tarda (verzögerte Mutation; Abschn. 9.2.1).

Mutationsbaß. Bei der Mutation liegt die mittlere Sprechstimmlage zunächst tiefer, als sie sich später definitiv einstellt. Wird diese vorübergehend abnorm tiefe Stimmlage beibehalten, so spricht man vom sogenannten Mutationsbaß. Das gleiche Phänomen wird auch bei Frauen, z. B. bei manchen Schlagersängerinnen, beobachtet.

Entstehung. Die tiefe Sprechstimmlage wird gefördert durch Nachahmung von Modeströmungen in der Gesangstechnik oder durch starke berufliche Sprechanforderungen.

Andere Erklärung: Mittels der tiefen Stimme wird versucht, einen Reifegrad darzustellen, der noch nicht besteht (Pseudoautoritätsstimme).

Symptome. Keine Festigkeit und Fülle der Stimme; daher schnelle Ermüdung.

Befund. Stroboskopisch findet man einen unvollständigen Stimmlippenschluß im Bereich der gesamten Glottis. Tiefstand des Kehlkopfes.

Therapie. Durch logopädische Behandlung rasche Normalisierung der Sprechstimmlage. Stimmübungen in natürlicher oder hoher Tonlage in Halbtonschritten steigend.

Differentialdiagnose: tiefe Stimme infolge anlagebedingter Verplumpung der Stimmlippen. Androglottie.

Manche Fälle von perverser Mutation bei Mädchen. Es handelt sich dabei um die Entstehung einer Tenor- oder Baritonstimme. Stimme rauh. *Endokrinologische Störungen* sind nicht nachweisbar. Ein pathologischer Kehlkopfbefund ist nicht vorhanden. Therapeutisch ist die Störung nur schwer beeinflußbar (siehe auch Abschnitt 9.2.1, endokrin bedingte perverse Mutation bei Mädchen).

Differentialdiagnose. Schwangerschaftsmutation. Durch Androgeneinwirkungen verursachte Stimmstörungen (siehe auch Abschn. 9.2.1, endokrin bedingte perverse Mutation mit männlichem Kehlkopf). Die konstitutionell bedingte Androglottie.

9.2 Organische Mutationsstörungen

9.2.1 Endokrin bedingte Mutationsstörungen

Persistierende Kinderstimme. Infolge Ausfalls der Keimdrüsentätigkeit vor der Pubertät bleibt die mittlere Sprechstimmlage des Kindes unverändert weiterbestehen. Ein Verlust der Hoden nach der Pubertät hat keinen Einfluß mehr auf die Stimme.

Der weibliche Hypogonadismus hat keinen Einfluß auf die Stimmfunktion.

Entstehung.
- Durch Kastration vor der Pubertät (Eunuch).
- Durch *primären Hypogenitalismus* infolge Funktionsausfalls der Keimdrüsen (Hodenatrophie, Mißbildungen oder Tumoren des Hodens) = Eunuchoider. Die Ausscheidung gonadotroper Hormone im Harn ist erhöht. Turner-Syndrom siehe Abschn. 10.3.5.
- Durch *sekundären Hypogenitalismus* als Folge einer Hypophyseninsuffizienz mit Mangel an gonadotropen Hormonen (Hypophysenerkrankungen, Kretinismus). Die Ausscheidung gonadotroper Hormone im Harn ist vermindert.

Symptome. Bestehenbleiben der Kinderstimme über die Pubertät hinaus. Die Eunuchoidenstimme soll im Gegensatz zur Kastratenstimme nicht tragfähig sein. Die mittlere Sprechstimmlage liegt bei Männern zwischen g und d^1, d. h. sie entspricht der Sprechstimmlage der Frau.

Befund. Kleiner Kehlkopf, eunuchoider Hochwuchs oder Fettsucht, Fehlen der sekundären Geschlechtsmerkmale, Hypoplasie des Genitales.

Da der Kehlkopf bei Kastraten kleiner als bei Männern ist, das Atemvolumen jedoch gleich groß wie bei Männern, ist die Stimme im Vergleich zum weiblichen Sopran kräftiger; der Stimmumfang ist jedoch im Vergleich zum weiblichen Sopran eingeschränkt.

Diagnose. Fehlen von Pubertätsanzeichen nach Beendigung des 15. Lebensjahres. Bis zu diesem Alter sind 97 % der männlichen Jugendlichen in die Pubertät eingetreten.

Differentialdiagnose. ***Pubertas tarda*** infolge verspäteter Auslösung der hypophysären Gonadotropinsekretion. Sie setzt in solchen Fällen spätestens bis zum 21. Lebensjahr ein. Endokrinologische Untersuchung erforderlich.

Psychogen. Der Kehlkopf hat hier die Größe wie bei Erwachsenen erreicht.

Therapie. Nach endokrinologischer Diagnosestellung (Gonadotropinbestimmung, Hodenbiopsie) *Hormonbehandlung,* z. B. androgene Hormone, um den Reifeprozeß des Kehlkopfes vor dessen Verkalkung herbeizuführen. Beginn der Hormonbehandlung im 16. Lebensjahr.

Verzögerte Mutation (Mutatio tarda). Es handelt sich um ein verspätetes Einsetzen der Mutation bei Knaben nach dem 16. Lebensjahr, bei Mädchen nach dem 14. Lebensjahr.

Ursache ist eine Pubertas tarda (verspätete Pubertät), die durch verschiedene Faktoren bedingt sein kann:

a) Konstitutionelle Entwicklungsverzögerung mit harmonischer Retardierung von Wachstum, Knochenentwicklung und Pubertät.
b) Entwicklungsverzögerung bei chronischen Erkrankungen.
c) Herabgesetzte Hodenfunktion:

- Sekundärer hypothalamisch-hypophysär bedingter hypogonadotroper Hypogonadismus. Es handelt sich hierbei um ein alleiniges Ausbleiben bzw. verspätetes Einsetzen der Pubertät infolge isolierten Gonadotropinmangels. Abgrenzung gegenüber Minderwuchsformen ohne Gonadotropinmangel erforderlich, also gegenüber a) und isoliertem Minderwuchs ohne verspätete Pubertät.
- Primärer hypergonadotroper Hypogonadismus z. B. bei direkter Hodenschädigung, Klinefelter-Syndrom oder Gonadendysgenesie bei Mädchen.
- Dystrophia adiposo-genitalis. Eine herabgesetzte Hypophysentätigkeit, einhergehend mit einer herabgesetzten Schilddrüsentätigkeit, ruft das klinische Bild der *Dystrophia adiposo genitalis* hervor.

Differentialdiagnose. Funktionell bedingter verzögerter Eintritt der Mutation (siehe Abschn. 9.1).

Verfrühte Mutation. Es handelt sich bei Knaben und Mädchen um ein Einsetzen der Mutation vor dem 8. Lebensjahr infolge einer *geschlechtlichen Frühreife* (Pubertas praecox).

Ursachen. Folge vorzeitiger Androgenproduktion der Keimdrüsen durch verfrühte hypophysäre Gonadotropinsekretion. Diese wiederum ist durch vorzeitige Sekretion der hypothalamischen gonadotropen Releasing-Hormone verursacht.

Als *echte Pubertas praecox* bezeichnet man die idiopathische oder konstitutionelle Form. Hier nimmt die Funktionskette Hypothalamus-Hypophyse-Hoden vorzeitig ihre Tätigkeit auf, aber in gleicher Stärke wie bei der normalen Pubertät.

Zur echten Pubertas praecox gehört auch die zerebrale Pubertas praecox infolge von Tumoren und Entzündungen in der Gegend des 3. Ventrikels oder des Hypothalamus sowie die polyostotische fibröse Dysplasie (Albrigth-Syndrom).

Pseudopubertas praecox. Bei der Pseudopubertas praecox stammen die Androgene nicht wie normal aus der Funktionskette Hypothalamus-Hypophyse-Hoden, sondern aus Tumoren der Nebennierenrinde, Hyperplasien der Nebennierenrinde, Hodentumoren, ektopischen hormonbildenden Tumoren oder exogener Hormonzufuhr.

Symptome. Auffällig tiefe Stimme vor der Pubertät, Körperwachstum beschleunigt, Genitale vergrößert, die Psyche entspricht jedoch dem kindlichen Alter.

Manche Fälle von perverser Mutation bei Mädchen. Es handelt sich um eine Mutationsstörung während der Geschlechtsreife bei Mädchen, die eine männliche Sprechstimme zur Folge hat (siehe auch Abschn. 9.1).

Ursache. Abweichungen im hormonalen System: in den Ovarien, der Hypophyse oder den Nebennieren. Teilweise ist jedoch keine hormonelle Störung nachweisbar.

Symptome. Rauhwerden der Stimme während der Pubertät, Tenor-, Bariton- oder Baßklang; evtl. Ausbleiben der Menstruation.

Befund. Der weibliche Kehlkopf besitzt männliche Ausmaße; Virilisierungserscheinungen.

Therapie. Erfolglos, da das Kehlkopfwachstum nicht mehr rückgängig gemacht werden kann.

Schwangerschaftsmutation siehe Abschnitt 10.1.

9.2.2 Asymmetrien des Kehlkopfes

Sie können postmutationell entstehen infolge Zurückbleibens einer Kehlkopfseite im Wachstum während des Stimmwechsels; siehe auch Abschn. 8.1.

10
Hormonelle Stimmstörungen

10.1
Weiblicher Funktionszyklus und Stimmstörungen

Es handelt sich um Stimmstörungen, die während der physiologischen Funktionszyklen der Ovarien auftreten können. Das Auftreten von Veränderungen des Stimmklanges während des Menstruationszyklus findet sich nur bei den subtileren Leistungen der Singstimme. Die Sprechstimme ist daher nicht betroffen. Es besteht eine Tendenz zur Senkung der Stimme. Die folgenden Stimmstörungen stehen unter dem Einfluß des weiblichen Funktionszyklus:
- Prämenstruelle Dysodie
- Menstruelle Dysodie
- Laryngopathia gravidarum
- Schwangerschaftsmutation
- Stimmveränderungen während des Klimakteriums und der Menopause.

Prämenstruelle Dysodie (Laryngopathia praemenstrualis). Sie beginnt eine Woche vor der Monatsblutung und wird als Symptom der prämenstruellen Spannung aufgefaßt.

Entstehung. Psychische Labilität oder ergotrop-sympathikotone Reaktionslage als Folge der Progesteronwirkung (weibliches Keimdrüsenhormon), einhergehend mit vermehrter Wasserretention durch einen sekundären Aldosteronismus (Hormon der Nebennierenrinde).

Symptome. Stimme rauh, brüchig, belegt, detonierend, Unsicherheit in der Intonation, Lautstärkeschwankungen, Intensitätsarmut, höhere Töne werden nicht mehr erreicht, Stimmbelastungsgefühl, Tendenz zum Tonabbruch und zur Senkung der Stimme, Bildung hoher Töne und feine stimmliche Abstufungen erschwert, Fehlen der Leichtigkeit der Stimme, unbestimmte Halssensationen, Fehlen der Atemstütze, Ateminsuffizienz.

Sonstige Symptome: Zunahme des Körpergewichts, Mißempfindungen im Beckenbereich, Neuralgien, emotionale Unausgeglichenheit.

Befund. Sprechstimme kaum auffällig. Schleimhautschwellungen im Kehlkopfbereich und in der Aryknorpelregion, leichte ödematöse Durchtränkung des Stimmlippenepithels, vermehrte oder verminderte Schleimauflagerung. Stimmlippenhyperämie, subepitheliale oder submuköse Blutaustritte, vermehrte Schleimsekretion oder trockene, glanzlose Stimmlippen. Stroboskopisch verminderte Stimmlippenspannung (hypofunktionelle Zeichen).

Differentialdiagnose. Eine Rötung der Stimmlippen darf nicht mit einer *Stimmlippenentzündung* verwechselt werden.

Einseitige Stimmlippenhyperämie (Hyperaemia labii vocalis unilateralis) bei Sängerinnen. Hellrote oder mattgraue Färbung der Stimmlippe mit Gefäßektasien. Im Gegensatz zur Monochorditis vasomotorica normales Schwingungsverhalten der Stimmlippe (siehe Abschn. 14.1.8).

Ursache. Örtliche Disposition, Hyperfunktion bei Stimmgebung.

Das Störungsbild prädisponiert zur Bildung von Stimmlippenknötchen.

Therapie. Gynäkologisch, evtl. Ovulationshemmer.

Menstruelle Dysodie. Es handelt sich wahrscheinlich nicht um ein eigenes Krankheitsbild, sondern um eine *Zunahme der prämenstruellen Stimmbeschwerden* während der Menstruation bei gleichzeitigem Abklingen des Prämenstrualsyndroms.

Hierbei können reguläre hormonell bedingte Schleimhautveränderungen bei Sängerinnen in Kombination mit Stimmüberlastungen zu Folgeschäden, wie akuten Ödemen oder Einblutung, führen.

Symptome. Tendenz zur Senkung der Stimme bei gleichzeitiger Einschränkung der Höhe. Die Stimmstärke kann zunehmen. Mehr als 75% der Sängerinnen geben Beschwerden an: Trockenheit, Verschleimung, Brennen, Schwellungs- und Druckgefühl, Atemschwäche, mangelnde Stützfunktion. Die Stimme wird als behaucht empfunden oder heiser, weniger modulationsfähig; Stimmsitz, Glanz und Tragfähigkeit lassen nach, Singen in der Höhe strengt an. Zusätzlich wirken die bekannten Allgemeinbeschwerden leistungsmindernd auf die Stimme.

Befund. Geringe Schleimhautschwellung mit verstärkter Gefäßzeichnung, vermehrte Schleimabsonderung, unvollständiger Stimmlippenschluß.

Beim Singen größerer Partien können organische Schäden an den Stimmlippen auftreten. Daher Singen evtl. für einige Tage einstellen.

Therapie. Regelmäßige, lang anhaltende und starke stimmliche Beschwerden während der Menstruation gehen bei der Anwendung von Ovulationshemmern (Anti-Baby-Pille) oft zurück.

Laryngopathia gravidarum. Die Veränderungen am Kehlkopf während der Schwangerschaft stimmen mit denen der Menstruation überein. Es kommt aber meist zu Änderungen des Stimmtimbres, die sich günstig auswirken. Die Stimme wird klanglich voller, wärmer und kräftigt sich in der Höhe. Diese Veränderungen können nach der Entbindung bestehenbleiben.

Bei der Laryngopathia gravidarum kommt es zu Vasodilatationen und Permeabilitätsveränderungen. Folge sind Ödeme des Kehlkopfes, der Nasen- und Nasen-Rachen-Schleimhaut. Durch schwangerschaftsbedingte Kehlkopfveränderungen kann eine latent schon bestehende Stimmstörung manifest werden.

Sängerinnen können bis zum 7. oder 8. Schwangerschaftsmonat singen, wenn die Stimme nicht forciert wird. Die Laryngopathia gravidarum macht ein früheres Aufhören erforderlich. Sie tritt bei ca. 20% aller Schwangeren etwa ab dem 5. Schwangerschaftsmonat auf. Man unterscheidet eine ödematöse (Schwellungszustände) und eine trockene (zähes, verkrustetes Sekret) Form.

Ursachen:

- Physiologische Veränderungen während der Schwangerschaft
- Echte Schwangerschaftsgestose (Stoffwechselentgleisung) mit Vasodilatation im Bereich der Stimmlippen, der Nasenhaupthöhlen und dem Nasen-Rachen-Raum
- Dispositionelle Faktoren, d. h. evtl. Verstärkung einer latenten Stimmstörung
- Entstehung auf nervöser Grundlage.

Symptome. Beschwerden im Bereich der oberen Luftwege, wie Trokkenheits-, Fremdkörper- und Schmerzgefühl, wechselnde Heiserkeit

(Stimme belegt, rauh, heiser oder aphonisch), Tieferwerden der Stimme meist um 2–3 Töne, seltener bis zu 6 Tönen.

Befund. Stimmlippen ödematös, wulstig, livide, aufgelockert, Sekretauflagerungen oder auch trockene Schleimhäute, seltener Borken; Internusparesen.

Ähnliche Schleimhautveränderungen an den Nasenmuscheln und an der Nasenscheidewand bewirken eine Veränderung der Resonanz.

Therapie. Behandlung der Schwangerschaftstoxikose ohne Erfolg.

Differentialdiagnose:
- Hyperfunktionelle Dysphonie
- Subakute Laryngitis
- Schwangerschaftsmutation
- Intersexualität
- Laryngitis sicca.

Prognose. *Normalisierung* der Stimme nach Ablauf der Gravidität innerhalb weniger Tage oder Wochen.

Anmerkung: Zu Beginn der Gravidität kann die Stimme besonders klangvoll und der Stimmumfang besonders groß sein.

Kombination der Laryngopathia gravidarum mit einer Eklampsie. Die Laryngopathia gravidarum tritt häufig in Verbindung mit einer Präeklampsie (Vorstadium zur Krampfneigung) auf.

Symptome: Wechselnd starke Heiserkeit, später Aphonie, gelegentlich Dyspnoe (evtl. Tracheotomie erforderlich) infolge eines stenosierenden Kehlkopfödems.

Ursache: Die Kombination Laryngopathia gravidarum mit Eklampsie (Krämpfen) ist Folge einer konstitutionell bedingten und damit bei folgenden Schwangerschaften wiederholt auftretenden pathologischen Ödembereitschaft des Larynx.

Schwangerschaftsmutation. Es handelt sich um ein sehr seltenes Krankheitsbild.

Ursache. Unbekannt, vermutlich zeitweilige Hormonentgleisung mit erhöhter Androgenproduktion in der Schwangerschaft.

Differentialdiagnose. Laryngopathia gravidarum, Androglottie, Stimmvirilisierungen anderer Genese.

Symptome. Irreversibles Tieferwerden der Stimme während der Gravidität innerhalb weniger Tage um eine Oktave. Männlicher Stimmklang.

Befund. Mittlere Sprechstimmlage um H, Tonhaltedauer leicht verkürzt, männliche Kehlkopfform, keine sonstigen Virilisierungserscheinungen.

Therapie. Nicht erfolgversprechend.

Stimmveränderungen während des Klimakteriums und der Menopause. Als Klimakterium bezeichnet man die Zeitspanne etwa zwischen dem 45. und 55. Lebensjahr der Frau, während der es normalerweise zum allmählichen Versiegen der Ovarialfunktion kommt. Menopause heißt der Zeitpunkt der letzten Menstruation.

Entstehung. In der Menopause hört die Produktion weiblicher Sexualhormone durch die Ovarien fast vollständig auf. Von den Nebennierenrinden werden jedoch weiterhin männliche Hormone gebildet, so daß sich das Gleichgewicht zugunsten der Androgene verschiebt. Die Bremswirkung seitens der Ovarien auf die Hypophyse fehlt. Die gleichen Erscheinungen können auch nach Ovariektomie und Uterusexstirpation auftreten.

Weiterhin spielen vegetativ-neurale und psychische Einflüsse ursächlich eine Rolle. Eine Virusinfektion kann die stimmlichen Symptome auslösen.

Symptome. Die Stimme wird rauh, verhaucht, weniger tragfähig, sie verliert an Glanz und Höhe; Erweiterung des Stimmumfanges nach unten, Absinken der mittleren Sprechstimmlage auf gis bis e, evtl. gepreßter Stimmklang, Erweiterung des Stimmumfanges nach unten, Verlust der Singfähigkeit, Umkippen der Stimme nach oben beim Rufen, Stimmermüdung.

Bartwuchs, Virilismus mit angeblicher Maskulinisierung des weiblichen Kehlkopfes (siehe dagegen Abschn. 10.2), vasomotorische und psychonervöse Störungen. Die stimmlichen Erscheinungen treten entweder nur vorübergehend auf oder bleiben dauernd.

Befund. Leicht verdickte Stimmlippen; stroboskopisch Schwingungsirregularitäten und Amplitudenunterschiede sowie Phasenverschiebungen zwischen rechter und linker Stimmlippe. Meist hypofunktionelle Zeichen mit unvollständigem Stimmlippenschluß.

Differentialdiagnose. Von iatrogener Hormonstimme nur durch fehlende Hormongaben in der Anamnese zu unterscheiden.

Therapie. Durch Östrogenpräparate Verlängerung der Berufstätigkeit bei Sängerinnen möglich. Durch logopädische Behandlung Auffinden der individuell besten mittleren Sprechstimmlage; von hier aus Aufbau der Modulations- und Leistungsfähigkeit der Stimme. Musikalität der Patientin ist Voraussetzung.

10.2 Stimmstörungen bei Frauen nach Verabreichung von männlichen (virilisierenden) Sexualhormonen

Es sind Präparate, die das androgene Hormon *Testosteron* oder Abkömmlinge davon (z. B. vom 19-Nortestosteron abgeleitete Gestagene) enthalten. Die Präparate und ihre Anwendungsbereiche:

Männliche Hormone. Das Wachstum bestimmter maligner Tumoren wird durch geschlechtsspezifische Hormone gefördert. Daher werden bei der Behandlung des Mamma- und Ovarialkarzinoms gegengeschlechtliche Hormone verabreicht. Männliche Hormone sind z. B. in den gynäkologischen Präparaten Fludestrin®, Testosteron®, Testoviron® enthalten. Auftretende Virilisierungserscheinungen sind wegen der ernsten Grundkrankheit von untergeordneter Bedeutung.

Nolvadex® (Einsatz bei der Therapie des Brustkrebses) setzt sich aus einer antiöstrogenen und androgenen Komponente zusammen. Bei 10–17 % der Patientinnen Stimmvertiefung.

Kombinationspräparate von Androgenen und Östrogenen. Sie finden Anwendung bei klimakterischen Beschwerden und bei einigen gynäkologischen Erkrankungen (prämenstruelle Beschwerden, Mastopathien, Endometriosen).

Androgen-Östrogen-Kombinationspräparate werden außerdem bei der Behandlung der Osteoporose verwendet. Sie bewirken auch einen vermehrten Anbau von Kalzium und Phosphor im Knochen.

Anabolika. Es handelt sich um anabole Steroide, enthalten z. B. in Anadur®, Deca-Durabolin®, Primobolan®. Die anabolen Steroide leiten sich vom Testosteron ab. Die Anabolika führen zusätzlich durch Beeinflussung des Stoffwechsels zu einer Förderung der Eiweißsynthese. Ihre Wirkung ist vorwiegend *extragenital* lokalisiert. Die *virilisierenden* Nebenwirkungen sind daher geringer. Anabolika finden Anwendung in der Rekonvaleszenz, bei reduziertem Allgemeinzustand, bei Untergewicht, Appetitmangel, Erschöpfung, chronischen Leber- und Nierenerkrankungen und Wachstumsstörungen.

Ovulationshemmer. Sie enthalten teilweise auch Abkömmlinge des Testosteron. Die übrigen, in vielen oral wirksamen Kontrazeptiva enthaltenen Gestagene leiten sich von 19-Nortestosteron-Derivaten ab. In den heute gebräuchlichen niedrig dosierten Kombinations- und Stufenpräparaten ist die androgene Partialwirkung der enthaltenen Gestagene jedoch so gering, daß Beeinträchtigungen der Stimmleistung nicht zu erwarten sind.

Es handelt sich um selten auftretende stimmvirilisierende Befunde bei Frauen nach Einnahme *antikonzeptioneller* Medikamente. Man findet eine Auflockerung und Trockenheit des Stimmlippengewebes; hierdurch rauher, schriller Stimmklang. Schwierigkeiten beim Singen hoher Töne. Nach Absetzen der Präparate Rückbildung der Stimmveränderungen.

Anmerkung: Keine Verordnung von norsteroidhaltigen Präparaten bei Frauen in Stimmberufen. Besser sind bei Sängerinnen Präparate, deren Gestagene sich nicht von den 19-Nortestosteron-Derivaten ableiten und eher antiandrogene Eigenschaften aufweisen.

Bei Stimmstörungen durch Antikonzeptiva spielt wahrscheinlich der Gestagengehalt mit der Möglichkeit der Metabolisierung zum androgenen Prinzip eine Rolle. Dasselbe gilt wohl für die zur Ablaktation verwendeten Hormonkombinationen.

Durch Hydroprogesteronpräparate kann eine *Laryngitis sicca* hervorgerufen werden. Nach Absetzen des Präparates rasche Rückbildung.

Sowohl nach Einnahme von Östrogen-Nortestosteron-Kombinationspräparaten als auch seltener nach Östrogen-Hydroprogesteronderivat-Präparaten evtl. Auftreten von *polypösen Stimmlippenhyperplasien.* Mitursache sind *sekundäre hyperfunktionelle Stimmsymptome* bei stärkeren beruflichen Stimmbelastungen.

Weitere Präparate:

- Leberschutzpräparate enthalten männliche Hormone.
- Antihypotonica: Docabolin®.
- Aldosteronantagonisten: z.B. Aldactone® oder Spironolacton® zur Entwässerung verursachen auch bei Männern Stimmstörungen.
- Hydantoine: Abkömmlinge, wie z.B. Phenytoin, sind in zahlreichen Antiepileptica enthalten.
  Die Wirkung der Hydantoine beruht wahrscheinlich auf einer Granulationsneigung.
- Antilaktationsspritzen: z.B. Ablacton® zur Abstillung. Heute wird meist das harmlose Pravidel® verwendet.
- Hexachlorbenzol (Fungicid) gegen Pilzkrankheiten.
- Kortikosteroide mit abschwellender und muskelschwächender Wirkung, z.B. Inhacort® (Dosieraerosol), Pulmicort und Sanasthmax® gegen Asthma bronchiale.
- Antihypertensiva verursachen Schleimhauttrockenheit. Ebenso Atrovent® gegen Asthma bronchiale. Weiterhin Betablocker, Ulkusmittel, Antiemetika, Anthistaminika, Sedativa, Neuroleptika, Antiparkinsonmittel.

Die Empfindlichkeit gegen Androgene schwankt individuell. Eine stimmverändernde Minimaldosis ist nicht bekannt. Ab 100–150 mg können Stimmveränderungen auftreten. 500 mg Testosteron (pro Injektion werden meistens 250 mg verabreicht) können für eine irreparable Schädigung genügen. Andererseits kann eine monatliche Verabreichung von Depot-Testosteron über mehrere Jahre hinweg ohne Nebenwirkung bleiben. Bei Patientinnen mit Stimmberufen kann eine Berufsunfähigkeit eintreten

Gestagengaben in der Frühschwangerschaft führen bei weiblichen Neugeborenen zu Stimmvirilisierung.

Die **Latenzzeit** bis zum Auftreten einer Stimmstörung wird von mehreren Faktoren bestimmt.

- Art und Dosis des verwandten Medikaments
- Konstitutionelle Faktoren und hormonelle Ausgangssituation
- Eine über einen längeren Zeitraum erfolgende Medikation mit kleinen Dosen ist stimmgefährdender als eine kurzfristige hohe Dosis.

Ursachen für die **unterschiedliche Empfindlichkeit** gegenüber Androgenen:
- Individuelle physiologische, im oberen Normbereich liegende Eigenproduktion des Körpers an Androgenen
- Besondere Organempfindlichkeit
- Besonders gefährdet sind Frauen mit asthenisch-männlichem Habitus, Neigung zu Akne, Hirsutismus und Hypomenorrhö, Beinbehaarung, Bartwuchs, dunkler Stimme
- Larynxasymmetrie ist ein prädisponierender Faktor.
- Evtl. berufliche Stimmbelastung.

Frühsymptome bei Verabreichung von Androgenen und Anabolika. Sie sind nur subjektiv wahrnehmbar. Sie bestehen in vorzeitiger Stimmermüdung, mangelnder Tragfähigkeit der Stimme und subjektiv fremdem Stimmklang. Hirsutismus tritt erst später auf.

Die Frühsymptome werden oft als *Laryngitis* verkannt; sie können bereits 4–6 Wochen nach Beginn der Hormonbehandlung auftreten.

Objektive Symptome. Später wird die Stimme brüchig, rauh, oberer Stimmumfang und Stimmintensität sind eingeschränkt. Danach Absinken der mittleren Sprechstimmlage bis zum H. Infolge Versuchs, eine höhere Sprechstimmlage beizubehalten, Ausbildung einer *hyperfunktionellen Dysphonie.* Verlust der Sing- und Rufstimme. Registerdivergenz mit Zunahme des Brustregisters.

Befund. Uncharakteristisch; zuweilen Rötung, Randkantenödem oder Auflockerung der Stimmlippen (keine Ödeme der gesamten Stimmlippe). Daher Vorsicht vor der Fehlinterpretation als Laryngitis. Im interkartilaginären Teil nach hinten offenes Dreieck.

Stroboskopisch bei tiefen Stimmen erweiterte Schwingungsamplituden bei nur gering ausgeprägter Randkantenverschiebung. Glottisspalt im mittleren und hinteren Stimmlippendrittel; als Kompensationsversuch treten sekundäre hyperfunktionelle Symptome auf. Oder bei ganz tiefen Stimmen Schlußphase verlängert im Bereich der vorderen beiden Stimmlippendrittel. Im hinteren Drittel Spalt.

Zunehmende Behaarung des Gesichts (Oberlippe) und an den Oberschenkeln sowie eine Verlängerung des Intermenstruums.

Anmerkung: Begünstigung der Entstehung von Stimmlippenpolypen durch Androgene.

Ein Wachstum des Kehlkopfgerüstes findet nicht statt, ebenso keine Längenzunahme der Stimmlippen oder Vergrößerung des Stimmlippenquerschnitts. Man, findet jedoch eine erhöhte Dehnbarkeit der Stimmlippen und eine Zunahme der Muskulatur (myotroper Effekt) im Verhältnis zum bindegewebigen Anteil (Zuwachs an vibratorischer Masse mit Abnahme des Elastizitätsmoduls)

Therapie. Beginn nach Absetzen des Präparates und Rückbildung der Auflockerungsvorgänge an den Stimmlippen. Eine Rehabilitation der Sprechstimme kann gelingen (die Stimme wird klar, bleibt aber tief). Eine Beeinflussung der Singstimme ist nicht möglich. Weibliche Hormongaben sind unwirksam.

Ziel der logopädischen Behandlung: Tonussteigerung der Stimmlippen, Erarbeitung einer neuen tiefen mittleren Sprechstimmlage, eines reinen Stimmklanges, Beseitigung einer Diplophonie, Erweiterung des Stimmumfanges.

Prophylaxe. Aufklärung der Patientinnen über virilisierende Nebenwirkungen bei androgenen Hormongaben, laufende Kontrollen der Stimme, bei den ersten subjektiven oder objektiven Symptomen — wenn möglich — sofortiges Absetzen des Präparates. Nur dann kann mit einer völligen Stimmnormalisierung gerechnet werden.

Bei Karzinombehandlung keine Rücksichtnahme auf Stimmstörungen. Bei Stimmberufen kann Berufsunfähigkeit eintreten.

Anmerkung: Virilismus bedeutet männliche Gesichts- und Körperbehaarung bei Frauen; Tieferwerden der Stimme. Hirsutismus bedeutet gleiche Symptome, aber kein Tieferwerden der Stimme.

10.3 Stimmstörungen bei endokrin bedingten Krankheitsbildern

10.3.1 Hypophysenerkrankungen

Akromegalie (akromegale Dysphonie).
Ursache. Intraselläre eosinophile Hypophysenadenome mit *Überproduktion des Wachstumshormons* (somatotropes Hormon) bei schon geschlossenen Epiphysenfugen, d.h. nach abgeschlossenem Längenwachstum.

Symptome. Anfangs durch Vergrößerung der supraglottischen Räume hohler Stimmklang *(resonatorische Dysphonie)*. Artikulationsstörungen (kloßige, undeutliche Lautbildung) infolge Zungenhyperplasie *(akromegale Dysglossie)*. Infolge Größenzunahme des Kehlkopfes und Weichteilverdickungen Senkung der Sprechstimmlage: Rauhe, heisere, hohle, gepreßte Stimme, dunkle Stimmklangfarbe, Stimmumfang eingeschränkt. Tonhaltedauer kann verkürzt sein *(Hyperplasiebedingte Dysphonie)*. Bei Frauen kann eine Männerstimme entstehen.

Befund. Vergrößerung des gesamten Kehlkopfes mit langen breiten Stimmlippen, wulstige Verdickung der Schleimhäute, insbesondere im Bereich der Aryknorpelgegend und der aryepiglottischen Falten (Schleimhautschürzen), Zungenhyperplasie (Makroglossie), Progenie, Lückengebiß, erweiterter Mundraum durch Vergrößerung des Unterkiefers, vermehrte Speichelbildung. Evtl. Stimmlippenlähmung (Ursache noch unbekannt).

Therapie. Endokrinologisch, neurochirurgisch, anschließend logopädisch. Nach Hypophysenoperation evtl. Rückbildung der phoniatrischen Veränderungen.

Hypophysärer Klein- und Zwergwuchs.
Ursache. Proportionierter Minderwuchs infolge Mangel an Wachstumshormon. Die Hypophysenhypoplasie führt meist auch zu Störungen der gonadotropen Funktion der Hypophyse. Die Folge ist ein Ausbleiben der Pubertät und damit des Stimmwechsels. Der Kehlkopf bleibt kindlich.

Hypophysärer Riesenwuchs.
Ursache. Proportionierter Riesenwuchs infolge von Überproduktion von Wuchshormon vor Eintritt des Epiphysenfugenschlusses.

Symptome. Keine Stimmstörungen bekannt.

10.3.2 Schilddrüsenerkrankungen

Hyperthyreose (Morbus Basedow). Es handelt sich um eine ***Überfunktion*** der Schilddrüse.

Ursachen:
- Diffuse Hyperplasie der Schilddrüse (Basedow-Krankheit)
- Überfunktion einer Knotenstruma
- Toxisches Adenom.

Symptome. Uncharakteristisch, Stimme rauh, zittrig, flatterig, tremolierend, heiser; harter Stimmeinsatz, Einschränkung des Stimmumfanges, Ruf- und Singstimme kraftlos. Rasche Stimmermüdung infolge reduzierter Muskelkraft (thyreotoxische Myopathie) und der Allgemeinsymptome beim Morbus Basedow (motorische und psychische Übererregbarkeit). Man spricht von einer Kehlkopfdystonie oder thyreogen bedingten Stimmstörung.

Befund. Normaler Kehlkopfbefund oder hypo- oder hyperfunktionelle Symptome. Zittriger, scherbelnder oder tremolierender Stimmklang. Oberflächliche Atmung, Vitalkapazität infolge der Adynamie verringert. Die erhöhte Atemfrequenz, welche mit einer verminderten Vitalkapazität einhergeht, kann zu einer Ängstlichkeit, tremolierenden Stimme mit Irritabilität und Heiserkeit führen. Grundumsatzerhöhung. Selten dysarthrische Sprechstörungen im Rahmen einer Beteiligung des zentralen Nervensystems.

Hyperthyreose evtl. prädisponierender Faktor für hyperfunktionelle Dysphonie.

Differentialdiagnose. Thyreovokales Syndrom bei großer euthyreoter Struma. Hyperfunktionelle Dysphonie.

Struma und Stimme (thyreovokales Syndrom). Bei großen euthyreoten Strumen findet man eine vorzeitige Stimmermüdung mit Schwierigkeiten bei der Bildung hoher Töne. Die Sprechstimme ist tiefer und unklar, die Singstimme überhaucht. Bei Kompression durch die Struma kommt es zu einer Bewegungseinschränkung der Stimmlippe der betreffenden Seite oder zu verkürzten Schwingungsamplituden. Es liegt eine reflektorische Hyperämie des Kehlkopfes vor, der von den gleichen Gefäßen wie die Struma versorgt wird.

Hypothyreose (Myxödem). Es handelt sich um eine *Unterfunktion* der Schilddrüse.

Ursachen:

a) Primäre kongenitale Hypothyreose infolge
- einer fehlenden oder hypoplastischen Schilddrüsenanlage
- einer genetisch bedingten Störung der Schilddrüsenhormonsynthese (sporadischer Kretinismus)
- von Jodmangel (endemischer Kretinismus).

b) Sekundäre kongenitale Hypothyreose infolge intrauteriner Schädigung der Hypophyse

c) Primär erworbene Hypothyreose z. B. infolge einer radikalen Schilddrüsenoperation (erworbenes Myxödem)

d) Sekundär erworbene Hypothyreose infolge partieller oder totaler Hypophysenvorderlappeninsuffizienz.

Symptomatik der kongenitalen Hypothyreose im Kindesalter. Störungen der körperlichen, geistigen und seelischen Entwicklung. Wesentlich für die Symptomatik ist der Zeitpunkt des Einsetzens der Störung (evtl. schon intrauterin), das Ausmaß des Hormonmangels und der Zeitpunkt des Therapiebeginns.

Der Säuglingsschrei ist evtl. bereits heiser, rauh, tief. Stimmumfang eingeschränkt, Tonhaltedauer extrem verkürzt.

Befund. Kleiner Kehlkopf, plumpe, wulstige, schlaffe Stimmlippen; diese sind am freien Rand etwas ödematös. Stimme leise und rauh als Folge der muskulären Stimmbandhypotonie, der vaskulären Blutfülle und Ödembildung. Der subglottische Bereich ist verdickt (blaßgelbe Farbe, derbe Konsistenz). Oft unvollständiger Stimmlippenschluß. Stroboskopisch irreguläre Schwingungsabläufe. Makroglossie, Hypotonie der velopharyngealen Muskulatur, therapieresistente Sprachentwicklungsverzögerung infolge geistiger Behinderung, insbesondere therapieresistente Störung der Zischlautbildung und des offenen Näselns. Aufgelockerte Pharynxschleimhaut.

Bei über 50% der Patienten besteht Innenohrschwerhörigkeit. Durch Hormonsubstitution kann die Entstehung der Schwerhörigkeit verhindert oder eine bereits vorhandene Schwerhörigkeit gebessert werden. Keine Beeinflussung der Schwerhörigkeit beim endemischen Kretinismus und beim Pendred-Syndrom möglich.

Symptomatik der erworbenen Hypothyreose im Kindes- und Erwachsenenalter. Bezüglich der Stimme kein Unterschied zur kongenitalen Hypothyreose. Stimm- und Sprechstörungen können bei älteren Menschen Anfangs- und Hauptsymptom sein. Bei Frauen Vertiefung der Sprechstimmlage. Stimmklang knarrend, krächzend, brüchig, rauh, heiser, evtl. auch gepreßt, monoton. Rasche Stimmermüdung.

Befund. Wie bei kongenitaler Hypothyreose. Ödematöse Schleimhautveränderungen in Nase, Rachen und Kehlkopf. Wachsartig gelbe, ödematöse Infiltrationen im Bereich der Aryknorpelregion. Stimmlippenveränderungen selten. Artikulation plump, unscharf, Bradylalie, Monotonie, evtl. geschlossenes Näseln.

Trockener Husten, verdickte Haut, Blässe, trockene brüchige Haare, Ödeme, Gewichtszunahme, körperliche und geistige Unbeweglichkeit.

Therapie. Bei rechtzeitiger Hormonsubstitution reversible Symptomatik, evtl. auch der Schwerhörigkeit.

Differentialdiagnose. Altersstimme.

Anmerkung: Pendred-Syndrom. Schilddrüseninsuffizienz (Hypothyreose) mit Jodverwortungsstörung infolge Schilddrüsenperoxydasemangel.

10.3.3 Nebenschilddrüsenerkrankungen

Hypoparathyreoidismus.

Ursachen. Nebenschilddrüsenhypoplasie, -atresie oder operative Verkleinerung des Nebenschilddrüsenparenchyms bei Schilddrüsenresektion haben einen *Ausfall* oder eine Verminderung der *Nebenschilddrü-*

senhormonproduktion (Parathormon) mit Hypokalzämie zur Folge. Es resultiert eine neuromuskuläre Übererregbarkeit.

Symptome. Manifeste oder latente Tetanie mit Neigung zu Laryngospasmen. Ein Laryngospasmus (Stimmritzenkrampf) kann bevorzugt im Kindesalter zwischen 1/2 und 3 Jahren als einziges tetanisches Symptom auftreten. Auch Stimmlippenlähmungen sollen vorkommen. Stimmlippenlähmungen nach Strumaresektion sollen daher auch Symptome einer manifesten oder latenten Tetanie sein. Bei postoperativen Stimmlippenlähmungen daher serologisch Ausschluß eines Hypoparathyreoidismus. Als Folge der gesteigerten neuromuskulären Erregbarkeit Dysphonie.

Therapie. Gabe von Vitamin-D-artig wirksamen Substanzen, um die Absorption von Kalzium im Darm zu vermehren und den Kalziumtransport aus dem Lumen in das Blut zu fördern. Zusätzlich Gabe von Kalzium in Form von Brausetabletten.

Hyperparathyreoidismus.
Ursachen. Adenome oder Karzinome der Epithelkörperchen. Folge ist eine *Überproduktion von Parathormon* mit nachfolgender Hyperkalzämie.

Symptome. In seltenen Fällen Dysphonie oder Hörstörungen. Dysphonie oder Aphonie werden durch allgemeine Muskelschwäche aufgrund der Kalziumspiegelveränderungen erklärt.

10.3.4 Nebennierenrindenerkrankungen

Morbus Addison (Bronze-Krankheit).
Ursache. *Ausfall der Nebennierenrindenfunktion* infolge einer chronischen Nebennierenrindeninsuffizienz oder einer relativen Insuffizienz bei besonderer Belastung durch allgemeine Störungen. Die Folge ist eine Muskelschwäche.

Symptome. Allgemeine Adynamie, im Tagesverlauf zunehmend, mit Stimmermüdung und Stimmschwäche, Dysphonie oder Aphonie.

Stimme behaucht, klangarm. Bei Frauen Vertiefung der mittleren Sprechstimmlage infolge nachlassender Muskelspannung. Vitalkapazität herabgesetzt. Sprache verlangsamt.

Differentialdiagnose. Hypofunktionelle Dysphonie.

Cushing-Syndrom. Gesteigerte Glukokortikoid-Ausschüttung bei *Nebennierenrindenüberfunktion.*

Eine Hyperaktivität der Nebennierenrinde durch primäre Nebennierenrindenhyperplasie oder vermehrte ACTH-Produktion des Hypophysen-Vorderlappens (Adrenokortikotropes Hormon) mit Hyperaktivität der Nebennierenrinde (Cushing-Syndrom und Morbus Cushing) führen nicht zu phoniatrischen Symptomen. Kein Tieferwerden der Stimme bekannt, nur Hirsutismus (Bartwuchs).

Adrenogenitales Syndrom.

Ursache. *Gesteigerte Androgenproduktion der Nebennierenrinden* infolge rezessiv erblicher, angeborener Enzymdefekte, die die Steroidhormonsynthese auf verschiedenen Stufen blockieren können. Die hierdurch vorwiegend verminderte Kortisolbildung führt zu einer verstärkten ACTH-Ausschüttung, die ursächlich für die Nebennierenrindenhyperplasie und die sekundär gesteigerte Androgenproduktion der Nebennierenrinden und somit für die Virilisierung bei gleichzeitiger Hemmung der gonadotropen Hypophysenfunktion verantwortlich zu machen ist.

Symptome:

a) Knaben. Nach der Geburt normales Genitale. Dann Entwicklung einer isosexuellen Pseudopubertas praecox mit Penisvergrößerung und vorzeitiger Sekundärbehaarung. Die Hoden bleiben infantil, da die Androgenproduktion von den Nebennierenrinden erfolgt. Im Erwachsenenstadium schließlich hypogonadotroper Hypogonadismus mit atrophischen Hoden.

   Ab dem 8. Lebensjahr Kehlkopfvergrößerung und dunkles Stimmtimbre. Nach dem 10. Lebensjahr Beginn des normalen Stimmwechsels.

b) Mädchen. Bei der Geburt bereits Befunde wie beim Pseudohermaphroditismus femininus (weiblicher Scheinzwitter). Das innere Genitale ist weiblich, äußerlich dagegen Übergänge bis zur völligen Vermännlichung. Es entwickelt sich nach der Geburt eine Virilisie-

rung im Sinne einer heterosexuellen Pseudopubertas praecox.
Es werden nach dem 10. Lebensjahr Stimmveränderungen wie bei der normalen männlichen Mutation ausgelöst, jedoch nur bis in den Zwischentonbereich der Erwachsenenstimme (unvollständige Mutation). Der Stimmklang bleibt männlich hoch.

10.3.5 Krankheiten der Keimdrüsen

Männlicher Hypogonadismus. Es handelt sich um eine Unterfunktion der *männlichen Keimdrüsen.* Sie ist bis zur Pubertät physiologisch. Die Keimdrüsenfunktion kann mit einer verminderten Testosteronbildung (Androgenmangel) einhergehen.

Ursachen:
- Primärer Hypogonadismus infolge direkter irreversibler Hodenschädigung mit reaktiv vermehrter Gonadotropinbildung (hypergonadotroper Hypogonadismus).
- Sekundärer Hypogonadismus infolge ungenügender oder fehlender hypophysärer Gonadotropinbildung (hypogonadotroper Hypogonadismus).

Symptome. Ein Ausfall der männlichen Keimdrüsen oder Kastration hat ein Fortbestehen der kindlichen Sprechstimmlage zur Folge. Die Ossifikation des Kehlkopfskelettes, die bei Männern zwischen dem 18. und 20. Lebensjahr einsetzt, bleibt aus. Ein Ausfall der männlichen Keimdrüsen nach der Pubertät hat keinen Einfluß auf die Stimme. Weibliche Hormone beeinträchtigen die männliche Stimme praktisch nicht.

Weiblicher Hypogonadismus. Eine Entfernung der Ovarien vor der Pubertät hat bei Frauen keine Auswirkungen auf die Stimme.

Kallmann-Syndrom. Es handelt sich um einen *hypogonadotropen Hypogonadismus.* Infolge Fehlens der Gonadotropine kommt es zu einer testikulären Reifungshemmung.

Symptome. Eunuchoidismus, Beibehalten der Kinderstimme, Anosmie.

Werner-Syndrom: Heredofamiliäre Form einer Hautatrophie und Sklerosierung mit vorzeitiger Vergreisung und Hypogonadismus, beeinträchtigte Mimik, Fistelstimme und Heiserkeit, Alopezie. Erkrankungsbeginn in der Pubertätszeit.

Intersexualität. Es handelt sich um Krankheitsbilder, die auf embryonalen Störungen der geschlechtlichen Differenzierung beruhen. Auftreten von Merkmalen beider Geschlechter bei einem Individuum durch Chromosomenaberrationen, Gonaden- und/oder Genitalanomalien.

Hermaphroditismus verus (echte Zwitterbildung). Es ist gleichzeitig, unabhängig vom genetischen Geschlecht, männliches und weibliches Keimdrüsengewebe vorhanden. Die äußeren Genitalien sind intersexuell oder rein männlich oder rein weiblich.

Die Stimme kann einen weiblichen oder männlichen Charakter haben. Kein Zusammenhang zwischen Stimmcharakter, äußerem Erscheinungsbild und psychisch männlicher oder weiblicher Orientierung.

Pseudohermaphroditismus masculinus (männlicher Scheinzwitter). Es handelt sich gonadal und chromosomal immer um Menschen männlichen Geschlechts. Uterus, Ovar und Vagina fehlen.

- Patienten mit *intersexuellen Genitalien* (vorwiegend weiblich oder vorwiegend hypoplastisch männlich). Die Erziehung soll zum Manne erfolgen. Der Kehlkopf hat männliche Form, die Stimme klingt männlich.
- Rein weibliche Typen mit *weiblichem Genitalbefund* (Syndrom der testikulären Feminisierung). Sie sind jedoch chromosomal und gonadal männlich, äußerlich weiblich. Die testikuläre Feminisierung fällt vor der Geschlechtsreife nicht auf. Die Erziehung soll zur Frau erfolgen. Uterus und Ovarien fehlen; vorhanden ist ein Leisten- oder Labialhoden, eine Brustentwicklung und ein weibliches äußeres Genitale. Die Sekundärbehaarung ist mangelhaft. Die Stimme klingt weiblich.
  Therapie: Präpubertale Kastration, weibliche Sexualhormone.

Pseudohermaphroditismus femininus (weiblicher Scheinzwitter). Chromosomal handelt es sich um ein weibliches Geschlecht. Uterus und Ovarien sind normal. Die äußeren Geschlechtsteile sind jedoch vermännlicht. Die Erziehung soll zur Frau erfolgen; Frauenstimme.

- *Pseudohermaphroditismus femininus infolge adrenogenitalen Syndroms.*
  Ursachen. Angeborene Nebennierenrindenhyperplasie, androgenbildende Tumoren der Nebennierenrinde, virilisierende Ovarialtumoren, polyzystisches Ovar mit Virilisierung.

Symptome. Stimmwechsel im Vorschulalter (siehe auch Mutatio praecox, Abschn. 9.2.1). Vorzeitige Entwicklung der sekundären Geschlechtsmerkmale. Entwicklungsrückstand der Gonaden (Ausdruck einer Pseudopubertas praecox).
- *Pseudohermaphroditismus femininus ohne Nebennierenbeteiligung.* Die Ursache ist unbekannt. Die Stimme klingt normal weiblich.

Klinefelter-Syndrom. Es handelt sich um eine Tubulusfibrose der Hoden (Hodenatrophie). Gonadotropinausschüttung erhöht. Phänotypisch handelt es sich um männliche Personen. Die Pubertät setzt verzögert ein. Hypergonadotroper Hypogonadismus.

Ursache. 47 Chromosomen (normal 46) mit doppeltem X-Geschlechtschromosom (XXY).

Symptome. Die Sprechstimmlage ist leicht erhöht (bei f), der Stimmumfang vermindert. Die Mutation setzt z. T. verspätet ein; Debilität.

Gonadendysgenesie.
Turner-Syndrom. Es handelt sich um ein konnatales Fehlen von Keimzellen, einhergehend mit Kleinwuchs und Mißbildungen. Hypoplastische weibliche innere und äußere Genitalorgane, männliches Kerngeschlecht.

Ursache. Chromosomenaberration.

Symptome. Weiblicher Phänotypus (weibliches infantiles äußeres und inneres Genitale), Minderwuchs und Skelettmißbildungen. Mittlere Sprechstimmlage einer Frau, Stimmtimbre jedoch kindlich. Erziehung zur Frau. Kehlkopfhypoplasie mit verzögerter Kehlkopfossifikation. Geringe Körpergröße, doppelseitiges Pterygium colli, Ohrmuschelmißbildungen, Innenohrschwerhörigkeit oder Taubheit, Spitzbogengaumenform. Die Gonadotropinausscheidung ist vermehrt (hypergonadotroper Hypogonadismus).

Folgende weitere Formen der Gonadendysgenesie werden unterschieden:
- Reine Gonadendysgenesie ohne Mißbildungen, ohne Kleinwuchs,
- Gonadendysgenesie mit Kleinwuchs *(Rössle-Syndrom),*

– Gonadendysgenesie mit Mißbildungen (z.B. *Bonnevie-Ullrich-Syndrom).*

Differentialdiagnose. Persistierende Kinderstimme bei Mädchen, weiblicher Hypogonadismus.

Hormonbildende Keimdrüsentumoren

Symptome:

a) ***Hodentumoren*** mit ***isosexueller Aktivität*** führen bei Knaben zu einer isosexuellen Pseudopubertas praecox mit vorzeitigem Stimmwechsel.

Heterosexuell aktive Hodentumoren gehen mit Verweiblichungserscheinungen einher. Die Stimme kann etwas höher werden.

b) ***Ovarialtumoren*** mit ***isosexueller Aktivität*** führen bei Mädchen zu einer isosexuellen Pseudopubertas praecox.

Heterosexuell aktive Tumoren gehen infolge von Androgenproduktion mit Virilisierungserscheinungen einher, d.h. die Stimme wird tiefer. Nach Operation der Ovarialtumoren mit Androgenproduktion kann die Stimme wieder höher und heller werden.

Das *Stein-Leventhal-Syndrom* (polyzystisches Ovar mit Virilisierung infolge vermehrter hypophysärer LH-Sekretion kann zu einer tiefen, männlichen Stimme führen. Hauptsymptom ist die Amenorrhö.

Stimmtherapie bei endokrin bedingten Stimmstörungen. Unterstützung der hormonellen Substitution durch logopädische Maßnahmen. Ziel ist Einpendeln einer ökonomischen Sprechstimmlage und Abbau von muskulären Fehlfunktionen.

Down-Syndrom (Mongolismus). Es handelt sich um eine abweichende Struktur des Chromosomenpaares 21 (Chromosomenaberration, d.h. Trisomie 21). Ursache unbekannt. Das Krankheitsbild tritt vermehrt bei Kindern älterer Erstgebarender auf.

Entstehung. Die Stimmstörungen beim Down-Syndrom werden teilweise als Symptom der vorhandenen Mehrfachschädigung aufgefaßt.

Symptome. Stimme tief, heiser, rauh. Reduzierter Stimmumfang. Störung der musischen Sprachelemente. Die Ursache wird in Veränderungen der Stimmbandelastizität vermutet.

Das Frühschreispektrum ist so typisch, daß die Diagnose schon aufgrund der akustischen Analyse gestellt werden kann, bevor die

Ergebnisse einer Chromosomenanalyse vorliegen. Der Schrei ist tief, rauh, gepreßt, blöckend.

Sprache. Verzögerte Sprachentwicklung (Stillstand auf primitiven, aber normalen Stufen der Sprachentwicklung); Dyslalie, Dysgrammatismus, Tachylalie und Monotonie stehen in Zusammenhang mit motorischen Koordinationsstörungen, Wahrnehmungsstörungen und Auffassungsstörungen. Speichelfluß wegen muskulärer Hypotonie, daher offenstehender Mund. Die Kinder blenden durch isoliert erworbene Einzelstrukturen der Sprache.

Cri-du-chat-Syndrom. Es handelt sich um eine Stimmstörung, die dem Katzenschreien ähnelt und sofort nach der Geburt auftritt.

Ursache. Spezifische Chromosomenaberration (Chromosomenmutation). Partielles Fehlen (Deletion) des kurzen Armes des Chromosoms Nr. 5.

Symptomatik. Miauendes und quäkendes Wimmern oder stereotypes, anhaltendes, schrilles, hohes Schreien (800 Hz). Geistige und körperliche Retardierung, antimongoloide Augenstellung, Hypertelorismus, Epikanthus, Vierfingerfurche und Mikrozephalie, Mikrogenie, tiefsitzende Ohren, Präaurikularanhang, gedoppelter Tragus. Der Kehlkopfbefund ist meist normal.

Erklärungsversuche für die stimmliche Symptomatik: Hypoplasie des Kehlkopfes oder pathologischer zerebraler Steuerungsprozeß im Rahmen einer Hirnschädigung.

Therapie. Spezifische Behandlung der Stimmstörung ist nicht möglich.

10.4 Transsexualität

Psychosexuelle Störung. Sie ist abzugrenzen von Homosexualität, Transvestismus und Hermaphroditismus. Trotz normalem körperlichem Aussehen besteht bei Männern oder Frauen die feste Überzeugung, dem anderen Geschlecht anzugehören. und ein unabänderliches Bedürfnis nach Geschlechtswechsel. Männer sind häufiger betroffen als Frauen.

Stimmbefunde.

Vor Behandlung. *Sprechstimmlage.* Es kann bei Männern eine Mutationsfistelstimme als Folge der psychologischen Problematik bestehen, oder die mittlere Sprechstimmlage liegt im weiblichen Bereich oder im Zwischenbereich der männlichen und weiblichen Stimmlage.

Stimmklang. Der Stimmklang kann bei Männern trotz männlicher Sprechstimmlage weiblich sein (leises, verhauchtes Sprechen) und umgekehrt bei Frauen bei hoher weiblicher Sprechstimmlage männlich (laute, rauhe Stimme).

Nach Behandlung. Bei Frauen nach Gaben männlicher Hormone Absinken der mittleren Sprechstimmlage oder mittlere Sprechstimmlage im Zwischenbereich der männlichen und weiblichen Stimmlage. Bei Männern nach Gaben weiblicher Hormone keine Erhöhung der mittleren Sprechstimmlage.

Um aus lautsprachlichen Äußerungen auf das Geschlecht zu schließen, reicht die Bewertung der mittleren Sprechstimmlage allein nicht aus. Zusätzlich erforderlich ist die Beurteilung von Stimmklang und sprachlichen Merkmalen (Prosodik, Wortwahl, Syntax).

Therapie.

Hormontherapie. Vor einer operativen Anpassungsoperation (chirurgische Geschlechtskorrektur) ein Jahr Hormontherapie. Bei Männern lebenslang dreimal täglich 0,05 mg Äthinylöstradiol, evtl. zusätzlich zweimal 50 mg des Antiandrogens Cyproteronacetat zur Bremsung des Bartwuchses. Bei Frauen 250 mg Triolandren (Testosteron-Depot-Präparat alle drei Wochen).

Operative Therapie. Anpassungsoperation:

a) *Bei Männern.* Hohe Semikastration mit beidseitiger Hoden- und Nebenhodenentfernung. Bildung einer Neovagina zwischen Harnleiter und Vorsteherdrüse einerseits und Darm (Rektum) andererseits. Die Penishaut wird umgestülpt und in die neue Vagina versenkt. Die Corpora cavernosa werden halbiert und bilden den Schwellkörper der kleinen Schamlippen. Erhöhung der mittleren Sprechstimmlage durch Senkung der Stimmlippenspannung mittels Annäherung von Ringknorpel und Schildknorpel durch Thyreoplastik Typ III nach ISSHIKI und Laryngoplastik an der vorderen Kommissur nach LE JEUNE (auch Anwendung der Methode bei Mutationsstörungen bei Frauen).
b) *Bei Frauen.* Subkutane Mastektomie (Entfernung der Brüste) und totale Hysteroovarektomie (Gebärmutter-Eierstock-Entfernung).

Keine Penisplastik.

Logopädische Therapie. Willkürliche permanente Erhöhung der mittleren Sprechstimmlage ist bei Männern logopädisch zu erreichen; sie kann aber, da unphysiologisch, zu Stimmstörungen führen. Vermittlung weicher Stimmeinsätze, einer stärkeren Sprachmelodie und weiblicher Gestik. Psychotherapie ohne Erfolg.

Rechtliche Situation. Nach dem Gesetz über die Änderung der Vornamen und die Feststellung der Geschlechtszugehörigkeit in besonderen Fällen von 1980 sind eine Vornamensänderung und Personenstandsänderung möglich, wenn folgende Voraussetzungen erfüllt sind:
- Mindestalter von 25 Jahren
- Unverheiratet
- Dauernde Fortpflanzungsunfähigkeit
- Zustand nach geschlechtsanpassender Operation (irreversibler, die äußeren Geschlechtsmerkmale verändernder Eingriff).

Die Krankenkassen können daher vor dem 25. Lebensjahr die Kostenübernahme für die erforderlichen operativen Eingriffe verweigern.

11
Stimmlippenlähmungen

11.1
Die Innervation des Kehlkopfes (siehe auch Abschn. 2.1.4)

Die willkürliche Betätigung des Stimmapparates erfolgt wie bei der übrigen Körpermuskulatur vom Gyrus praecentralis der Großhirnrinde aus durch Nervenfasern, die als Teil der kortikobulären Projektionen durch die innere Kapsel gekreuzt und ungekreuzt zum in der Medulla oblongata gelegenen Nucleus ambiguus ziehen, dem Hirnnervenkern der motorischen Fasern des N. vagus. Weitere Rindenareale sowie subkortikale Strukturen wirken über Vermittlung der Formatio reticularis auf den Nucleus ambiguus ein. Läsionen der Hirnnervenkerne und der darunterliegenden Strukturen führen zu peripheren Lähmungen. Solche Lähmungen beziehen immer auch die reflektorischen Funktionen mit ein. Dagegen sind die zentralen Bewegungsstörungen des Kehlkopfes auf Läsionen supranukleärer Strukturen zurückzuführen. Die Hirnstammreflexe bleiben dabei in ihrer Funktion erhalten.

Das Kleinhirn übt eine tonusregulierende und koordinierende Funktion auf die Kehlkopfmuskulatur aus. Da die Kehlkopfmuskulatur von beiden Seiten der Hirnrinde (Kortex) innerviert wird, müssen Schädigungen in diesem Bereich immer doppelseitig sein.

Der Kehlkopf wird ***motorisch*** und ***sensorisch*** vom N. vagus (X) innerviert. Die Vaguskerne liegen in der ***Medulla oblongata***. Die motorischen Kerne bilden einen Teil des Nucleus ambiguus. Der N. vagus verläßt durch das Foramen jugulare der Schädelbasis das Schädelinnere. Oberhalb des Foramen jugulare verdickt sich der Nerv zum Ganglion jugulare. Dann zieht der innere Ast des N. accessorius zum N. vagus und läuft mit diesem zusammen nach unten. Unterhalb des Foramen jugulare verdickt sich der Nerv zum Ganglion nodosum. Der N. vagus führt motorische, sensible und parasympathische (z. B. für Herz, Lunge, Magen) Fasern.

Der N. vagus tritt zusammen mit dem N. accessorius (XI) und dem N. glossopharyngeus (IX) durch das Foramen jugulare aus dem Schädel aus. Er liegt dann in enger Nachbarschaft zum N. hypoglossus (XII), der durch einen eigenen Kanal den Schädel verläßt.

Der N. vagus gibt zunächst die *Rami pharyngei* (Abb. 2-19) ab, die wahrscheinlich zusammen mit dem N. glossopharyngeus, dem N. facialis und dem Sympathikus das Gaumensegel innervieren (Plexus pharyngeus).

Dann gibt der N. vagus den N. laryngeus superior ab, der sich in einen Ramus externus und einen Ramus internus teilt.

Der Ramus externus innerviert motorisch den M. cricothyreoideus (äußerer Kehlkopfmuskel, Haupt- oder Grobspanner der Stimmlippen) und den M. ventricularis (Taschenfaltenmuskel).

Der Ramus internus innerviert die Kehlkopfschleimhaut der betreffenden Seite.

Als nächster Nerv zweigt im unteren Halsteil der N. laryngeus recurrens (N. recurrens) ab. Er zieht zunächst nach unten in den Brustraum, schlingt sich rechts um die A. subclavia und links um den Aortenbogen und zieht dann seitlich zwischen Trachea und Ösophagus nach oben. Das Ende des Nervs wird als *N. laryngeus inferior* bezeichnet. Er versorgt motorisch die innere Kehlkopfmuskulatur.

11.2 Ursachen und Befunde bei zentralen Stimmlippenlähmungen

Befunde bei zentralen Stimmlippenlähmungen. Es gibt 4 Formen der laryngealen Symptomatik bei zentralen Läsionen:

a) Ein- oder doppelseitige Bewegungsunfähigkeit oder Einschränkung der Beweglichkeit der Stimmlippen beim Phonationsversuch trotz erhaltener reflektorischer Beweglichkeit der Stimmlippen, d.h. bei Auslösung des Würg- oder Hustenreflexes vollständiger Stimmlippenschluß. Ursache: laryngeale Dyspraxie oder Apraxie. Die Stimmlippen können beim Phonationsversuch fast in Lateralstellung stehen. Keine Atrophie der Stimmlippen. Ein Stellungswechsel der Stimmlippen von Paramedian- bis Lateralstellung während der Untersuchung ist möglich. Daher muß die Untersuchungsdauer mindestens 30 Sekunden betragen, um eine periphere Lähmung auszuschließen, bei der ein Stellungswechsel während der Beobachtungszeit nicht vorkommt. Ursache des Stellungswechsels ist eine spastische Tonuserhöhung besonders der Adduktoren.

b) Ein- oder doppelseitige Verkürzung und Verdickung der Stimmlippen infolge einer laryngealen Spastik. Aneinanderpressen der Stimmlippen bei Phonation. Die erhöhte Spannung bewirkt eine Eindrehung der Aryknorpel nach vorn und medial. Verkürzte Schwingungsamplituden, verminderte Randkantenverschiebung, verlängerte Schlußphase. Eingeschränkte Abduktion der Stimmlippen bei Respiration. Dorsalflexion der Epiglottis. Verengung des Larynxeinganges und des Rachenraumes. Nachlassen der spastischen Tonuserhöhung in Ruhe. Bei zerebrovaskulären Erkrankungen überwiegend einseitige Symptomatik, bei Schädel-Hirn-Traumen überwiegend doppelseitige Symptomatik.

c) Einschränkung der Feinmotorik, d. h. reduzierte Feineinstellung der Stimmlippen. Eingeschränkte Veränderung der Form, Länge und Spannung der Stimmlippen beim Versuch der Tonhöhenvariation. Glottisschluß vorhanden. Ursache ist eine Störung der Feinmotorik, die über Jahre bestehen bleibt. Folgen sind eine Einschränkung des Stimmumfanges sowie eine reduzierte Belastbarkeit der Stimme.

d) Unwillkürliche Stimmlippenbewegungen (spontane Hyperkinesen), die kontinuierlich oder intermittierend auftreten infolge Schädigung des extrapyramidalen Systems. Sie äußern sich in rhythmisch alternierenden Ab- und Adduktionsbewegungen von unterschiedlicher Amplitude. Schnelle Adduktions- und langsame Abduktionsphase. Die Hyperkinesen (Myoklonien) sind sowohl in Ruhe als auch bei reflektorischen und intendierten Stimmlippenbewegungen vorhanden. Bei ausgeprägter Amplitude der Abduktionsbewegung kommt es beim Schlucken zur Glottisöffnung und Aspiration; eine Tracheotomie wird erforderlich bzw. ein Decanülement kann nicht durchgeführt werden. Stimme zittrig, unwillkürliche Tonhöhen- und Lautstärkeveränderungen. Die normalen respiratorischen Stimmlippenbewegungen (z. B. Glottiserweiterung bei Inspiration) können bei zentralen Läsionen aufgehoben, abgeschwächt, verstärkt oder paradox ablaufen, z. B. Glottiserweiterung bei Exspiration, Glottisverengung bei Inspiration. Hyperkinesen verursachen meist ein kompensatorisches Preßverhalten im Kehlkopfbereich. Perverse Bewegungen der Stimmlippen kommen z. B. bei der Parkinson-Krankheit und der Multiplen Sklerose vor. Sie können auch psychogen sein und mit

Stridor einhergehen (Grunzer-Syndrom). Es kann auch zu zentral bedingten Vorwölbungen der Taschenfalten kommen.

Eine diskrete langsame Abduktion der Stimmlippen bei Inspiration und Adduktion bei Exspiration als Zeichen einer ***respiratorischen Insuffizienz*** kann zentral und peripher bedingt sein. Vermutet wird eine erhöhte Reflexerregbarkeit infolge fehlender Rindenhemmungen bei Schädigung der kortikobulbären Pyramidenbahnen des N. vagus, z.B. bei Pseudobulbärparalyse, Enzephalomyelitis, Epilepsie, Schläfenlappenabszeß. Manchmal finden sich zusätzlich diskrete Bewegungen des Gaumensegels (Senkung bei Inspiration, Hebung bei Exspiration).

Differentialdiagnose bei Ataxie der Stimmlippen. Hypofunktionelle Form der psychogenen Dysphonie oder Aphonie. Hierbei unregelmäßige, in Absätzen erfolgende Bewegungen, unterbrochen durch kurze, in der entgegengesetzten Richtung erfolgende Rucke.

Symptome und Befunde bei speziellen supranukleären Schädigungen.

Parkinson-Krankheit. Erschwerte und ungenügende Adduktion der Stimmlippen, d.h. rasches Auseinanderweichen, jedoch nur langsame Annäherung. Diese kann nicht aufrechterhalten werden. Tremor der Stimmlippen, evtl. auch der Epiglottis, des Gaumensegels und der Zunge. Phonationsdauer stark verkürzt. Stimme monoton, schwach, leise. Physiologischer Asynchronismus zwischen den thorakalen und abdominalen Atembewegungen fehlt (siehe Abschn. 1.2.1.3), statt dessen gleichmäßige Koordination der Atembewegungen.

Frühkindliche Hirnschäden. Stimmstörung seit Geburt oder den ersten Lebensjahren mit wechselndem Charakter innerhalb von Sekunden und Minuten (gepreßt-spastisch). Schwingungsamplituden der Stimmlippen immer verkürzt, Schließungsphase verlängert.

Multiple Sklerose. Stimme monoton, schwach, heiser, rauh; manchmal umschlagend in die Fistelstimme. Ruckartige, in Absätzen erfolgende Bewegungen der Stimmlippen, die durch kurze, in der entgegengesetzten Richtung erfolgende Rucke unterbrochen werden. Schließlich stürzen die Stimmlippen nach Überwindung des Tremors aufeinander zu, es kommt zum Glottisschluß. Im Gegensatz zum Parkinsonismus Tremor der Stimmlippen nur während der Phonation. Phonationsdauer verkürzt. Aphonia spastica ist ein selten vorkommendes Frühsymptom. Es ist Folge einer zu starken Muskelkontraktion bei der Phonation. Evtl. Einatmung bei angenäherten Stimmlippen (spastische Inspirationen). Auch Stimmlippenlähmungen kommen vor.

Chorea. Stimme heiser, tief, ermüdet rasch. Wechselnde hyperkinetische Funktion der Kehlkopfmuskulatur. Unwillkürliche Aktionen der Stimmlippen. Überwiegen der Funktion der Stimmritzenschließer, daher laute oder schreiende Stimme.

Shy-Drager-Syndrom. Akute doppelseitige Stimmlippenlähmung (Fixation der Stimmlippen in Paramedianstellung), primäre orthostatische Hypotonie, parkinsonähnliche Symptomatik. Ursache sind Zelldegenerationen in der Substantia nigra, Putamen und Columna intermediolateralis des Rückenmarkes.

Differentialdiagnose: Morbus Parkinson, zentrale Tumoren, idiopathisch-orthostatische Hypotonie.

Traumatisches Mittelhirnsyndrom. Ursache: Schweres gedecktes Schädel-Hirn-Trauma mit Läsion supranukleärer (oraler Hirnstamm), d.h. kortikonukleärer und extrapyramidaler Neurone.

a) ***Mutistisches Stadium.*** Stimmlippen in Lateralstellung fixiert, respiratorische Stimmlippenbewegungen. Keine willkürlichen (intendierten), sondern nur reflektorische Stimmlippenbewegungen möglich, z.B. bei Auslösung des Husten- oder Würgreflexes (laryngeale Apraxie). Gegen Ende des mutistischen Stadiums Auftreten von spontanen affektiven Lautäußerungen beim Lachen oder Weinen. Leichte Drehung der Prozessus vocales nach medial schließlich möglich (angedeutete Sanduhrglottis).

– *Differentialdiagnose.* Psychogene Aphonie vom hypofunktionellen Typ; Ausschluß durch Anamnese und neurologischen Befund.

b) ***Flüsterstadium.*** Die Stimmlippen können einander etwas genähert werden, daher Verkleinerung der Glottis möglich und somit die Produktion von Flüstergeräuschen (laryngeale Dyspraxie). Die ersten willkürlichen Lautäußerungen werden somit geflüstert. Das Flüsterstadium dauert nur wenige Tage. Es treten dann nach Plosivlauten kurzdauernde, stimmhafte Anteile beim Sprechen auf.

c) *Stadium der laryngealen und pharyngealen Spastik* („spastische" Dysphonie)

- *Symptome.* Alle Lautäußerungen sind stimmhaft, jedoch ausgeprägte Stimmstörung. Stimme zunächst hauchig, dann zunehmend gepreßt und rauh. Mittlere Sprechstimmlage erhöht, Diplophonie, Zittern der Stimme, starke Einschränkung von Ton- und Lautstärkeumfang.
- *Befund.* Spastische Stimmlippenlähmung; Stimmlippen verkürzt und verdickt, Stimmlippenkanten gerötet, Taschenfalten werden bei Phonation vorgewölbt, Dorsalneigung der Epiglottis. Glottis bei Respiration relativ eng infolge Abduktionseinschränkung der Stimmlippen (Öffnung nur bis Intermediärstellung möglich). Bei Phonation Hyperadduktion der vorderen zwei Drittel der Stimmlippen bei gleichzeitig offenem Dreieck im hinteren Drittel (Folge einer Überfunktion des M. cricothyreoideus lateralis). Evtl. Auftreten von Stimmlippenknötchen. Evtl. spontane, unwillkürliche, rhythmische Stimmlippenbewegungen (segmentale laryngeale Myoklonien) oder einseitige Spannungserhöhungen in den Stimmlippenadduktoren trotz der bilateralen Innervation der Vaguskerne.
- *Differentialdiagnose.* Periphere Nervenläsion nach endotrachealer Intubation wegen Beatmung. Hierbei keine regelrechte Beweglichkeit der Stimmlippen im Ablauf der laryngealen Schutzreflexe.
  Untersuchung der Patienten während des Stadiums der laryngealen Spastik in entspanntem Zustand erforderlich, da sonst die Spastik anspringt und eine Stimmlippenlähmung (Rekurrensparese) vortäuscht.

d) *Stadium der Rückbildung.* Die Stimmlippen sind wieder schmaler und länger, keine Rötung, keine Spaltbildung mehr.
Das traumatische Mittelhirn-Syndrom kann mit einer Aphasie kombiniert sein. Daher Untersuchung aller aphasischen Patienten auf zentrale Stimmstörungen, bei denen ein traumatisches Mittelhirnsyndrom voranging.

- *Therapie.* Zurückhaltung mit einer logopädischen Behandlung, da sonst das Pressen gefördert wird. Keine Massage, da hierdurch Verstärkung der Spastik. Zuerst Atem- und Artikulationstherapie. Keine Anwendung der Kaumethode, da hierdurch die zentrale Desintegration wieder wachgerufen werden kann.

11.3 Ursachen und Befunde bei peripheren Stimmlippenlähmungen

11.3.1 Nukleäre (bulbäre) Stimmlippenlähmungen

Die gelähmte Stimmlippe kann in Paramedian- oder Intermediärstellung stehen, da auch im bulbären Bereich die einzelnen Vagusäste eine getrennte Lokalisation haben.

Man nimmt an, daß das Zentrum der Adduktion im mittleren und das der Abduktion im kaudalen Abschnitt des Nucleus ambiguus liegen. Der M. cricothyreoideus soll von dem obersten Anteil des Nucleus ambiguus, und die inneren Kehlkopfmuskeln sollen vom kaudalen Anteil versorgt werden. Außerdem wird angenommen, daß der untere Teil des Nucleus ambiguus zum N. accessorius gehört.

Für den Ausfall einzelner Muskeln lassen sich somit nicht einzelne Kernregionen verantwortlich machen.

Es handelt sich vielmehr um eine Beteiligung funktionell zusammengehörender Muskeln, deren Nervenkerngebiete weit auseinanderliegen.

Ursachen der bulbären Stimmlippenlähmungen sind pathologische Prozesse in der Medulla oblongata, z. B. Blutungs- oder Erweichungsherde. Bulbäre Lähmungen kommen bei folgenden Krankheitsbildern vor:

Wallenberg-Syndrom (dorsolaterales Medulla-oblongata-Syndrom). Ursache: Thrombose der A. cerebelli inferior posterior, die Teile des Kleinhirns und der Medulla oblongata versorgt, oder der A. vertebralis.

Auf der betroffenen Seite Lähmungen der Gaumen-, Pharynx- und Kehlkopfmuskulatur. Die gelähmte Stimmlippe kann in Intermediär- oder Paramedianstellung stehen. Die Lähmung kann vorübergehend oder bleibend sein; Dysarthrie.

Bulbäre Form der Poliomyelitis. Sie kann zu einer beidseitigen Stimmlippenlähmung führen (Lähmung der Glottisöffner). Auch perverse Aktionen der Stimmlippen (phonatorische Öffnung, respiratorische Schließung mit inspiratorischem Stridor) kommen vor. Die gleichen

Symptome können auch nach einer Enzephalitis oder als Konversionsneurose beobachtet werden.

Toxineinwirkungen und Infektionen, z. B. bei Herpes zoster, Grippe, nach Gabe von Diphtherieantitoxin, nach Streptomycin- und Chiningaben. Zwischen bulbären (nukleären) und infranukleären Nervenschädigungen kann dabei nicht unterschieden werden.

Degenerative Prozesse, z. B. bei Bulbärparalyse.

11.3.2 Infranukleäre Stimmlippenlähmungen

(Lähmungen des N. vagus und seiner Äste)

Als Stimmlippenparesen werden sowohl Einschränkungen der Beweglichkeit als auch vollständige Fixationen der Stimmlippen bezeichnet. Selbst wenn eine Nervendurchtrennung ursächlich vorliegt, spricht man nicht von einer Stimmlippenparalyse.

11.3.2.1 Ursachen

Kehlkopf- bzw. Stimmlippenlähmungen stellen häufig kein eigenes Krankheitsbild dar, sondern nur ein Symptom einer anderen Erkrankung. Erst nach Ausschluß aller möglichen Ursachen darf die Diagnose „idiopathische" Stimmlippenlähmung gestellt werden.

Vor der Diagnose „idiopathische" Stimmlippenlähmung müssen daher folgende supranukleäre, nukleäre und insbesondere infranukleäre Ursachen ausgeschlossen werden.

– Allergisch:	Serumprophylaxe z. B. bei Tetanus (Tetanusantitoxin)
– Allergisch-toxisch:	Nach Tonsillektomie oder Zahnextraktion
– Bronchialkarzinom:	Sitz im Ober- und Mittelgeschoß
– Degenerativ:	Shy-Drager-Syndrom
– Endotracheale Intubation:	Überdehnung durch Lagerung oder Druckschädigung durch aufgeblasene Manschette

– Erblich:	Doppelseitig kongenital oder später auftretend (Sipple-Syndrom). Bei kongenitaler Lähmung Fixation immer in Paramedianstellung
– Erkrankungen des Nervensystems:	Bulbärparalyse, Pseudobulbärparalyse, Multiple Sklerose, amyotrophische Lateralsklerose, Syringobulbie
– Gefäßoperation:	Karotisendarterektomie (Nervus laryngeus superior oder inferior)
– Halslymphknoten:	Präoperativ oder als Folge einer radikalen Halsausräumung
– Herfordt-Syndrom:	Speicheldrüsenschwellungen, Uveitis
– Herzerkrankungen:	Dilatation des linken Herzvorhofes bei Mitralstenose (Ortner-Syndrom), Pulmonalstenose, Aneurysma der Aorta, Erweiterung oder Verlagerung der Pulmonalarterie bei Mitralstenose, Perikarditis, primäre pulmonale Hypertonie, Perikarditis
– Herzoperationen:	Offener Ductus Botalli, Vorhofseptumdefekt
– Hirnabszesse	
– Hirntumoren	
– Hypopharynxdivertikel-Operation:	Pulsionsdivertikel
– Infektiös-toxisch:	Rheumatisch. Grippe, Herpes zoster, Mononukleose, Diphtherie, Streptomycin, Chinin, Blei, Arsen, Poliomyelitis
– Lungentuberkulose	
– Mediastinalerkrankungen:	Metastasen, Lymphogranulomatose
– Mißbildung der Zungenbeinkette:	Verknöcherung von Zungenbeinhorn, Lig. stylohyoideum und Lig. thyreohyoideum
– Neuropathie:	Diabetes mellitus, Alkohol
– Ösophaguskarzinom:	Oberes Drittel
– Ösophagusoperationen	
– Schädel-Hirn-Trauma	

– Scharfes oder stumpfes Halstrauma:	Unfall, Strangulation, Überdehnung beim Turnen oder Chiropraktik; Mediastinoskopie; Punktion der V. jugularis
– Schilddrüsen erkrankungen:	Struma maligna, Struma substernalis
– Schilddrüsenoperation:	Nervenzerrung, Nervendurchtrennung
– Tumoren der Schädelbasis:	Garcin-Syndrom
– Strahlentherapie	
– Tumoren des N. vagus:	Schwannom
– Wallenberg-Syndrom:	Verschluß der A. cerebelli inferior posterior
– Zerebrovaskuläre Erkrankungen	
– Zytostatika:	Neurotoxischer Effekt von Vinblastin und Vincristin

Strumektomie (partielle, intrakapsuläre Resektion) und Thyreoidektomie (extrakapsuläre totale Resektion).

N. laryngeus superior. Im Karotisbereich kreuzt er die Hinterfläche der Karotisgabel. Er teilt sich in Höhe des Zungenbeines in seine beiden Endäste, den Ramus internus (sensibel) und externus (motorisch) auf. Bei Schilddrüsenoperation nur selten Gefährdung des Ramus internus, da er in größerem Abstand vom oberen Schilddrüsenpol zum Kehlkopf zieht. Der Ramus externus zieht hinter und medial der A. thyreoidea superior nach unten, weicht knapp oberhalb des oberen Schilddrüsenpols nach innen ab und verläuft längs der Linea obliqua des Schildknorpels zum M. cricothyreoideus.

Verletzungsmöglichkeiten:
- Schädigung bei Karotisendarterektomie in Höhe der Karotisgabel.
- Verletzung durch Luxation der Schilddrüse vor allem bei Unterbringung der oberen Schilddrüsenarterie, insbesondere, wenn der Nerv zwischen den Aufzweigungen der oberen Schilddrüsenarterie verläuft. Diese anatomische Variation kommt in 6% der Fälle vor. Meist ist nur der motorische Ramus externus betroffen.

- Da der Ramus externus des N. laryngeus superior die obere Schilddrüsenarterie begleitet und seine Richtung erst unmittelbar oberhalb der Schilddrüse ändert, besteht in diesem Bereich bei der Ligatur der Arterie die Gefahr der Nervenverletzung.

Prophylaxe. Keine brüske Luxation des oberen Schilddrüsenpols, keine Massenunterbindungen von Gefäßen, sondern Isolierung der oberen Schilddrüsenarterie und Unterbindung nahe der Schilddrüsenkapsel.

N. laryngeus inferior. Die Schädigung des Nervs gehört zu den typischen Komplikationen der Strumektomie. Der rechte Nerv ist bei Schilddrüsenoperationen mehr exponiert, da er nicht so tief in der Rinne zwischen Speiseröhre und Luftröhre nach oben zum Kehlkopf verläuft.

Bei regelrechtem aszendierendem Verlauf liegt der N. recurrens nur in etwa der Hälfte der Fälle geschützt in der Rinne zwischen Trachea und Ösophagus. In der anderen Hälfte befindet er sich dorsal oder ventral davon, in 4% der Fälle innerhalb des Schilddrüsenparenchyms. Eine erhöhte Gefährdung ergibt sich nicht nur bei Passage des Drüsengewebes, sondern auch bei Einbettung in die prätracheale Faszie.

Verlaufsvarianten des N. recurrens:
- Normalerweise kreuzt der Nerv die untere Schilddrüsenarterie (A. thyreoidea inferior) in Höhe des mittleren Schilddrüsendrittels. Der Nerv zieht hierbei hinter (35%), zwischen (32%) oder vor (27%) den Arterienästen vorbei. Bei den beiden letztgenannten Möglichkeiten besteht die Gefahr einer Dehnungsschädigung des Nervs beim Anheben der Schilddrüse aus ihrem Bett.
- Der Nerv entspringt in Höhe des Ringknorpels aus dem N. vagus und zieht direkt zum Kehlkopf, ohne sich um die A. subclavia zu schlingen (0,34–1%). Er kreuzt dann die A. carotis communis und kann mit der unteren Schilddrüsenarterie verwechselt werden. Gefahr der Unterbindung des Nervs mit oder anstelle der A. thyreoidea inferior. Bei noch höherem Verlauf kann er in die obere Schilddrüsenpol-Ligatur einbezogen werden.
- Umschlingen der Äste der unteren Schilddrüsenarterie oder Auffaserung zwischen den Arterienästen wie eine Gabel.

Häufigkeit bleibender Lähmungen nach Operationen:
- Bei extrathorakaler Kolloidstruma 6–7% (3%)

Tabelle 11-1: Auftreten von Heiserkeit nach Schilddrüsenoperationen

Auftreten der Heiserkeit	Ursache	Wiederkehr der Beweglichkeit
Sofort postoperativ	– Durchtrennung – Unterbindung	nicht möglich
	– Zerrung – Druck auf den Nerv – Quetschung mit Pinzette oder Klemme – Hitzeeinwirkung bei Anwendung des Thermokauters	möglich
Einige Tage postoperativ	– Narbenbildung	nicht möglich
	– Schwellung des Nervs (Ödem)	möglich

- Bei intrathorakaler Kolloidstruma 27%
- Bei Struma maligna 26%
- Bei entzündlicher Struma 14%
- Bei Rezidivoperation einer Kolloidstruma 15 % (10%).

Kein Unterschied in der Häufigkeit zwischen rechts und links. Beidseitige Stimmlippenlähmung in 1,3%.

Prognose. Bei Stimmlippenlähmungen durch Druck (Hämatom), Zerrung sowie Quetschung vollständige oder teilweise Wiederkehr der Beweglichkeit ab 1 Woche bis zu sechs Monaten postoperativ in 40%. Eine postoperative Einschränkung der Beweglichkeit kann für immer bestehenbleiben.

Eingriffe an der Vena jugularis interna. Beim Legen eines zentralen *Venenkatheters* besteht die Möglichkeit der Verletzung des N. vagus mit der scharfen Kanülenspitze.

Bei Anlage eines *Herzschrittmachers* kann der N. vagus beim vorsorglichen Anschlingen der V. jugularis miterfaßt und geschädigt werden.

Bei Eingriffen an der V. jugularis interna werden beobachtet:
- Isolierte Lähmungen des N. laryngeus superior und des N. laryngeus inferior
- Komplette Vaguslähmungen mit Schluckstörungen.

Strahlentherapie. Unter der Strahlentherapie kann sich eine Stimmlippenlähmung entwickeln, die vorwiegend passageren Charakter hat.

Ursachen von Stimmlippenlähmungen bei Kindern. Man unterscheidet folgende Ursachen von Stimmlippenlähmungen bei Kindern:
- Familiär gehäufte Stimmlippenlähmung
- Nukleäre Dysgenesie
- Überstreckungsfolge bei der Geburt
- Hydrozephalus
- Meningozele
- Enzephalozele
- Neuromuskuläre Erkrankungen.

11.3.2.2
Die Position gelähmter Stimmlippen

Die gelähmte Stimmlippe kann in Median-, Paramedian- oder Intermediärstellung stehen.

Von der Position der gelähmten Stimmlippe lassen sich keine Rückschlüsse auf den Sitz der zugrundeliegenden Schädigung ziehen. Auch ist eine Zuordnung zu bestimmten neurologischen Krankheitsbildern nicht möglich.

Man sollte daher nicht von einer Rekurrenslähmung usw. sprechen, sondern nur von einer Stimmlippenlähmung. Statt dessen sollte man die Stellung und Form der Stimmlippen und das Ausmaß der Motilitätsstörung genau beschreiben.

Die heute jedoch noch allgemein gültige Regel über die Position der gelähmten Stimmlippen (Hofer und Jescheck) lautet:
- Bei einer Lähmung des N. laryngeus inferior (N. recurrens) steht die gelähmte Stimmlippe in Median- oder Paramedianstellung.

- Bei einer Lähmung des N. laryngeus inferior und superior (N. vagus) steht die gelähmte Stimmlippe dagegen in Intermediärstellung mit oder ohne Exkavation.
- Bei einer Lähmung des N. laryngeus superior allein findet sich nur eine etwas schlaffe Stimmlippe mit leichter Exkavation des freien Stimmlippenrandes bei Phonation.

Abweichungen von der Regel:

- Bei Schädigungen des N. laryngeus inferior kann die Stimmlippe in Intermediärstellung fixiert sein, z. B. bei Thorax- und Ösophagusprozessen.
- Bei Schädigungen des N. laryngeus inferior und superior (Vaguslähmung) kann die Stimmlippe in Median- oder Paramedianstellung fixiert sein, z. B. bei Schädelbasisprozessen und dem ***Wallenberg-Syndrom.***

Erklärungen der Abweichungen von der Regel durch:

a) ***Retrograde Degeneration*** (Schädigung bzw. Untergang) der medullären Ganglienzellen im Nucleus ambiguus bei Schädigung des N. laryngeus inferior. Dadurch sekundäre Schädigung des N. laryngeus superior. Es resultiert eine Intermediärstellung der gelähmten Stimmlippe. Schädigungen im Thoraxbereich können somit auch Gaumensegellähmungen zur Folge haben durch sekundäre Schädigung der Rami pharyngei des N. vagus.

b) ***Krampftheorie.*** Es handelt sich um Reflexvorgänge durch afferente Fasern des N. vagus (auch des N. laryngeus inferior). Bei Druck auf den Nerv werden die afferenten Fasern gereizt; über die medullären Kerne erfolgt ein reflektorischer Spasmus oder eine Tonuserhöhung des M. cricothyreoideus. Es resultiert eine spastische Lähmung, d. h. Dauerkontraktur der gesamten inneren Kehlkopfmuskulatur mit Überwiegen der an Zahl und Muskelkraft stärkeren Stimmlippenschließer. Beweis: In Narkose, Oberflächenanästhesie oder durch Blockade des N. laryngeus superior Wechsel von Paramedianstellung in leichte Lateralstellung.

c) Verschiedene Anordnungen der Arykrikoidgelenkflächen, Formvarianten des Ringknorpels und des Conus elasticus. Bei waagerechter Gelenkfläche tritt bevorzugt eine Fixation in Medianstellung auf, bei steiler Gelenkfläche in Intermediärstellung.

d) Zugehörigkeit des N. laryngeus superior zum N. vagus, des N. laryngeus inferior zum N. accessorius. Der untere Teil des Nucleus ambiguus soll zum N. accessorius gehören.
e) Mangelnde Unterscheidbarkeit von Paramedian- und Intermediärstellung wegen unterschiedlichen Kehlkopfbaues, Drehung oder Verdrängung des Kehlkopfes.
f) Doppelte Innervation der Kehlkopfmuskeln vom N. laryngeus inferior und superior.
g) Bilaterale Innervation der Kehlkopfmuskeln.

11.3.2.3 Diagnostik bei Stimmlippenlähmungen

Untersuchungsmethoden und ergänzende Untersuchungen. Indirekte Laryngoskopie zur Beurteilung der Beweglichkeit der Stimmlippen bei Phonation und Respiration.

Stroboskopische Untersuchung zur Beurteilung der Schwingungen und Randkantenverschiebung der gelähmten Stimmlippen sowie zur Unterscheidung von straffen und schlaffen Lähmungen.

Evtl. Kehlkopfschichtaufnahmen, direkte Laryngoskopie, Elektromyographie; Reizstärke/Reizzeitkurve (siehe Abschn. 5.1.2); Anfertigung eines *Stimmstatus*.

Bei ungeklärter Ätiologie müssen folgende zusätzliche diagnostische Maßnahmen durchgeführt werden:
- Prüfung der Rachenreflexe, der Gaumensegel- und Zungenbeweglichkeit sowie der Sensibilität der Kehlkopfschleimhaut
- Palpation des Halses
- Röntgenaufnahmen des Thorax, des oberen Ösophagusdrittels und der Schädelbasis
- Untersuchung der Schilddrüse
- Neurologische Untersuchung.

11.3.2.4 Symptome bei Stimmlippenlähmungen

Je nach Stellung der gelähmten Stimmlippe, je nachdem ob eine ein- oder beidseitige Lähmung vorliegt, besteht leichte *Heiserkeit* bis *Aphonie*. Insbesondere bei doppelseitigen Lähmungen tritt *Atemnot* auf. Bei einseitiger Lähmung ist in der Regel keine Atemnot vorhanden. Einschränkung des Stimmumfanges unter 1 Oktave. Bei schlaffen Lähmungen tiefe Sprechstimmlage, Stimme leise, Stimmeinsätze verhaucht. Die Phonationsdauer ist verkürzt, da bei Phonation „wilde Luft“ durch die nicht geschlossene Glottis entweicht; dadurch entsteht eine ***phonatorische Dyspnö*** mit Hochatmung und zuweilen hörbarem Inspirium. Infolge von Kompensationsversuchen treten Verspannungen der Lippen-, Kiefer- und Halsmuskulatur auf.

Bei straffen Lähmungen zu hohe Sprechstimmlage.

11.3.2.5
Befunde bei Stimmlippenlähmungen

Die gelähmte Stimmlippe kann in *Median-, Paramedian-* oder *Intermediärstellung* stehen. Sie kann im hinteren Anteil nicht zur Seite geschwenkt werden. Median-, Paramedian- und Intermediärstellung lassen sich manchmal nicht voneinander abgrenzen.

Ursachen: Unterschiedliche Größe der Glottis, Formvarianten des Ringknorpels und Krikoarytänoidgelenkes.

Bei der Beurteilung der Stimmlippenbeweglichkeit spricht eine Öffnung des Recessus piriformis bei Phonation für eine vorhandene Beweglichkeit.

Befund bei *Stroboskopie:* Der Schwingungsablauf kann bei einer Stimmlippenlähmung normal sein, oder es kann ein phonatorischer Stillstand vorliegen. Die Randkantenverschiebung bei kompletter Lähmung ist meist aufgehoben.

Bei einer *Teillähmung* ist die Beweglichkeit der betreffenden Stimmlippe eingeschränkt. Die Abduktionsfähigkeit ist beeinträchtigt, so daß nur Bewegungen z.B. von Median- in Paramedianstellung und umgekehrt möglich sind.

Differentialdiagnose bei Teillähmung: psychogene Dysphonie vom hypofunktionellen Typ. Hierbei erfolgen bei Phonation nur Bewegungen der Stimmlippen von Lateral- in Paramedianstellung und umgekehrt.

Schlaffe Lähmung. Fixation der gelähmten Stimmlippe meist in Intermediärstellung; seltener in Median- oder Paramedianstellung. Exkavation der verkürzt erscheinenden Stimmlippe. Diese steht in gleicher Höhe wie die Stimmlippe der anderen Seite. Aryknorpel nach vorn gekippt. Dieses Lähmungsbild wird auch als *„Kadaverstellung“* bezeichnet (siehe auch Abb. 2-24). Der Ausdruck hat nichts mit der

Stellung der Stimmlippe an der Leiche zu tun; hier variiert die Stellung. Sprechstimmlage zu tief.

Bei der stroboskopischen Untersuchung erweiterte Schwingungsamplituden. Die gelähmte Stimmlippe ändert ihre Hauptschlagrichtung aus der horizontalen in eine vertikale Richtung (sog. Durchschlagsbewegungen).

Straffe Lähmung. Stimmlippen gespannt, nicht verkürzt; Fixation meist in Median-, Paramedian- oder seltener in Intermediärstellung. Die gelähmte Stimmlippe steht bei Phonation meist in gleicher Höhe wie die nicht betroffene Seite oder aber höher. Es resultiert hieraus dann eine zusätzliche Stimmverschlechterung. Die Taschenfalte der gelähmten Seite wölbt sich bei Phonation nach medial vor (sekundäre Hyperfunktion zwecks Verkleinerung des Glottisspaltes).

Die mittlere Sprechstimmlage ist bei der straffen Lähmung oft zu hoch. Es kann evtl. eine geringe Exkavation der gelähmten Stimmlippe infolge einer Atrophie des M. vocalis vorhanden sein (alte straffe Lähmung).

Stroboskopisch verkürzte Schwingungsamplituden.

Röntgenologisch läßt der subglottische Raum bei schlaffer Lähmung eine gotische Spitzbogenform erkennen, auf der gesunden Seite eine romanische Rundbogenform.

Eine schlaffe Lähmung kann in eine straffe Lähmung übergehen und umgekehrt. Geht eine schlaffe Lähmung in eine straffe über, so resultiert eine Verbesserung des Stimmklanges.

Anmerkung: Die *Entstehung einer Exkavation* ist noch nicht eindeutig geklärt. Vermutet werden eine Muskelatrophie, eine Muskelinsuffizienz insbesondere des M. cricothyreoideus oder eine besondere Anordnung der Arykrikoidgelenkfläche.

Positionswechsel. Die Stellung einer fixierten Stimmlippe kann sich ändern.

Der Positionswechsel von Median- oder Paramedianstellung in Intermediärstellung wird durch eine zusätzliche Lähmung des N. laryngeus superior, evtl. auch im Sinne der retrograden Degeneration erklärt.

Der Positionswechsel von Intermediärstellung in Median- oder Paramedianstellung wird durch eine isolierte Erholung des N. laryngeus superior erklärt. Der wieder funktionstüchtige M. cricothyreoideus zieht die gelähmte Stimmlippe dann mehr zur Mitte hin.

Eine schlaffe Lähmung kann in eine straffe Lähmung übergehen und umgekehrt. Hiermit ist auch eine Verbesserung oder Verschlechterung des Stimmklanges verbunden.

Wackelbewegungen des Aryknorpels einer gelähmten Stimmlippe. Wackelbewegungen des Aryknorpels vom Lähmungsbeginn an haben prognostisch hinsichtlich der Rückkehr der Beweglichkeit der gelähmten Stimmlippe keine Bedeutung. Die Wackelbewegungen werden durch die Muskulatur der nicht gelähmten Seite verursacht. *Das Wiedereinsetzen* von Wackelbewegungen des Aryknorpels ist indessen als *prognostisch günstig* zu bewerten.

Durch Stellknorpelmitbewegungen über den N. glossopharyngeus können partielle Paresen (Einschränkungen der Stimmbandbeweglichkeit) vorgetäuscht werden, obwohl eine komplette Lähmung vorliegt. Ebenso auch durch Kontraktion des Taschenfaltenmuskels (N. laryngeus superior).

Randkantenverschiebung. Es handelt sich um Verschiebungen der Schleimhaut an den Stimmlippenrändern; sie erfolgen nur an den randbenachbarten subglottischen und oberflächlichen Schleimhautanteilen während der Phonation (siehe auch Abschn. 3.4). Kehrt die Beweglichkeit der Stimmlippe wieder zurück, so tritt immer als erstes sichtbares Zeichen eine oder mehrere Wochen vorher die Randkantenverschiebung wieder auf. Nach Wiederauftreten der Randkantenverschiebung *kann* die Beweglichkeit der Stimmlippe wieder zurückkehren.

Eine eindeutig vorhandene Randkantenverschiebung spricht gegen eine vollständige Lähmung des M. vocalis. Die Prognose bezüglich der Rückbildung einer inkompletten Lähmung soll bei erhaltener Randkantenverschieblichkeit besser sein als bei aufgehobenen Randkantenverschiebungen.

Ob tatsächlich die Beweglichkeit des Aryknorpels bei Phonation und Respiration wieder einsetzt, kann wegen der Möglichkeit des Vorliegens einer Ankylose im Bereich des Krikoarytänoidgelenkes oder Ausbildung sog. Masseninnervationen nicht vorausgesagt werden.

Überkreuzung der Aryknorpel. Der Aryknorpel der nicht gelähmten Stimmlippe wird durch die Adduktionswirkung des M. arytaenoideus transversus und M. cricothyreoideus scheinbar vor den Aryknorpel der gelähmten Stimmlippe geschoben (siehe Abb. 11-2). Die Überkreuzung ist jedoch durch das Aneinandervorbeischieben der ***Wrisberg-Knorpel*** vorgetäuscht (siehe auch Abb. 11-2).

11.3.2.6
Stimmlippenbefunde bei verschiedener Lokalisation der Nervenschädigung

Befunde bei zentralen Lähmungen (siehe auch Abschn. 11.2):
- Erhaltene reflektorische Beweglichkeit z.B. beim Würgreflex, trotz Unbeweglichkeit der Stimmlippen beim Phonationsversuch bei Vorliegen einer Dyspraxie
- Tonuserhöhung der Larynxmuskulatur, besonders der Adduktoren bei Vorliegen einer Spastik
- Einschränkung der Feinmotorik der Stimmlippen trotz evtl. vorhandener normaler Beweglichkeit der Stimmlippen beim Wechsel von Phonation und Respiration
- Spontane Hyperkinesen, d.h. unwillkürlich ablaufende Stimmlippenbewegungen bei Schädigungen des extrapyramidalen Systems.

Befunde bei assoziierten peripheren Lähmungen. Es handelt sich meist um Läsionen des N. vagus im Bereich des Foramen jugulare. Je nach Lokalisation und Ausdehnung der Schädigung sind weitere kaudale Hirnnerven, die in unmittelbarer Nachbarschaft des N. vagus verlaufen, beteiligt.

Ursachen. Tumoren, Schußverletzungen, Schädelbasisfrakturen, Jugularisthrombose.

a) Syndrom von Tapia. Einseitige Zungen-Kehlkopf-Lähmung. Betroffen sind. N. vagus, N. hypoglossus.
- Befund. Abweichen der herausgestreckten Zunge zur gelähmten Seite mit Atrophie, Stimmlippe meist in Intermediärstellung fixiert.

b) Syndrom von Avellis. Velo-palato-pharyngeale Lähmung. Betroffen sind: N. vagus und der Ramus internus des N. accessorius.
- Ursachen. Meist nukleäre Prozesse, Verletzung der Medulla oblongata bei der Subokzipitalpunktion, selten infranukleäre Läsionen.

- Befund. Einseitige Lähmung des weichen Gaumens, der Pharynxkonstriktoren und seitengleiche Lähmung der in Intermediärstellung fixierten Stimmlippe.

c) Syndrom von Schmidt. Betroffen sind: N. accessorius, N. vagus.
- Ursache. Schädigung des Kerngebietes durch Tabes oder Syringomyelie.
- Befund. Lähmungen der Gaumen- und Pharynxmuskulatur, des M. sternocleidomastoideus, des M. trapezius; Stimmlippe in Intermediärstellung fixiert.

d) Syndrom von Vernet. Betroffen sind N. glossopharyngeus, N. vagus, N. accessorius.
- Befund. Sensibilitätsstörungen der Rachenschleimhaut, Geschmacksausfall im hinteren Zungendrittel (N. glossopharyngeus), Lähmung des M. sternocleidomastoideus, des M. trapezius, des M. constrictor pharyngis (Vorhangphänomen: Schleimhaut der Pharynxhinterwand verschiebt sich beim A-Sagen zur gelähmten Seite hin), Halbseitenlähmung des weichen Gaumens, Stimmlippe in Intermediärstellung fixiert.

e) Syndrom von Collet und Siccard. Vernet-Syndrom mit zusätzlicher Hypoglossusparese.

f) Syndrom von Villanet. Syndrom von Collet und Siccard mit zusätzlicher Sympathikuslähmung (Ptosis, Myosis, Enophthalmus).

g) Syndrom von Garcin. Betroffen sind: Sämtliche Hirnnerven einer Seite (syndrome total).
- Ursache: z. B. Nasopharynxtumoren.

Schädigung des N. vagus oberhalb des Abgangs der Rami pharyngei. Ursachen. *Wallenberg-Syndrom,* Grippe, siehe auch assoziierte periphere Lähmungen infolge von Schädigungen im Bereich des Foramen jugulare.

Befund. Fixation der Stimmlippe in *Intermediärstellung* infolge Lähmung aller inneren Kehlkopfmuskeln und des äußeren Kehlkopfmuskels (M. cricothyreoideus), einseitige Hypästhesie oder Anästhesie der Kehlkopfschleimhaut, Halbseitenlähmung des Gaumensegels und der Rachenmuskulatur mit offenem Näseln. Speichelsee im Recessus pirifomis.

Symptome. Starke Heiserkeit mit phonatorischer Dyspnoe, keine Atemnot bei körperlicher Belastung, Austritt von Flüssigkeit durch die Nase beim Schlucken, Schluckstörung bei festen Speisen.

Therapie. Richtet sich nach der Grundkrankheit. Bei idiopathischer Lähmung und Grippelähmung, Stimmübungen, Elektrotherapie.

Verlauf. Rückbildung der Lähmung bis zu einem *halben Jahr,* nach *Grippe* bis zu *einem Jahr* möglich.

Schädigung des N. vagus unterhalb des Abgangs der Rami pharyngei.
Ursachen. Idiopathisch, Grippe.

Befund. Fixation der Stimmlippe in *Intermediärstellung* (Abb. 2-27), einseitige Anästhesie der Kehlkopfschleimhaut.

Symptome. Starke Heiserkeit (paralytische Dysphonie). Bei *doppelseitiger* Schädigung: Aphonie, bei körperlicher Belastung Atemnot (respiratorische Dyspnö).

Therapie. Zunächst konservative Behandlung mit *Stimmübungen* und *Elektrotherapie.* Während der Stimmübungen evtl. zusätzlich seitlich Kompression der Schildknorpelplatten sowie Kopfdrehung zur gelähmten Seite, um eine Annäherung der Stimmlippen herbeizuführen. Dies ist nur möglich, wenn die altersabhängige Verknöcherung des Kehlkopfskelettes noch nicht zu weit fortgeschritten ist.

Falls nach einem halben bzw. einem Jahr keine Rückkehr der Beweglichkeit eingetreten ist und die Stimme trotz logopädischer Behandlung stark heiser ist, Kollagen-Unterspritzung der gelähmten Stimmlippen oder Spanimplantation in die gelähmte Stimmlippe, um einen besseren Stimmlippenschluß zu erzielen. Bei doppelseitiger Stimmlippenlähmung Anbildung der *Taschenfaltenstimme* oder Anbildung einer Ersatzstimme zwischen Petiolus und Aryknorpeln. Technik: durch Pressenlassen bewußtes Herbeiführen einer hyperfunktionellen Stimmgebung. Oder evtl. Teflon- bzw. Kollagen-Unterspritzung einer Stimmlippe. Dies führt jedoch zu einer Verschlechterung der Atmung

Verlauf. Positionswechsel von Intermediär- in Paramedianstellung möglich. Erklärung: Isolierte Erholung des N. laryngeus superior.

Isolierte Schädigung des N. laryngeus superior.
Ursachen. Neuritis bei Grippe, Verletzung, Zerrung, Dehnung oder postoperatives Ödem des Nervs bei Schilddrüsenresektion, Drosselung, Schußverletzung, Schädigung durch Tumoren oder Aneurysmen der A. carotis externa; Verletzung des N. laryngeus superior oder N. vagus bei Punktion der V. jugularis zwecks Legung eines zentralen Venenkatheters im Rahmen einer Intensivbehandlung.
Traumatische Myopathie des M. cricothyreoideus:
- Schädigung der prälaryngealen Muskulatur bei Schilddrüsenoperation (Durchtrennung des M. sternothyreoideus). Die prälaryngeale Muskulatur ist auch für die Tonhöheneinstellung von Bedeutung.
- Entstehung indirekt durch stumpfe Gewalteinwirkung bei Verkehrsunfällen infolge Retroflexion während der nach hinten gerichteten Schleuderphase bei fehlender Kopfstütze (Zerrung, Einrisse) oder bei Sport- und Hausunfällen.
- Aufschlag mit dem Mundboden auf das Lenkrad während der nach vorn gerichteten primären Schleuderphase mit Unterkieferfraktur und indirekter Traumatisierung des Muskels.

Beeinträchtigung oder Zerstörung der Repräsentation des Nervs im bulbären Kern, z. B. bei amyotrophischer Lateralsklerose, Hirnarteriosklerose; psychogene Faktoren.

Symptome. Beim Singen werden die ***hohen Töne nicht mehr erreicht,*** die mittlere Sprechstimmlage wird tiefer, Leiserwerden der Stimme, Verkürzung der Tonhaltedauer, geringfügige Heiserkeit. Einschränkung des Stimmumfanges auf 8–10 Halbtöne.

Befund. Bei ***doppelseitiger*** Schädigung tritt bei Phonation ein schmaler ovalärer Glottisspalt am Übergang vom vorderen zum mittleren Stimmlippendrittel auf (Abb. 2-7). Stimmlippen verkürzt, etwas schlaff mit leichter Exkavation des freien Stimmlippenrandes bei Phonation und unvollständigem Stimmlippenschluß.

Einseitiger Ausfall: Schrägstellung der Glottis, Verschiebung der hinteren Kommissur zur Seite der Lähmung, die Stimmlippe der betroffenen Seite steht tiefer, An- oder Hypästhesie der betroffenen Kehlkopfseite, Verkürzung der betroffenen Stimmlippe bei Respirationsstellung,

Fehlen der Verkleinerung des Spatium cricothyreoideum im Röntgenbild beim Aufwärtssingen, Zurücksinken des Stellknorpels der gelähmten Seite, Stimmlippe schlaff, leicht exkaviert. Nach anderer Auffassung soll der M. cricothyreoideus einer Seite immer auf beide Stimmlippen wirken. Siehe auch Abschn. 2.1.3.1.

Stroboskopisch einzelne asynchron schwingende Muskelpartien. Der Muskel schwingt nicht mehr insgesamt. Erweiterte Schwingungsamplituden. Bei hoher Tonhöhe verkleinern sich die Amplituden nicht, sie werden sogar noch weiter. Die Randkantenverschiebung fehlt oder ist kaum vorhanden.

Diagnose durch Elektromyographie.

Therapie. Bei Neuritis Vitamin B, antineuralgische Medikamente, perineurale Injektionen von Cortisonderivaten.

Prognose. Bei Muskelverletzung Restitution nach 4–8 Wochen. Bei neurogener Lähmung infolge Schilddrüsenoperation trotz Stimmtherapie schlechte Prognose; infolge Grippeneuritis bessere Prognose.

Anmerkung. Neuralgie des N. laryngeus superior

Symptome. Schmerzen im Bereich der Durchtrittsstelle des N. laryngeus superior durch die Membrana hyothyreoidea zwischen Schildknorpel und Zungenbein. Sprechen und Singen strengen an.

Therapie. Antineuralgica (Doloneurobion®, Tegretal®), Vitamin B, Impletol-Injektionen.

Isolierte Schädigung des N. laryngeus recurrens bzw. des N. laryngeus inferior (N. recurrens).

Ursachen. *Strumaresektion* (siehe auch Abschn. 11.2.1), Struma substernalis, Struma maligna, Halslymphknotenmetastasen, stylo-kerato-hyoidales Syndrom, ***Bronchialkarzinom,*** Ösophaguskarzinom im oberon Drittcl, Lungentuberkulose, Pleuraschwarten, mediastinale Erkrankungen (Metastasen, Lymphogranulomatose, Mediastinitis), Aneurysma der Aorta, Dilatation des linken Herzvorhofes bei Mitralstenose *(Ortner-Syndrom),* Pulmonalstenose, Vorhofseptumdefekt, offener Ductus Botalli, primäre pulmonale Hypertonie, Erweiterung oder Verlagerung der Pulmonalarterie bei Mitralstenose, Perikarditis, nach Herzoperationen, nach Lungenoperationen, nach Mediastinoskopie, stumpfes Halstrauma, Intubationsnarkose (Überdehnung durch Lagerung), Überdehnung beim Turnen, nach Hypopharynxdivertikel-Operation, allergisch

(Serumanaphylaxie), allergisch-toxische Reaktion nach Tonsillektomie oder Zahnextraktion, bei infektiöser Mononukleose, infektiös toxisch (Neuritis) bei Grippe, Herpes zoster, Streptomycin, Chinin, idiopathisch (sog. rheumatische Lähmung).

Befund. Stimmlippe in ***Paramedian***- oder ***Medianstellung*** fixiert (früher „Postikuslähmung" genannt, siehe Abb. 2-22, 2-23). Oft ist eine geringfügige adduktorische Restbeweglichkeit der gelähmten Stimmlippe vorhanden. Sie ist entweder Folge einer Restinnervation oder der Taschenfaltenaktivität.

Fixation der gelähmten Stimmlippe überwiegend in Paramedianstellung. Eigentlich wäre Intermediärstellung zu erwarten; der intakte M. cricothyreoideus zieht jedoch infolge seiner Spannfunktion die Stimmlippe in die Mittellinie. Bei Respiration steht die gelähmte Stimmlippe deutlich tiefer als die gesunde, bei Phonation etwas höher. Bei ***Teilschädigung*** ist die Beweglichkeit der Stimmlippe eingeschränkt ***(Rekurrensschwäche).***

Anmerkung: Die Paramedianstellung ist möglicherweise auch durch eine Teilschädigung des N. laryngeus inferior verursacht, wobei die Funktion der Schließer die des einzigen Öffners überwiegt. Denkbar ist bei Paramedianstellung beiderseits auch eine spastische Lähmung, d. h. Dauerkontraktur der gesamten inneren Kehlkopfmuskulatur mit Überwiegen der stärkeren Schließer.

Eine Unterscheidung von Median-, Paramedian- und Intermediärstellung ist bei der Laryngoskopie nicht immer sicher möglich wegen unterschiedlicher Größe der Glottis oder Formvarianten von Ringknorpel und Krikoarytänoidgelenkfläche. Je waagerechter die Gelenkfläche steht, um so mehr steht die Stimmlippe in Richtung Medianstellung; je steiler die Gelenkfläche, desto eher neigt die Stimmlippe zur Intermediärstellung.

Die linke Stimmlippe ist bei Thoraxprozessen und idiopathischen Lähmungen häufiger betroffen als die rechte.

Differentialdiagnose bei Stimmlippenlähmung nach Schilddrüsenoperation: Hypoparathyreoidismus.

Prognose. Ein stroboskopisch noch angedeuteter Schwingungsablauf weist auf eine günstige Prognose hin, durchschlagende Bewegungen sind dagegen Ausdruck vollständiger Lähmung. Günstige Prognose auch bei Wiederkehr der Randkantenverschiebung.

Nach einem Jahr evtl. Ausbildung einer Ankylose im Krikoarytänoidgelenk; dann keine Wiederkehr der Beweglichkeit trotz Wiedereinsetzen der Nervenfunktion; ebenso nicht bei Ausbildung von sog. Massenbewegungen.

a) Einseitige Lähmung

Symptome und Befunde bei einseitiger Lähmung. Bei Fixation der Stimmlippe in Medianstellung nur geringe Heiserkeit, bei Fixation in Paramedianstellung stärkere Heiserkeit. In der Regel keine Atemnot. Durch Wirbelbildung der gestauten Luft oberhalb der gelähmten Stimmlippe treten in seltenen Fällen Atembeschwerden auf.

Verlauf. Eine zunächst straffe Lähmung (Fixation in Paramedian- oder Medianstellung) kann in eine schlaffe Lähmung (sog. „Kadaverstellung" siehe Abb. 2-24) übergehen, d.h. Stimmlippenexkavation in Intermediärstellung, Aryknorpel nach vorn gekippt, Stimme stark heiser bis aphonisch, scheppernd, tief, phonatorische Dyspnoe, Phonationsdauer stark verkürzt.

Ein Positionswechsel von einer straffen Lähmung in *Median-* bzw. *Paramedianstellung* zu einer straffen Lähmung in *Intermediärstellung* ist ebenfalls möglich.

Erklärung: Zusätzliche Lähmung des N. laryngeus superior evtl. im Sinne der retrograden Kerndegeneration (Schädigung bzw. Untergang der Ganglienzellen).

Eine zunächst ***schlaffe*** Lähmung (sog. „Kadaverstellung") kann auch in eine ***straffe*** Lähmung mit Fixation in Median- oder Paramedianstellung übergehen.

Therapie. Stimmübungen, Elektrotherapie; nach einem halben bzw. einem Jahr bei Kadaverstellung Spaneinpflanzung. Bei Intermediärstellung Kollageninjektion.

Prognose. Bei idiopathischen Lähmungen Rückbildung bei zwei Drittel der Fälle innerhalb eines halben Jahres. Über diesen Zeitraum hinaus werden keine Rückbildungen mehr beobachtet. Nach einem Jahr kann eine Ankylosierung des Krikoarytänoidgelenkes eintreten.

Anmerkung. Bei einseitiger Stimmlippenlähmung kann es gleichzeitig auf reflektorischem Wege zu Muskelkontraktionen und damit zu einer Stimmlippenlähmung auf der anderen Seite kommen. Dies bedeutet, daß eine doppelseitige Unbeweglichkeit beider Stimmlippen nach Schilddrüsenoperation noch keinen Beweis für eine doppelseitige Rekurrensschädigung darstellt. Auch bei einseitiger Nervenläsion kann es somit auf reflektorischem Wege zur Dauerkontraktion von Muskelgruppen der anderen Seite kommen.

b) Doppelseitige Lähmung

Symptome und Befunde bei doppelseitiger Lähmung (siehe Abb. 2-25, 2-26):

- Fixation beider Stimmlippen in ***Medianstellung.*** Stimme unauffällig. In Ruhe Atemnot mit inspiratorischem Stridor (respiratorische Dyspnö) insbesondere bei straffer Lähmung.
- – *Therapie:* Intubation und anschließend Tracheotomie oder gleich Tracheotomie und spätere Versorgung mit einer Sprechkanüle. Anschließend Stimmübungen mit Elektrotherapie. Laterofixation einer Stimmlippe nach einem halben Jahr oder einem Jahr möglich mit Décanulement (Luft ausreichend, Stimme schlechter).
- Fixation beider Stimmlippen in ***Paramedianstellung.*** Geringfügige Heiserkeit, Atmung in Ruhe gerade ausreichend. Bei ein- oder doppelseitiger Lähmung manchmal geringfügige adduktorische Restbeweglichkeit der Stimmlippen bei Phonation von paramedian nach median durch Taschenfaltenaktivität vorhanden. Hierdurch Glottisschluß. Eine adduktorische Restbeweglichkeit kann auch Folge einer Teilschädigung des N. recurrens sein.

  Bei Belastung, Laryngitis oder Aufregung (unökonomische Atmung) Atemnot mit inspiratorischem Stridor infolge ***paradoxer Stimmlippenbewegungen*** (Erstickungsgefühl).
- – *Erklärung:* Bei Inspiration Zusammensaugen der Stimmlippen bei schnellem Luftdurchtritt durch den engen Glottisspalt infolge Zunahme des Unterdruckes an den Seiten (Bernoulli-Effekt). Bei Ausatmung Weiterwerden der Glottis und Flottieren der Stimmlippen.

  Anmerkung: Wenn die regenerierenden Nervenfasern des N. recurrens nicht mehr die zugehörigen Muskelfasern innervieren, können infolge dieser ***Fehlinnervation*** ebenfalls paradoxe Stimmlippenbewegungen auftreten.
- – *Therapie.* Elektrotherapie bei doppelseitigen Lähmungen ohne Tracheotomie kontraindiziert, da beidseitige Adduktionszuckungen zu Erstickungsanfällen führen können.

c) Einseitige komplette Fixation in Median- oder Paramedianstellung und Bewegungseinschränkung der anderen Stimmlippe oder beidseitige starke Bewegungseinschränkung
Symptome. Nur leichte Heiserkeit, bei Belastung Atemnot.

Therapie. Atemübungen, Stimm- und Elektrotherapie; falls ohne Erfolg, Tracheotomie und evtl. später Laterofixation der vollständig gelähmten Stimmlippe.

Isolierte Schädigung einzelner Fasern des N. laryngeus recurrens bzw. des N. laryngeus inferior
- Vokalislähmung. Ovaläre Spaltbildung (siehe Abb. 2-9).
- Transversuslähmung. Dreieckförmiger Spalt im hinteren Drittel bei Phonation (siehe Abb. 2-18).
- Lateralislähmung. Rhombusähnlicher Glottisspalt bei Phonation. Infolge der Kontraktion des M. posticus ist die Stimmritze nur bis zur Intermediärstellung zu öffnen (siehe Abb. 2-15).
- Postikuslähmung: Der Begriff sollte vermieden werden, da nicht sicher bekannt ist, ob es einen isolierten Funktionsausfall des M. posticus gibt (siehe auch Abschn. 2.1.3.2). Es handelt sich um eine Abduktionseinschränkung. Bewegungen von median bis paramedian oder bis intermediär sind möglich infolge der abduktorischen Wirkungskomponente der Adduktoren (M. arytaenoideus transversus und obliquus, M. cricoarytaenoideus lateralis).

Kombinierte Schädigungen
- Vokalis-Transversus-Parese (siehe Abb. 2-29).
- Vokalis-Transversus-Parese mit zusätzlicher Lateralisschwäche.
- Vokalis-Lateralis-Parese (siehe Abb. 2-30).

Ursachen: Neuritiden, Myasthenien.

11.4 Differentialdiagnose

Differentialdiagnostisch sind folgende Alternativen zu berücksichtigen:
- Arthritis oder Ankylose des Krikoarytänoidgelenkes (Pseudoparese). Hierbei stroboskopisch gleichmäßige Schwingungsamplituden, Randkantenverschiebungen vorhanden. Unter dem Mikroskop bei starker Vergrößerung Anspringen des nicht gelähmten M. vocalis sichtbar.

Bei Prüfung mit der Sonde in Lokalanästhesie oder in Narkose sind die Aryknorpel nicht beweglich. Elektromyographische Untersuchung. Ankylose als Folge einer Stimmlippenlähmung möglich.
- Interarytaenoidfibrose (Ankylose) nach Langzeitintubation mit beidseitiger Fixation der Stimmlippen.
- Larynxkarzinom. Infiltratives Wachstum eines Kehlkopfkarzinoms, insbesondere von Tumoren des Recessus piriformis.
- Pressen oder Abwehrreaktion bei der indirekten Laryngoskopie (funktionelle Parese).
- Tetanie nach Strumaresektion infolge eines Hypoparathyreoidismus.
- Luxation des Aryknorpels nach Intubation.
- Laryngeale Apraxie.
- Angeborene Asymmetrie der Glottisstellung und der Aryknorpel mit einseitiger Bewegungseinschränkung.
- Beidseitige Einschränkung der Beweglichkeit, die aufgrund ihrer Symmetrie eine normale Funktion vortäuscht.
- Frakturen mit mechanischer Bewegungsbehinderung der Aryknorpel.
- Mechanische Bewegungsbehinderung durch Zysten der Taschenfalten und des Ventriculus laryngis.
- Psychogene Stimmstörung mit Vortäuschung einer Bewegungseinschränkung, z. B. bei der psychogenen Aphonie vom hypofunktionellen Typ. Siehe auch Abschn. 11.3.2.5 u. 7.2.2.2.

11.5 Therapie bei Stimmlippenlähmungen

11.5.1 Konservative Therapie

Bei einseitigen idiopathischen, traumatischen oder infektiös-toxischen peripheren (nukleären und infranukleären Stimmlippenlähmungen wird bis zu einem halben Jahr konservativ behandelt, d. h. *mit Stimmübungen* und gleichzeitiger *Elektrotherapie;* bei durch Grippeerkrankung verursachten Lähmungen — Regenerationszeiten bis zu zwei Jahren wurden beobachtet — sollte die konservative Behandlung mindestens ein Jahr lang fortgesetzt werden. Theoretisch dauert bei Läsionen im Nucleus ambiguus eine Regeneration des N. recurrens 350 bis 390 Tage.

Wenn der N. vagus wieder funktionsfähig wird, soll er eine *intakte Muskulatur* vorfinden. Abgesehen von den Grippelähmungen kann dies bis zu einem halben Jahr nach Lähmungsbeginn der Fall sein. Bereits nach einem Monat beginnen die ersten irreversiblen Atrophien in Form von Bindegewebsneubildungen im M. vocalis. Das Gewicht der denervierten Kehlkopfmuskulatur sinkt in drei Monaten um 50%. Eine komplette morphologische Regeneration kann noch eintreten, wenn das Muskelgewicht 60% des Ausgangswertes nicht unterschritten hat.

Ohne Therapie ist daher bereits nach drei Monaten die Prognose schlecht.

Der Beginn des Auftretens von *Ankylosierungserscheinungen* im Krikoarytänoidgelenk ist nicht bekannt; im Tierexperiment tritt er nach fünf Monaten ein. Nach 12 Monaten ist der Gelenkspalt völlig obliteriert. Eine Ankylose braucht nicht bei jedem Menschen aufzutreten.

Es empfiehlt sich daher folgendes therapeutisches Vorgehen: In der ersten Woche nach Beginn der Lähmung je nach Ätiologie Behandlungsversuch mit Antibiotika, Cortisonderivaten, z. B. Decortin in absteigender Dosierung, Beginn mit 50 mg: Vitamin B, z. B. Neurotrat®; Strychnin (Movellan®).

Keine Stimmschonung!

Ab der zweiten Woche *Stimmübungen* mit gleichzeitiger *Elektrotherapie,* anfangs drei Sitzungen von einer halben Stunde Dauer pro Woche oder auch ein bis zwei Wochen lang täglich; nach Ablauf von drei Monaten eine Sitzung pro Woche bis zur Rückkehr der Beweglichkeit, längstens bis zu einem halben Jahr, bei Grippe-Lähmung bis zu einem Jahr.

Erste Zeichen der *Reinnervation* (beginnende Rückkehr der Beweglichkeit) erkennt man manchmal bereits ein bis zwei Wochen nach Beginn der Lähmung. Laryngoskopische Kontrollen müssen in mindestens vierwöchentlichen Abständen durchgeführt werden.

Stimmübungen. Ziele der Übungen:

- Es soll ein Anlegen der beweglichen Stimmlippe an die gelähmte Stimmlippe und damit ein *Stimmlippenschluß* erreicht werden, d. h.

die bewegliche Stimmlippe soll sich bei Phonation über die Mittellinie hinüber auf die andere Seite bewegen (Abb. 11-1, 11-2, siehe auch Abschn. 11.3.2).

- Es soll die infolge der Lähmung meist zu ***hohe Sprechstimmlage*** (Überfunktion des M. cricothyreoideus) gesenkt werden.
- Es soll durch die aktiven Bewegungsübungen (Phonationsübungen) die Reinnervierung der gelähmten Muskulatur beschleunigt werden ***(Innervationsbahnung).***
- Es soll eine ***Ankylosierung*** des Krikoarytänoidgelenkes vermieden werden (bei Lähmungen nach Schilddrüsenoperation sollen angeblich keine Gelenkversteifungen auftreten).
- Es soll die Kehlkopfmuskulatur erhalten bzw. eine Atrophie hinausgezögert werden.

Man beginnt zunächst mit Stimmübungen auf einem leicht erreichbaren Ton (evtl. Senkung des Atemdrucks). Von hier aus wird der Stimmumfang nach oben und unten erweitert ***(Schleifübungen,*** Glissandofolgen). Eine Besserung des Stimmlippenschlusses erreicht man durch Üben mit Wörtern, die mit „K" beginnen. Der K-Laut (Verschlußlaut) muß dabei besonders betont werden. Der Stimmritzenschluß wird durch gleichzeitigen Druck am oberen lateralen Rand der Schildknorpelhälfte der gelähmten Seite mit dem Finger oder mittels eines Pelottenhalsbandes begünstigt.

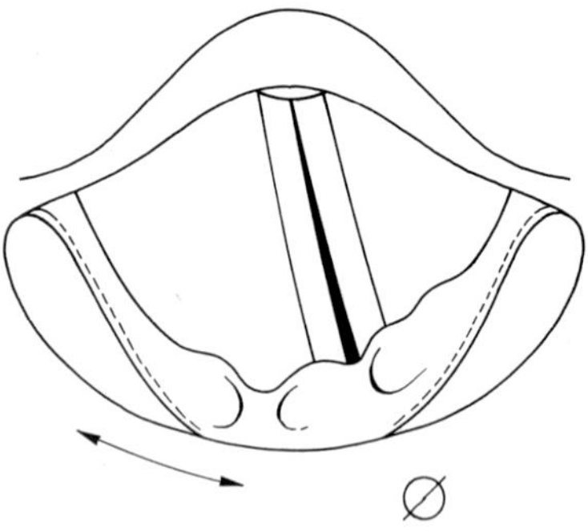

Abbildung 11-1:
Die rechte Stimmlippe bewegt sich über die Mittellinie und legt sich an die gelähmte linke Stimmlippe an.

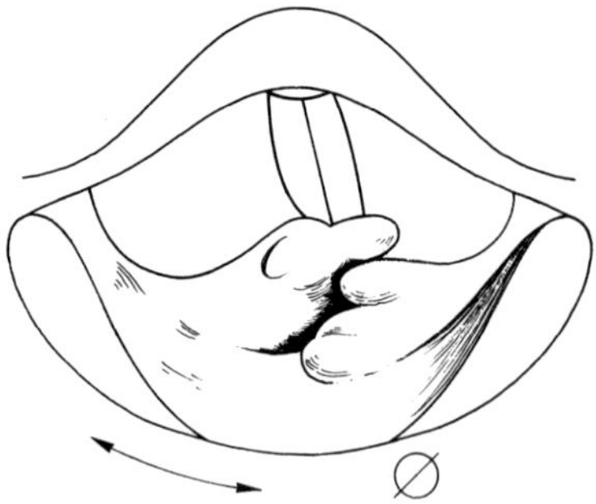

Abbildung 11-2:
Beim kompensatorischen Übergreifen der beweglichen rechten Stimmlippe zur gelähmten linken Seite hin kann es zu einer scheinbaren Überkreuzung der Aryknorpel kommen.

Unterstützend wirken die ***Stoßübungen*** nach Fröschels. Während der Aussprache von pa, pe, pi, po, pu werden die geballten Fäuste nach unten bewegt. Man stellt sich vor, daß die Kraft einer Muskelgruppe auf andere Muskelgruppen übertragen werden kann. Die Stoßübungen sollten 20 mal am Tage jeweils mehrere Minuten lang gemacht werden.

Eine weitere Behandlungsmethode ist die Entwicklung der sogenannten ***Flatterstimme*** nach Seeman, auch bezeichnet als sogenannter ***subtonaler Brummton*** im Strohbaßregister nach Gutzmann. Die Artikulationsorgane werden hierbei in A-Stellung gebracht und dann ein langgezogenes Räuspergeräusch erzeugt oder ein übertriebener tiefer Ton. Man will damit die Stimmlippenspanner ausschalten. Infolge vermehrter Anspannung des M. lateralis und des M. transversus überschreitet die nicht gelähmte Stimmlippe die Mittellinie. Nach einigen Übungen läßt man das Räuspergeräusch weg und übt den Ton mit gehauchtem Stimmeinsatz. Später läßt man die übrigen Vokale bilden und geht dann zu kurzen Wörtern und schließlich zu Sätzen über, bis sich eine normale Tonlage einstellt.

Anwendung findet auch die ***Akzentmethode*** nach Smith.

Durch Kraftübungen Aktivierung des evtl. intakten M. cricothyreoideus der gelähmten Kehlkopfseite, welcher die gelähmte Stimmlippe vorspannt; hiermit sind günstige Voraussetzungen für eine überwiegend isometrische Kontraktion aller gelähmten inneren Kehlkopfmuskeln bei gleichzeitiger Elektrotherapie gegeben.

Durch laterale Kompression des Kehlkopfes von der kranken Seite her (bei Niveau-Unterschied der Stimmlippen von der gesunden Seite her) kommt es zu einer momentanen Besserung der Phonationsfähigkeit.

Eine Gefahr der logopädischen Behandlung sind hyperfunktionelle Zustände der nicht gelähmten Seite. Daher Wechsel zwischen Phasen der Spannung und Entspannung.

Elektrotherapie (siehe Abschn. 5.3). Ziel ist die ***Verhinderung*** einer ***Atrophie*** der denervierten Muskulatur.

Mit *Exponentialstrom* kann die denervierte Kehlkopfmuskulatur isoliert zur Kontraktion gebracht werden. Die Reizung von außen führt zu einer Adduktionszuckung der Stimmlippen. Wahrscheinlich wird bei Reizung der Antagonisten des M. posticus (Abduktor) dieser Muskel selbst mit aktiviert. Eine direkte Reizung des M. posticus ist nur endolaryngeal möglich und daher praktisch schwer durchführbar (angeblich faradischer Strom am zweckmäßigsten).

In der ***ersten*** Woche nach Auftreten der Lähmung wird — wenn überhaupt — nur ***galvanischer*** Strom zur Hyperämisierung angewandt.

Ab der ***zweiten*** Woche ***Exponentialstrom.*** Elektrotherapie ohne gleichzeitige Stimmübungen oder Hustenstöße ist zwecklos.

Nach Strumektomie Beginn der ***logopädischen Therapie*** drei Wochen nach Operation.

Die ***Regeneration der geschädigten Nerven*** wird durch die Strombehandlung nicht beschleunigt. Sie soll daher nur eine Inaktivitätsatrophie der Muskulatur verhindern.

Nach der Stimm- und Elektrotherapie hat — falls keine Rückbildung der Lähmung erfolgt ist — die gelähmte Stimmlippe oft wieder eine Substanz mit einigermaßen normaler Konfiguration, so daß die gesunde Stimmlippe bei Phonation ein Widerlager finden und einen vollständigen Glottisschluß herbeiführen kann. Eine erneute Verschlechterung der Stimme stellt sich in der Regel nicht ein, da der häufige phonatorische Kontakt einen ausreichenden mechanischen Reiz darstellt, um die gelähmte Stimmlippe in ihrer Substanz und Konfiguration zu erhalten.

Bei ***supranukleären, d. h. bei zentralen Lähmungen*** keine Elektrotherapie, keine Massagen, keine Stoßübungen nach Fröschels.

Medikamentöse Therapie. Bei Läsionen im Stammganglienbereich mit extrapyramidalen Störungen im Kehlkopf- und Artikulationsbereich Beeinflussung mit L-Dopa-Präparaten möglich.

Prognose. Wiedereinsetzen einer vollen oder Teilbeweglichkeit:
- Idiopathisch 80%
- Neuritis 50%
- Schilddrüsenoperation 40%.

Häufigkeitsgipfel bezüglich der Rückkehr der Beweglichkeit bei drei Monaten. Der Zeitpunkt des Therapiebeginns hat keine Bedeutung für die Prognose.

Bei bleibender Stimmlippenlähmung keine Tätigkeit als Sänger möglich.

Teilbeweglichkeit (Restparese) kann durch autoparalytisches Syndrom bedingt sein. Dies bedeutet volle Reinnervation, aber kreuzweise Fehleinsprossung auch in die Antagonisten. Siehe auch Abschn. 16.

11.5.2 Operative Therapie

Im Anschluß an alle im folgenden genannten Kehlkopfoperationen ist — abgesehen von der Intubation — eine logopädische Behandlung mit Stimmübungen und Elektrotherapie erforderlich.

11.5.2.1 Eingriffe bei Atemnot

a) Intubation

Prinzip. Orotracheale oder nasotracheale Intubation mittels eines Intubationstubus.

Indikation. Plötzlich aufgetretene doppelseitige Stimmlippenlähmung mit Fixation der Stimmlippen in Median- oder Paramedianstellung.

Durchführung künstlicher Dauerbeatmung bei bewußtlosen Erwachsenen usw. bis zu zwei Tagen, Langzeitintubation bei Kindern mit Kunststofftuben transnasal bis zu acht Tagen.

Technik. In Narkose oder ohne Betäubung bei Bewußtseinsverlust wird durch Mund oder Nase ein Tubus in die Luftröhre eingeführt. Dieser sollte nicht länger als ein bis zwei Tage belassen werden. Nach Tracheotomie und Anlegung eines Tracheostomas wird der Tubus entfernt. In das Tracheostoma wird eine Kanüle eingesetzt.

Komplikationen siehe Abschn. 13.2.

b) Tracheotomie mit Einsetzen einer Sprechkanüle

Indikation. Plötzlich aufgetretene doppelseitige Stimmlippenlähmung mit Fixation der Stimmlippen in Median- oder Paramedianstellung.
Länger als zwei Tage dauernde Intubation.
Erkrankungen im Bereich der inneren Medizin, Neurologie usw.

Technik. In örtlicher Betäubung oder in Intubationsnarkose Hautschnitt in der Mittellinie des Halses oberhalb des Ringknorpels. Durchtrennung des 2. und 3. (obere Tracheotomie) oder der darunterliegenden Trachealringe, Ausstanzen eines kleinen Fensters (Tracheostoma) und Einsetzen einer gebogenen Trachealkanüle aus Silber oder Kunststoff mit herausnehmbarem Innenteil, die mit einem Band am Hals hinten befestigt wird. Die Atmung ist frei, eine Stimmbildung ist nicht möglich.

Eine Woche später kann die Kanüle durch eine ***Sprechkanüle*** ersetzt werden.

Falls die Kanüle längere Zeit getragen werden muß, wird im Anschluß an die Tracheotomie vor Einsetzen der Kanüle ein plastisches Tracheostoma (primär epithelisiertes Tracheostoma) angelegt; z.B. durch Vernähen von äußerer Haut und Trachealschleimhaut wird erreicht, daß zwischen Haut und Trachealschleimhaut kein Wundkanal bestehenbleibt und die Trachealkanüle nicht zu Gefäßarrosionen führen kann.

Décanulement. Da nach Tracheotomie bei Respiration kein Auseinanderweichen der Stimmlippen in Lateralstellung erforderlich ist, kommt es zu einer Abduktionsschwäche der Stimmlippen. Daher vor Décanulement langsames Abstöpseln der Kanüle. Die Abduktionsfähigkeit der Stimmlippen stellt sich nach einigen Minuten wieder ein.

Prinzip der Sprechkanüle (Abb. 11-3, 11-4). Die Einatmung erfolgt durch die Kanüle. Bei der Ausatmung wird das äußere Ende der Kanüle durch eine Ventilklappe verschlossen. Die Luft strömt durch mehrere kleine Öffnungen am Bogen der Kanüle nach oben durch den Kehlkopf aus und kann die Stimmlippen in Schwingungen versetzen. Der Patient bekommt gut Luft, die Stimme ist kaum heiser.

Weitere Kanülenarten:
- Lochkanülen. Die äußere Öffnung wird beim Sprechen mit dem Finger verschlossen. Die Luft strömt bei Ausatmung durch eine größere Öffnung am Bogen der Kanüle nach oben durch den Kehlkopf aus.
- Kanülen mit aufblasbarer Gummimanschette zum Abdichten der Luftröhre.

Kanülenmaterial: Silber, Neusilber, Teflon, Silikon oder Mediplast.

Ein Zustand nach Tracheotomie hat Einfluß auf die 2. Phase (pharyngeale Phase) des Schluckaktes. Normalerweise wird — wenn das Schluckgut den Pharynx passiert — der Kehlkopf durch die suprahyoidale Muskulatur nach oben und nach vorn gezogen unter die Zungenbasis; die Epiglottis kippt nach hinten, und es erfolgt ein dreistufiger Verschluß des Kehlkopfeinganges.

Bei einer Tracheotomie wird die Trachea an die Haut des vorderen Halsteils fixiert. Die Folge ist eine Einschränkung der Anhebung (Ver-

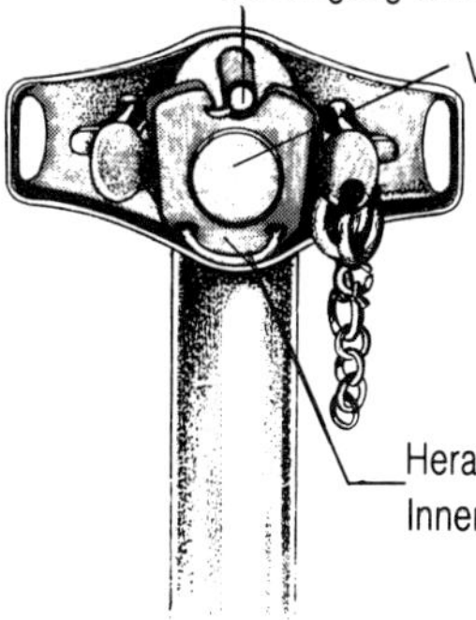

Abbildung 11.3:
Sprechkanüle in der Ansicht von vorn. Bei Einatmung bewegt sich die Ventilklappe nach innen.

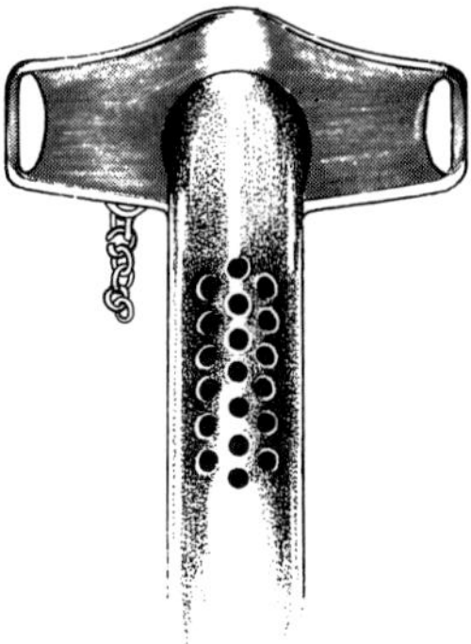

Abbildung 11.4:
Sprechkanüle in der Ansicht von hinten. Durch die Öffnungen entweicht bei der Ausatmung die Luft zum Kehlkopf.

schlucken) und Vorwärtsbewegung des Kehlkopfes. Dies wiederum erhöht die Gefahr der Aspiration, d.h. des Eindringens von Speichel oder Nahrungsteilen in den Kehlkopf.

11.5.2.2

Glottiserweiternde Eingriffe (Laterofixation)
Sie sollten frühestens *ein Jahr* nach Auftreten der Stimmlippenlähmung erfolgen, da dann keine Hoffnung auf eine Rückkehr der Beweglichkeit der Stimmlippen oder einen Positionswechsel mehr besteht.

Vor der Operation sollten bei vorausgegangener Schilddrüsenoperation unter Röntgenkontrolle der Trachea ein Saug- und Preßversuch zum Ausschluß einer *Tracheomalazie* durchgeführt worden.

Lateral verlagert wird die Stimmlippe, die am wenigsten beweglich erscheint.

Die laterofixierte Stimmlippe soll nach der Operation zwei Drittel des Raumes freigeben, den sie bei Respirationsstellung in ungelähmtem Zustand eröffnen würde. Bei einer zusätzlichen Vertikalverlagerung der Stimmlippe kann infolge der kulissenartigen Verschiebung die Lateralverlagerung etwas geringer sein.

Anmerkung: Der Patient muß präoperativ darüber aufgeklärt werden, daß die Stimme postoperativ ***heiserer*** wird bei gerade ausreichender Atmung. Je besser die Atmung postoperativ ist, d. h. je weiter die Stimmritze, desto schlechter ist die Stimme.

Festsetzung eines vorzeitigen Zeitpunktes zur Laterofixation mittels Elektromyographie. Die Richtigkeit der Prognose (Wiederkehr der Beweglichkeit der Stimmlippen oder nicht) mittels Elektromyographie beträgt mehr als 85% der Fälle. Die Elektromyographie wird daher als zuverlässig für die Entscheidung zu einer vorzeitigen Laterofixation bei der doppelseitigen Stimmlippenlähmung nach Schilddrüsenoperation empfohlen.

Extralaryngeale Operationsverfahren (von außen):
Prinzip. Die Laterofixation erfolgt von außen ohne Eröffnung des Larynxlumens unter Schonung der Kehlkopfschleimhaut. Der Zugang zum Aryknorpel wird erreicht entweder nach Teilresektion des Schildknorpels oder von der hinteren Schildknorpelkante her.

Indikation. Doppelseitige Stimmlippenlähmung in Median- oder Paramedianstellung oder Fixation einer Stimmlippe in Medianstellung bei hochgradiger Bewegungseinschränkung der anderen Stimmlippe. Décanulement nach einer wegen Stimmlippenlähmung durchgeführten Tracheotomie.

a) Laterofixation nach King. Der aus dem Krikoarytänoidgelenk ausgelöste Aryknorpel wird nach außen rotiert, etwas nach lateral verlagert und am Schildknorpel sowie am vorderen Bauch des M. omohyoideus fixiert.
b) Laterofixation nach De Graaf Woodman. Modifikation des Verfahrens nach King. In Narkose oder Lokalanästhesie Tracheotomie wegen der postoperativen Schwellung des Kehlkopfeinganges (Aryknorpelödem). Durchtrennung des Krikothyreoidgelenkes am Unterhorn des Schildknorpels. Aufsuchen des Aryknorpels hinter der Schildknorpelkante. Der Aryknorpel wird bis auf den Processus vocalis reseziert, der Processus vocalis anschließend umstochen (Abb. 11-5a) und der nicht resorbierbare Faden um das Unterhorn geführt und dort geknüpft (Abb. 11-5b). Nach 8–14 Tagen Décanulement.
c) Arytänoidektomie nach Kelly. Durch ein Schildknorpelfenster hindurch wird der Aryknorpel aus dem Gelenk und der Muskulatur ausgelöst und durch das Fenster herausgenommen. Der hintere

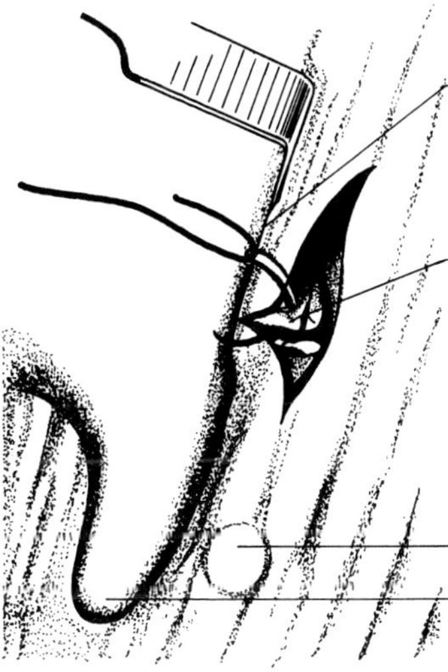

a)

b)

Abbildung 11-5:
Laterofixation nach De Graaf Woodman.
a) Nach Resektion des Aryknorpels erfolgt Umstechung des Processus vocalis.
b) Der Faden wird um das Unterhorn des Schildknorpels geführt und dort geknüpft.

Anteil der Stimmlippe wird am Schildknorpel durch Naht fixiert. Glatter Heilverlauf, falls Beginn der Stimmtherapie erst nach vollständiger Abheilung des Kehlkopfes.

Modifikation der von Kelly angegebenen Methode durch Moritz (großes Kehlkopffenster, nur der Knorpelrahmen bleibt stehen) und von McCall und Gardiner (der mobilisierte Aryknorpel wird nicht entfernt, sondern im Fenster in der Schildknorpelplatte verankert).

d) Lateral-kaudal-Verlagerung des Aryknorpels mit Fixation in der Ringknorpelplatte nach Kressner. Ein Knorpelstück wird lateral der Gelenkfläche in der Ringknorpelplatte entfernt und der Aryknorpel in diesem Bett seitlich fixiert.

Intralaryngeale Operationsverfahren (von außen). Intralaryngeale Lateralverlagerung des Aryknorpels nach Réthi. Thyreotomie (Spaltung des Schildknorpels). Senkrechter Schleimhautschnitt an der medialen Seite des Aryknorpels nach unten. Dann biegt der Schnitt in horizontaler Richtung ab und verläuft unterhalb der Stimmlippe. Durchtrennung der am Aryknorpel ansetzenden Muskeln. Nahtfixation des Aryknorpels gegen die laterale Larynxwand. Resektion eines Schleimhautstreifens unterhalb der Stimmlippe. Die Stimmlippe wird hiermit zusätzlich in eine tiefere Ebene versetzt. Zusätzlich Tamponade. Offene Nachbehandlung des Kehlkopfes für 2–3 Tage.

Endoskopische Operationsverfahren (von innen). Endolaryngeale Exstirpation des Aryknorpels nach Thornell.

Prinzip. In direkter Mikrolaryngoskopie Exstirpation des Aryknorpels einer Seite und teilweise der Stimmlippenmuskulatur (Abb. 11-6a, b). Verlagerung der Stimmlippe nach seitlich oben an die Taschenfalte.

Technik. In Narkose wird (wenn nicht schon früher durchgeführt) nach Tracheotomie unter dem Mikroskop eine Längsinzision der Stimmlippenoberfläche vorgenommen mit Ausschneidung eines Schleimhautdreiecks über dem Aryknorpel. Exstirpation des Aryknorpels und der Stimmlippenmuskulatur. Nach 8–14 Tagen Décanulement.

Modifikation nach Langnickel und Koburg (Abb. 11-7a, b): Ausschneidung eines Schleimhautdreiecks über dem Taschenband sowie eines zweiten Schleimhautdreiecks über dem Aryknorpel. Exstirpation des Aryknorpels sowie von Teilen des Taschenbandgewebes. Die Stimmlippe bleibt erhalten, sie wird jedoch nach der Seite und nach oben verlagert. Durch Annähen an den oberen Resektionsrand der Taschenfalte kann die Stimmlippe zumindest teilweise den Bewegungen der Taschenfalte folgen.

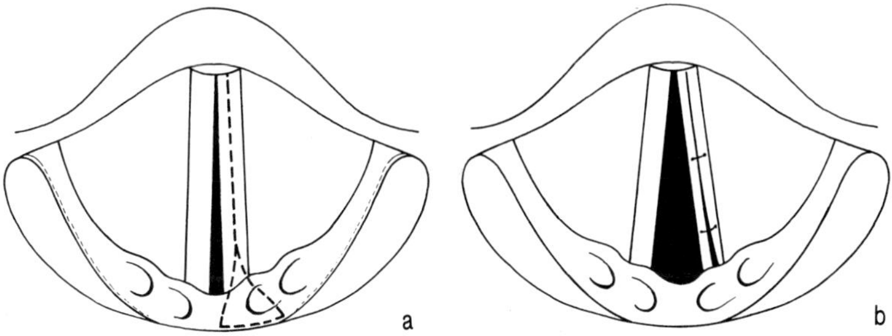

Abbildung 11-6:
Erweiterung der Glottis nach THORNELL.
a) Längsinzision der Stimmlippenoberfläche und Ausscheidung eines Schleimhautdreiecks uber dem Aryknorpel.
b) Nach Exstirpation des Aryknorpels und der Stimmlippenmuskulatur wird die Stimmlippe seitlich angenäht.

Modifikation des Verfahrens nach THORNELL auch durch KLEINSASSER mit submuköser Ausdünnung der Stimmlippe. Processus-vocalis-Resektion mit dem CO_2-Laser. Der Processus vocalis wird hierbei an seiner Basis quer vom Arykörper abgetrennt und entlang seinem lateralen Rand einschließlich der bedeckenden Schleimhaut von der Stimmlippe

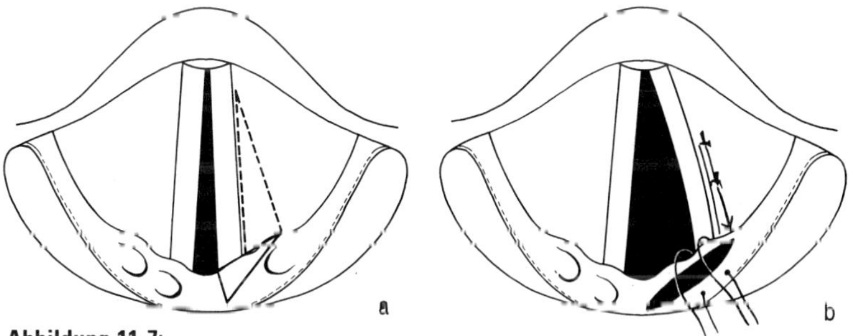

Abbildung 11-7:
Glottiserweiterung nach LANGNICKEL und KOBURG.
a) Ausscheidung eines Schleimhautdreiecks über dem Taschenband und über dem Aryknorpel.
b) Nach Exstirpation des Aryknorpels sowie von Teilen des Taschenbandgewebes wird die Stimmlippe seitlich und nach oben zu vernäht.

abgelöst. Es resultiert eine um die Breite des resezierten Knorpels erweiterte Glottis. Die Stimmqualität ist postoperativ nicht oder nur gering reduziert.

Glottiserweiterung mittels endolaryngealen Einsatzes des CO_2-Lasers. Unter Vermeidung eines postoperativen Ödems, daher auch ohne Tracheotomie, Resektion des hinteren Stimmlippendrittels einer Stimmlippe einschließlich des Processus vocalis. Es verbleibt die Möglichkeit eines Stimmlippenschlusses in den beiden vorderen Dritteln. Dies führt zu besseren funktionellen Ergebnissen als die Laterofixation der gesamten Stimmlippe von außen. Evtl. in einer 2. Sitzung Resektion des hinteren Stimmlippendrittels auch der anderen Seite.

Logopädische Therapie nach glottiserweiternden Eingriffen. Training einer *aktiven phonatorischen Taschenfaltenbeweglichkeit* beiderseits. Hierdurch werden die Stimmlippen als „gekoppeltes System" passiv mit zur Mitte verlagert und ein zumindest partieller Glottisschluß in der Stimmlippenebene erreicht. Die Voraussetzungen hierfür sind:
- Der nicht vom N. recurrens innervierte Taschenfaltenmuskel (M. ventricularis — siehe auch Abschn. 21.3.2) darf bei der glottiserweiternden Operation nicht verletzt worden sein.
- Die lateral fixierte Stimmlippe muß im ursprünglichen Niveau belassen worden sein.

Bei Niveaudifferenz der Stimmlippen ist eine Stimmanbildung durch Phonatio obliqua zwischen Stimmlippe und Taschenfalte möglich.

11.5.2.3
Glottisverengende Eingriffe

Sie sollen erst nach erfolgloser konservativer Behandlung ausgeführt werden; da ein Positionswechsel der gelähmten Stimmlippe möglich ist, frühestens nach einem *halben Jahr*. Ziel der Operation sind Streckung und Verlagerung der gelähmten Stimmlippe in Medianstellung. Infolge des hierdurch wieder möglichen Glottisschlusses Verbesserung der Stimme und Verbesserung des Abhustens von Sekret aus den unteren Luftwegen.

Indikation für glottisverengende Eingriffe:
- Erzielung eines Stimmlippenschlusses bei Fixation der gelähmten Stimmlippe in Intermediärstellung mit Dysphonie oder Aphonie und phonatorischer Dyspnö

- Beseitigung einer Exkavation der gelähmten Stimmlippe (sog. „Kadaverstellung").
- Beseitigung des ovalären Spaltes bei Internusschwäche

Anteriorer Zugangsweg.

a) Spanimplantation nach Spaltung des Schildknorpels in der Medianlinie nach Meurman.

Prinzip. Implantation von Rippenknorpel zwischen Stimmlippe und Schildknorpel.

Das Kehlkopflumen wird hierbei nicht eröffnet. Das Implantat (Rippenknorpel) wird auf der gelähmten Kehlkopfseite zwischen dem inneren Perichondrium der Schildknorpelplatte und dem Stimmlippenmuskel eingeschoben. Die gelähmte Stimmlippe wird somit mitsamt der Muskulatur nach medial verlagert. Das Ende des Implantates soll den Aryknorpel nach medial drängen und etwas drehen.

Eine mit einem Span unterfütterte Stimmlippe ist in ihrer Schwingungsfähigkeit deutlich beeinträchtigt. Die Stimme ist daher nicht so gut wie bei einer Lähmung mit Fixation der Stimmlippe in Median- oder Paramedianstellung.

b) Spanimplantation durch ein Schildknorpelfenster nach Seiffert.

- Technik. In kombinierter Leitungs- und Oberflächenanästhesie oder auch in Intubationsnarkose medianer Hautschnitt über dem Schildknorpel. Knapp neben der Mittellinie wird zwischen mittlerem und unterem Drittel der vorderen Schildknorpelkante ein Fenster im Schildknorpel angelegt. An dieser Stelle inserieren die Stimmlippen in der vorderen Kommissur. Zwischen Stimmlippe und Perichondrium des Schildknorpels wird ein Kanal präpariert; in diesen wird ein etwa $2^1/_2$ cm langer Knorpelspan eingeschoben. Der richtige Sitz wird durch direkte Laryngoskopie kontrolliert.
- Komplikationsgefahr. Der Span kann sich durchspießen und in das Kehlkopfinnere gelangen. Postoperativ sind daher laufende Kontrolluntersuchungen, insbesondere bei Auftreten von Hustenreiz notwendig. Weiterhin ist nach einiger Zeit ein Abweichen des Processus vocalis von der Medianlinie nach lateral möglich. Hierdurch Spaltbildung im hinteren Glottisabschnitt.

c) Knorpelspanimplantation und Türflügelthyreoplastik nach Kleinsasser. Umschneidung eines Knorpelstückes im Bereich der unteren Hälfte des Schildknorpels. Diese Platte wird mit der Angel an der vorderen Kommissur nach median verlagert. Die Platte wird nun mit einem Knorpelstück, welches in das Innere des Kehlkopfes gelegt wird, verriegelt, so daß sie nicht mehr nach außen zurückfedern kann.

d) Stimmlippeninnervation durch ein Nerv-Muskel-Transplantat nach Tucker. Ein aus dem M. omohyoideus entnommenes Nerv-Muskel-Transplantat wird durch ein Fenster im Schildknorpel auf den seitlichen Anteil der Fasern des M. thyreoarytaenoideus lateralis aufgepflanzt. Wenige Wochen nach der Operation aktive Adduktion der Stimmlippe wieder möglich.

e) Medianverlagerung der Stimmlippe durch Rotation des Aryknorpels und Thyreoplastik Typ I nach Isshiki. Horizontaler Hautschnitt zwischen Inzisur und unterer Kante des Schildknorpels. In Lokalanästhesie Schildknorpelimprimat einkleben (Schildknorpelfenster) = Thyreoplastik.

Posteriorer Zugangsweg:

a) Rotation des Aryknorpels und Implantation eines Knorpelspans aus dem Schildknorpel nach Denecke. Von einem seitlichen Zugangsweg wird die hintere Kante des Schildknorpels auf der gelähmten Seite freigelegt. Aus dem dorsalen Anteil der Schildknorpelplatte wird ein Knorpelspan einschließlich des oberen Schildknorpelhornes entnommen und von dorsal zwischen Perichondrium des Schildknorpels und M. vocalis eingeschoben. Der rotierte Aryknorpel (die Spitze des Processus vocalis ist nach medial versetzt) wird durch Nähte fixiert.

b) Stimmlippenspannung nach Mündnich

- Prinzip. Fixation des Aryknorpels am Unterhorn des Schildknorpels.
- Technik. Hautschnitt am Vorderrand des M. sternocleidomastoideus. Durchtrennung des Gelenkes, das vom Unterhorn des Schildknorpels und dem Ringknorpel gebildet wird (Unterhorngelenk). Eröffnung des Krikoarytänoidgelenkes. Der Processus muscularis des Aryknorpels wird nach auswärts gekippt. Mit einer stark gebogenen Nadel wird ein Faden um den Processus muscularis durch den Gelenkspalt gelegt, das Schildknorpelunterhorn umfaßt und der Faden dort straff geknüpft.

Direkte Laryngoskopie:

a) Stimmlippenunterfütterung

- Prinzip: Injektion von Teflonpaste mit Glyzerin oder Kollagen lateral von Stimmlippe und Processus vocalis des Aryknorpels.

- Technik: Nach Leitungsanästhesie und Oberflächenanästhesie direkte Laryngoskopie oder in Narkose direkte Mikrolaryngoskopie. Das Taschenband wird nach lateral gedrückt. Seitlich von der Stimmlippe Einstich mit einer Kanüle durch die obere Fläche tief in die Lamina propria oder das Ligamentum vocale. Injektionspunkte lateral vorn, medial vom Processus vocalis des Aryknorpels und evtl. am Übergang vom vorderen zum mittleren Stimmlippendrittel (siehe auch Abschn. 7.1.3). Oder transkutane Injektion in Lokalanästhesie. Besichtigung des Kehlkopfes mittels flexiblem Fiber-Video-Endoskop. Einstich 5 mm lateral der Mittellinie durch die Membrana cricothyreoidea 5–10 mm tief. Die Nadel wird bei Frauen in einem 30^{0}-Winkel, bei Männern in einem 45^{0}-Winkel nach oben gerichtet eingeführt.
- Gefahr. Teflon wandert über die Lymphgefäße in die Halslymphknoten. Daher möglichst nur bei Stimmlippenlähmungen infolge von Bronchialkarzinomen (nur kurze Lebenserwartung) Teflon- oder Kollageninjektion (siehe auch Abschn. 7.1.3) zum besseren Abhusten.

Anmerkung:

a) Operative Eingriffe am N. recurrens. Operative Eingriffe am N. recurrens wie Naht nach vorangegangener Durchtrennung, Interpositionsanastomose nach Miehlke (das zerstörte Teilstück wird durch ein Transplantat des N. auricularis magnus ersetzt) und Vagus-Postikus-Plastik nach Miehlke (der Ramus dorsalis des N. recurrens wird mit dem Rekurrensanteil des N. vagus nach dessen Isolierung aus dem Vagusstamm anastomosiert) führen nicht zu dem gewünschten Erfolg.

Zu beachten ist, daß eine Lähmung durch *Massenbewegungen* nach Degeneration und Regeneration des Nervs vorgetäuscht werden kann. Diese Massenbewegungen treten als Folge einer sog. *gemischten Innervation* auf, d.h. die regenerierenden Nervenfasern innervieren nicht mehr die zugehörigen Muskelfasern. Die Abduktions- und Adduktionsmuskeln werden deshalb gleichzeitig innerviert (Nachweis durch Elektromyographie). Eine Beweglichkeit der Stimmlippe tritt daher nicht ein. Eine Operation ist in diesem Falle nicht indiziert. Weiterhin muß eine *Ankylose* des Krikoarytänoidgelenkes vor einer Operation am N. recurrens ausgeschlossen werden (Sondenversuch).

b) Operative Eingriffe bei Vaguslähmung mit Schlucklähmung oder Verschlucken

- Myotomie des Schleudermuskels mit Raffung der Hypopharynxschleimhaut bei vagusbedingter Schlucklähmung.
- Kehlkopfhochzug.
- Zunähen der Stimmlippen bei Vaguslähmung mit Verschlucken. Anschließend Schlucktherapie durch Logopäden. Evtl. Anbildung der Ösophagusstimme oder Benutzung eines Elektrolarynx.

12 Stimmstörungen nach operativen Eingriffen am Kehlkopf und deren Behandlung

Der Patient muß vor der Operation über die Notwendigkeit einer logopädischen postoperativen Nachbehandlung unter phoniatrischer Kontrolle aufgeklärt werden. Er muß wissen, wie lange er in völligem Schweigen verharren muß, ab wann ihm ein mäßiger Gebrauch seiner Stimme gestattet ist und wann voraussichtlich eine volle berufliche Belastung der Stimme wieder möglich ist.

Bei bestimmten Erkrankungen muß der Patient auf den funktionellen Charakter seiner Stimmschädigung hingewiesen werden, vor allem aber darauf, daß die Operation nur das Ergebnis seines Stimmißbrauches beseitigt, nicht aber die Ursache seines Stimmschadens.

12.1 Dekortikation

Indikation. Laryngitis chronica hyperplastica, Reinke-Ödem, Epithelhyperplasien (Leukoplakie, Pachydermie), Carcinoma in situ.

Prinzip. In Intubationsnarkose wird bei direkter Laryngoskopie in Rückenlage mittels eines Stützlaryngoskops unter dem Operationsmikroskop das veränderte Epithel der Stimmlippen abgezogen (Mikrochirurgie des Kehlkopfes). Neuepithelisierung in 4–8 Wochen.

Folgen:
- Unvollständiger Stimmlippenschluß infolge postoperativer Schonhaltung.
- Unvollständiger Stimmlippenschluß infolge präoperativer Schlaffheit der Adduktoren. Durch die ödematösen Veränderungen war ein Stimmlippenschluß möglich ohne Adduktion der Stimmlippen bis zur Medianstellung.
- Postoperative Infiltration der Stimmlippen mit Beeinträchtigung der Schwingungsfähigkeit oder phonatorischem Stillstand.
- Granulombildung.

- Narbenbildung mit Beeinträchtigung der Schwingungsfähigkeit.
- Bei Substanzdefekt der Muskulatur Exkavation mit Spaltbildung bei der Phonation.
- Bei gleichzeitiger, beidseitiger Dekortikation bis zur vorderen Kommissur Gefahr der Bildung von Synechien im vorderen Stimmlippenbereich.

Daher Schlitzung der ödematösen Stimmlippe und Absaugen des Ödems in manchen Fällen zu bevorzugen.

Therapie. Je nach Befund wird wie bei der hyperfunktionellen Dysphonie vorgegangen, oder es werden zunächst die sekundären hyperfunktionellen Symptome beseitigt.

12.2 Thyreotomie und Chordektomie

Indikation. Stimmlippenkarzinome, die auf die noch normal bewegliche Stimmlippe begrenzt sind.

Prinzip. In Lokalanästhesie oder Intubationsnarkose Hautschnitt über dem Schildknorpel. Spaltung des Schildknorpels (Thyreotomie) in der Mitte und Exzision der Stimmlippe (Chordektomie) einschließlich des M. vocalis. Keine Naht des Wundbettes, da sonst die Bildung von Narbengewebe (Ersatzstimmband bzw. Ersatzleistenbildung) verhindert wird; Hautnaht.

Folgen. Anstelle der Stimmlippe bildet sich eine straffe, stimmlippenähnliche Narbe (Ersatzstimmband). Die Schwingungsamplituden des Narbenstranges sind eingeschränkt bis aufgehoben. Es bleibt ein offener Glottisspalt. Die Stimme klingt daher rauh bis heiser und verhaucht. Durch Weichwerden des Ersatzstimmbandes kann es noch 8–10 Monate nach der Operation zu einer Stimmverbesserung kommen.

Ersatzleistenbildungen nach vollständiger Stimmlippenresektion erlangen zwar keine stroboskopische Schwingungsfähigkeit. Sie verengen jedoch die Glottis und ermöglichen daher die Ausbildung eines subglottischen Druckes. Hierdurch kann die erhaltene Stimmlippe besser schwingen, besonders nach kompensatorischer Überschreitung der Mittellinie.

Ist trotz logopädischer Nachbehandlung keine ausreichende Stimmbildung infolge einer zu weiten Glottis möglich, evtl. freies Muskelfaszientransplantat eines kleinen Hand- oder Fingermuskels von der Länge und Form einer Stimmlippe.

Von phoniatrischer Seite her bessere Stimmfunktion nach Laser-Chordektomie, da die narbige Ersatzstimmlippe durch den Reiz der verkohlten Gewebsreste sehr viel dicker ist.

Logopädische Therapie. Die Stimmbildung erfolgt entweder mit dem Narbenstrang oder mit der darüberliegenden, oft hypertrophierten Taschenfalte oder mit beiden Taschenfalten. Die Stimmlippe der gesunden Seite muß die Mittellinie überschreiten, um sich an das Ersatzstimmband oder die Taschenfalte anzulegen. Die logopädische Behandlung soll 2–4 Wochen nach der Operation beginnen, damit sich durch die stimulierende Wirkung der Stimmvibrationen eine gute Ersatzstimmlippe ausbildet. Durch zunächst weiche, sparsame Ausatmung und Resonanzübungen verliert die Stimme durch Entspannung der extralaryngealen Muskulatur den gepreßten Klang. Geachtet werden muß auf Verlängerung der Tonhaltedauer und Erweiterung des Stimmumfanges.

12.3 Endoskopische Teilresektion der Stimmlippe

Endoskopische Entfernung kleiner Stimmlippenkarzinome auf frei beweglicher Stimmlippe. Die stimmlichen Resultate sind kaum schlechter als bei primärer Bestrahlung.

12.4 CO_2-Laser-Resektion der Stimmlippe

Bei der CO_2-Laser-Resektion der gesamten Stimmlippe bildet sich ein besseres Ersatzstimmband mit besserem funktionellem Ergebnis aus als nach chirurgischer Resektion, da die narbige Ersatzstimmlippe durch den Reiz der verkohlten Gewebsreste sehr viel dicker ist.

12.5 Frontolaterale Teilresektion (nach Leroux-Robert)

Indikation. Stimmlippenkarzinome, die von einer Stimmlippe, welche in der Beweglichkeit leicht eingeschränkt sein kann, auf die vordere

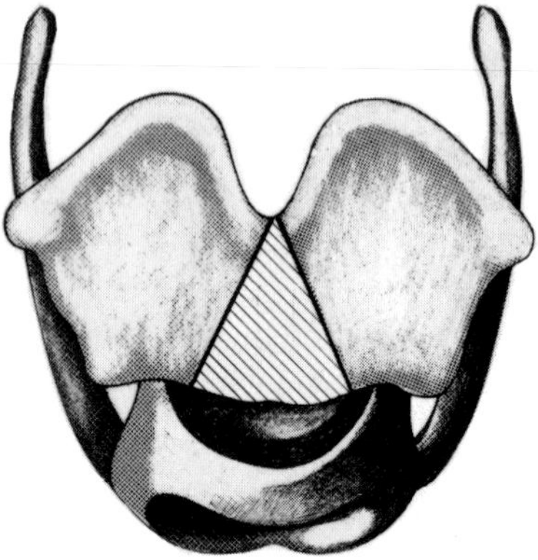

Abbildung 12-1:
Frontolaterale Teilresektion mit Entfernung eines Schildknorpeldreiecks nach Leroux-Robert

Kommissur oder das vordere Viertel der anderen Stimmlippe übergreifen.

Prinzip. In Intubationsnarkose Freilegen der vorderen Schildknorpelhälfte. Inzision am Ober- und Unterrand der beiden Schildknorpelhälften. Von hier aus werden subperichondral die Innenweichteile des Larynx von der Innenseite des Schildknorpels abgeschoben (Tunnel). Dreieckförmige Inzision des Schildknorpels und Entfernung des Knorpeldreiecks (Abb. 12-1). Auf der Gegenseite des Tumors wird durch einen seitlichen Schnitt das Larynxlumen eröffnet, und die befallenen Stimmlippenanteile werden nach Ablösung von der Schildknorpelinnenseite entfernt. Der Processus vocalis einer Seite kann mit abgetragen werden.

Folgen. Die Wundheilung dauert infolge des größeren postoperativen endolaryngealen Gewebsdefektes 3–8 Wochen. Der Epithelisierung kann eine überschüssige Granulationsgewebsbildung vorausgehen. Meist bildet sich postoperativ ein Segel im Bereich des vorderen Stimmlippenviertels aus. Falls trotz logopädischer Behandlung kein Schluß zwischen Ersatzstimmlippe und Stimmlippe mehr möglich ist (starke Dysphonie oder Aphonie), Anbildung der *Taschenfaltenstimme* oder bei Rezidivfreiheit operative Defektauffüllung durch Medianverlagerung der Weichteile.

Anmerkung: Supraglottische Teilresektion nach ALONSO

- *Indikation.* Kehldeckelkarzinom.
- *Symptome.* Zuerst Schluckbeschwerden und Druckgefühl im Kehlkopf, später Heiserkeit.
- *Therapie.* Horizontale Absetzung des Kehldeckels oberhalb der Stimmlippen, evtl. einschließlich der Taschenfalten, unter Belassung der Aryknorpel.
- *Folgen.* Verschlucken; Therapiemöglichkeiten:
  Eine Woche Stimmruhe, evtl. Schlucktherapie durch Logopäden. Neigung des Kopfes beim Schlucken zur weniger betroffenen Seite. Zunächst Schlucken von nicht zu dünnflüssigem Brei.

12.6 Laryngektomie

Indikation. Ausgedehnte innere Kehlkopfkarzinome, d.h. Karzinome der Stimmlippen bei aufgehobener Beweglichkeit, subglottische und supraglottische Tumoren (mit Ausnahme der auf den Kehldeckel begrenzten Tumoren) sowie Hypopharynxkarzinome (ausgehend vom Recessus piriformis oder von der aryepiglottischen Falte).

Prinzip. Tracheotomie (Querschnitt zwischen Ringknorpel und 1. Trachealring) und Intubation durch das Tracheostoma. Hochklappen der Halshaut. Eröffnung des Hypopharynx vor dem Kehldeckel. Die Speiseröhrenvorderwand wird von der Kehlkopfhinterwand abgelöst. Absetzen des Kehlkopfes meist einschließlich des Zungenbeins von Hypopharynx und der Trachea. Der eröffnete Hypopharynx wird vernäht. Die Ernährung erfolgt in den ersten 10–14 Tagen über eine durch die Nase eingeführte Magensonde. Der Stumpf der Trachea wird als Tracheostoma in die Halshaut eingenäht.

Eine operative Schädigung des M. cricopharyngeus führt zu Narbenbildungen im Bereich des Ösophagus. Deshalb muß die Krikopharyngeusmuskulatur sorgfältig vom Ringknorpel und den Aryknorpeln abgelöst werden. Ebenso beeinträchtigt eine Läsion des N. recurrens durch Motilitätsstörungen das Erlernen der Ösophagusstimme.

Bei Halslymphknotenmetastasen, aber auch prophylaktisch (Möglichkeit klinisch latenter Metastasen) wird eine zusätzliche radikale Halsausräumung (Neck-dissection) auf der Seite des Tumorsitzes durchgeführt.

Folgen:

- Verlust der Stimme.
- Keine Reinigung, Vorwärmen und Anfeuchtung der Atemluft. Daher Austrocknen der Trachealschleimhaut mit Borkenbildung oder Entzündung der Trachea mit Auswurf. Luftfeuchtigkeit sollte deshalb nicht unter 50% absinken.
- Riechen. Respiratorische *Anosmie* infolge Stillegung der Nasenluftpassage. Riechen ist nur möglich bei kauenden Bewegungen oder beim Einziehen der Wange und anschließender plötzlicher Vergrößerung der Mundhöhle bei geschlossenem Mund. Hierdurch wird Luft durch die Nase eingesogen. Das gustatorische Riechen ist intakt, da die warme Luft im Mund durch die Nase entweicht (Kaminwirkung).
- Schnupfen. *Niesen* und *Schneuzen* der Nase sind nicht möglich; anstelle von Niesen erfolgt Trachealhusten. Kein Schnarchen mehr. Beim Rauchen kann nicht durch den Mund inhaliert werden, die Inhalation des Rauches erfolgt durch Hineinhalten der Zigarette in die Trachealkanüle.
- Husten. Veränderung des *Hustenmechanismus*. Statt Auseinandersprengen der Stimmlippen nach tiefer Inspiration, Zuhalten des Tracheostomas, Pressen und plötzliches Öffnen des Tracheostomas. Hierbei erfolgt eine Einengung der Trachea besonders oberhalb der Bifurkation.
- Pressen. Verlust der *Bauchpresse* (wird nicht als störend empfunden). Sie erfolgt normalerweise durch Schließen der Stimmritze. Nach Laryngektomie Kompensation durch erhöhten intraabdominellen Druck mittels Zwerchfell und Bauchmuskulatur.
- Schlürfen, d.h. gleichzeitige Aufnahme von Flüssigkeit und Luft nicht möglich; Gefahr der Verbrühung.
- Singultus läuft geräuschlos ab, da bei den stoßweisen Zwerchfellkontraktionen die Luft durch das Tracheostoma unbehindert einströmen kann.
- Gefahr beim Baden. Das Tracheostoma muß sich weit über dem Wasserniveau befinden. Beim Duschen Schutz durch zirkuläres Plastikhalstuch. Bei Benutzung einer Handdusche darf der Duschstrahl nur von unten geführt werden.
- Schwimmen nur mit Spezialausrüstung (Aquamat) bedingt möglich. Der Aquamat stellt eine wasserdichte Verbindung zwischen Mund und Tracheostoma her.
- Wegen der Gefahr der Schrumpfung des Tracheostomas muß häufig

eine Trachealkanüle aus Neusilber, Silber, Teflon, Silikon oder Mediplast getragen werden; am zweckmäßigsten von der Bogenlänge eines Achtelkreises. Die Kanüle wird ein- bis zweimal am Tag gewechselt. Die Trachealkanüle wird durch ein Kanülentrageband befestigt. Sie wird zusätzlich mit einer Tracheokompresse aus saugfähigem Vlies-Material versehen. Diese ist auf der Rückseite aluminiumbedampft zum Schutz vor Hautreizungen. Zusätzlich kann vor der Kompresse ein Billroth-Batist-Lätzchen getragen werden. Zum Schutz des Tracheostomas werden Schutzlätzchen, Schutztücher oder Schutzrollis getragen. Diese sorgen für Anwärmung und Anfeuchtung der Atemluft.

- Gefahr der Ausbildung von Druckulzera am scharfrandigen Kanülenende mit Blutung.
- Möglichkeit der Schädigung des N. accessorius bei der radikalen Halsausräumung; der Arm kann dann nicht mehr über die Horizontale in die Höhe gehoben werden.
- Gesteigerte affektive Erregbarkeit.
- Depressive Reaktionen.

Anmerkung: Die Sauerstoffmaske im Flugzeug kann ohne Adapter über das Tracheostoma gehalten und festgedrückt werden.

12.6.1 Stimmbildung nach Laryngektomie

Pseudoflüsterstimme (auch Mundsprache oder Konsonantensprache genannt): Werden die Patienten nach einer Laryngektomie nicht logopädisch angeleitet, so versuchen sie sich spontan mit der Pseudoflüsterstimme zu verständigen. Die stimmlosen Explosiv- und Reibelaute werden dabei mittels der im Ansatzrohr befindlichen Luft artikuliert. Die so erzeugte Sprache ist jedoch schwer verständlich.

Parabukkale Stimme. Zwischen Wange und Kiefer wird eine Luftblase gebildet. Durch Muskelkontraktionen wird die Luft durch eine kleine Öffnung zwischen oder hinter den Zähnen in den Mund gepreßt und so ein Geräusch erzeugt.

Pharynxstimme. Die Pseudoglottis befindet sich im Pharynx zwischen Zungengrund und Rachenhintorwand. Hypopharynx und Ösophagus ersetzen die Lunge.

Ösophagusstimme. Die Pseudoglottis befindet sich am Ösophaguseingang (Ösophagusmund). Sie besteht aus einer vorderen und hinteren Schleimhaut-Muskel-Falte (M. cricopharyngeus).

Anmerkung. Nach neuesten Untersuchungen entsteht die Faltenbildung zunächst durch Hypertrophie der Ösophagusmuskulatur. Später kommt es infolge von Muskelfaseruntergängen zu deren narbigem Ersatz. Aus einer fibroelastischen Narbe wird eine fibrösatrophische Narbe. Schließlich vollständige Fettdurchwachsung des Narbengewebes.

Die Speiseröhre dient mit einer möglichen Luftkapazität von 80 ml als Ersatz für die Lunge. Die Luft wird durch willkürliche antiperistaltische Kontraktionen der Speiseröhrenmuskulatur hinaufbefördert. Die Schleimhautfalten geraten hierdurch in Schwingungen.

12.6.1.1 Erlernen der Ösophagusstimme

Anatomische Vorbemerkungen. Der Ösophagusmund ist normalerweise durch einen Muskelring (ringförmig angeordnete Fasern des M. cricopharyngeus, bei dem es sich um einen Teil des M. constrictor pharyngis inferior handelt) geschlossen. Bei der Atmung kann deshalb keine Luft in die Speiseröhre gelangen. Der M. cricopharyngeus und der oberste Teil der Speiseröhrenmuskulatur werden durch die Rami oesophagei des N. recurrens innerviert.

Luftfüllung des Ösophagus.

Schluckmethode. Nach tiefer Inspiration wird die Luft angehalten (Inspirationsstellung) und Luft geschluckt. Die Schluckmethode ist ***unökonomisch*** und ***verhindert ein fließendes Sprechen,*** da die Luft nach jedem Schlucken wieder herausgerülpst werden muß, damit sie nicht durch die Peristaltikwelle in den Magen gebracht wird. Somit *Nachteil:* Stakkato- oder Silbensprechen.

Injektionsmethode. Durch Bewegungen des Zungengrundes werden kleine Luftmengen in die Speiseröhre gedrückt. Auch diese Methode ist ***unökonomisch.*** Vorteil: Für die Injektionen der Luft können Explosivlaute (p, t, k) während des fließenden Sprechens benutzt werden. Die im Rachen befindliche Luft wird schon bei der Vorbereitung der Laute p, t, k durch die Zunge zusammengepreßt und z.T. in die Speiseröhre gedrückt, noch bevor der Laut ausgesprochen wird. Die Luftfüllung der Speiseröhre ist also unabhängig von der Atemphase.

Aspirationsmethode. Bei tiefer Inspiration entsteht ein negativer Druck im intrathorakalen Ösophagusanteil. Durch gleichzeitiges Vorschieben des Unterkiefers und Anheben des Schultergürtels wird der M. cricopharyngeus im Ösophagusmundbereich entspannt. Auf diese Weise kann Luft in die Speiseröhre hineingesaugt werden.

Die im Ösophagus befindliche Luft (bis zu 80 ml) wird durch abdominale Druckerhöhung (Bauchpresse) und antiperistaltische Kontraktionen der Speiseröhrenmuskulatur durch den Ösophagusmund herausgepreßt. Auch während dieser Phase wird die Inspirationsstellung beibehalten. Eine Ausatmung würde ein störendes Blasgeräusch aus Trachea und Kanüle verursachen.

- *Vorteile.* Mühelose Luftfüllung der Speiseröhre, ruhiger Sprechablauf, längere Passagen möglich.
- *Nachteil.* Oberflächliche kurze Atmung beim Sprechen.
- *Anwendung.* Optimal ist die Kombination der Aspirations- mit der Injektionsmethode.

Durch Übung können die Kontraktionen der Ösophagusmuskulatur auf Willensimpulse hin erfolgen. Schwierigkeiten bereitet die funktionelle Trennung von Atmung und Stimmgebung sowie eine eventuelle Erhöhung des Tonus der Muskulatur des Ösophagusmundes.

Die Frequenz des Grundtones der Ösophagusstimme liegt zwischen 54–64 Hz. Vom Klangbild her wirkt sie etwas tiefer als die normale Stimme und rauh-heiser.

Therapeutisches Vorgehen beim Erlernen der Ösophagusstimme. Präoperative Aufklärung über Möglichkeiten des Wiedererlernens des Sprechens.

Tonschwellenaudiogramm, evtl. Hörgeräteanpassung, da sonst die akustische Eigenkontrolle für die leise Ösophagusstimme fehlt.

Bei glatter Wundheilung beginnt man mit dem Erlernen der Ösophagusstimme 14 Tage nach der Laryngektomie, sobald die Magensonde entfernt ist.

Abgewartet werden muß: Falls sich eine ***Pharynxfistel*** ausgebildet hat, bis die Magensonde entfernt werden kann und falls ***Infiltrate*** im Mundbodenbereich vorhanden sind.

Das Erlernen der Grundlagen der Ösophagusstimme soll unbedingt *vor der Nachbestrahlung* erfolgen, da infolge der Strahlenreaktion vorübergehend eine Verschlechterung der Stimme eintritt. Die logopädische Behandlung kann jedoch mindestens bis zur 10. Bestrahlung fortgesetzt werden.

Die Aspiration von Luft wird anfangs durch Trinken von kohlesäurehaltigen Getränken, Politzern bei geschlossenem Mund oder Einblasen von Luft durch eine Ösophagussonde unterstützt.

Der Patient muß den ***Ruktus,*** d.h. das Herauspressen der Luft, von sich aus erlernen. Das Zuhalten der Kanüle zur Unterdrückung der Ausatmung kann das Erlernen des Ruktus unterstützen.

Die Bildung der Pseudoglottis kann durch Druck mit dem Daumen auf die vordere Halshaut oberhalb des Tracheostomas in Höhe des Ösophagusmundes oder durch den Druck einer weiten Trachealkanüle erleichtert werden.

Da das „A" dem natürlichen Aufstoßlaut am nächsten kommt und am leichtesten gelingt, Beginn mit der Silbe „ab".

Gelingt die Erzeugung eines Vokals, so wird dieser mit Explosiv- oder Reibelauten verbunden (Obst). Oder der erste Ton kommt bei Bildung von Silben zustande, die mit „k" oder „kr" beginnen, z.B. krap, krop.

Günstige Voraussetzungen für das Erlernen der Ösophagusstimme: Erhaltung des Zungengrundes, des Zungenbeines, möglichst großer Teile des Hypopharynx, des M. cricopharyngeus und des N. recurrens mit den Rami oesophagei.

Ungünstige Voraussetzungen: Spasmen des Ösophagusmundes, Stenosen durch Pharynxteilresektion, Verengung des Hypopharynx, Innervationsstörungen der Ösophagusmuskulatur durch die Verletzung der Rami oesophagei des N. recurrens, Infiltrate, Hypoglossusparese, Divertikel, Narbenbildungen am Ösophagusmund mit Ausbildung der Pseudoglottis distal oder proximal vom Ösophagusmund, Bestrahlung, pulmonale und kardiale Erkrankungen, hohe Intelligenz, Resignation, Depression, hohes biologisches Alter. Die Auswirkungen eines bei der Laryngektomie entfernten Zungenbeines sind noch umstritten.

Prognose. 1/3 der Patienten erlernt die Ösophagusstimme gut oder sehr gut, 1/3 erreicht mäßige Sprechleistungen, 1/3 erlernt das Sprechen nicht oder nur mangelhaft.

Anmerkung: Das Schlechterwerden der Ösophagusstimme kann Frühsymptom eines Rezidivs eines Kehlkopfkarzinoms sein.

Nach zusätzlicher Entfernung des Ösophagus wegen Infiltration des proximalen Ösophagus durch ein Kehlkopfkarzinom oder ein primäres Karzinom des proximalen Ösophagus transmediastinaler Magenhochzug (Magentransposition). Hierbei wird der operativ gebildete Schlauchmagen mit dem Pharynx anastomosiert. Resektion der kleinen Kurvatur des Magens und Präparation desselben zu einem Schlauch. Anbildung einer Magenstimme möglich. Ausbildung einer Pseudoglottis im Bereich des 6. Halswirbelkörpers. Das Luftreservoir ist größer als bei der Ösophagusstimme. Feuchter Charakter der Magenstimme, da Schleim und Magensaft durch den Phonationsstrom erfaßt werden und eine klare Lautbildung beeinträchtigen. Die Pseudoglottis befindet sich proximal der kollaren Anastomose im Hypopharynxbereich.

Oder es findet ein freies Jejunumtransplantat Verwendung.

Transnasaler Insufflationstest nach Blom und Singer. Der Test gibt Antwort auf 2 Fragen:

- Inwieweit kann die Ösophagusstimme unter besonderer Berücksichtigung des pharyngo-ösophagealen Segments erlernt werden?
- Ist ein tracheo-ösophagealer Shunt mit einer Stimmprothese möglich?

Vorgehen. Verwendet wird ein 50 cm langer Katheter, der mit einem Tracheostoma-Adapter seitlich verbunden ist; der Adapter wird am Tracheostoma fixiert. Nach transnasaler Einführung des Katheters in den Ösophagus bis zu einer Länge von 25 cm (thorakaler Ösophagusabschnitt) wird nach Einatmung vor der Ausatmung das Tracheostoma mit dem Finger verschlossen. Die Ausatmungsluft gelangt in den Ösophagus. Anschließend kann ein Laryngektomierter mit guter Ösophagusstimme ohne Unterbrechung bis 15 zählen. Danach Messung der Phonationsdauer bei a-Phonation. Diese beträgt bei guten Sprechern 10–15 Sek.

Postlaryngektomie-Telefon-Test nach Zenner und Pfrang mit Hilfe der umgekehrten Sprachaudiometrie (Freiburger Einsilberverständlichkeitstest und Marburger Satzverständnistest). 20 wechselnde Einsilber des Freiburger Tests und anschließend 5 wechselnde Sätze des Marburger Tests werden ins Telefon gesprochen. Der Untersucher am 2. Telefon trägt die verstandenen Ergebnisse in ein dem Sprachaudiogramm analoges Formular ein.

12.6.1.2
Apparative Sprechhilfen

Indikation. Vergeblicher Versuch der Anbildung der Ösophagusstimme (mindestens 20 Sitzungen). Ungenügendes Erlernen der Ösophagusstimme. Zusätzlich zur Ösophagusstimme für längeres Sprechen.

Pneumatische Geräte. Sie bestehen aus mit Lungenluft betriebenen äußeren Vibratoren. Der erzeugte Schall wird durch einen Schlauch in die Mundhöhle geleitet (Abb. 12-2).

Elektronische Geräte:

a) *Schlauchgeräte.* Es handelt sich um batteriebetriebene Tonfrequenzgeneratoren, deren Luftschallimpulse von außen durch einen Schlauch in die Mundhöhle geleitet werden. Ein Beispiel ist die Pipa di Ticchioni, bei der eine Tabakpfeife als Atrappe dient. Lippen und Zähne können während des Sprechens nicht geschlossen werden. Die Bildung der Labiallaute „p“ und „b“ und der Dentallaute „t“ und „d“ ist daher nur eingeschränkt möglich, ebenso wie auch die Bildung zahlreicher anderer Konsonanten.
b) *Intraorale Geräte.* Kleinstlautsprecher werden in eine Oberkieferzahnprothese eingebaut und auf drahtlosem Weg betrieben.
c) *Halsgeräte* (Elektrolarynx): z. B. Servox-Sprechhilfe (wird in deutschsprachigen Ländern benutzt).

– *Funktionsprinzip* der Halsgeräte. Batteriebetriebene Vibratoren. Die Membran des Gerätes wird an die Halshaut im hinteren seitlichen Mundbodenbereich angelegt oder oberhalb des Tracheostomas. Die akustische Energie pflanzt sich durch die Weichteile des Hypopharynx fort und regt das Ansatzrohr zum Mitschwingen an. Durch

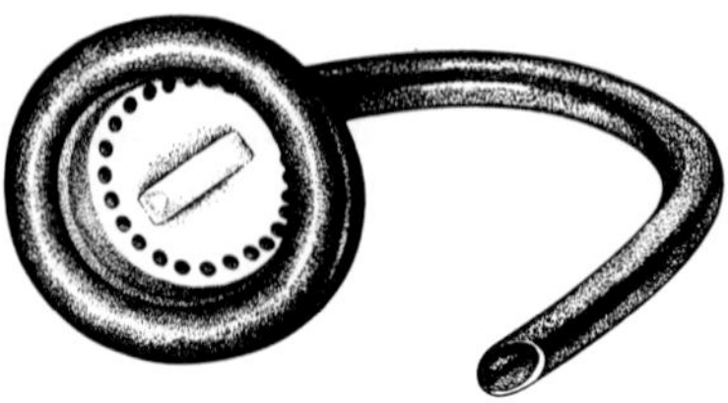

Abbildung 12-2:
Pneumatische Sprechhilfe. Der Vibrator wird auf das Tracheostoma gesetzt. Der erzeugte Schall wird durch einen Schlauch in die Mundhöhle geleitet.

Veränderung der Einstellung des Ansatzrohres wird das Klangspektrum moduliert. Tonhöhe und Lautstärke sind am Gerät verstellbar.
- *Vorteile.* Leichteres und rascheres Erlernen des Sprechens unter logopädischer Anleitung als mit der Ösophagusstimme. Verständigung schon sehr bald nach der Operation möglich. Keine Ermüdung bei längerem Sprechen. Keine körperliche Anstrengung erforderlich. Bessere Verständlichkeit beim Telefonieren.
- *Nachteile.* Die Geräte sind für die Umwelt sichtbar. Eine Hand ist beim Sprechen besetzt. Die Anschaffung ist teuer, Reparaturanfälligkeit. Es sind Bedienungsschwierigkeiten vorhanden (Aufladen, Einstellen von Lautstärke und Tonhöhe, richtiger Ansatz am Mundboden). Bei Ausfall des Gerätes keine Kommunikationsmöglichkeit. Die Stimme klingt metallisch und weniger modulationsfähig (monoton) als die Ösophagusstimme. Die Konsonantenbildung ist nur eingeschränkt möglich (Bildung des H-Lautes unmöglich). Bei Schwellungen im Bereich der Halsweichteile, narbig-verwachsenem, strahlengeschädigtem Hals oder Fettleibigkeit reicht der vom Gerät abgestrahlte Schall nicht aus. Bei gelegentlichen spontanen Bemerkungen ist das Gerät nicht schnell genug verfügbar. Das Dröhnen des Gerätes kann infolge Verbreitung über Körperschall im Kopf als unangenehme Vibration empfunden werden.

12.6.1.3
Operative Stimmrehabilitation
(Tracheo-ösophagealer Shunt) bei oder nach Laryngektomie

Funktionelle totale Laryngektomie nach Staffieri mit plastischer Rekonstruktion der phonatorischen Neoglottis (1970).

Prinzip. Tracheo-ösophagealer Shunt ohne Stimmprothese. Anlegen einer ventilartigen Verbindung zwischen Trachea und Hypopharynx bzw. Ösophaguseingang.

Technik. Im Gegensatz zur klassischen Laryngektomie wird zunächst ein Luftröhrenschnitt unterhalb des 2. Trachealknorpels gemacht und ein Tracheostoma angelegt. Der Kehlkopf einschließlich des Ringknorpels wird oberhalb des 1. Trachealknorpels abgesetzt, so daß die ersten zwei Trachealknorpel oberhalb des Tracheostomas erhalten bleiben.

In die freiliegende Vorderwand der Speiseröhre wird oberhalb des 1. Trachealknorpels ein 5 mm langer Längsschnitt gemacht. Die inzidierte vordere Ösophaguswand wird über den nach oben offenen 1. Trachealknorpel gezogen und dort vernäht.

Die Phonation erfolgt nach Einatmung durch Zuhalten des Tracheostomas mit dem Finger bei der Ausatmung, eventuell durch Einsetzen einer Sprechkanüle. Die durch die Inzision der Ösophagusvorderwand gebildeten Ersatzstimmlippen geraten durch den aus den Lungen kommenden Luftstrom in Schwingungen.

Vorteile. Das Sprechen ist postoperativ leicht und schnell zu erlernen. Besondere Übungen zum Wiedererlernen des Sprechens sind nicht erforderlich. Die Koordination zwischen Einatmen, Zuhalten des Tracheostomas und Ausatmen bzw. Stimmgebung wird schnell beherrscht. Die Stimme klingt besser als die Ösophagusstimme. Die maximale Tonhaltedauer liegt bei 7–14 s, d.h. zusammenhängende Phonation über eine lange Sprechphase ist möglich. Keine Verschiebung oder Einengung der Sprachakzente. Stimmliche Dauerbelastungsfähigkeit ohne wesentliche physische Ermüdung.

Nachteile. Eine Hand wird zum Zuhalten des Tracheostomas beim Sprechen benötigt. Beim Schlucken gelangen anfangs Speichel oder Speiseteile in die Luftröhre. Erhöhter Phonationsdruck mit erhöhtem intrathorakalem Druck erforderlich. Erstes Sprechen gelingt oft erst nach dem 12.–30. postoperativen Tag. Nicht immer ist eine Stimmbildung mit der Neoglottis möglich. Die Fistel muß bei Versagen operativ verschlossen werden. Das Operationsverfahren wird daher kaum noch angewandt.

Methode nach Blom-Singer.

Prinzip. Tracheo-ösophagealer Shunt mit Stimmprothese im Rahmen der Laryngektomie oder später.

Technik. Im oberen Bereich des Tracheostomas in der tracheoösophagealen Trennwand wird eine kleine Öffnung von 5 mm Durchmesser angebracht. Einsetzen eines Platzhalters oder Bougierung für 10–14 Tage. Dann Einsetzen der Stimmhilfe nach Blom-Singer. Sie besteht aus weichem Silikon. Es wird nun ebenfalls eine spezielle Trachealkanüle aus Silikon eingesetzt, die unterhalb der Punktionsöffnung perforiert ist und zur besseren Abdichtung des Tracheostomas einen besonders breiten Rand besitzt. Bei Verschluß der Frontöffnung der Prothese nach Blom-Singer und der Kanülenöffnung mit dem Finger strömt die Ausatmungsluft durch die Basisöffnung der Blom-Singer-Prothese und das Lippenventil hinten in den Ösophagus. Ein Übertritt von Speichel und Speise in die Luftröhre wird durch das Ventil verhindert.

Stimmbildung. Die Stimmbildung erfolgt an gleicher Stelle wie bei der Ösophagusstimme. Zum ersten Sprechversuch wird der Patient angewiesen, tief einzuatmen und mit dem Finger das Tracheostoma zu verschließen. Bei leicht geöffnetem Mund entsteht in der Ausatmungsphase unter leichter Bauchpresse der erste Ton. Da anfangs die Schleimhäute im Operationsgebiet noch verschwollen sind, kann die Stimmbildung und Schluckfunktion zunächst erschwert sein.

Komplikation. Auslösung eines Spasmus des M. constrictor pharyngis inferior durch den Luftstrom mit eventueller Umlenkung des Luftstromes in den Magen.

Therapie: Relaxierung mittels Myotomie (Durchtrennung der im Bereich des Ösophaguseinganges verstärkten zirkulären Muskelfasern).

Vorteile gegenüber der Methode nach Staffieri: Bei Versagen geht die Fistel nach Herausnahme der Prothese innerhalb weniger Tage spontan zu.

Nachteile gegenüber der Methode nach Staffieri und der Ösophagusstimme:
- Zweimal täglich Herausnahme und Reinigung der Prothese durch den Patienten erforderlich. Während der Reinigung muß ein Phantom eingesetzt werden zum Offenhalten der Fistel und Verhinderung des Eindringens von Speichel in die Trachea.
- Erhöhter Phonationsdruck mit erhöhtem intrathorakalem Druck erforderlich.

Panje-Kragenknopf (Sprechkopf): Ähnliche Stimmprothese wie diejenige nach Blom-Singer, ebenfalls aus weichem Silikon.
- Vorteil: Operation ambulant in Lokalanästhesie in 30 Minuten durchfuhrbar.
- Nachteil: Panje-Prothese ist längenmäßig nicht anzupassen.

Glottisplastik nach Herrmann.
Prinzip. Tracheo-ösophagealer Shunt mit Stimmprothese.
- *Typ I:* Absetzen des Kehlkopfes zwischen Ringknorpel und 1. Trachealring; Shunt zwischen Trachea und Hypopharynx.
- *Typ II:* Tumorresektion mit einem und bis zu drei Trachealringen. Myotomie der im Bereich des Ösophaguseinganges verstärkten zirkulären Muskelfasern. Shunt zwischen Trachea und Ösophagus.
- *Typ III:* Resektion von bis zu sieben Trachealringen. Falls notwendig Thorakotomie rechts mit Lösen des Ligamentum pulmonale und Mobilisation der Trachealbifurkation. Myotomie der verstärkten zirkulären Muskelfasern des Ösophaguseinganges. Shunt zwischen Trachea und Ösophagus.
  Verstärkung des Shunts durch Interposition eines Platysma-Lappens.
- *Typ IV:* Resektion von Larynx, Hypopharynx und Ösophagus, eventuell unter Mitnahme von bis zu drei Trachealringen. Transmediastinale Magentransposition und Pharyngogastrostomie. Shunt zwischen Trachea und Magen.
  Verstärkung des Shunt durch Interposition eines Platysma-Lappens. Laterotension des Magens über dem Shunt. Der Magen wird über den Shunt durch seitliche Nähte aufgespannt, um aneinanderliegende schwingungsfähige Schleimhautfalten für die Phonation zu formen.

Vorteile der Stimmprothesen gegenüber der Ösophagusstimme und dem Elektrolarynx: Tonhaltedauer verlängert, längere Sprechphrasen, größere Lautstärken (50–85 dB werden erreicht). Einsatz auch bei Magenhochzug möglich.

Nachteile der Stimmprothesen gegenüber der Ösophagusstimme und dem Elektrolarynx: hoher Anblasedruck zur Stimmgebung, Granulationsbildung am Stimmshunt, Verstopfen oder Undichtigkeit von Prothese oder Stimmshunt, Spontanverschluß des Shunts nach versehentlichem Entfernen der Prothese, Überforderung des Patienten beim Wechseln und Reinigen der Prothese.

Laryngektomie mit plastischer Wiederherstellung der Stimme nach Asai (1966).
Prinzip. Es handelt sich um einen plastischen Aufbau des präpharyngealen Luftweges zwischen Trachea und Mundhöhle. Drei Operationen sind erforderlich:

a) Kehlkopfexstirpation mit Anlegung eines unteren und oberen Tracheostomas.
b) Herstellung einer Pharynxfistel am Übergang vom Mundboden zum Hals. Diese mündet innen unterhalb des Zungengrundes.
c) Verbindung der Pharynxfistel mit dem oberen Tracheostoma mittels eines Brusthautschwenklappens (präpharyngealer Luftweg). Einsetzen einer Sprechkanüle.

Phonation. Durch Fingerkompression oder Tragen eines 1 cm breiten Gummibandes läßt sich das neu gebildete Hautrohr einengen, und es wird eine Pseudoglottis gebildet. Durch Variation des Fingerdruckes wird eine modulationsfähige Stimme erzielt. Eine Woche nach der letzten Operation muß zunächst einige Tage die Schlucktechnik mit in den Nacken geneigtem Kopf und Zuhalten des Hautrohres durch Kompression von außen geübt werden. Dann kann mit der Stimmbildung begonnen werden.

Vorteile. Das große Luftvolumen der Lunge kann zum Sprechen verwendet werden.

Nachteile. Es besteht die Gefahr der Aspiration, insbesondere von Flüssigkeit bei der Nahrungsaufnahme mit schmerzhaftem Hustenreiz. Das Operationsverfahren kann nur angewendet werden:
- Bei Kehlkopfkarzinomen, die den Glottisbereich nach unten nicht überschritten haben.
- Bei Patienten, bei denen die Höhenlage des Kehlkopfes eine Distanz von 3 bis 4 Trachealringen zwischen Ringknorpel und Oberrand des Brustbeines gewährleistet.
- Wenn keine Halslymphknotenmetastasen vorliegen. Eine prophylaktische oder kurative radikale Halsausräumung kann wegen Narbenbildungen, die ungünstige Voraussetzungen für die nachfolgende Plastik bilden, nicht durchgeführt werden.

Eine eventuell erforderliche Nachbestrahlung kann erst lange nach der 1. Operation erfolgen.

Modifikation der chirurgischen Stimmrehabilitation von Asai nach H. Maier.

Prinzip. Einzeitiges Verfahren. Der Kehlkopf wird unterhalb des Ringknorpels abgesetzt. In Höhe der 3. Trachealspange wird ein plastisches

Tracheostoma angelegt. Nun wird ein 2–3 cm breiter lateraler Schleimhautstreifen beginnend in Höhe des Recessus priformis bis zum unteren Tonsillenpol umschnitten. Dabei ist darauf zu achten, daß lediglich im kaudalen Drittel des Streifens Mucosa, Submucosa und darunter liegende Pharynxmuskulatur durchtrennt werden. In den oberen beiden Dritteln wird lediglich die Mucosa inzidiert, um eine ausreichende Durchblutung zu gewährleisten. Dieser Schleimhautstreifen wird an den Paries membranaceus des Trachealkamins genäht und bildet die dorsale Wand der Sprechfistel. Ein kranial gestielter 1 cm breiter und 2 cm langer Mucosa-/Muskellappen von der Pharynxhinterwand wird umschnitten und zur Bildung der pharyngealen Fistelöffnung unterhalb des kaudalen Tonsillenpols nach lateral genäht. Nun wird der Pharynxschlauch soweit wie möglich verschlossen. Ein M. pectoralis-Faszienlappen wird gehoben. Hierzu wird die Haut über dem Muskel bogenförmig umschnitten — die Schnittführung verläuft dabei 2–3 cm inframammillär — und unter Schonung der Muskelfaszie abgehoben. Danach wird der M. pectoralis kaudal in einer Breite von 8–10 cm umschnitten, von der Unterlage stumpf abgelöst und entlang des Gefäßstiels nach kranial präpariert. Die Haut über der Clavicula wird nun untertunnelt. Durch diesen Tunnel wird der Lappen nach kranial verlagert und zur Bildung der ventralen und lateralen Fistelwand eingenäht. Mit dem Lappen wird gleichzeitig der Restdefekt des Pharynxschlauchs verschlossen. Eine Erweiterung oder eine Modifikation der Schnittführung für die Neck dissection bzw. die Laryngektomie ist nicht erforderlich. Für die Dauer von 10–14 Tagen wird ein Silikonschlauch als Platzhalter in das Fistellumen eingelegt. Sitz der Neoglottis am oberen Eingang in das schlitzförmige pharyngeale Fistelostium.

Phonation. Gute Stimmfunktion. Tonhaltedauer im Mittel 14,5 Sek., maximale Stimmintensität 78 dB. Niedriger Anblasedruck. Hohe und laterale Lage der Neoglottis; hierdurch reduzierte Aspirationsgefahr.

Nachteile. Gelegentliche Aspiration vor allem beim Trinken; narbige Schrumpfung der Fistel. Fingerfreies Sprechen nicht immer möglich.

Rekonstruktive Laryngektomie (Tracheohyoideoepiglottopexie) nach Serafini.

Prinzip. Subperichondrale Entfernung des Kehlkopfes mit Ausnahme des Kehldeckels. Isolierung der oberen Luftröhre bis zum 7. oder 8.

Trachealring. Herstellung einer Trachea-Hypopharynx-Anastomose durch Naht der Epiglottis an die vordere Randmitte des 1. Trachealringes und Fixierung der Trachea am Zungenbeinkörper. Passageres Anlegen eines Tracheostomas in Höhe des 5. Trachealringes. Sprechkanüle.

Phonation. Bildung der Pseudoglottis am Übergang von Trachea zum Hypopharynx.

Operationsmethode nach Hagen. Bildung eines Kehlkopfersatzrohres (Laryngoplastik aus einem mikrovaskulär anastomosierten Unterarmlappen, welcher an Trachea und Pharynx angeschlossen wird). Den Stimmprothesen ist diese Technik durch einen deutlich niedrigeren Anblasedruck überlegen.

Siphonstimme. Eine Dünndarmschlinge wird siphonförmig zwischen Trachea und Hypopharynx interponiert. Im Bereich des Überganges vom Dünndarminterponat in den Hypopharynx wird somit eine in ihrer Dimension fixierte Pseudoglottis gebildet, was im Gegensatz zu anderen Operationsverfahren eine gleichbleibende Ventilfunktion garantiert. Die mittels dieses Verfahrens ermöglichte Ersatzstimme wird „Siphonstimme" genannt. Die Siphonstimme ist bezüglich der Sprechstimmlage, des Stimmumfanges, der Modulationsfähigkeit, der Tonhaltedauer, dem Sprechtempo und den Phonationsdruckwerten der Ösophagusstimme überlegen.

12.6.2 Berufs- und Erwerbsunfähigkeit nach Laryngektomie

Arbeitsfähigkeit. Jeder Kehlkopflose kann nach einer klassisch durchgeführten Laryngektomie mit oder ohne einseitiger radikaler Halsausräumung wieder arbeitsfähig werden.

Arbeitsunfähigkeit kann postoperativ ½–1 Jahr lang bestehen, bei postoperativer Nachbestrahlung bis zu zwei Jahren. Zusätzliche Erkrankungen (Herz, Lunge usw.) oder Operationsfolgen (z. B. Schluckbeschwerden infolge von Stenosen im oberen Ösophagusanteil, Tracheitis und Bronchitis mit Husten und Auswurf, Schädigung des N. accessorius bei der radikalen Halsausräumung mit Lähmung des M. trapezius und Einschränkung der Armhebung der betroffenen Seite über die Horizontale hinaus) können hinzukommen und eine Wiederaufnahme der Arbeit unmöglich machen.

Krankengeld. Bei in einer gesetzlichen Krankenkasse Versicherten wird höchstens für 78 Wochen (1 1/2 Jahre) Krankengeld gezahlt (bzw. 78 Wochen lang wegen der gleichen Erkrankung innerhalb von drei Jahren verteilt). Es beträgt 80% des Arbeitsentgeltes. Nach Auslaufen des Krankengeldes werden Behandlungskosten bis zu 26 Wochen übernommen.

Rente auf Zeit. Besteht nach medizinischem Befund Berufs- oder Erwerbsunfähigkeit und besteht begründete Aussicht, daß die Berufs- oder Erwerbsunfähigkeit in absehbarer Zeit, d. h. in der Regel in drei Jahren behoben werden kann, so kann Rente auf Zeit (§ 1276 RVO) gewährt werden.

Eine Verlängerung um weitere drei Jahre ist möglich. Nach Ablauf von sechs Jahren Rentenbezug entscheidet die Rentenversicherungsanstalt über die Frage, ob die Rente auf Zeit in eine Dauerrente umgewandelt wird oder ob die betreffende Person wieder arbeitsfähig ist.

Der **Rentenantrag** ist bei der örtlichen Sozialversicherungsstelle, der Gemeinde oder Stadtverwaltung unter Vorlage eines ärztlichen Zeugnisses zu stellen. Rentenantrag auf Berufs- oder Erwerbsunfähigkeit können Versicherte der gesetzlichen Rentenversicherung stellen. Voraussetzung ist z. B., daß mindestens 60 Kalendermonate ein Versicherungsverhältnis bestand und in den letzten fünf Jahren 36 Beiträge entrichtet wurden.

Träger der Rentenversicherung sind die Landesversicherungsanstalten für die Arbeiterrentenversicherung, die Bundesversicherungsanstalt für Angestellte in Berlin, die Seekasse, die Alterskasse für Landwirte und die Bundesknappschaft.

Wird ein Rentenantrag gestellt, so ergibt sich die Frage, ob Berufs- oder Erwerbsunfähigkeit vorliegt.

Bei der **Beurteilung der Berufsunfähigkeit** muß sich der ärztliche Gutachter darüber äußern, welche zumutbare Tätigkeit unter besonderer Berücksichtigung der Ausbildung, des erlernten Berufes, der zuletzt ausgeübten Tätigkeit und früherer Tätigkeiten der Kehlkopflose noch ausüben kann.

Berufsunfähig ist ein Kehlkopfloser, dessen Erwerbsfähigkeit auf weniger als die Hälfte derjenigen eines körperlich und geistig gesunden Versicherten mit ähnlicher Ausbildung und gleichwertigen Kenntnissen und Fähigkeiten herabgesetzt ist (§ 1246 RVO). Zumutbar ist stets eine Tätigkeit, für die Versicherte durch Maßnahmen zur Erhaltung, Besserung und Wiederherstellung der Erwerbsfähigkeit mit Erfolg ausgebildet oder umgeschult worden sind.

Bei der **Beurteilung der Erwerbsunfähigkeit** muß der ärztliche Gutachter angeben, ob der Kehlkopflose noch irgendwelche Erwerbstätigkeit in gewisser Regelmäßigkeit ausüben und mehr als nur geringfügige Einkünfte durch Erwerbstätigkeit erzielen kann (§ 1247 RVO).

Im Gegensatz zur Schätzung des Grades der Behinderung (GdB) nach dem Schwerbehindertengesetz muß die Leistungsfähigkeit immer auch unter Einschluß aller technischen Hilfsmittel und Prothesen geprüft werden, d.h. bei Kehlkopflosen das Sprechvermögen mittels der Ösophagusstimme oder eines Elektrolarynx.

12.6.3 Sozialleistungen nach Laryngektomie

Genaue Auskünfte erhält man bei den Beratungsstellen der zuständigen Sozialleistungsträger: Krankenkassen, Rentenversicherungsträger, Sozialamt, Versorgungsamt, Arbeitsamt.

Krankenpflege. Die häusliche Krankenpflege durch Krankenpflegepersonal wird erstattet, wenn ein Krankenhausaufenthalt zwar notwendig, aber nicht durchführbar ist, oder wenn dadurch ein Krankenhausaufenthalt verkürzt werden kann.

Anschlußheilbehandlung. Nach der Laryngektomie können Versicherte oder Familienangehörige eines Versicherten an einer Anschlußheilbehandlung (AHB) teilnehmen.

Als Anschlußheilbehandlung werden Rehabilitationsmaßnahmen bezeichnet, die sich direkt an eine Krankenhausbehandlung anschließen. Die Kosten dabei werden von den zuständigen Rentenversicherungsträgern, den Krankenkassen und dem Sozialamt getragen. Der Sinn der Anschlußheilbehandlung ist die dosierte, ärztlich überwachte Wiederanpassung des Patienten an die Belastungen des Alltags und Berufslebens in einer dafür besonders spezialisierten Rehabilitationsklinik.

Weiterhin können Versicherte und ihre Angehörigen eine sechswöchige Nach- und Festigungskur mit gleichzeitiger logopädischer Behandlung über die Krankenkasse beim Rentenversicherungsträger unter Vorlage eines ärztlichen Zeugnisses beantragen. Die Arbeiterrentenversicherung gewährt dabei drei Kuren innerhalb von fünf Jahren, die Rentenversicherung der Angestellten drei Kuren innerhalb von drei Jahren. Treten Rezidive oder Metastasen auf, so sind Nachkuren auch nach Ablauf von 3 Jahren möglich.

Beamte, deren Angehörige oder Beamte im Ruhestand können nach dem Beihilferecht eine *Sanatoriumsbehandlung* unter Vorlage eines amtsärztlichen Zeugnisses beantragen. Voraussetzung für die Durchführung einer Kur in diesem Sinne ist Rezidivfreiheit sowie Kur- und Reisefähigkeit.

Falls der Patient einverstanden ist, Meldung der Behinderung evtl. schon vor der Operation an den zuständigen Rehabilitationsträger über die zuständige Krankenkasse auf den für die kassenärztliche Versorgung vereinbarten Vordrucken (Muster 22 A). Dadurch kann die Einleitung einer Nachkur frühzeitig veranlaßt werden.

Leistungen nach dem Bundessozialhilfegesetz. Neben den genannten Leistungen der Rentenversicherung der Arbeiter und Angestellten, können zusätzliche Leistungen nach dem Bundessozialhilfegesetz geltend gemacht werden. Die Gewährung dieser Leistungen ist abhängig von der Höhe des Einkommens. Es handelt sich um Ernährungsbeihilfen (nur für Sozialhilfeempfänger), Hilfe zur Weiterführung des Haushaltes für begrenzte Zeit oder Pflegehilfen. Voraussetzung für eine Haushaltshilfe ist, daß im Haushalt ein Kind lebt, das das 8. Lebensjahr noch nicht vollendet hat oder das behindert und auf Hilfe angewiesen ist. Diese Anträge sind an das zuständige Sozialamt unter Vorlage eines ärztlichen Zeugnisses zu richten. In Kliniken und größeren Krankenhäusern ist ein Sozialdienst eingerichtet, der die Beratung der dortigen Patienten und die Weiterleitung von Anträgen übernimmt.

Rehabilitationsmaßnahmen. Für medizinische Rehabilitationsmaßnahmen ist primär der Rentenversicherungsträger zuständig. ***Berufsfördernde Rehabilitationsmaßnahmen*** können über das zuständige Arbeitsamt beim Rentenversicherungsträger beantragt werden.

Für eine Umschulung in einem Berufsförderungswerk (Dauer 12–24 Monate) eignen sich technische, kaufmännische und elektrotechnische Berufe. In Frage kommen Arbeiten mit leichter körperlicher Tätigkeit in staubfreien Räumen ohne Publikumsverkehr.

Ungeeignete Berufe:
- Staub, Hitze: Hochofen, Steinmetz, Bäcker, Maurer, Heizer. Ungünstig ist Aufenthalt im Freien, da die tiefen Luftwege ungeschützt sind (Austrocknung der Luftröhrenschleimhaut).
- Lebensmittelbranche und Gastronomie: Lebensmittelverkäufer, Bäkker, Fleischer, Koch, Kellner wegen Trachealauswurf.
- Lärm: Bei Tätigkeiten in Lärmbereichen kann der Kehlkopflose sich wegen der leisen Ersatzsprache schlecht verständlich machen.
- Heben von Lasten: Heben größerer Lasten wegen fehlenden Tracheostomaverschlusses nicht möglich.
- Ertrinken: Berufe auf Schiffen und als Bademeister wegen des Tracheostomas gefährlich.

Schwerbehindertengesetz. Schwerbehinderte sind Personen mit einem Grad der Behinderung (GdB) von wenigstens 50 v. H.

Vorteile der Anerkennung als Schwerbehinderter: Bereitstellung von Arbeitsplätzen, Arbeitsförderung, verbesserter Kündigungsschutz, Verlängerung der Urlaubsdauer, Steuererleichterungen usw.

Feststellung eines Anspruches auf Ausstellung eines Schwerbehindertenausweises durch das Versorgungsamt. Die GdB-Einschätzung richtet sich nach den „Anhaltspunkten für die ärztliche Begutachtung Behinderter nach dem Schwerbehindertengesetz".

Der Grad der Behinderung wird bei Kehlkopflosen ärztlicherseits in der Regel auf 70 % geschätzt. Die Festsetzung erfolgt durch die Verwaltungsbehörde (Versorgungsamt). Kommen zusätzliche Erkrankungen hinzu, so kann sich der GdB erhöhen. Da der GdB bei Kehlkopflosen mindestens 70 % beträgt, ist jeder Kehlkopflose berechtigt, beim zuständigen Versorgungsamt unter Vorlage eines ärztlichen Zeugnisses einen Schwerbehindertenausweis zu beantragen.

- GdB 80% bei zusätzlichen Begleitschäden: Trachealverschleimung mit Neigung zur Bronchitis, Narbenhals, schlechte Ersatzsprache.
- GdB über 80% bei ungewöhnlichen Gesundheitsschäden: Chronische Bronchitis, Armhebeschwäche durch Lähmung des N. accessorius, schmerzhafte Schultersteife, Schluckbeschwerden infolge Hypopharynxteilresektion mit Notwendigkeit der Bougierung und Aufnahme von Breikost, reaktiv depressive Verstimmung.

Heilungsbewährung. Sie beträgt fünf Jahre. Man geht davon aus, daß während dieser Zeit über die Auswirkung des Organschadens hinaus die gesamte Lebensführung beeinträchtigt ist.

Die Bewertung dieser zusätzlichen Beeinträchtigung erfolgt in zwei Zeiträumen von zwei und drei Jahren. Hier wird zwischen Geschwulstleiden und relativ günstiger Prognose (mehr als 75% Fünf-Jahres-Überlebenszeit nach Diagnosestellung) und solchen mit relativ ungünstiger Prognose unterschieden. Bei Laryngektomierten beträgt die Fünf-Jahres-Überlebenszeit 65%.

Neben dem Organschaden von 70–80% ist deshalb die Heilungsbewährung in den ersten zwei Jahren mit 80% und in den folgenden drei Jahren mit 50% zu berücksichtigen. Einem Kehlkopflosen steht daher immer in den ersten fünf Jahren ein GdB von 100% zu.

Nach diesem Zeitraum ist nur noch der verbliebene Organschaden ausschlaggebend. Dies führt zu einer für den Behinderten oft unerfreulichen und überraschenden Rückstufung des GdB-Satzes von 100% auf 70–80%.

Die **Einstufungskriterien** im Bereich der Rentenversicherung und des Schwerbehindertenrechts stimmen nicht miteinander überein. So ist z.B. ein GdB von 50% oder mehr nach dem Schwerbehindertengesetz nicht mit der Berufsunfähigkeit identisch, die einen GdB um mehr als die Hälfte verlangt.

Das **Merkmal RF** (Befreiung von Rundfunk- und Fernsehgebühren) erhalten zusätzlich Kehlkopflose, wenn durch ständige Hustenreize und laute Atemgeräusche eine Störung des Publikums bei öffentlichen Veranstaltungen zu befürchten ist. Diese Gefahr wird bei der Mehrzahl der Kehlkopflosen gegeben sein.

Merkmal G. Nach § 59 SchwbG sind Schwerbehinderte, die infolge ihrer Behinderung und ihrer Bewegungsfähigkeit im Straßenverkehr erheblich beeinträchtigt oder hilflos oder gehörlos sind, im Nahverkehr unentgeltlich zu befördern. Nach § 60 ist derjenige in seiner Bewegungsfähigkeit im Straßenverkehr erheblich beeinträchtigt, der infolge einer Einschränkung des Gehvermögens, auch durch innere Leiden, nicht ohne Gefahr für sich oder andere Wegstrecken im Ortsverkehr zurückzulegen vermag, die üblicherweise noch zu Fuß zurückgelegt werden können. Eine Einschränkung des Gehvermögens durch innere Leiden ist nur dann anzunehmen, wenn schwere Herzschäden oder schwere Atembehinderungen und dauernde Einschränkung der Lungenfunktion wenigstens mittleren Grades vorliegen. Es muß also für das Merkzeichen G eine Lungenfunktionsstörung mit einem GdB von wenigstens 50% vorliegen.

12.7 Stimmstörungen bei und nach Operationen von Trachealstenosen

Eine **Einengung der Luftröhre** mit Atemnot kann verursacht sein durch:
- Schleimhautverletzungen und ihre Folgen (Intubation über mehrere Tage)
- Veränderung des Trachealgerüstes (Tracheomalazie infolge retrosternaler Struma)
- Druck von außen (Tumoren des Mediastinums).

Trachealstenosen gehen mit *Stimmstörungen* einher, wenn das schädigende Ereignis gleichzeitig den Kehlkopf mitbetrifft, z.B. zusätzliche Ringknorpelperichondritis oder Segelbildung zwischen den Stimmlippen nach Intubation.

Ist die Trachea vollständig verschlossen, so muß nach Tracheotomie zunächst die Ösophagusstimme erlernt werden, bis eine Wiederherstellung des Trachealllumens erreicht ist.

Die **Beseitigung einer Stenose** ist je nach Ursache, Ausbildung und Sitz möglich durch:
- Anlegen einer *Trachealrinne,* evtl. mit Spaltung der Ringknorpelplatte und des M. arytaenoideus transversus (Réthi) und Dehnung durch einen Bolzen über mehrere Monate. Falls nach Verschluß der Rinne

im hinteren Stimmlippendrittel kein Stimmlippenschluß zustande kommt, Stimmtherapie. Indikation: Stenosen in der laryngotrachealen Übergangszone.

- Vertikale Spaltung der Trachea über der Engstelle, submuköse Narbenresektion, Einlegen eines Platzhalters und primärer Verschluß oder Anlage einer offenen Rinne (Annähen der Halshaut an die Schnittkanten der Tracheavorderwand) mit sekundärem Verschluß mittels Knorpeltransplantat und regionalen Hautlappen. Indikation: langstreckige Stenosen.
- Tracheotomie und Einlage eines ***Kunststoffrohres*** für 4 Monate (ABOULKER), das über die Stimmritze hinausragt (Abb. 12-3). Kein Stimmlippenschluß und damit keine Phonation während dieser Zeit möglich. Nach Entfernung des Kunststoffrohres sofort wieder normale Stimme; andernfalls Stimmtherapie zur Erzielung eines vollständigen Stimmlippenschlusses.
- ***Tracheopexie*** (Fixation der Tracheawände durch Nähte an das umgebende Gewebe). Gefahr einer Rekurrensschädigung bei Mobilisation und Resektion von Schilddrüsenanteilen.
- ***Versteifung*** der Trachea durch Kunststoffspangen oder Keramikspangen von außen. Indikation: Kompressionsstenose und Tracheomalazie.
- Querresektion der Trachea mit End-zu-End-Anastomose nach Mobilisation der Trachealstümpfe (nach PEARSON); evtl. mit Entlastungsinzi-

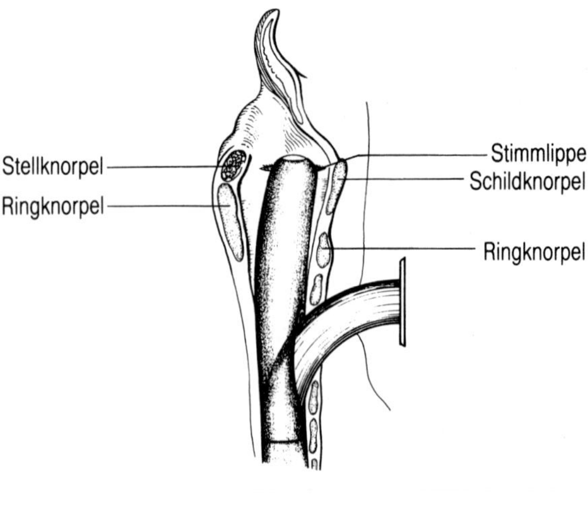

Abbildung 12-3: Dehnung einer Trachealstenose durch Einlage eines Kunststoffrohres nach ABOULKER

sion nach Dedo und Fishman mit Durchtrennung des Band-Muskel-Apparates zwischen Zungenbein und Kehlkopf; Folge: Tieferstellung des Kehlkopfes. Indikation: kurzstreckige Stenose bis zu 4 cm.

Bei der Trachealstenose eignen sich Lungenfunktionstests zur Lokalisation der Stenose, zur Quantifizierung ihres Schweregrades, zur Verlaufsbeobachtung nach konservativer und/oder operativer Therapie. Eine meßbare Erhöhung des Atemwegswiderstandes und subjektives Gefühl der Atemnot bestehen ab 8 mm Innendurchmesser der Stenose.

Die Diagnose einer tracheobronchialen Dyskinesie *(Tracheomalazie)* bedarf der Bestätigung durch Druck-, Fluß- und Volumenmessung sowie der endoskopischen Beurteilung des Tonusverlustes in den großen Atemwegen bei ruhiger und forcierter Atmung, ehe die Indikation zur operativen Stabilisierung gestellt wird.

13
Traumatische Dysphonien

13.1
Verletzungsfolgen nach äußerer Gewalteinwirkung

Posttraumatische Dysphonien. Frontolaryngeale Gewalteinwirkung macht wegen der dahinterliegenden Halswirbelsäule schwerwiegendere Schäden als laterolaryngeal einwirkende Gewalt; hier Ausweichmöglichkeiten des Kehlkopfes. Durch Kippung des Schild- und Ringknorpels gegeneinander infolge von nicht horizontal einwirkender Gewalt kann eine Contusio laryngis interna (geschlossene Verletzung) entstehen.

Verletzungsformen:
- Commotio laryngis. Schwere Kehlkopferschütterung mit passagerer Dysphonie.
- Contusio laryngis. Kehlkopfquetschung mit erkennbaren Gewebsschäden. Intramuskuläre, submuköse oder intraseröse Blutaustritte oder Ödeme.
- Distorsion. Bänder- oder Kapselzerrung im Krikoarytänoidgelenk oder Krikothyreoidgelenk.
- Subluxation. Verrenkung mit teilweiser Verschiebung der Gelenkflächen.
- Luxation. Verrenkung mit Verschiebung der Gelenkflächen.
- Fraktur. Brüche des Schildknorpels oder Ringknorpels.
- Nervenläsion. Blutung in die Nervenscheide oder ödematöse Aufquellung des Nervs.
- Myogene Schädigungen. Beeinträchtigungen der Muskelfunktion ohne kontusionelle Veränderungen.

Die posttraumatische Beurteilung ist durch die Abgrenzung von anlagebedingten Asymmetrien und Stellknorpelüberkreuzungsphänomenen erschwert.

Schleudertraumen der Halswirbelsäule. Folge eines Auffahrunfalles meist von hinten bei stehendem eigenem Fahrzeug. Der Kopf des

Insassen wird nach hinten geschleudert, wobei eine maximale Dorsalflexion resultiert. Hierdurch kann es u. a. zu einem Ödem des Kehlkopfes einschließlich der Stimmlippen mit Heiserkeit oder Schluckbeschwerden kommen.

Nach offenen Verletzungen ist eine *Ersatzstimmbildung* u. a. auch mit einer Taschenfaltennarbe und der gleichseitigen Hälfte der Interarytänoidalschleimhaut oder mit der Epiglottis und den Aryknorpeln möglich.

13.2 Verletzungsfolgen nach innerer Gewalteinwirkung
(Intubationsschäden)

Sofortfolgen nach endotrachealer Intubation.
Entzündliche Stimmlippenrötung mit Fibrinbelag, Stimmlippenödem, subglottische Schleimhautödeme, Stimmlippenabriß, kleine Schleimhauteinrisse oder Stimmlippenhämatom.
Ursachen. Reizung der Schleimhaut durch den Tubus, Verminderung der Schleimsekretion durch die Prämedikation (Intubations-Laryngotracheitis), Prellung, Überdehnung oder Abschürfung durch ungeschicktes Vorgehen bei Einführung des Tubus, durch ungenügende medikamentöse Relaxation, zu großen Tubus oder zu weit vorstehendes Führungsrohr.

Die linke Stimmlippe ist bei Intubation mit der rechten Hand besonders gefährdet.
Symptom. Postoperative Dysphonie.
Therapie. Stimmruhe für einige Tage, antientzündliche Behandlung. Reparil; Inhalationen mit Nephulon G-Aerosol.
Prognose. Bei oberflächlichen Verletzungen (subepitheliales Hämatom) Rückbildung der Heiserkeit in 8–14 Tagen, bei tieferliegenden Hämatomen oder Muskelquetschung länger anhaltende oder bleibende Stimmstörung. Logopädische Behandlung erforderlich.

Aryknorpelluxation oder -subluxation.
Ursache. Druck auf den Aryknorpel mit der Tubusspitze.
Folge. Luxation im Krikoarytänoidgelenk.
Symptome. Heisere oder aphonische, stark verhauchte Stimme.
Befund. Der Aryknorpel ist seltener einwärts gekippt; meist ist er nach

hinten verlagert, der Processus vocalis dann nach außen rotiert und die Beweglichkeit der Stimmlippe stark eingeschränkt. Die Stimmritze ist bei Phonation auf der Seite der Luxation ovalär oder hinten interkartilaginär offen. Niveaudifferenz zur gesunden Seite bei Respiration oder Phonation.
Therapie. Bei frischen und älteren Luxationen Repositionsversuch. Den nach hinten überstehenden Anteil des Aryknorpels nach vorne schieben. Logopädische Behandlung.
Differentialdiagnose. Ausschluß einer Stimmlippenlähmung mittels Elektromyographie. Bei Schwellung des Gelenkes Unterscheidung von Distorsion schwierig.

Anmerkung: Aryknorpelluxation auch bei Einführung einer Magensonde möglich.

Bei Kehlkopftrauma von außen kann es zu einer Luxation des Krikothyreoidgelenkes kommen. Infolge der dadurch bedingten Störung des Kippmechanismus zwischen Ring- und Schildknorpel können hohe Töne nicht mehr gesungen werden. Stimmtherapie erfolglos. Operative Therapie nicht möglich.

Stimmlippenlähmung.
Ursachen. Starke Retroflexion, d.h. Überdehnung des Halses unter Relaxation bei der Intubation oder starke Seitwärtsneigung des Kopfes und damit Überdehnung des N. vagus. Druckschädigung durch die aufgeblasene Tubusmanschette. Extubationsversuch bei noch geblockter Manschette infolge eines Zugtraumas oder Zugtrauma durch Dauerzug. Hyperextension der Halswirbelsäule. Versehentliches Aufblasen der Tubusmanschette im Larynxinneren. Intraösophageale Intubation. Druck auf den N. recurrens in der Luftröhren-Speiseröhren-Rinne zwischen der Tubusmanschette und einer Magensonde.
Symptome. Sofort nach Aufwachen aus der Narkose Heiserkeit.
Differentialdiagnose. Neuritis nach postoperativem Infekt. Aryknorpelluxation. Bei Exkavation Abgrenzung von einer Überdehnung der Stimmlippen durch zu großen Tubus.
Prognose. In 63% der Fälle Rückkehr der Beweglichkeit. Bei 11% teilweise Rückbildung der Lähmung. Nach abgeklungener Stimmlippenlähmung braucht die Stimme nicht wieder normal zu sein.

Langzeitintubation. Nach Langzeitintubation findet man bei allen Patienten ein Stimmlippenödem, oft oberflächliche, seltener tiefe Ulzera im Aryknorpelbereich, Schleimhautulzera über dem Ringknorpel, Knorpelarrosion im Krikoidbereich.

Intubationsschäden bei Kindern. Keine Verwendung von zu dicken Tuben oder Blockungstuben. Der Ringknorpel ist die engste Stelle. Jede Intubation führt zu einem subepithelialen Ödem, Blutungen und kleinen Druckstellen der Schleimhaut. Prädilektionsstellen für Traumen beim Vorschieben des Endotrachealtubus: rechts lateral von der Stimmlippe, die vordere Kommissur, der stufenartig vorstehende ventrale Rand des Ringknorpels. Die Intubationsdauer soll belanglos sein.

Spätfolgen nach endotrachealer Intubation.

Intubationsgranulome. Es handelt sich um Schleimhautulzera mit nachfolgender, chronischer granulomatöser Entzündung nach Intubationsnarkose. Frauen werden häufiger als Männer betroffen, da das Kehlkopflumen enger und die Schleimhäute dünner sind.

Ursachen. Sie sind noch nicht eindeutig geklärt. Vermutet werden:

- Drucknekrosen durch den Tubus im Bereich der Processus vocales.
- Scheuerbewegungen des Tubus beim Pressen des Patienten vor der Extubation.
- Lange Liegezeit des Tubus.
- Ungenügende Relaxation während der Narkose mit ständigem Aryknorpelpressen gegen den Tubus.

Symptome. Heiserkeit, die 14 Tage oder erst einige Monate nach der Intubationsnarkose einsetzt. Trotz großer Granulome ist die Heiserkeit oft nur gering ausgeprägt.

Befund. Rötliche, oft doppelseitige, manchmal gestielte Granulationspolypen (Granulome) im Bereich der Processus vocales (Abb. 13-1).

Abbildung 13-1:
Intubationsgranulome

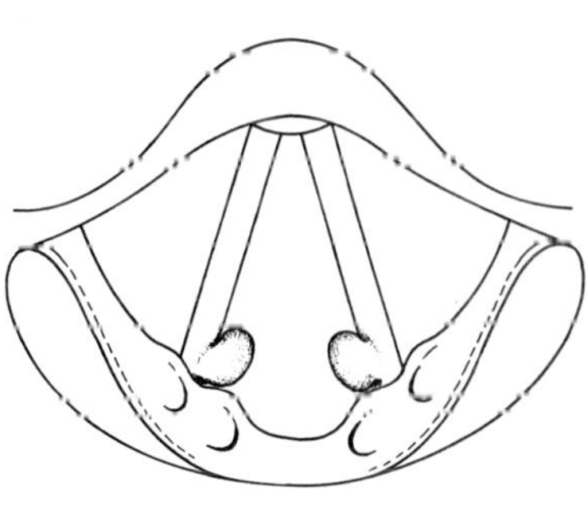

Therapie. Die Rückbildung erfolgt meist von selbst. Locabiosol-Spray (Fusafungin = Oberflächenantibiotikum), Aniflazym Tabletten (Serrapeptase), Tetrazyklin, Gelomyrtol Kapseln, 6 Wochen Stimmruhe.

Aushusten der Granulome nach Abreißen der Stiele kommt vor. Sonst Abtragung in direkter Laryngoskopie; evtl. zusätzlich Ätzung der Wundbetten. Anschließend logopädische Behandlung zwecks Abbau von Fehlfunktionen bei der Stimmbildung.

Prognose. Insbesondere bei breitbasig aufsitzenden Granulomen sind Rezidive möglich.

Anmerkung. Nach Verbrennungen (Gasexplosion), Verbrühungen und Verätzungen ebenfalls Granulombildung wie nach Intubation möglich.

Differentialdiagnose. Kontaktgranulom.

Mikrotrauma.

Ursache. Durch Einführen des Tubus mit der rechten Hand Abwärtsdrängung der linken Stimmlippe nach distal mit Zerreißung von muskulären und elastischen Fasern und anschließender narbiger Abheilung.

Folge. Beeinträchtigung der Schwingungsfähigkeit der linken Stimmlippe.

Arthritis des Krikoarytänoidgelenkes (siehe Abschn. 14.1.6).

Befund. Entzündliche Rötung und Schwellung über den Aryknorpeln. Evtl. Fixation der Aryknorpel (Diagnose durch Beweglichkeitsprüfung mit einer Sonde in Lokalanästhesie oder Narkose).

Therapie. Antibiotika, endoartikuläre Injektion von Kortikoiden.

Folge. Ankylose. Therapie: Mobilisation; falls kein Erfolg, Laterofixation einer Stimmlippe.

Kehlkopfperichondritis.

Folge. Ankylosierung des Krikoarytänoidgelenkes.

Diaphragma laryngis.

Befund. Segelbildung zwischen den vorderen Stimmlippenanteilen (kommt auch angeboren vor), ringförmige Stenose (siehe Abschn. 8.2) oder selten semizirkuläres Narbensegel im Bereich der hinteren Kommissur.

Unvollständiger Stimmlippenschluß.
Ursache. Insbesondere nach Langzeitintubation infolge Seitwärtsdrängung der Stimmlippen durch den Tubus.

Trachealstenose (siehe Abschn. 12.7).
Ursache. Schädigung der Trachealschleimhaut infolge von Scheuerbewegungen des Tubus. Zu hohe Position der Tubusmanschette.
Lokalisation. Laryngotracheale Übergangszone.

14 Entzündungen des Kehlkopfes

14.1 Akute Entzündungen

14.1.1 Laryngitis acuta (akute Kehlkopfentzündung)

Ursache. Virusinfekt; seltener bakterieller Infekt.
Die akute Kehlkopfentzündung tritt isoliert oder als Begleiterscheinung eines akuten Infektes der oberen Luftwege (herabfließendes Sekret bei Rhinitis oder Sinusitis) oder einer Bronchitis auf. Weiterhin kommen in Frage: eine chronische Tonsillitis, eine Rachenmandelentzündung, Allergie (bei inhalativen Allergenen akute allergische Laryngitis) oder chemische Noxen (Gase, Dämpfe).

Prädisponierende Faktoren. Behinderte Nasenatmung, Rauchen, trokkene, staubige Luft. Rascher Klimawechsel (Übergang von mildem zu rauhem, trockenem Klima). Plötzliches Eindringen kalter Atemluft in einen Kehlkopf mit nach Stimmbelastung hyperämischer Schleimhaut, unökonomischer Stimmgebrauch.

Symptome. Bereits morgens Dysphonie (Heiserkeit) mit tief klingender Stimme oder Aphonie (Tonlosigkeit), Räusperzwang oder Hustenreiz, Sprechen und Schlucken werden als schmerzhaft empfunden. Bei der akuten allergischen Laryngitis zusätzlich allergische Rhinitis und Konjunktivitis.

Befund. Die gesamte Kehlkopfschleimhaut, besonders die Stimmlippen sind gerötet, aufgelockert, verdickt, fibrinöse Beläge, Vorwölbung der Taschenfalten. Zunächst geringe Fibrinauflagerung, später Schleimauflagerungen. Der Glottisschluß ist unvollständig; stroboskopisch unregelmäßige Stimmlippenschwingungen, evtl. fehlende Randkantenverschiebung oder phonatorischer Stillstand (interstitielle Laryngitis).

Fibrinöse Laryngitis. Eine Sonderform der akuten Laryngitis ist die fibrinöse Laryngitis. Es finden sich fibrinöse, gelblich-graue Beläge auf den Stimmlippen.

Therapie:

- Stimmruhe. Kein Flüstern, da dies wegen unphysiologischer Beanspruchung der Stimmlippen besonders schädlich ist. Bei Sprechberufen 1–2 Wochen Arbeitsunfähigkeit.
- Rauchverbot.
- Hustenbekämpfung, da durch Husten Belastung der Stimmlippen. Gaben von Antitussiva, z.B. Codipront® (Kapseln oder Saft), Peracon® (Perlen, Tropfen, Saft), Silomat®, Anastil®, Astapect-Kodein® oder Pectamed®. Kodein Präparate haben schleimhautaustrocknende Wirkung.
- Räuspern vermeiden. Durch subglottische Druckerhöhung des exspiratorischen Luftstroms wird dabei Sekret von den schlaffen, nicht gespannten Stimmlippen abgeschüttelt.
- Allgemeininfektbehandlung mit Gelonida®, Ilvico®.
- Antibiotika bei schwerer Entzündung gegen bakterielle Begleiterreger, z.B. Augmentan®, Clamoxyl®, Amoxypen®.
- Enzündungshemmend: Bepanthen, Kamillosan.
- Expektorantien: Emser Pastillen, Isla-Moos-Pastillen, Bisolvon, Ozothin, Tacholiquin.
- Schleimhauttherapeutika. Gelomyrtol forte oder Tetra-Gelomyrtol (Antibiotikum mit Schleimhauttherapeutikum).
- Bei Ödem der Stimmlippen Reparil, Tantum, Ficortril-Spray, Glucocorticoide.
- Gewebsfermente: Varidase Tabletten, Trypsin, Chymotrypsin.
- Zur Druchblutungsförderung im Kehlkopfbereich heiße Prießnitz-Umschläge.
- Aufenthalt in Räumen mit mindestens 50%iger Luftfeuchtigkeit und nicht über 18°–20° C.
- Keine kalten Getränke, keine stark gewürzten Speisen, kein Alkohol.

Instillationen (Kehlkopfspray mit Kehlkopfspritze). Diese sollen bei Phonationstellung der Stimmlippen vorgenommen werden. Paraffinum liquidum darf bei Instillationen nicht verwendet werden wegen der Gefahr einer Lipoidpneumonie oder Lipoidzirrhose.

Bei der ***akuten Laryngitis*** im Stadium der Exsudation ***Instillation*** von:
- Gemisch von Otriven und Ultracorten.
- Locabiosol-Spray in den Rachen (Antibioticum Fusafungin).
- Mentholöl (Olivenöl mit 10% Mentholzusatz): Anämisierende, leicht anästhesierende, kühlende oder austrocknende Wirkung.
- Menthol-Turiopin (Zusammensetzung: Menthol, Ol.Eucalypti, Ol.Foeniculi, Ol.Pini, Ol.Thymi usw.) gegen Trockenheit, Kitzeln und Schmerzen.

Bei ***ödematös*** veränderten ***Stimmlippen*** Ficortril®-Suspension oder Scheroson® F Ohrentropfen, zweimal tgl. 6–10 Tropfen.

Bei Sängern und ***Schauspielern*** mit nur leicht entzündlichen Veränderungen kann ein wichtiger Auftritt durch Instillation von abschwellenden Mitteln (z. B. Otriven®-Lösung 1 cm^3) vor der Aufführung ermöglicht werden. Anschließend Mentholöl zur Verbesserung des Schwingungsablaufs.

Oder ein sog. *Kehlkopf-Cocktail:* 2 Tropfen Suprarenin (Adrenalin), 2 Tropfen Pfefferminzöl (Menthol), 3 ml Ficortril-Suspension.

Inhalationsbehandlung. Sie ist bei der akuten Laryngitis nur von ***geringer*** Bedeutung. Hauptsächlich wird sie bei der ***chronischen Laryngitis*** angewandt. Der Anwendungsbereich der einzelnen Medikamente ist bisher noch nicht klar abgegrenzt. Inhalationsdauer bis zu 10 Minuten, evtl. mehrmals täglich. Naseninhalation bei Behandlung des Nasen- und Rachenraumes. Nach dem Einatmen die Luft 2–3 Sekunden anhalten, dann ruhig ausatmen. Inhalationszweck: Befeuchtung der Schleimhäute, Lösung von Sekretstauungen, Reaktivierung des Flimmerepithels, Durchblutungssteigerung, Milieuverbesserung. Evtl. abschwellende Wirkung.

Bei akuter Laryngitis wird ein Gemisch aus Bepanthen, Otriven und Nebacetin empfohlen. Kalziuminjektion gegen die Entzündung.

Menthol soll infolge seiner anämisierenden und austrocknenden Wirkung bei trockenen Entzündungen nicht angewandt werden. Ebenso auch andere ätherische Öle, wie Latschenkiefer-, Koniferen- und Fichtennadelöl. Ihr Hauptanwendungsgebiet ist die ***hyperplastische*** Laryngitis. Auch Kamillendampf wirkt bei längerer Anwendung austrocknend. Pantothensäure (Panthenol) soll eine Schutz- und Heilfunktion auf die Schleimhaut ausüben (5–25%ig, 2 ml mehrmals tgl).

a) Inhalation von Dämpfen (Dampfvernebler), d. h. molekulardispersen Stoffen.

– Es handelt sich dabei um Feucht- und Warminhalationen, z.B. Kamillendampfinhalationen, Salzwasserinhalationen oder Zusatz von ätherischen Ölen zu Wasser.
– Bei der akuten Laryngitis werden angewandt: Kamillendampfinhalationen: Kamillol®, Kamillosan® oder ätherische Öle: Aerosol-Spitzner® (Campher, Ol.Pini, Ol.Eucalypti, Ol.Terebinthinae usw.), Turiopin®-concentratum (Ol.Eucalypti, Ol.Foeniculi, Ol.Pini, Ol.Thymi usw.). Durch Wasserdampfvernebler wird ein Kondensationsaerosol (Wasserdampf) erzeugt, das keine Medikamente trägt. Lediglich leichtflüchtige ätherische Öle können in den Dampf übergehen. Reine Wasserdampferzeuger (Bronchitiskessel) sind nicht in der Lage, ein Medikament zu tragen. Die Inhalation von destillierten Wasserpartikeln führt zu Sekreteindickung. Trägersubstanz für zu inhalierende Medikamente ist physiologische Kochsalzlösung. Hypertone Lösungen können Vorteile haben. Sie führen zu einer Wassereinlagerung in die Mukosa (Expektorationsförderung).
Die Inhalationsbehandlung mit Wasserdampf (Kamillendampfbad) ist bei akuter Rhinitis wirksam, weil sich das entstehende Kondensationsaerosol aus destilliertem Wasser (Partikel unter 1 µm) in der Nase niederschlägt und dort durch die übertragene Wärme (über 44°) virostatisch wirken kann.

b) Inhalation von Aerosolen. Als Aerosol bezeichnet man schwebestoffhaltige Luft bei einer Teilchengröße von 0,1 – 10 µm (1 Mikrometer = 1 µm = 1/1000 mm). Eine Teilchengröße von unter 0,1 µm wird als Dampf, von über 10 µm als Spray bezeichnet. Bei flüssigen Teilchen handelt es sich um Nebel, bei festen Teilchen um Rauch.
Bei der Inhalation von Aerosolen kommen nur Nebel zur Anwendung.
Flüssigkeitsaerosole werden erzeugt durch Zerstäubung von Flüssigkeit (wasserlösliche Medikamente) durch Preßluft oder Ultraschall *(trockene Kaltverneblung).* Bei Dosieraerosolen schweben die Partikeln in einem Treibgasgemisch aus Frigenen, wobei sie durch eine oberflächenaktive Substanz (Surfactant) in der Schwebe gehalten werden. Die Aerosolinhalation wird daher oft unangenehm ***kühl*** und ***austrocknend*** empfunden. Im ***akuten*** Stadium einer Laryngitis sollte sie wegen Reizgefahr ***nicht*** durchgeführt werden. Hier eignet sich — wenn überhaupt — besser die Dampfinhalation.
Bei Inhalationen mit Aerosolgeräten besteht die Möglichkeit, das Medikament oder auch das fertige Aerosol zu *erwärmen*. Ebenso

kann das Aerosol durch Vorbeistreichen an einem mit kleinen Wassertropfen besetzten Atemluftanfeuchter ***angefeuchtet*** werden.

Aerosolarten:
- Trockenaerosole (Pulveraerosole). Das Medikament liegt in Pulverform vor und wird vom Patienten selbst mit Hilfe eines speziellen Applikators freigesetzt und eingeatmet.
- Dosieraerosole. Auf Druck wird ein Ventil des Gerätes geöffnet und mittels Treibgas ein Aerosolstoß mit dem Medikament freigesetzt.
- Düsenvernebler. Diese Geräte liefern mittels Druckluft einen kontinuierlichen Aerosolstrom. Als Trägerlösung wird sterile 0,9%ige Kochsalzlösung verwendet.

Der Wirkungsort des Aerosols wird durch die ***Teilchengröße*** bestimmt. Je kleiner die Teilchengröße ist, desto tiefere Abschnitte des Respirationstraktes werden erreicht.

Für die Erkrankungen des Kehlkopfes, des Rachens und der Nase werden Teilchen bis 30 µm Durchmesser benötigt. Es gelten folgende Richtlinien (wobei die von den einzelnen Autoren angegebenen Werte differieren):
- 5–10 µm Kehlkopf und Trachea (nach anderen Autoren 20–50 µm).
- Über 10 µm Mund, Nase, Rachen.
- Unter 5 µm Bronchien.

Es sollen fünf Atemzüge pro Minute erfolgen. Vor jeder Exspiration ist eine kurze respiratorische Pause einzulegen.

Je schneller die Einatmung, desto mehr Teilchen bleiben im Kehlkopfbereich haften.

Bei schweren akuten Entzündungen bakterieller Genese, insbesondere bei Miterkrankung von Trachea und Bronchien, wird die Aerosolinhalation von Oberflächenantibiotika angewandt. Wegen ihrer großen Molekülgröße werden sie von der Schleimhaut nicht resorbiert, z. B. Tyrosolvin (Tyrothricin), Nebacetin (Neomycin + Bacitracin) 2 ml, 2mal tgl, Locabiosol® (Dosier-Aerosol). Eine Inhalationstherapie mit Antibiotika ist daher nicht zu empfehlen.

Differentialdiagnose.

Doppelseitige Rötung der Stimmlippen infolge einer nichtinfektiösen Laryngitis z. B.:
- Die akute allergische Laryngitis ist klinisch nicht von Laryngitiden

anderer Genese zu unterscheiden. Die Diagnose stützt sich auf die allergologische Anamnese; bei nasalem Provokationstest gelegentlich laryngeale Mitbeteiligung.
- Chorditis marginalis (Randrötung der Stimmlippen) infolge Stimmüberlastung ohne Entzündung (Arbeitshyperämie). Heiserkeit hier abends stärker als morgens im Gegensatz zur akuten infektiösen Laryngitis.
- Ermüdungskatarrh mit Rötung der gesamten Stimmlippen; besonders nach übermäßiger stimmlicher Belastung in trockenen, rauchigen Räumen.
- Mutation mit geröteten und aufgelockerten Stimmlippen.

Einseitige Rötung der Stimmlippen infolge:
Karzinom, Tuberkulose, Blutung in die Stimmlippe bei besonders starker stimmlicher Anstrengung, Monochorditis vasomotorica, prämenstrueller Dysphonie (siehe auch Abschn. 10.1).

Folgen. Bei Nichteinhalten von Stimmruhe bei akuter Laryngitis oder bei entzündlicher Infiltration des M. vocalis (Myositis) Übergang in eine:
- *Subakute Laryngitis*
- *Chronische Laryngitis*
- *Vernarbung*
- *Myopathie* mit ovalärem Glottisspalt (Internusschwäche oder Atrophie der Stimmlippen infolge Verlusts von Muskelsubstanz) oder mit dreieckförmigem Glottisspalt (Transversusschwäche). Beim Sprechen während akuter Laryngitis wird versucht, durch erhöhten subglottischen Druck und vermehrte Anspannung der Kehlkopfmuskulatur Stimme zu erzeugen. Folge: Erschlaffung der Muskulatur *(Myopathie)*. Infolge von Kompensationsversuchen bei Myopathie sekundäre hyperfunktionelle Symptome möglich.

Differentialdiagnose bei Myopathie. Reflektorisch oder psychisch bedingte Schonhaltung der Stimmlippen nach akuter infektiöser Laryngitis.

Akute Kehlkopfentzündung bei Sängern.
Absolute Gegenindikation gegen das Singen sind:
- Starke akute Laryngitis mit geröteten und ödematös veränderten Stimmlippen

- Akutes Ödem am Übergang vom vorderen zum mittleren Stimmlippendrittel mit Rötung der Stimmlippen
- Akute Bronchitis vom spastischen oder asthmoiden Typ.

Bei nur mäßig ausgeprägtem Katarrh und guter Gesamtkondition kann auf Wunsch des Sängers einem Auftritt zugestimmt werden. Trotz Stimmlippenknötchen kann ohne Veränderungen des Stimmklanges gesungen werden (Caruso). Vor Verabreichung von lokalen Betäubungsmitteln im Kehlkopf, um dem Sänger einen bestimmten Auftritt zu ermöglichen, ist zu warnen.

Gegen zähflüssigen Schleim auf den Stimmlippen (Ursache meist Streß), insbesondere am Übergang vom vorderen zum mittleren Stimmlippendrittel können verordnet werden: Gujaphenyl®-Dragées, Isla-Moos®-Pastillen, Mucidan®-Tabletten, saure Drops.

Anmerkung: *Tonsillektomierte* Sänger können vom 10. postoperativen Tag ab wieder mit Gesangsübungen beginnen. Eine sachgerecht durchgeführte Mandelentfernung schädigt die Sing- und Sprechstimme nicht; sie wird durch die Vergrößerung des mittleren Resonanzraumes eher voller.

14.1.2 Laryngitis subglottica (Pseudokrupp)

Ursache. Virusinfekt bei Kleinkindern, pseudoallergisch (durch inhalative chemische Noxen, welche Histamin freisetzen), allergische Soforttyp-Reaktion.

Symptome. Bellender Husten, inspiratorischer Stridor, Stimme kaum heiser.

Befund. Blaßrote Schwellung des subglottischen Gewebes. Stimmlippen nur wenig gerötet (Abb. 14-1).

Behandlung:
- Ödembekämpfung mit Kortikoiden,
- Aufenthalt in kühlen, feuchten Räumen oder Freiluft, Sauerstoff, evtl. nasale Intubation für 2–3 Tage;
- Später Tracheotomie wegen der Schleimhautschädigung durch den Tubus (Intubationsschaden).

Abbildung 14-1:
Laryngitis subglottica (Pseudokrupp)

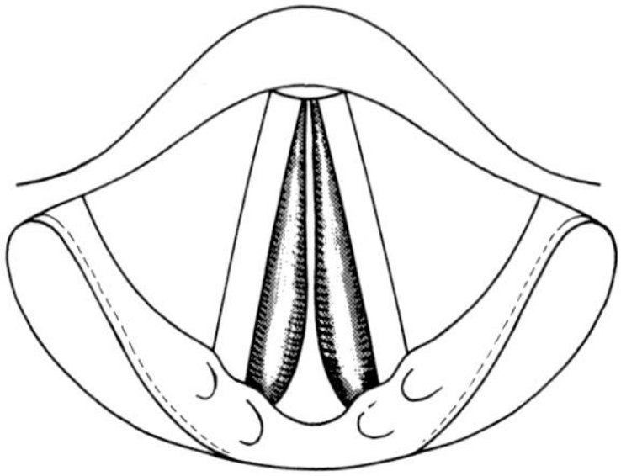

- Antibiotika
- Sedativa
- Inhalationen mit Tacholiquin® zur Schleimverflüssigung und gegen Borkenbildung
- Hustensaft.

Differentialdiagnose. Diphtherie (Krupp), spastische Bronchitis, Fremdkörperaspiration.

Anmerkung: Gefahr des Absteigens der Entzündung und bakterielle Mischinfektion. Folge: Bildung von Fibrinbelägen und Membranen in der Trachea (stenosierende Laryngo-Tracheitis).

14.1.3 Epiglottitis

Es handelt sich um ein ***akutes Ödem*** des Kehlkopfeinganges.

Ursachen. Virusinfekte oder bakterielle Infekte bei Kindern und Erwachsenen.

Zungengrundangina oder Peritonsillarabszeß mit Übergreifen auf den Kehlkopfeingang (phlegmonöse Entzündung).

Symptome. Kloßige Sprache (hot potatoe voice), leicht heisere Stimme, Schluckbeschwerden, inspiratorischer Stridor.

Befund. Ödematöse Schwellung und Rötung des Kehldeckels, meist auch der Aryknorpelgegend und der aryepiglottischen Falten (Abb. 14-2).

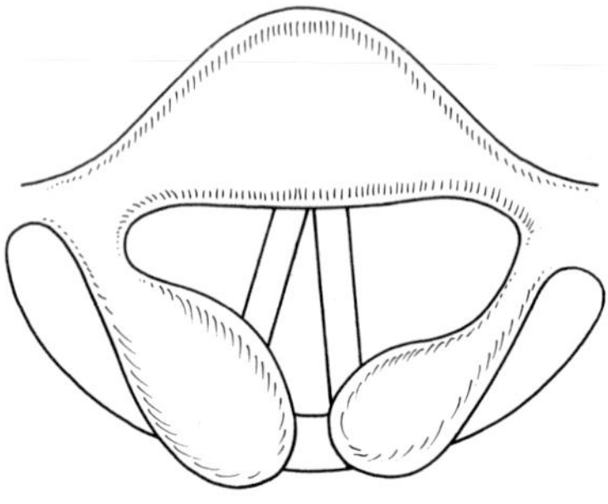

Abbildung 14-2: Epiglottis

Bei der Racheninspektion oder Kehlkopfspiegelung Gefahr eines plötzlichen Atemstillstandes. Racheninspektion ohne Intubations- und Reanimationsbereitschaft daher Kunstfehler.

Therapie. Kliniktransport im Sitzen (nicht im Liegen). Nicht gehen. Kortikoide, Eiskrawatte, Antibiotika, evtl. Intubation, bei starken Schluckbeschwerden Infusionen. Keine abrupten Kopfbewegungen wegen möglichem reflektorischem Herzstillstand.

Differentialdiagnose. *Nicht entzündliches* Epiglottisödem infolge von:
- Insektenstich am Ösophaguseingang
- Allergischen Reaktionen (Medikamente, Speisen)
- Quincke-Ödem (Ursache unbekannt)
- Bestrahlungsfolgen bei bösartigen Kehlkopftumoren
- Einflußstauung bei Herzinsuffizienz und Mediastinaltumoren.

Anmerkung: Abszeßbildung im Bereich der Epiglottiskuppe möglich mit gelblicher Verfärbung. Therapie: Stichinzision

14.1.4 Kehlkopfperichondritis

Ursachen. *Primäre* Entstehung durch eine vom Perichondrium ausgehende Entzündung.

Sekundäre Entstehung nach Bestrahlung bösartiger Kehlkopftumoren, Operationen am Kehlkopf, längere Intubation, bei über längere Zeit im Ösophagus liegender Nährsonde, über längere Zeit liegender Trachealkanüle, nach Verletzung des Ringknorpels bei Tracheotomie, bei Epiglottitis und Kehlkopftuberkulose.

Symptome. Heiserkeit, Atemnot, Fieber, Schüttelfrost.

Befund. Ödem der Kehlkopfschleimhaut, Stimmlippenbeweglichkeit eingeschränkt, Kehlkopfgegend bei Palpation druckschmerzhaft. Bei Tumor- und Tuberkulose-Perichondritis schleichender Verlauf mit Nekrosen- und Sequesterbildung sowie Ausbildung von Narbenstenosen.

Therapie. Antibiotika in hoher Dosierung, Kortikoide, evtl. Abszeßinzision, Tracheotomie.

Differentialdiagnose:
- *Arthritis* des Krikoarytänoidgelenkes bei Sitz der Veränderungen in der Nähe der Stellknorpel. Sie tritt ein- oder doppelseitig im Rahmen einer Polyarthritis auf, selten isoliert. Fixation der betreffenden Stimmlippe (Abgrenzung von einer Stimmlippenlähmung erforderlich).
- Ausschluß einer *Larynxphlegmone;* hierbei ist der Kehlkopf nicht druckschmerzhaft,
- Nicht entzündliches (z. B. Schleudertrauma der Halswirbelsäule) oder entzündliches Larynxödem.

Anmerkung: Bei Mitbeteiligung der Ringknorpelspange im Rahmen der Perichondritis Gefahr der Ausbildung einer subglottischen Stenose nach Abklingen der Perichondritis.

14.1.5
Larynxdiphtherie (Krupp)

Es handelt sich um eine *spezifische akute Laryngitis;* sie kommt nur selten vor. Isoliertes Auftreten oder absteigend von einer Rachendiphtherie.

Ursache. Infektion durch Corynebakterium diphtheriae (Löffler).

Symptome. Aphonie, bellender Husten, Schluckbeschwerden, Fieber, schlechter Allgemeinzustand, Atemnot, toxische Herzschädigung.

Befund. Anfangs nur gerötete und geschwollene Schleimhaut mit subglottischer Vorwölbung. Später Ausbildung von grauweißlichen Pseudomembranen, die beim Ablösen zur Blutung führen.

Diagnose. Kehlkopfabstrich und Erregernachweis.

Therapie. Gabe von Diphtherieserum, Antibiotika gegen bakterielle Superinfektion. Evtl. Tracheotomie bei Atemnot.

Differentialdiagnose. Laryngitis subglottica (Pseudokrupp), stenosierende Laryngotracheitis, fibrinöse Laryngitis, ulzeromembranöse Laryngitis.

14.1.6 Arthritis des Krikoarytänoidgelenkes

Es handelt sich um seltene *Gelenkentzündungen* des Kehlkopfes, die nur am Krikoarytänoidgelenk vorkommen.

Ursachen:
- Auftreten im Rahmen einer primär-chronischen Polyarthritis (isoliert am Kehlkopf sehr selten)
- Perichondritis des Kehlkopfes
- Intubation, insbesondere Langzeitintubation mit Perichondritis des Ringknorpels
- Tracheo- und Bronchoskopie (traumatisch)
- Typhus, Gonorrhoe, Gicht (hämatogene Entstehung).

Symptome. Heiserkeit, Schmerzen bei Phonation und beim Schlucken.

Befund. Rötung und Schwellung über den Aryknorpeln, evtl. mit Fixation der Aryknorpel.

Therapie. Je nach Ursache. Antirheumatisch; endoartikuläre Injektion von Cortison; Antibiotika.

Prognose. Nach Abklingen der akuten Entzündungserscheinungen kann sich schnell eine Ankylose ausbilden. Diese ist von einer Stimmlippenlähmung nur durch Elektromyographie oder Mobilisationsversuch, evtl. durch vorhandene oder fehlende Randkantenverschiebung bei der Stroboskopie abzugrenzen. Bei der indirekten Mikrolaryngoskopie sieht man das Anspringen des nicht gelähmten M. vocalis.

14.1.7 Nichtinfektiöse Laryngitis

Es handelt sich um eine *Hyperämie* der Kehlkopfschleimhaut, die nicht durch Viren oder Bakterien bedingt ist. Rein funktionelle Stimmüberlastungen können zu akut-organischen Veränderungen führen.

Ursachen:
- Stimmüberlastung, Stimmfehlbelastung (Ermüdungskatarrh)
- Husten
- Mutation
- Alkoholgenuß
- Menstruation
- Intubation (mechanische Irritation)
- Einatmen von überhitzter Luft, von heißen oder ätzenden Dämpfen und Gasen.

Symptome. Stimme heiser, belegt, rauh, Räusperzwang.

Befund. Rötung und Auflockerung beider Stimmlippen *(Ermüdungskatarrh)* oder Rötung nur der Stimmlippenränder *(Chorditis marginalis).* Schleimauflagerung.

Therapie. Stimmschonung, anschließend Stimmbehandlung.

Anmerkung: Starke stimmliche Überanstrengung kann zu *Blutungen* in den Stimmlippen führen.

14.1.8 Monochorditis vasomotorica

Bei dem Krankheitsbild handelt es sich um einen Grenzfall zwischen den rein entzündlichen Kehlkopferkrankungen und den funktionell bedingten Stimmstörungen. Es erkranken vorwiegend Frauen nach laryngealen Belastungen.

Ursache. Unklar. Vermutet werden:
- Stimmüberlastung und Stimmfehlbelastung in Verbindung mit einer Störung des neurovegetativen Gleichgewichts
- Allergie
- Störung des hormonalen Gleichgewichts (Klimakterium)
- Sympathikusaffektion durch Halswirbelsäulen-Syndrom
- Präkanzerose.

Symptome. Die Stimme klingt heiser und ermüdet rasch. Der Stimmumfang ist eingeschränkt.

Befund. Einseitige Rötung und Ödem der Stimmlippe. Manchmal stroboskopisch phonatorischer Stillstand (Hinweis auf tiefgreifende Veränderungen) oder verkürzte Schwingungsamplituden.

Therapie. Stimmruhe, Kortikoide, Antihistaminika, Sedativa. Falls nach vier Wochen keine Besserung: Probeexzision.

Differentialdiagnose. Ausschluß einer *Tuberkulose* (Röntgenaufnahme der Lunge) oder eines *Karzinoms* durch Probeexzision.

Hyperaemia labii vocalis unilateralis bei prämenstrueller Dysphonie: Einseitige Stimmlippenhyperämie mit mattgrauer oder hellroter Färbung. Stroboskopisch normales Schwingungsverhalten.

Prognose. Ungünstig. Oft keine Heilung zu erzielen. Vierteljährliche Kontrollen erforderlich, da Karzinomentwicklung möglich.

14.2 Chronische Kehlkopfentzündungen

14.2.1 Chronisch katarrhalische Laryngitis (Laryngitis chronica)

Ursachen:
- Mangelnde Stimmschonung bei akuter Laryngitis
- Rauchen, Einatmung ätzender Dämpfe oder staubiger, trockener Luft
- Alkohol
- Chronische Rhinitis, Nasennebenhöhlenentzündung, Tonsillitis oder

Adenoiditis, ausgedehnte Zahnkaries; Mundatmung infolge behinderter Nasenatmung
- Stimmfehlbelastung (Hyperfunktion) und Stimmüberlastung. Eine stimmliche Überlastung prädisponiert zu einer Laryngitis oder läßt deren Auswirkungen deutlicher erscheinen.
- Allergie.

Symptome. Heiserkeit morgens stärker als abends, mittlere Sprechstimmlage abgesunken, Stimmumfang im oberen Bereich eingeschränkt. Räusperzwang, Fremdkörper- und Trockenheitsgefühl, Brennen, Kratzen, Kitzeln, Schmerzen.

Befund. Stimmlippen graurot, walzenförmig verdickt, Stimmlippenränder plump und abgerundet. Über die Stimmritze spannen sich zähe Schleimfäden. Würgereflex gesteigert.
Stroboskopie: Stimmlippenschwingungen unregelmäßig, fehlende Randkantenverschiebung oder phonatorischer Stillstand. Bei allergischer Ursache Stimmlippen mehr ödematös verdickt.

Diagnose. Bei Verdacht auf allergische Laryngitis Allergietest; man findet eine Eosinophilie im Blutbild, Nasensekret, Kehlkopf- und Bronchialschleim. Ein Drittel der Patienten mit chronischer Laryngitis sollen Allergiker sein.

Therapie:
- Sinnvoll erst nach Abstellen des Räusperzwangs. Falls erforderlich, operative Verbesserung der Nasenatmung (z. B. Nasenscheidewandoperation), Behandlung einer Sinusitis.
- Arbeitsplatzwechsel
- Rauchen einstellen, keine scharfen Speisen
- *Stimmschonung.* Bei Berufssprechern nach Abklingen der Entzündung logopädische Behandlung.
  Antibiotika, Kortikoide, Tantum®
- Klimabehandlung: See (starkes Reizklima). Aufenthalt in 400–800 m Höhe (mildes Reizklima). Hochgebirge stärkeres Reizklima. Kuraufenthalt in Badeorten mit salzhaltigen Quellen und Balneotherapie sowie Abhärtungsmaßnahmen. Instillationen mit Collargol oder Targesin wirken adstringierend. Im übrigen siehe Therapie der akuten katarrhalischen Laryngitis. *Inhalationen:* Dampfinhalationen mit

Salzlösung (z. B. Emser Salz) 1–2 %ig oder 5 %ig bzw. 1 Teelöffel Salz auf 1 Glas Wasser; weiterhin Inhalationen mit natürlichen Mineralwässern (z. B. Emser Quelle).

Ätherische Öle (abgesehen von Menthol) wirken hyperämisierend, sekretolytisch und expektorierend. Bei trockenem Katarrh sollten sie trotzdem nicht verwendet werden. Die Inhalation von vernebelten Antibiotika (Aerosole) ist nur wenig erfolgversprechend. Ödemwidrige Inhalate aus Koniferen-Aquasolen und Reparil, Bepanthen, Dexasolon.

14.2.2 Chronisch hyperplastische Laryngitis

Ursache. Entstehung aus einer chronischen katarrhalischen Laryngitis oder direkt aus einer akuten Laryngitis.

Auf der Grundlage einer bestehenden chronischen katarrhalischen Laryngitis können sich hyperplastische Veränderungen (Zunahme des Bindegewebes in der Submukosa und subepitheliales Ödem) an der Kehlkopfschleimhaut ausbilden. Hinzu kommt eine entsprechende konstitutionelle Schleimhautdisposition.

Symptome. Heiserkeit, Räusperzwang.

Befund. Diffuse, rote, granulierende Veränderungen im Bereich der gesamten Kehlkopfschleimhaut oder umschriebene tumorartige Verdikkungen einzelner Stimmlippenanteile (Chorditis tuberosa), der Taschenfalten, sog. Hahnenkammbildung in der hinteren Kommissur usw. Infolge der Verdickungen oder durch Pressen können sich die Taschenfalten bei der Phonation berühren (unerwünschte Taschenfaltenstimme). Evtl. bilden sich zusätzlich Pachydermien.

Therapie. Siehe chronische katarrhalische Laryngitis, Abschn. 14.2.1. Die Behandlung gestaltet sich jedoch noch schwieriger als bei dieser.

- 8–10 Tage Stimmruhe, anschließend 10–14 Tage Stimmschonung
- Zur Sekretionsförderung Instillation von Lugol-, Mandl- oder Turiopinlösung. Fluimucil-Granulat.
- Adstringierend wirken Collargol und Targesin.
- Bei Hyperkeratose Vitamin A (Retinol).
- Inhalation ätherischer Öle, insbesondere von Mentholöl. Ätzung der

Granulationen mit Trichloressigsäure. Cortison allein bleibt wirkungslos.
- Kombinationsbehandlung von Antibiotika mit Glukokortikoiden 10–15 Tage lang. Begonnen wird mit 10 x 1 Tablette Celestan® à 0,5 mg bei täglicher Reduzierung um eine Tablette bis zum 10. Tag; danach Erhaltungsdosis von zwei Tabletten bis zum 15. Tag.
- Dekortikation bei starker Heiserkeit oder Pachydermien (siehe Abschn. 12.1) oder Anwendung des CO_2-Lasers, jedoch strenge Indikationsstellung. Mit einem Rezidiv muß gerechnet werden.
- Logopädische Behandlung: Die Stimmlippenveränderungen führen zu einer sekundären hyperfunktionellen Dysphonie. Diese wird auch nach Abklingen der organischen Veränderungen beibehalten. Bei Bestehenbleiben der chronischen Entzündung ist ohne eine leichte Hyperfunktion keine Stimmbildung möglich.

Prognose. In 10% der Fälle Entwicklung eines Kehlkopfkarzinoms.

Differentialdiagnose. Tuberkulose, Karzinom. Sicherung der Diagnose ggf. durch Probeexzision. Evtl. auch Soor, Amyloidose.

Reinke-Ödem der Stimmlippen. Es stellt eine Sonderform der chronischen hyperplastischen Laryngitis dar. Es handelt sich um ein auf die Stimmlippenoberfläche begrenztes subepitheliales Ödem, d.h. um eine Wassereinlagerung zwischen Epithel und Bindegewebe der Stimmlippe.

Anmerkung: Reinke-Raum. Es handelt sich um das subepitheliale, lockere Bindegewebe. Diese subepitheliale Zone des Propriabindegewebes besteht aus lockerem Gefäß- (Blut- und Lymphgefäße) und nervenreichem Bindegewebe.

Ursache. Lokale Schädigung der Gefäßwände und Störung des Lymphkreislaufs im Reinke-Raum.

Förderung der Entwicklung des Reinke-Ödems. Durch Pressen mit den Taschenfalten zwecks Kompensation der Heiserkeit wird die Flüssigkeit zum freien Rand der Stimmlippen gedrängt und der Reinke-Raum erweitert.

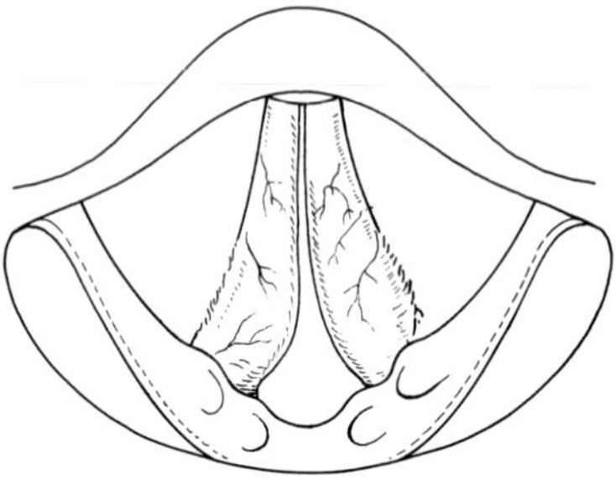

Abbildung 14-3:
Reinke-Ödem der Stimmlippen

Befund. Glasige, lappig-ödematös veränderte Stimmlippen mit glatter Oberfläche, deren Ränder bei der Atmung in der Glottis flottieren können (Abb. 14-3).

Therapie. Zu Beginn der Ödementwicklung Antiphlogistica (Reparil), evtl. Prednisolon, anfangs Stimmruhe, dann logopädische Behandlung. Rauchverbot.

Später Dekortikation der Stimmlippen (Stimmlippenstripping). Falls doppelseitig, Aussparung der vorderen Kommissur zwecks Vermeidung postoperativer Synechien. Anschließend logopädische Behandlung zur Beseitigung der sekundären hyperfunktionellen Symptome und zur Erzielung eines vollständigen Stimmlippenschlusses.

Prognose. Gut. Maligne Entartung ist sehr selten. Rezidive möglich.

Differentialdiagnose des Reinke-Ödems:
- ***Randkantenödem*** infolge Stimmüberlastung bei hyperfunktioneller Dysphonie.
- Entzündlicher ***Schleimhautprolaps*** des Ventriculus laryngis zwischen Stimmlippe und Taschenfalte. Therapie: Abtragung.
- Stimmlippenamyloidose.
- ***Dyschylischer Pseudotumor*** der Taschenfalte. ***Entstehung durch*** Verschluß von Schleimdrüsenausführungsgängen infolge chronischer Laryngitis. Therapie: Ausschälung nach Thyreotomie oder endolaryngeal.
- Myxödem.
- Toxisches oder allergisches Ödem.
- Ödem bei Radiotherapie.

14.2.3
Allergische Laryngitis (Laryngopathie)

Der Verdacht ergibt sich bei therapieresistenter, chronischer, ödematöser Kehlkopfentzündung. Nachweis mittels Anamnese, Allergietests, Bluteosinophilie.

14.2.4
Chronische Laryngitis als Folge berufsbedingter Lärmexposition

Letzte Erörterung der Frage, ob es berufsbedingte Stimmstörungen gibt, erfolgte in der 16. Sitzung des Unterausschusses „Berufskrankheiten" beim Bundesministerium für Arbeit und Sozialordnung am 29. 9. 1977. Die Entstehung einer chronischen Laryngitis durch dauernde Stimmüberforderung im Lärm ist bekannt, ebenso die Entstehung von Stimmstörungen ohne chronische Laryngitis. In der Liste der Berufskrankheiten sind lärmbedingte Stimmstörungen nicht aufgeführt. Entscheidende neue Erkenntnisse sind in der Zwischenzeit nicht hinzugekommen. Eine Anerkennung als Berufskrankheit ist daher z.Z. noch nicht möglich (siehe auch Kap. 16).

14.2.5
Stimmlippenpolyp

Ursachen. Mechanische Faktoren (Stimmüberlastung, Phonationstrauma). Zusätzlich spielen Tabakrauch (80–90% Raucher) und eine chronische Entzündung mit eine Rolle.

Stimmlippenpolypen sollen sich auch aus Stimmlippenknötchen entwickeln können.

Entstehung. Zunächst durch ein Phonationstrauma Wandschädigung der submukösen Kapillaren im Reinke-Raum mit subepithelialem Ödem, dann umschriebene Schleimhauthyperplasie mit unverändertem Epithelbelag. Bildungsort an den Stellen, die während der Phonation den stärksten muskulären und aerodynamischen Kräften ausgesetzt sind; daher meist in der Mitte der Stimmlippenoberfläche oder im vorderen Stimmlippendrittel. Überwiegend Männer betroffen.

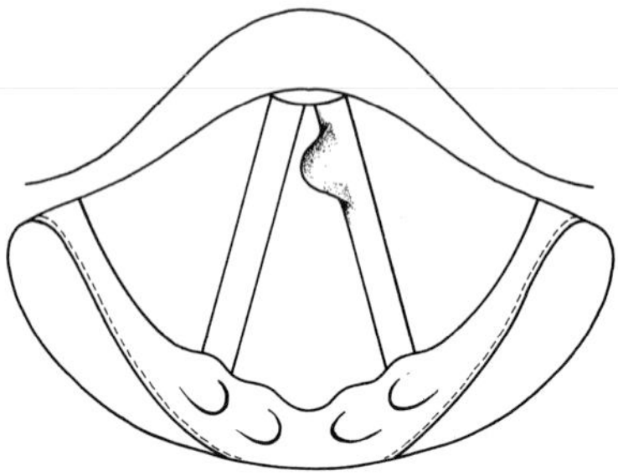

Abbildung 14-4:
Stimmlippenpolyp

Befund. Die Stimmlippenpolypen sitzen breitbasig oder gestielt auf der Stimmlippenoberfläche (vordere beide Stimmlippendrittel), der Stimmlippenunterfläche, dem freien Stimmlippenrand, subglottisch oder im Bereich der vorderen Kommissur. Gestielte Polypen können beim Atmen oder Phonieren in den subglottischen Raum fallen oder sich zwischen den Stimmlippen einklemmen (Flottieren); dadurch wechselnde Heiserkeit. Formen:

- *Teleangiektatischer* Polyp von rot-dunkelrotem Aussehen. Er besteht aus einem Konvolut kavernöser Bluträume mit Thromben. In der Umgebung zeigen sich oft gelbrote Streifen als Folge von submukösen älteren Blutungen. Vorstadium: Bläschen oder Gefäßknäuel.
- *Gallertpolyp.* Aussehen: Grauweiß, glasig durchscheinend. Er besteht aus Bindegewebe, welches mit Schleimmassen durchtränkt ist (Abb. 14-4).

Therapie. Abtragung in Intubationsnarkose bei direkter Laryngoskopie.
Logopädische Nachbehandlung erforderlich, wenn durch länger dauernde Fehlbeanspruchung der Stimmlippen funktionelle Störungen eingetreten sind.

Differentialdiagnose. *Stimmlippenknötchen,* Zyste; bei großen breitbasigen Polypen: einseitiges Reinke-Ödem. Stimmlippenamyloidose.

Prognose. Rezidive sind möglich.

14.2.6 Stimmlippenknötchen

Es handelt sich um doppelseitige Knötchenbildungen (Ödeme oder Fibrome mit Epithelverdickung und submuköser Bindegewebsvermehrung) am Übergang vom vorderen zum mittleren Stimmlippendrittel (siehe Abb. 7-1, 7-2).

Ursachen:
- Hyperfunktionelle Dysphonie mit hartem Stimmeinsatz (Stimmüberlastung und Stimmfehlbelastung) (siehe auch Abschn. 7.1.1).
- Sprechen im Lärm.
- Bei Sängern: Stimmüberforderung, Forcieren, Singen in falscher Stimmlage, zu starke Stimmgebung.
- Harter Stimmeinsatz.
- Zu hoch gezogenes Brustregister bei höheren Stimmgattungen.
- Übertriebene Zumischung des Brustregisters in der Kopfstimme, um einer schwachen Kopfstimme mehr Stimmstärke zu verleihen (bei Sängerinnen).

Mitwirkende Faktoren. Stimmlippenvarizen. Kehlkopfasymmetrien. Mißbrauch der Voix mixte (Mittelregister) bei Altstimmen in der ganz tiefen Stimmlage während erhöhten Phonationdrucks auf die Stimmritze. Singen mit Bruststimme in höheren Tonlagen

Verschlimmernd wirken bei der Entstehung von Stimmlippenknötchen chronische Laryngitis, Rauchen, Alkohol.

Stimmlippenknötchen treten *gehäuft* auf:
- Bei viel und laut sprechenden Kindern (bei Knaben häufiger als bei Mädchen, Verhältnis 3 : 1, besonders im Vorschulalter).
- Im Erwachsenenalter bei in Sprechberufen tätigen Frauen besonders zwischen dem 21. und 25. Lebensjahr (fast nie bei Männern).
- Bei Sängern meist bei Sopran- und Tenorstimmen. Hier auch Männer betroffen. Verhältnis Frauen zu Männern 2 : 1.

Symptome. Heiserkeit, Diplophonie, Räusperzwang, Fremdkörpergefühl.

Bei Sängern: Zunächst Einschränkung des Pianos in der Höhe. Zunahme der zum Einsingen benötigten Zeit. Größerer Kraftaufwand zum Singen erforderlich. Der Stimmklang kann trotz Knötchen normal sein.

Befund. Anfangs nur ***Fibrinausschwitzungen*** an korrespondierender Stelle der Stimmlippenränder am Übergang vom vorderen zum mittleren Stimmlippendrittel. Später Ausbildung ***weicher*** Knötchen mit ödematösem Charakter (leicht verdicktes Epithel über einem durch Ödem aufgelockerten submukösen Bindegewebe) und rascher ***Rückbildungstendenz;*** später ***fibromatöse*** Umwandlung (Faservermehrung), die eine ***operative*** Abtragung erforderlich macht. Unterscheidung durch Mikrostroboskopie möglich.

Bei harten Knötchen kann auf der einen Seite eine Kegelform, auf der anderen eine Kraterform vorliegen.

Gelegentlich findet man, besonders bei Kindern, ***breitbasige*** spindelige Verdickungen über der Mitte der Pars membranacea der Stimmlippen; sie sind selten einseitig. Infolge fehlenden Glottisschlusses ***(Sanduhrglottis)*** entweicht während der Phonation „wilde" Luft. Die Tonhaltedauer ist verkürzt.

Bei Kindern sind oft zusätzlich die Stimmlippen infolge reaktiver Hyperämie ***gerötet.*** Der Ausschluß sekundär entzündlicher Veränderungen wie Rachenmandelhyperplasie oder chronische Rhinitis ist erforderlich.

Erklärung für den Sitz der Verdickung der Stimmlippen bei Kindern in der Mitte:

- Bei der Sprechstimme, die die Töne der Bruststimme, also den unteren Bereich des Stimmumfanges umfaßt, schwingen bei Kindern die Stimmlippen in ihrer ganzen Länge. In der Mitte prallen die Stimmlippen beim Schwingen am stärksten aufeinander.
- Bei singenden Kindern Knötchen an typischer Stelle weiter vorn am Übergang vom vorderen zum mittleren Stimmlippendrittel.

Akut auftretende Stimmlippenknötchen. Randödem, manchmal mit Blutung in die Stimmlippe. Rückbildung nach einer Woche Stimmruhe.

Therapie.

- Bei Erwachsenen mit ***weichen Knötchen*** konservativ; bis zu zwei Wochen Stimmruhe und evtl. zusätzlich Psychopharmaka, z.B. Librium 5, 2(3) x 1 Tbl. tgl. Bei Sprechberufen Krankschreibung. Falls Rückbildung der Knötchen erkennbar, anschließend Stimmtherapie

zum Abbau der falschen Atem-, Stimm- und Sprechtechnik (siehe auch Abschn. 7.1.1) und weitere Krankschreibung für drei Wochen.
- Bei ***harten Knötchen*** nach erfolgloser logopädischer Vorbehandlung operative Abtragung bei direkter Laryngoskopie in Intubationsnarkose unter dem Mikroskop. Eine Exkavation der Stimmlippe infolge zu radikaler Abtragung führt zu irreparabler Heiserkeit. Exaktes Abtragen am Stimmlippenrand ist daher erforderlich. Anschließend sind 1–2 Wochen Stimmruhe und logopädische Nachbehandlung zur Vermeidung eines Rezidivs notwendig.

Bei Sängern zusätzlich gesangstechnische Übungen unter Mitwirkung eines Gesangspädagogen.

Bei Kindern bis zum 7.–8. Lebensjahr ist eine Stimmbehandlung meistens zwecklos, da die gezeigte Stimmtechnik nicht angewandt wird. Die Eltern müssen auf Stimmschonung achten. Die Stimmlippenknötchen verschwinden bei Knaben (meist jedoch nicht bei Mädchen) *von selbst;* spätestens während des Kehlkopfwachstums bei der Mutation in der Pubertät. Nur in Einzelfällen ist eine Abtragung erforderlich, so, wenn die Stimme sehr heiser, die Knötchen sehr groß und das Epithel sehr dick geworden sind.

Mädchen müssen immer vor der Pubertät logopädisch behandelt werden.

Prognose. Nach konservativer Behandlung Rezidivquote von 30%. Nach operativer Abtragung der Stimmlippenknötchen ohne logopädische Vor- oder Nachbehandlung fast immer Rezidiv.

Operative Abtragung von Stimmlippenknötchen bei Schlagersängerinnen zwecklos.

Auch nach sorgsamster Abtragung der Stimmlippenknötchen kehrt manchmal der frühere Glanz der Stimme nicht mehr zurück. Nachteilige Auswirkungen möglich: z.B. ***phonatorischer Stillstand*** einer Stimmlippe über Monate.

Differentialdiagnose. Bei asymmetrischen oder einseitigen Knötchen mit Gegenschlagsverdickung (ödematöser Schleimhautbereich) auf der gegenüberliegenden Seite handelt es sich um: Polypen, Zysten, Schleimdrüsen, erweiterte und thrombosierte Venen, Plattenepithelwucherungen mit Hyper- und Dyskeratose oder Leukoplakien.

Von selbst erfolgt keine Rückbildung dieser Gebilde, daher immer operative Entfernung. Die Gegenschlagsverdickungen bilden sich von selbst zurück.

Anmerkung: Bei zahlreichen vermeintlichen Stimmlippenknötchen handelt es sich nach der mikroskopischen Abtragung um kleine Zysten oder Polypen.

Nach anderer Auffassung beruhen Phonationsverdickungen, sowohl diffuse als auch zirkumskripte (Knötchen), auf einer ***mangelhaften Adduktion der Stimmlippen.*** Diese soll aus einem funktionellen Mißverhältnis zwischen dem M. cricoarytaenoideus posterior und den die Glottis schließenden Adduktoren entstehen, so daß eine Adduktionsinsuffizienz resultiert. Meist ist eine Tonuserhöhung der Stimmlippen vorhanden. Infolge der Anstrengungen, trotz glottischer Insuffizienz eine ausreichende Stimmlautstärke zu erreichen, kommt es an Stellen der Stimmlippen, die der stärksten phonatorischen Belastung ausgesetzt sind, zu Verdickungen. Diese Belastungsstellen sind nicht identisch mit denen der maximalen Amplituden. Sie sind um so umschriebener, je enger der überlastete Stimmlippenabschnitt ist, und um so diffuser, je breiter die kompensatorische Fehlbelastung ansetzt. Stimmlippenknötchen sollen daher nicht durch Kontakt der Stimmlippen, sondern durch maximalen Zug an dieser Stelle entstehen.

Nach anderer Vorstellung soll sich infolge glottischer Schlußunfähigkeit und erhöhten Stimmlippentonus bei vorgegebenen anatomischen Fixationspunkten der Stimmlippen aus der Vektorenrechnung an umschriebenen Prädilektionsstellen eine verstärkte Sogwirkung beim Bernoulli-Effekt ergeben. Ist die Geschwindigkeitsverteilung der Phonationsluft diffuser, so sollen weniger umschriebene Phonationsverdickungen entstehen. Das heißt, Stimmlippenknötchen sollen aufgrund der glottischen Geschwindigkeitsverteilung der Phonationsluft bei sekundär hypertonen Stimmstörungen — die Existenz einer primären hyperfunktionellen Dysphonie wird verneint — Folge einer Sogwirkung sein. Verstärkte umschriebene Sogwirkung (Bernoulli-Effekt) soll zu zirkumskripten Phonationsverdickungen führen, diffuser Sog zu breitbasigen. Phonationsverdickungen sollen nur bei längsschenklig-dreieckigem Glottisspalt im hinteren Stimmlippendrittel entstehen, nicht bei gleichmäßig durchgehendem glottischem Spalt bei Phonation wegen der hierbei veränderten Geschwindigkeitsverteilung des Phonationsluftstromes.

14.2.7 Kehlkopfpapillomatose des Kindes

Ursache. Wahrscheinlich virusbedingt, Virus unbekannt.

Symptome. Heiserkeit, Atemnot.

Befund. Blumenkohlartige blaßrote Gebilde, die rasenförmig im Bereich der gesamten Kehlkopfschleimhaut auftreten (Abb. 14-5). Beginn immer im vorderen Anteil des Kehlkopfes.

Abbildung 14-5:
Kehlkopfpapillomatose

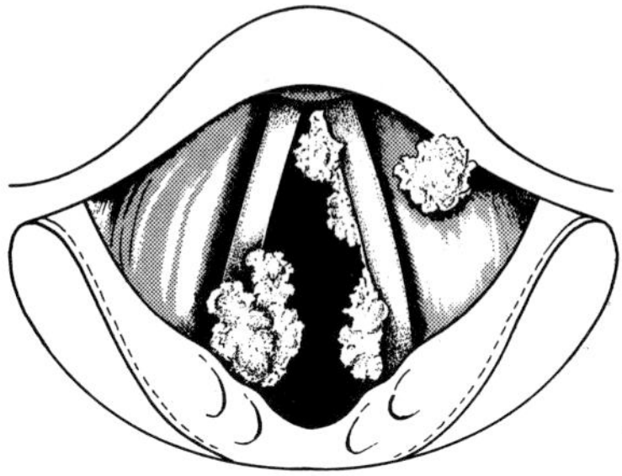

Therapie. Abtragung in direkter Laryngoskopie; evtl. mit dem CO_2-Laser.

Anmerkung: Lasergesetzte Wunden epithelisieren langsamer als solche nach scharfer Abtragung. Papillomrezidive sind nach Laserabtragung nicht seltener. Versiegelung der endolaryngealen Wundflächen mit Fibrinkleber zur Vermeidung von Synechien und Granulationen (siehe Abschn. 15.1.5).

Prognose. Die Papillome ***rezidivieren*** bis zur Pubertät, zuweilen auch darüber hinaus. Bei Auftreten von Atemnot sind erneute Abtragungen, evtl. mit zusätzlicher Pinselung mit Zellgiften (Podophyllin) oder mit Efudix® (5-Fluoro-Uracil) erforderlich. Keine maligne Entartung (siehe auch Abschn. 15.1.5).

14.2.8 Pachydermie und Leukoplakie

Es handelt sich bei beiden Begriffen histologisch um *Epithelverdickungen* (Epithelhyperplasien) mit unterschiedlichem Aussehen, die daher klinisch verschieden bezeichnet werden. Die Epithelhyperplasien gehen oft mit einer Verhornung (Hyperkeratose) der obersten Epithelschichten einher.

Ursachen. Chronische Laryngitis, Tabakrauch, Alkohol, Stimmüberforderung.

Symptome. Heiserkeit, tiefere mittlere Sprechstimmlage, Stimmermüdung.

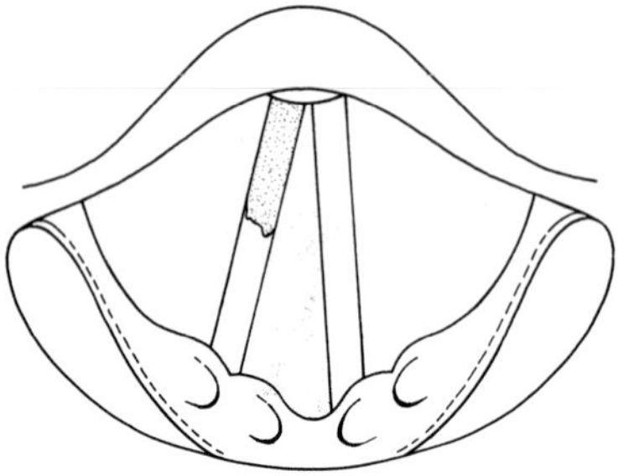

Abbildung 14-6:
Leukoplakie der rechten Stimmlippe

Befund. Weißlich-graue, erhabene Flecke im Bereich der Stimmlippen (Abb. 14-6). Die Leukoplakien werden nach der weißlichen Farbe der veränderten Bezirke bezeichnet.

Therapie. Dekortikation. Evtl. mit aromatischem Retinoid (Abkömmling von Vitamin A-Säure oder mit dem Testosteronantagonisten Cyproteronacetat unter der Annahme einer Störung im Androgen-Östrogen-Gleichgewicht.

Bei einem Carcinoma in situ nach Dekortikation der Stimmlippe zusätzlich Strahlentherapie (perkutane Telekobaltbestrahlung).

Prognose. Es handelt sich um *Präkanzerosen,* d.h. es besteht die Gefahr der Entwicklung eines *Karzinoms.*

Anmerkung: Histologische Einteilung der Epithelhyperplasien nach Kleinsasser:
- Stadium I: Einfache Plattenepithelhyperplasie
- Stadium II: Plattenepithelhyperplasie mit vereinzelten örtlichen Zellatypien
- Stadium III: Präkanzeröses Epithel (Carcinoma in situ) mit Kernatypien, atypischen Mitosen, Reifungsstörungen des Epithels, jedoch ohne infiltrierendes Wachstum; Basilarmembran intakt.
- Erythroplakie. Vorstadium eines Carcinoma in situ.

14.2.9
Kontaktgranulom (Kontaktulkus)

Es handelt sich um eine Laryngitis ulcerosa. Nur Männer werden davon befallen. Das Kontaktgranulom entspricht den Stimmlippenknötchen bei Frauen.

Ursachen. Stimmbelastungen evtl. einhergehend mit dorsalen Kehlkopfasymmetrien und Vokalisinsuffizienz. Zusammenschlagen der Processus vocales (Hammereffekt) bei Stimmüberforderung; evtl. auch psychogen. Oder primäre Vokalisinsuffizienz (hypofunktionelle Dysphonie) → sekundäre d. h. kompensatorische Hyperfunktion → Kontaktgranulom. Evtl. kommt als Ursache auch ein ösophagealer Reflux in Frage oder eine zu tiefe Sprechstimmlage mit hierdurch bedingtem Einwärtsdrehen der Processus vocales und damit ungünstigem Aufprallwinkel.

Symptome. Lokalisierte, stechende Schmerzen beim Schlucken auf der Seite des meist links sitzenden Granuloms, Kratzen in der Tiefe des Halses, gelegentlich etwas Blut im Sputum. Stimmklangveränderungen oft nicht vorhanden.

Befund. Zunächst kleine Schleimhautdefekte auf einer oder auch auf beiden Seiten an der Spitze der Processus vocales der Aryknorpel, die bei der Phonation aneinanderstoßen. Stroboskopisch findet sich oft nur dorsal ein Stimmlippenschluß, während vorn ein ovalärer Spalt vorhanden ist. Längseinschränkung der Stimmlippenschwingungen beiderseits, d. h. Dauerschluß des hinteren Stimmlippendrittels. Verkürzte oder erweiterte Schwingungsamplituden der vorderen zwei Stimmlippendrittel.

Das Ulkus wird später von Granulationsgewebe ausgefüllt oder überragt, die Umgebung kann entzündlich verändert sein. Das Granulom kann in Narbengewebe übergehen. Dadurch entstehen lippen- oder schüsselartige Wülste, die mit stark verdicktem Plattenepithel überzogen sind. Sie schützen den Processus vocalis vor den „Hammerschlägen" der anderen Seite. Das verdickte Epithel kann sogar verhornen.

Selten leukoplakische Veränderungen. An der gegenüberliegenden Stimmlippe kann eine Pachydermie entstehen, oder es können sich zwei wulstartige Schleimhautlappen ausbilden (Kontaktreaktion), zwischen die sich das Granulom der anderen Seite bei der Phonation hineinpreßt.

Lokalisation des Granuloms auch am laryngealen Abhang eines Aryknorpels möglich, wenn dort bei Phonation der Aryknorpel der anderen Seite auftrifft. Ursache sind eine Larynxadduktionsasymmetrie, andere Bauanomalien des Kehlkopfes, massives Eindrehen der Aryknorpel.

Aryknorpelüberkreuzung meist rechts vor links, Petioluswulst, Taschenfaltenpressen.

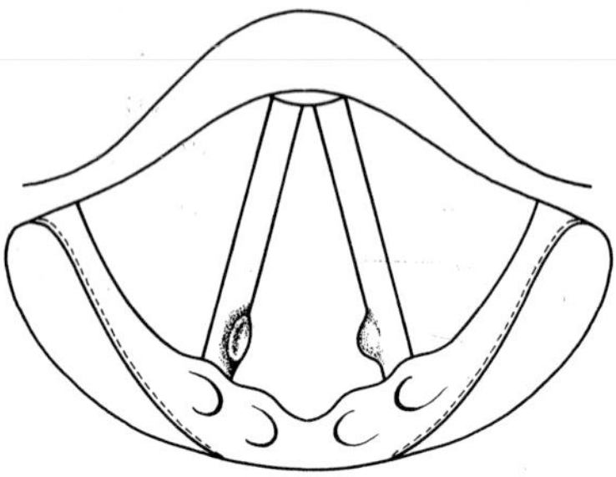

Abbildung 14-7:
Kontakt-Granulom. Ulzeration am linken Processus vocalis; rechts Pachydermie.

Typischer Befund. *Kontaktulkus* (schüsselförmige Ulzeration bzw. fischmaulartige Oterflächenstruktur im Bereich des Processus vocalis) oder *Granulom,* gegenüberliegend *Pachydermie* (Abb. 14-7).

Anmerkung. Nach anderer Auffassung sind Kontaktgranulome Folge *glottischer Insuffizienz.* Zugrunde liegen sollen myogene oder neurogene Vokalisschwächen. Als Folge dieser hypotonen Störungen kommt es zu Stimmlippenexkavationen. Daher findet sich bei einem Kontaktgranulom vorn ein *ovalärer Spalt.* Kompensatorisch wird der Ary-Adduktionsmechanismus verstärkt eingesetzt. Daher schlagen die Processus vocales der Stellknorpel aufeinander. Es kommt zunächst zu Epitheldefekten, aus denen sich die typischen Kontaktfolgeschäden entwickeln.

Nach einer weiteren Auffassung soll beim Kontaktgranulom vorn ein ovalärer Spalt bestehen, bei kräftiger Phonation auch hinten. Die Stimmlippe mit dem Granulom oder Ulkus soll leicht ovalär ausgebaucht sein, die andere Stimmlippe gespannt. Der M. thyreoarytaenoideus soll infolge der Überspannung den Processus lateralis nach medial ziehen. Hierdurch wird der Processus vocalis nach medial gedreht.

Therapie. Stimmruhe und Stimmbehandlung. Abbau der harten Stimmeinsätze. Anhebung der Sprechstimmlage, da dann kleinere Schwingungsamplituden im Bereich der Processus vocales und Änderung der Winkelstellung der Aryknorpel. Falls keine Rückbildung erfolgt (selten), evtl. Abtragung des Granuloms in direkter Laryngoskopie. Ist es bereits zur Ausbildung von Pachydermien gekommen, so soll man nur die Narbenwülste abtragen, während der epithelisierte Grund unberührt bleibt.

Prognose. Meistens Rückbildung nach logopädischer Behandlung. Immer Rezidiv nach Abtragung ohne logopädische Vorbehandlung.

Manchmal unheilbar. Maligne Entartung extrem selten. Leukoplakische Veränderungen können sich hier spontan zurückbilden.

Differentialdiagnose. Intubationsgranulom. Evtl. Ausschluß einer Refluxösophagitis, Karzinom, Tuberkulose.

14.2.10 Chronisch atrophische Laryngitis

Es handelt sich um eine *trockene* Entzündung verschiedenen Schweregrades: Laryngitis sicca, Laryngitis atrophicans, Ozaena laryngis. Sie kann in Verbindung mit einer Pharyngitis sicca und Rhinitis sicca vorkommen.

Ursachen
- Konstitutionell.
- Vorübergehendes Auftreten im Rahmen einer Schwangerschaft (erbliche Disposition) ohne primär entzündliche Veränderungen (Laryngopathia gravidarum) (siehe auch Abschn. 10.1).
- Diabetes mellitus, Leber- und Niereninsuffizienz.

Befund. Infolge Gewebeschwundes und Untergang der Schleimdrüsen bleibt die Kehlkopfschleimhaut trocken, mit zähen Schleimauflagerungen, manchmal Borkenbildung. Die Stimmlippen sind dünn, schlaff infolge Atrophie des M. vocalis mit ovalärer Spaltbildung.

Therapie: Nur *symptomatische* Maßnahmen sind möglich. Aufweichen der Borken durch Inhalationen mit Emser Salz. Einnahme von Bisolvon®-Tabletten oder Emser-Pastillen.
- *Instillation* von 1–2%iger Natriumbikarbonatlösung oder Tacholiquin (proteolytische Wirkung).
- *Inhalation* oder Instillation von Bisolvon®-Lösung, Fluimucetin®, Bepanthen®-Lösung oder Tacholiquin®. Oder Instillation von Lugol-Turiopin (Kal.jodat., Jod, Ol.Pini, Ol.Eucalypti, Ol.Foeniculi, Ol.Thymi, Menthol usw.).

Bei gleichzeitiger Rhinitis und Pharyngitis sicca Coldastop® Nasenöl oder Lubrirhin-Lösung.

Keine Menthol- oder Kamillenanwendungen wegen austrocknender Wirkung.

Prognose. Die Schleimhautveränderungen sind irreversibel, abgesehen von der Laryngopathia gravidarum; hier Rückbildung nach der Geburt des Kindes.

14.2.11 Kehlkopftuberkulose

Es handelt sich um eine *spezifische* chronische Laryngitis.

Ursachen. Meist Infektion der Kehlkopfschleimhaut durch tuberkelbazillenhaltiges Sputum bei offener Lungentuberkulose. Selten hämatogene Entstehung bei miliarer Aussaat oder isoliert primäre exogene Infektion.

Symptome. Heiserkeit, starke Schluckschmerzen, die zum Ohr ausstrahlen (Ramus auricularis des N. vagus).

Befund. Einseitige (Monochorditis) oder doppelseitige Rötung, insbesondere der Stimmlippen, der Kehlkopfhinterwand oder der Taschenfalten mit ***blaßroten*** Infiltraten, Bildung von ***Granulationen*** oder Ulzerationen. Stroboskopisch verkürzte Schwingungsamplituden; die respiratorische Beweglichkeit der Stimmlippen kann eingeschränkt sein.

Diagnose. Probeexzision, Untersuchung des Sputums auf Tuberkelbakterien, Röntgenaufnahme der Lunge.

Therapie. Tuberkulostatika (Dreierkombination verschiedener Medikamente) z.B. INH (Isonikotinsäurehydrazid), PAS (Para-Aminosalicylsäure); Rifampicin, Streptomycin (ototoxisch), Myambutol.

Differentialdiagnose. Karzinom, Monochorditis vasomotorica.

14.2.12 Dermatomyositis

Es handelt sich um eine *Kollagenkrankheit* mit Entzündungen und später Degeneration der Muskulatur.

Ursache. Unbekannt. Auftreten nach einer akuten Infektion oder einem Karzinom.

Symptome. U. a. Heiserkeit, Schwäche der Zunge, Schluckbeschwerden, Kreatinurie.

Befund. Infolge Muskelatrophie große ovaläre Spaltbildung bei Phonation, Rötung der Stimmlippen, Einschränkung der Stimmlippenbeweglichkeit infolge Muskelschwäche, Speichelsee in den Recessus piriformes. Motilitätsstörungen im Bereich des oberen Ösophagusdrittels.

Diagnose. Muskelbiopsie.

Therapie. Prednison.

Prognose. Ovaläre Spaltbildung und Bewegungseinschränkung der Stimmlippen können sich nach Abklingen eines Schubes zurückbilden.

Differentialdiagnose. Sklerodermie, Lupus erythematodes, Poliomyelitis, Myasthenia gravis, Polyneuritis, Morbus Addison.

14.2.13 Sklerodermie

Es handelt sich um eine Erkrankung des kollagenen Bindegewebes. Selten werden auch Kehlkopf und Artikulationsorgane befallen.

Ursache. Unbekannt.

Formen. Umschriebene Sklerodermie. Sie heilt oft spontan ab und greift nur selten auf die Schleimhäute über.
Diffuse Sklerodermie. Sie befällt außer der Haut alle Organe, die kollagenes Bindegewebe enthalten.
Stadieneinteilung: 1. Ödematöse Schwellung, 2. Infiltration und Induration, 3. Atrophie.

Symptome. Stimme heiser bis aphonisch. Tonhaltedauer verkürzt. Stimmumfang eingeschränkt. Schluckbeschwerden. Offenes Näseln.

Befund. Die Kehlkopfschleimhaut zeigt umschriebene zuckergußartige ödematöse Verdickungen infolge von Wucherungen des kollagenen Bindegewebes, Stimmlippenbeweglichkeit eingeschränkt (muskulär bedingt), unvollständiger Stimmlippenschluß; weiße, sklerodermische Plaques der Mundschleimhaut, Sklerosierung des Zungenbändchens, Zungenbeweglichkeit eingeschränkt, kleine Mundöffnung, keine Artikulationsstörungen. Beweglichkeit des Gaumensegels herabgesetzt, Motilitätsstörungen im Bereich des gesamten Ösophagus.

Verlauf. Das ödematöse Stadium dauert nur kurze Zeit, die Stimme wird anschließend wieder etwas besser.

Therapie. Dekortikation der Stimmlippen zwecks Stimmverbesserung nicht erfolgversprechend, da die gesamte Stimmlippe infiltriert ist.

14.2.14
Urbach-Wiethe-Syndrom (Hyalinosis cutis et mucosae)

Ursache. Autosomal rezessiv erbliche Eiweiß- und Lipoidstoffwechselstörung (Lipoproteinose) mit Lipoproteinspeicherungsvorgängen in Haut und Schleimhäuten (Paraproteine).

Symptome. Oft vom Säuglingsalter an bestehende Heiserkeit. Haut pastös verdickt, gelb-bräunliche Tönung, Rhagaden an den Lippen. Infiltration der Schleimhäute des Mundes, Rachens und der Speiseröhre.

Befund. Graugelbe feinkörnige, knötchen- oder plattenförmige Speicherungseinlagerungen in den Stimmlippen und der übrigen Kehlkopfschleimhaut. Plumpe Auftreibung der Stimmlippen.

Therapie. Dekortikation der Stimmlippen oder Abtragung der Stimmlippenverdickungen mit dem CO_2-Laserstrahl zwecks Stimmverbesserung nicht erfolgversprechend, da die gesamte Stimmlippe infiltriert ist. Evtl. später Tracheotomie erforderlich. Eine ursächliche Therapie ist nicht bekannt.

15
Tumoren des Kehlkopfes

15.1
Gutartige Kehlkopftumoren

15.1.1
Stimmlippenzyste

Es handelt sich bei den Zysten um einen dünnwandigen Sack mit serösem oder grützbeutelartigem Inhalt.

Ursache. Die Entstehung ist unklar. Angenommen wird u. a. der Verschluß eines Schleimdrüsenausführungsganges (Retentionszyste).

Befund. Meist einseitige punktförmige Vorwölbung am freien Stimmlippenrand oder am subglottischen Abhang im vorderen Stimmlippendrittel. Stimmlippenzysten sind von ***durchsichtigem Aussehen*** (Inhalt wässerig-schleimige Flüssigkeit) oder von ***gelblicher*** Farbe (Inhalt gelblich, dickflüssig mit cholesterinreichen bröckeligen Massen: Epidermoidzyste). Die Erkennung erfolgt am leichtesten in Respirationsstellung der Stimmlippen. Die der Zyste gegenüberliegende Seite der anderen Stimmlippe kann als Folge des Gegendruckes verdickt sein.

Therapie. Ausschälung bei direkter Laryngoskopie.

Differentialdiagnose. *Stimmlippenknötchen.* Bei doppelseitigem Auftreten spricht eine Größendifferenz für Zysten. Stimmlippenpolyp.

15.1.2
Chondrom

Es handelt sich um ***Knorpelgeschwülste***, meist der Ringknorpelplatte.

Symptome. Heiserkeit, Atemnot, Schluckbeschwerden.

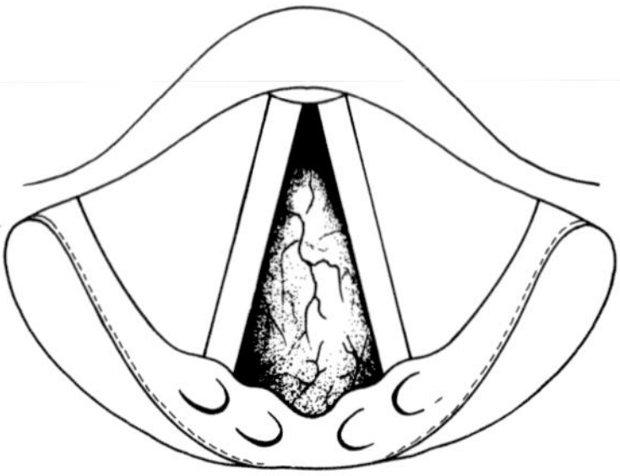

Abbildung 15-1:
Chondrom der Ringknorpelplatte

Befund. Harte, subglottische, meist hinten gelegene Anschwellung mit glatter Oberfläche (Abb. 15-1). Später ein- oder doppelseitige *Stimmlippenlähmung* infolge mechanischer Behinderung oder Läsion des N. recurrens durch Dehnung.

Diagnose. Röntgenaufnahme, Probeexzision.

Therapie. Exstirpation nach Thyreotomie.

15.1.3 Laryngozele

Siehe Abschn. 8.5.

15.1.4 Dyschylischer Pseudotumor der Taschenfalte

Ursache. *Verschluß* oder Verengung der in den Ventriculus laryngis mündenden *Drüsenausführungsgänge* der Taschenfalte infolge einer chronischen Laryngitis.

Befund. Infolge Stauung und Eindickung des Sekretes glatte Vorwölbung der Taschenfalte.

Therapie. Thyreotomie (Spaltung des Schildknorpels) und submuköse Ausschälung aus der Taschenfalte.

Differentialdiagnose. Innere Laryngozele, Tumor des Ventriculus laryngis, Taschenfaltenprolaps.

15.1.5 Papillom des Erwachsenen

Die Papillome des Erwachsenen sind bezüglich der Entstehung und der Prognose von den kindlichen Papillomen scharf abzugrenzen.

Ursache. Echte fibroepitheliale Geschwülste (Präkanzerose) oder virusbedingte Form (ähnlich den kindlichen Papillomen).

Symptome. Heiserkeit, Atemnot

Befund. Rötliche, höckerige, blumenkohlartige Bezirke an den Stimmlippen und auch der übrigen Kehlkopfschleimhaut, die die Glottis einengen können (siehe Abb. 14-5).

Therapie. Abtragung in direkter Laryngoskopie oder nach Thyreotomie, evtl. mit Laser. Die Folge sind narbige Veränderungen und Substanzverluste im Bereich der Stimmlippen mit Heiserkeit, auch wenn keine Papillome mehr vorliegen. Logopädische Nachbehandlung zur Vermeidung einer Taschenfaltenstimme.

CO_2-Laserchirurgie. Durch den Laserstrahl Verdampfung des zu entfernenden Gewebes. Am Wundrand Kohlezone, es folgt eine Nekrosezone, dann eine Ödemzone.

Vorteile: Bis ½ mm große Blutgefäße werden koaguliert, ein postoperatives Ödem fehlt, exakte Dosierung der Energie möglich, ganz geringe Narbenbildung.

Nachteil: Abheilung dauert doppelt so lange wie bei herkömmlicher Abtragung, sekundäre Gewebsreaktionen, herabgesetzte Fibroblastenaktivität, evtl. stärkere subepitheliale Narbe. Feine Stimmbandveränderungen wie Stimmbandknötchen, Stimmbandzysten, Stimmbandpolypen sollten daher nicht mit dem Laser abgetragen werden. In phoniatorischer Hinsicht bietet die Laserchirurgie keine besseren Ergebnisse (siehe Abschn. 14.2.7).

Prognose. Rezidivneigung. Bei 20% der Patienten maligne Entartung.

15.1.6 Varizen der Stimmlippen

Ursache. Auftreten nur bei Patienten mit Stimmberufen.

Symptome. Das Ausmaß der Stimmstörung wechselt mit dem Füllungszustand der Varizen. Bei Beginn einer Stimmbeanspruchung tritt daher zunächst nur eine Diplophonie auf. Später folgen Heiserkeit, Druckgefühl und Spannungsgefühl im Kehlkopf.

Befund. Auf der Stimmlippenoberfläche oder am freien Rand findet sich eine Art Blutblase (Varix), die im Gegensatz zum teleangiektatischen Polyp ausdrückbar ist. Zu dem Varix bzw. von ihm weg führen erweiterte Venen (Abb. 15-2). Seltener ist eine Varikosis beider Stimmlippen.

Bei starker Stimmbelastung Gefahr einer Gefäßruptur. Folge: Bluterguß in die Stimmlippe mit Dysphonie.

Therapie. Exzision.

Anmerkung: **Morbus Kaposi.** Hämangiomatöse Herde an den Extremitäten und in Pharynx, Larynx und Trachea.
Befund. Schwellung und Rötung der Schleimhäute, Heiserkeit.
Neurinom der Stimmlippen. Es handelt sich um einen Tumor des peripheren Nervensystems, der von den Schwann-Zellen der Nervenscheiden ausgeht.

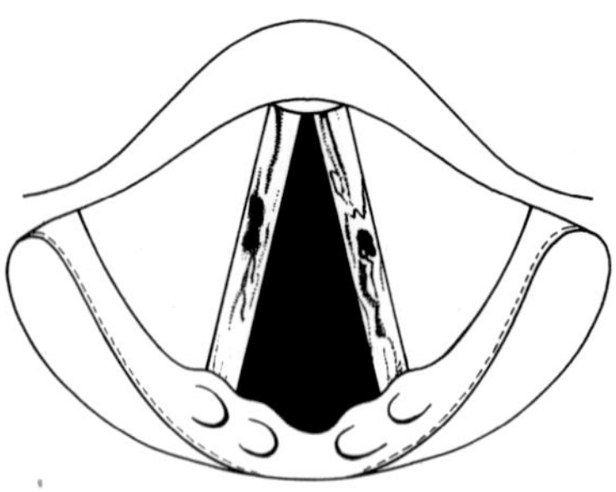

Abbildung 15-2:
Varikosis beider Stimmlippen

15.2 Bösartige Kehlkopftumoren

Ursachen:
- Meist Zigarettenrauchen, gelegentlich hochprozentiger Alkohol, Ruß, Teer, Hitze, Nickel, ionisierende Strahlen, Schwefelsäuredämpfe, Lederarbeiten, Glasfasern, Textilstaub, Holzstaub
- Chronische Laryngitis
- Leukoplakien und Pachydermien
- Papillome des Erwachsenen.

Histologie. Meist verhornende Plattenepithelkarzinome.

15.2.1 Hypopharynxkarzinom (äußeres Kehlkopfkarzinom)

Lokalisation. Recessus piriformis, Hypopharynxseitenwand und -hinterwand, Postkrikoidgegend.

Symptome. Schluckbeschwerden, Lymphknotenmetastasen am Kieferwinkel. Heiserkeit erst bei sekundärem Einwachsen in das Kehlkopfinnere.

Therapie. Laryngektomie mit Hypopharynxteilresektion, Neck dissection (siehe Abschn. 12.6.1) und Nachbestrahlung. Folge: Durch Schädigung der Speicheldrüsen Trockenheit der Schleimhäute (Strahlensialadenitis). Therapie: synthetischer Speichel (Glandosane®).

Logopädische Behandlung bzw. operative Stimmrehabilitation siehe Abschn. 12.6.1.

Prognose. Schlecht, da anfangs uncharakteristische Symptome und frühe Metastasierung. Bei 20% der Patienten 5 Jahre rezidivfreies Intervall.

15.2.2
Kehlkopfkarzinom (inneres Kehlkopfkarzinom)

a) Supraglottische Karzinome

Lokalisation. Laryngeale Epiglottisfläche, Taschenfalte oder Ventriculus laryngis.

Symptome. Druckgefühl im Kehlkopf, Schluckbeschwerden; erst später Heiserkeit bei Übergreifen auf die Stimmlippe.

Therapie. Bei Befall nur der Epiglottis und der Taschenfalte horizontale supraglottische Teilresektion nach Alonso. Sonst Laryngektomie. Bei Metastasen zusätzlich Neck-dissection und Nachbestrahlung.

Prognose. Besser als beim Hypopharynxkarzinom. Jedoch frühzeitige Metastasierung. Bei 60 % der Patienten fünf Jahre rezidivfreies Intervall.

b) Stimmlippenkarzinom (Abb. 15-3)

Symptome. Heiserkeit, später Luftnot.

Therapie
- Endoskopische Entfernung kleiner Stimmlippenkarzinome auf frei beweglicher Stimmlippe. Stimmliche Resultate gleich oder kaum schlechter als nach primärer Bestrahlung.

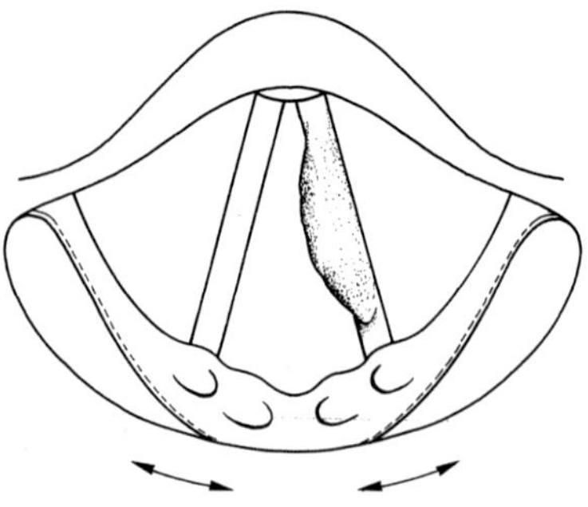

Abbildung 15-3: Stimmlippenkarzinom

- *Thyreotomie* (Spaltung des Schildknorpels in der Mittellinie) und Chordektomie (Exzision des Stimmbandes und des M. vocalis). Evtl. CO_2-Laser-Resektion der gesamten Stimmlippe. Ausbildung einer besseren Ersatzstimmlippe (besseres funktionelles Ergebnis) als nach chirurgischer Resektion. Logopädische Behandlung siehe Abschn. 12.2.
- Telegammabestrahlung (60 Gy = 6000 rad) bei erhaltener Beweglichkeit der Stimmlippe und freier vorderer Kommissur.
- *Frontolaterale* Teilresektion bei Übergreifen auf die vordere Kommissur und das vordere Drittel der Stimmlippe der anderen Seite (siehe Abschn. 12.5).
- *Laryngektomie* bei Einschränkung der Beweglichkeit oder Fixation der Stimmlippe.

Prognose. Relativ günstig, da Heiserkeit als Frühsymptom auftritt. Späte Metastasierung, weil die Stimmlippen wenig Lymphbahnen enthalten. Bei 90% der Patienten fünf Jahre rezidivfreies Intervall, wenn die Stimmlippe noch beweglich war.

c) Subglottisches Karzinom

Symptome. Luftnot, Heiserkeit.

Therapie. Laryngektomie.

d) Karzinom des Kehlkopf-Hypopharynxrandgebietes

Lokalisation. Epiglottisrand, aryepiglottische Falte, Aryknorpelgegend.

TNM-System. Die Einteilung nach Ausdehnung der bösartigen Tumoren erfolgt nach dem TNM-System: **T**umor, **N**odulus (Lymphknotenmetastase), **M**etastase (Fernmetastase).

Beispiel. T_1, N_0, M_0 bedeutet: Tumor auf die Stimmlippe begrenzt, Stimmlippe beweglich, keine Halslymphknoten- oder Fernmetastasen.

e) Postkrikoidkarzinom

Anfangssymptom meist Dysphagie. Gelegentlich jedoch Heiserkeit mit Bewegungseinschränkung der Aryknorpel.

16 Begutachtung

Stimmstörungen beruhen auf Erkrankungen organischer, funktioneller, hormoneller oder psychischer Genese. Sie treten bei Kindern, Jugendlichen und Erwachsenen auf. Es handelt sich um Krankheiten im Sinne der RVO.

Ausnahme: Stimmstörungen nach Einnahme von Ovulationshemmern gelten dann nicht als Krankheit im Sinne der RVO, wenn die Ovulationshemmer nur der Kontrazeption dienten.

Anmerkung: Krankheit im Sinne der gesetzlichen Krankenversicherung (2. Buch der RVO) ist jeder regelwidrige körperliche oder geistige Zustand, der eine Heilbehandlung notwendig macht oder zugleich oder ausschließlich Arbeitsunfähigkeit zur Folge hat.

Stimmstörungen können zur Arbeitsunfähigkeit, zur Berufseinschränkung und zur Berufsunfähigkeit führen.

Die Verordnung von Stimmtherapien muß nach den Richtlinien der kassenärztlichen Bundesvereinigung u. a. folgende Voraussetzungen erfüllen:
- Die medizinische Indikation muß gegeben sein.
- Die Stimmbehandlung muß Aussicht auf Erfolg haben.
- Die Verordnung muß nach wirtschaftlichen Gesichtspunkten erfolgen, d. h. Therapieansatz und Behandlungserfolg müssen in einem vertretbaren Verhältnis zueinander stehen.

MdE. Arbeitsunfälle und Berufskrankheiten werden im Sinne der gesetzlichen Unfallversicherung begutachtet. Hier wird das Ausmaß des Körperschadens durch die Minderung der Erwerbsfähigkeit (MdE) bemessen.

GdB. Das Schwerbehindertengesetz sieht dagegen Vergünstigungen für alle Behinderten vor, unabhängig von der Ursache der Behinderung. Der Grad der Behinderung (GdB) wird abstrakt definiert als ein Maß für die Auswirkung eines Mangels an funktioneller Intaktheit. Der GdB ist unabhängig vom ausgeübten Beruf; eine besondere berufliche Betroffenheit gibt es nicht (nur im sozialen Entschädigungsrecht).

Die *Verordnung* von Stimm-, Sprech- und Sprachbehandlungen kann durch einen Kassen- bzw. Vertragsarzt erfolgen, der mit dieser Verordnung die Verantwortung für die Durchführung der Behandlung übernimmt. Der Arzt sollte Träger der Teilgebietsbezeichnung Phoniatrie-Pädaudiologie sein oder über die Zusatzbezeichnung „Stimm- und Sprachstörungen“ verfügen. Steht ein so qualifizierter Arzt nicht zur Verfügung, können entsprechende Verordnungen auch von anderen, insbesondere HNO- und Kinder-Ärzten vorgenommen werden, die auf dem Gebiet der Phoniatrie und Pädaudiologie Erfahrungen erworben haben und die geforderte differenzierte Diagnostik vornehmen können (vgl. Abschnitt E 1 der Heilmittel- und Hilfsmittelrichtlinien). In diesen Fällen ist in längeren Zeitabständen die Konsultation eines Phoniaters zu empfehlen.

Die Verordnung von Sprech- und Sprachbehandlungen bei Aphasien, Dysphasien und Dysarthrien ist auch durch Neurologen möglich.

Um zu gewährleisten, daß neben der Stimm-, Sprech- oder Sprachstörung auch die Grunderkrankung erkannt und behandelt wird, sollen auf der Verordnung nicht nur das Symptom, sondern auch — als medizinische Begründung — die pathologischen Zusammenhänge angegeben werden, z.B. familiäre Disposition, Hörvermögen, organischer und funktioneller Befund der Sprechwerkzeuge, sensorische, integrative und motorische Funktion des zentralen Nervensystems, organische und funktionelle Störungen im Kehlkopfbereich, psychischer Zustand, allgemeine körperliche und geistige Entwicklung.

Bei der Zweitverordnung oder weiteren Verordnungen ist der Krankenkasse vom Therapeuten über den Therapieverlauf, die Therapiemethode und den Therapieerfolg zu berichten. Außerdem sind Angaben über die Prognose zweckmäßig. Dadurch ist die Begutachtung des Einzelfalles gewährleistet und auch die Möglichkeit gegeben, die Grenze zu finden, wo Therapieaufwand und Therapieerfolg in keinem vertretbaren Verhältnis mehr stehen. Ärztliche Kontrollen sind deshalb auch bei Wiederholungsverordnungen erforderlich.

Die *Behandlung* von Stimmstörungen ist insbesondere die Aufgabe von
- Ärzten mit der Teilgebietsbezeichnung, neuerdings Gebietsbezeichnung „Phoniatrie Pädaudiologie“ (Phoniater),
- staatlich anerkannten Logopäden.

Für die jenigen *Stimmgestörten,* bei denen eine medizinisch therapeutische Indikation gegeben ist, Ärzte oder Logopäden aber nicht zur Verfügung stehen, kommen Atem-, Sprech- und Stimmlehrer als Therapeuten in Betracht.

Diese müssen eine mindestens dreijährige kontinuierliche vollzeitliche Tätigkeit mit Stimmgestörten unter Supervision durch zugelassene Behandler nachweisen. Sie werden dann analog zu den Logopäden auf Verordnung des Arztes tätig. Es ist erforderlich, daß die Eignung durch eine phoniatrische Institution vor dem Abschluß von Verträgen mit den Trägern der gesetzlichen Krankenversicherung festgestellt wird.

Andere als die genannten Berufsgruppen sind nicht berechtigt, medizinisch relevante Stimmstörungen zu behandeln.

GdB nach Operation von malignen Tumoren des Kehlkopfes. Bei bösartigen Geschwulstleiden muß neben der GdB-Schätzung für den Organschaden die Heilungsbewährung berücksichtigt werden.

Der GdB für die Heilungsbewährung beträgt postoperativ: 1. und 2. Jahr 50% bei relativ günstiger Prognose, 80% bei relativ ungünstiger Prognose; 3.–5. Jahr 30% bei relativ günstiger Prognose, 50% bei relativ ungünstiger Prognose.

Nach Ablauf von 5 Jahren ist nur noch der verbliebene Organschaden für den GdB maßgeblich.

Die Grenze von günstig und ungünstig liegt im Schwerbehindertenrecht bei der 75%igen 5-Jahres-Heilung. Die meisten Tumoren des HNO-Fachbereiches haben nach dieser Definition eine relativ ungünstige Prognose (z.B. Stimmband T_3, T_4, supraglottische Tumoren, Hypopharynxtumoren: Stimmband T_2 Grenzfall). Stimmband T_1 hat eine gute Prognose.

Zustand nach Kehlkopfresektion (Laryngektomie) (siehe auch Abschn. 12.6.3). GdB nach Laryngektomie 70%. Hinzu kommt die Heilungsbewährung im 1. und 2. Jahr mit 80% und 3.–5. Jahr mit 50%. Jedem Laryngektomierten steht daher in den ersten 5 Jahren nach der Operation grundsätzlich ein Schwerbehindertenausweis und ein GdB von 100% zu. Danach ist die GdB-Schätzung nach dem Organschaden vorzunehmen (mindestens 70%).

Der **Teilverlust des Kehlkopfes** ist je nach Sprechfähigkeit und Beeinträchtigung der körperlichen Leistungsfähigkeit mit einem GdB von

20–50% zu werten. Hinzu kommt bei einer bösartigen Geschwulst ein GdB während der Heilungsbewährung entsprechend der Prognose und der Geschwulstausdehnung.

Bei einer Kehlkopfteilresektion (Chordektomie, frontolaterale Teilresektion) im Frühstadium (Tumor auf ein Stimmband beschränkt, Beweglichkeit nicht eingeschränkt, keine Lymphknotenmetastasen [$T_1N_0M_0$]) ist der GdB während der ersten fünf Jahre mit 50–60% einzuschätzen, bei Teilresektionen mit schlechterer Prognose, z.B. supraglottische Teilresektion, Halbseitenresektion, mit 80%. Nach Ablauf der Heilungsbewährung, d.h. nach rezidivfreiem Verlauf von fünf Jahren, ist der GdB neu einzuschätzen, wobei nur noch der tatsächlich verbliebene Organverlust zu berücksichtigen ist.

Bei **Trachealstenosen** ist für den Phoniater der laryngoskopische Befund (Stimmlippenbeweglichkeit, sichtbare subglottische Stenose) und die Stimmfunktion von Bedeutung sowie die Atemfunktion in Ruhe und bei Belastung objektiviert z.B. durch die in- und exspiratorische 1-Sekunden-Kapazität. Mit einer Sprechkanüle wird zwar eine gute Atemfunktion erreicht, der Betreffende kann aber nicht mehr in staubiger oder zu trockener Luft sowie aus hygienischen Gründen im Nahrungs- und Genußmittelgewerbe, im Gaststättenbetrieb u. ä. arbeiten. Beim Bücken ist er durch die Kanüle behindert.

Wenn ein Verletzter mit einer Trachealstenose am Rande der respiratorischen Dekompensation steht und dadurch berufs- und erwerbsunfähig ist, sich aber einer Tracheotomie widersetzt, so kann dem nicht abgeholfen werden. Die Tracheotomie stellt zweifellos einen erheblichen Eingriff in die körperliche Unversehrtheit dar, der nicht ohne weiteres zumutbar ist.

Stimmlippenlähmung nach Schilddrüsenoperation. Häufigkeit siehe Abschn. 11.3.1.

Außerdem werden folgende Daten genannt: Stimmlippenlähmungen nach benignen Schilddrüsenoperationen 5,2%. Nach Erstoperation Rückbildung 68%. Nach Operation einer malignen Struma Rückbildung 46%. Nach Operation einer benignen Rezidivstruma Rückbildung 40%. Position der gelähmten Stimmlippe Median- oder Paramedianstellung 90%. Bei zusätzlichen Schluckbeschwerden Wahrscheinlichkeit der Rückbildung geringer. Bei 43% an der Schilddrüse operierter Patienten

Einschränkung der Stimmfunktion auch ohne Vorliegen einer Stimmlippenlähmung. Aufklärung auch diesbezüglich erforderlich.

Als weitere Daten werden genannt: Strumaoperation Rückbildung 30%; bei idiopathischer Lähmung Rückbildung 41%; nach Intubation Rückbildung 100%.

Oder:

Nach Schilddrüsenerstoperation (benigne Struma) 68% Rückbildung. Nach Rezidivoperation (benigne Struma) 40% Rückbildung. Nach Schilddrüsen-Karzinom-Operation 46% Rückbildung.

Fixation der gelähmten Stimmlippe in Medianstellung 8%; in Median-/Paramedian- oder Paramedianstellung 82%; in Intermediärstellung 7%; in Lateral- oder Kadaverstellung 3%.

Schluckbeschwerden bei permanenter Rekurrensparese 55%; Schluckbeschwerden bei passagerer Rekurrensparese 35%.

Oder:

Erstoperation (benigne Struma) Rückbildung 72%, Schilddrüsen-Karzinom 48,3%. Medianstellung 4%, Paramedianstellung 71%, Intermediärstellung 11%, Lateral- oder Kadaverstellung 4%.

Aufklärung muß bei Sprechberufen auch vor Erstoperation erfolgen. Phoniatrische Begutachtung hinsichtlich einer Dauerschädigung erst nach 12 Monaten (Stimmlippenbeweglichkeit kehrt später nicht mehr zurück). Nachbegutachtung nach einem Jahr, da Stellungswechsel der gelähmten Stimmlippe oder Anpassung und Gewöhnung eintreten können. Bei Fixation einer Stimmlippe Operation zur Stimmverbesserung zumutbar.

Fahrlässigkeit des Operateurs ist bei Auftreten einer Stimmlippenlähmung nach Strumaoperation praktisch immer zu verneinen. Meist ist unklar, ob eine Verletzung von Kehlkopfnerven überhaupt stattgefunden hat (z. B. beidseitige Stimmlippenlähmung nach einseitiger Rezidivoperation).

Es ist allein Sache des Richters — nicht des Gutachters — zu entscheiden, ob der Operateur einen Kunstfehler begangen hat oder ob er der Aufklärungspflicht nicht genügt hat. Eine Aufklärung des Patienten vor operativen Eingriffen, die zu Stimmlippenlähmungen führen können, wird heute allgemein gefordert. Gemäß dem Oberlandesgericht Düsseldorf genügt bei der Aufklärung über das Risiko einer Rekurrensparese inhaltlich der Hinweis auf die mögliche Verletzung von Halsnerven mit der Folge von Heiserkeit oder völligem Stimmverlust.

Eine **Tracheotomie** bei Stimmlippenlähmung, z. B. in Paramedianstellung beiderseits, mit in Ruhe ausreichender Atmung, zwecks Wiederherstellung der Erwerbsfähigkeit, ist nicht unbedingt eine zumutbare Heilmaßnahme im Sinne der gesetzlichen Bestimmungen. Eine Tracheotomie stellt einen erheblichen Eingriff in die körperliche Unversehrtheit dar.

Funktionelle Stimmstörungen treten besonders bei Lehrerinnen und Kindergärtnerinnen, aber auch bei anderen Sprechberufen auf. Sie entstehen als Folge einer Überbeanspruchung der Stimme, z. B. in zu großen und zu lauten Schulklassen, die einen großen Stimmaufwand erfordern. Auf seiten des Erkrankten besteht oft eine unzureichende Schulung der Sprechstimme mit zu hoher Sprechstimmlage, falscher Atemtechnik und anderen Fehlern. Es stellen sich Mißempfindungen im Hals, Spannungsgefühl und Schmerzen ein. Die Stimme wird heiser, gepreßt oder aphonisch und versagt schließlich ganz. Es gibt eine hyperfunktionelle Form der funktionellen Dysphonie, die bei Frauen morphologisch zu Stimmbandknötchen oder zum Kontaktgranulom bei Männern führen kann, und eine hypofunktionelle Form (siehe Abschn. 7.1.1; 7.1.3; 7.1.6; 14.2.6; 14.2.9).

Beide Formen haben typische stroboskopische Befunde der Stimmbandschwingungen, können aber auch ineinander übergehen. Als *Berufskrankheit* können derartige Stimmstörungen nicht gelten, da keine von außen einwirkende berufsbedingte Schädigung vorliegt. Sie sind vielmehr nur der Ausdruck dafür, daß der Stimmapparat den besonderen Anforderungen, die der Beruf mit sich bringt, nicht gewachsen ist, oder daß er nicht genügend dafür ausgebildet worden ist.

Ähnlich liegen die Verhältnisse bei *Sängern,* die vorzeitig ein Nachlassen oder einen Zusammenbruch ihrer Stimmleistung erleben. Bei ihnen liegt oft eine unzureichend ausgebildete Stimmtechnik zugrunde (z. B. bei Schlagersängern), oder die Stimmgattung wurde falsch gewählt, wenn z. B. jemand jahrelang als Tenor singt, obwohl er eine Baritonstimme hat. Auch hier kann *nicht von einer Berufskrankheit gesprochen werden.*

Funktionelle Stimmstörungen sind daher, obwohl sie in bestimmten Berufen gehäuft vorkommen, nicht in der Liste der Berufskrankheitenverordnung aufgeführt, und sie können auch nicht unter Anwendung des sog. *Härteparagraphen* (§ 551, Abs. 2) zur Berufskrankheit erhoben werden. Das würde dem gesamten bisher gültigen Konzept der Berufskrankheiten widersprechen. Die Frage, inwieweit besondere Einflüsse des Berufes ***ursächlich*** für die Stimmstörung anzuschuldigen sind, stellt sich daher dem Gutachter kaum.

Minderung der Erwerbsfähigkeit (MdE) bzw. Grad der Behinderung (GdB) bei Stimmstörungen. Richtlinien in Anlehnung an FELDMANN.

a) *Verlust des Kehlkopfes* bei guter Speiseröhrensprache und ohne Begleiterscheinungen außerhalb des Halsbereiches (z. B. Bronchitis), unter Mitberücksichtigung der Beeinträchtigung der körperlichen Leistungsfähigkeit (fehlende Bauchpresse) 70%
   - sonst 80%.

   Anhaltende schwere Bronchitiden und Beeinträchtigungen durch Nervenlähmungen im Hals- und Schulterbereich sind ggf. zusätzlich zu berücksichtigen.

   - Bei Verlust des Kehlkopfes wegen einer bösartigen Geschwulst ist fünf Jahre nach der Beseitigung der Geschwulst eine Heilungsbewährung abzuwarten; GdB während dieser Zeit 100%.

b) *Teilverlust des Kehlkopfes* je nach Sprechfähigkeit und Beeinträchtigung der körperlichen Leistungsfähigkeit 20–50%
   - Bei Teilverlust des Kehlkopfes wegen einer bösartigen Geschwulst ist fünf Jahre nach der Beseitigung der Geschwulst eine Heilungsbewährung abzuwarten, GdB während dieser Zeit bei Geschwulstentfernung im Frühstadium $T_1N_0M_0$ 50–60%
   - sonst 80%.

c) *Dauerkanülenträger nach Luftröhrenschnitt*
   - Reizlos oder mit geringen Reizerscheinungen (Tracheitis, Bronchitis) und mit guter Sprechstimme 40%
   - Mit erheblichen Reizerscheinungen und/oder erheblicher Beeinträchtigung der Sprechstimme bis zum Verlust der Sprechfähigkeit (z. B. bei schweren Kehlkopfveränderungen) 50–70%.

d) *Trachealstenose*
   - mit geringer Atembehinderung — auch bei Belastung 0–10%

– mit stärkerer Atembehinderung	20–40%
– mit erheblicher Atembehinderung bereits in Ruhe	50%
– mit Notwendigkeit, eine Dauerkanüle zu tragen	40–50%.

e) *Rekurrenslähmung*

– einseitig	
-- kompensiert, mit guter Stimme	0–10%
-- mit dauernder Heiserkeit	20%
-- mit Aphonie	30%
– beidseitig	
-- je nach Atembehinderung und Stimmfunktion	30–50%
-- mit Notwendigkeit, eine Dauerkanüle zu tragen	40–50%

f) *Stimmstörungen*

– mit Heiserkeit bei Belastungen	0–10%
– mit dauernder erheblicher Heiserkeit	20%
– mit Aphonie	30%

g) Reine Stimmstörungen bei Rednern, Sängern und anderen Sprechberufen bis 50%

Stimm- und Sprachstörungen wirken sich je nach Stärke bis zur *Berufsunfähigkeit* aus bei: Sängern, Schauspielern, Rundfunksprechern, Dolmetschern, Anwälten, Pfarrern, Lehrern, Telefonisten, Beamten und Angestellten im Publikumsverkehr, Verkäufern, Vertretern, Berufssoldaten, Politikern.

Literatur

1. Bauer, H.: Klinik der Stimmstörungen. In: Phoniatrie und Pädaudiologie, S. 165. Georg Thieme Verlag, Stuttgart 1974
2. Beckmann, G.: Akute und chronische Entzündungen des Kehlkopfes. In: 3: Hals-Nasen-Ohrenheilkunde Bd. 4, Teil 1: Kehlkopf I. Georg Thieme Verlag, Stuttgart 1982
3. Berendes, J.: Organisch bedingte Funktionsstörungen des Kehlkopfes. In: 5: Hals-Nasen-Ohrenheilkunde Bd. 4, Teil 1: Kehlkopf I. Georg Thieme Verlag, Stuttgart 1982
4. Biesalski, P., F. Frank: Phoniatrie – Pädaudiologie. Georg Thieme Verlag, Stuttgart 1982
5. Böhme, G.: Methoden zur Untersuchung der Sprache, des Sprechens und der Stimme. Gustav Fischer Verlag, Stuttgart 1978
6. Böhme, G.: Therapie der Sprach-, Sprech- und Stimmstörungen. Gustav Fischer Verlag, Stuttgart 1980
7. Böhme, G.: Klinik der Sprach-, Sprech- und Stimmstörungen. Gustav Fischer Verlag, Stuttgart 1983
8. Boenninghaus, H.-G.: Hals-Nasen-Ohrenheilkunde. Springer Verlag, Berlin, Heidelberg, New York 1993
9. Brodnitz, F.S.: Sänger und Schauspieler als Patienten des Laryngologen. In: 8: Hals-Nasen-Ohrenheilkunde Bd. 4, Teil 1: Kehlkopf I. Georg Thieme Verlag, Stuttgart 1982
10. Coblenzer, H., F. Muhar: Atem und Stimme. Österreichischer Bundesverlag für Unterricht, Wissenschaft und Kunst, Wien 1976
11. Dalhoff, K., P. Kitzing: Bemerkungen zur Akzentmethode nach Smith für die Behandlung von Stimm- und Sprachstörungen. HNO Bd. 25, S. 102. Springer Verlag, Berlin 1977
12. Egenolf, H.: Die menschliche Stimme. Paracelsus Verlag, Stuttgart 1959
13. Feldenkrais, M.: Bewußtheit durch Bewegung. Suhrkamp Verlag, Frankfurt 1978

14. FELDMANN, H.: Das Gutachten des Hals-Nasen-Ohrenarztes, 3. Auflage. Georg Thieme Verlag, Stuttgart, New York 1994
15. FERNAU-HORN, H.: Zur Übungsbehandlung funktioneller Stimmstörungen. Folia Phoniatrica Bd. 6, S. 239, S. Karger Verlag, Basel 1954
16. FERNAU-HORN, H.: Prinzip der Weitung und Federung in der Stimmtherapie, HNO Bd. 5, S. 365. Springer Verlag, Berlin 1955/56
17. FERNAU-HORN, H.: Die Sprechneurosen. Hippokrates Verlag, Stuttgart 1977
18. FRANK, F., I. KALLINGER, M. SPARBER, A. VAJDA: Neue Erkenntnisse über Stimmumfänge bei drei- bis fünfjährigen Kindern bzw. bei Kindergartenkindern. Sprache, Stimme, Gehör 3. Jahrg. Georg Thieme Verlag, Stuttgart 1979
19. FRANK, F., M. SPARBER: Stimmumfänge bei Erwachsenen aus neuerer Sicht. Folia phoniatrica 22. Jahrg. S. Karger Verlag, Basel 1970
20. GILLERT, O.: Elektrotherapie. Richard Pflaum Verlag, München 1983
21. GUNDERMANN, H.: Die Berufsdysphonien. VEB Georg Thieme, Leipzig 1970
22. GUNDERMANN, H.: Die Behandlung der gestörten Sprechstimme. Fischer Verlag, Stuttgart 1977
23. HABERMANN, G.: Stimme und Sprache. Eine Einführung in ihre Physiologie und Hygiene. Georg Thieme Verlag, Stuttgart 1978
24. HABERMANN, G.: Funktionelle Stimmstörungen und ihre Behandlung. Archiv für Ohren-, Nasen- und Kehlkopfheilkunde Bd. 227, Springer Verlag, Berlin, Heidelberg, New York 1980
25. HEINEMANN, M.: Hormone und Stimme. Johann Ambrosius Barth, 1976
26. KITTEL, G.: Physiologische Grundlagen der Phoniatrie. In: Phoniatrie und Pädaudiologie, S. 13. Georg Thieme Verlag, Stuttgart 1974
27. KITTEL, G.: Phoniatrie und Pädaudiologie. Deutscher Ärzte-Verlag, Köln 1989
28. KITTEL, G., B. SCHÜRENBERG: Objektive und semiobjektive Untersuchungsmöglichkeiten von Stimme, Sprache und Gehör. Deutscher Ärzte-Verlag, Köln 1988
29. KLEINSASSER, O.: Mikrolaryngoskopie und endolaryngeale Mikrochirurgie, 2. Auflage. F. K. Schattauer Verlag, Stuttgart-New York 1976

30. Luchsinger-Arnold: Stimm- und Sprachheilkunde. Die Stimme und ihre Störungen, Bd. 1, 3. Auflage, Springer Verlag, Wien, New York 1970
31. Miehlke, A., R. Arnold: Chirurgie des N. recurrens – ein Ausblick. In: 6: Hals-Nasen-Ohrenheilkunde Bd. 4, Teil 1: Kehlkopf I. Georg Thieme Verlag, Stuttgart 1982
32. Nessel, P.: Über das Tonfrequenz-Spektrum der pathologisch veränderten Stimme. Acta Otolarnyng. Bd. 157, Seite 1. Stockholm 1960
33. Pahn, J.: Stimmübungen für Sprechen und Singen. VEB Verlag Volk und Gesundheit, Berlin 1968
34. Parow, J.: Funktionelle Stimmschulung. Paracelsus Verlag, Stuttgart 1976
35. Parow, J.: Funktionelle Atemtherapie, 4. Auflage. Haug, Heidelberg 1980
36. Pascher, W.: Funktionelle Krankheiten der Stimme. In: 7: Hals-Nasen-Ohrenheilkunde Bd. 4, Teil 1: Kehlkopf I. Georg Thieme Verlag, Stuttgart 1982
37. Pascher, W., H. Bauer: Differentialdiagnose von Sprach-, Stimm- und Hörstörungen. Georg Thieme Verlag, Stuttgart 1984
38. Schlaffhorst, C., H. Andersen: Atem und Stimme. Möseler Verlag, Wolfenbüttel
39. Schönhärl, E.: Die Stroboskopie in der praktischen Laryngologie. Georg Thieme Verlag, Stuttgart 1960
40. Schultz-Coulon. H.-J.: Physiologie und Untersuchungsmethoden des Kehlkopfes. In: 2: Hals-Nasen-Ohrenheilkunde Bd. 4, Teil 1: Kehlkopf I. Georg Thieme Verlag, Stuttgart 1982
41. Schultz-Coulon, H.-J.: Die Diagnostik der gestörten Stimmfunktion. Archiv für Ohren-, Nasen- und Kehlkopfheilkunde, Bd. 227. Springer Verlag, 1980
42. Seidner, W., J. Wendler: Die Sängerstimme. Heinrichshofen's Verlag, Wilhelmshafen 1978
43. Seifert, G., A. Miehlke, J. Haubrich, R. Chilla: Speicheldrüsenkrankheiten. Pathologie – Klinik-Therapie – Fazialischirurgie. Thieme Verlag, Stuttgart 1984
44. Stennert, E.: Das autoparalytische Syndrom. Archiv für Hals-Nasen-Ohrenheilkunde, Bd. 236. Springer Verlag, 1982
45. Thumfart, W.F.: Elektrodiagnostik bei Läsionen des N. recurrens. Archiv für Ohren-, Nasen- und Kehlkopfheil-

kunde Bd. 231. Springer Verlag, Berlin, Heidelberg, New York 1981

46. Tillmann, B., F. Wustrow: Kehlkopf. In: 1: Hals-Nasen-Ohrenheilkunde Bd. 4, Teil 1: Kehlkopf I. Georg Thieme Verlag, Stuttgart 1982
47. Weiss, D.A.: The Pubertal Change of the Human Voice. Folia Phoniatrica, Bd. 2, S. 126. S. Karger Verlag, Basel 1950
48. Wendler, J., W. Seidner: Lehrbuch der Phoniatrie. VEB Georg Thieme, Leipzig 1987
49. Wirth, G.: Sprachstörungen, Sprechstörungen, kindliche Hörstörungen, 4. Auflage. Deutscher Ärzte-Verlag, Köln 1994

Sachverzeichnis

C

D

E

F

G

H

L

M

N

O

P